ROBERT MUSIL
de « Törless » à « L'homme sans qualités »

 *PHILOSOPHIE ET LANGAGE*

Jean-Pierre Cometti

robert musil
de «törless» à «l'homme sans qualités»

PIERRE MARDAGA, EDITEUR
2, GALERIE DES PRINCES, 1000 BRUXELLES

© Pierre Mardaga, éditeur
37, rue de la Province, 4020 Liège
2, Galerie des Princes, 1000 Bruxelles

Avant-propos

« La littérature se décompose en offensives locales ».

Paul Valéry

Dans l'un des tout premiers chapitres de son roman: *L'homme sans qualités*, Musil fait une brève allusion à un horizon de vie et de pensée qu'évoque l'image d'une «espèce de ville hyper-américaine»[1]. Dans ces pages, comme en d'autres endroits de son œuvre, l'intention de l'auteur paraît être d'intégrer à l'espace romanesque un phénomène dont le thème central du livre peut être tenu pour solidaire: cette progressive «abstraction de la vie» qui en constitue comme la toile de fond, l'édification d'une pyramide d'ordres superposés, empilés les uns sur les autres, au hasard de lois présentant l'apparence de la nécessité.

L'Autriche en constituait-elle le théâtre? Pour beaucoup, la fameuse «Cacanie» représentait certainement bien davantage un îlot privilégié, installé à ses propres yeux dans l'éternité d'une essence immuable, protégé par sa différence spécifique, une oasis seulement menacée, à ses frontières, par les méfaits de la civilisation moderne. La fiction de l'*Action parallèle* en apporte un témoignage dans le roman de Musil, mais il n'en est pas moins vrai qu'elle se nourrit aussi de cette vague de ressentiment que fit naître, à l'aube du XXe siècle, le spectre du rationalisme positiviste, du matérialisme et de la mécanisation.

Il suffit, pour s'en rendre compte, de songer aux débats qui eurent alors lieu, tant en Autriche qu'en Allemagne, autour de la science, du libéralisme, des valeurs, de la «civilisation», et du destin présumé de l'Occident. Les craintes qui s'y exprimèrent, les positions extravagantes qui se donnèrent libre cours ont beau appartenir à l'histoire, elles n'en sont pas moins significatives d'un certain nombre de tendances fort instructives en elles-mêmes[2].

Que l'œuvre de Musil ne soit pas étrangère aux questions qui s'exprimèrent alors, parfois dans la confusion, c'est l'évidence. Mais l'attitude qui s'y manifeste procède d'une réaction qui dépasse de beaucoup l'atmosphère de négativisme que l'on vit s'imposer un peu partout. De fait, s'il est une chose à laquelle l'auteur de *L'homme sans qualités* se montre attentif, c'est bien au phénomène de division de l'esprit qu'il y perçoit. Les manifestations et les conséquences en sont du reste analysées dans les *Essais* écrits en marge de l'œuvre romanesque proprement dite.

Pour des raisons de ce genre, sans doute aussi pour la manière dont il vint à la littérature, la place que Musil y occupe n'est pas aisément localisable. A cet égard, une double erreur consiste très certainement à voir en lui un écrivain appartenant à la lignée de Proust et de Joyce, ou bien encore à lui attribuer le principe d'une parenté supposée naturelle avec les principaux écrivains de la «Cacanie» défunte. En vérité, conformément à quelques-unes de ses propres déclarations, les rapprochements de son œuvre romanesque avec le roman proustien ou l'esthétique de Joyce reposent bien davantage sur des critères formels que sur la prise en compte de ce qui s'y trouve réellement investi; quant à son austrianité, ses défenseurs ne pèchent pas moins d'ignorance en faisant extrêmement peu de cas de la manière dont Musil aborde aussi bien la littérature en général que le roman en particulier.

De fait, sur ce plan-là, sa tentative ne peut guère être dissociée d'une réflexion sur les pouvoirs de l'écriture. Contrairement à ce qu'il est permis d'observer pour beaucoup d'autres auteurs, écrire, pour lui, n'allait nullement de soi. Les positions qui sont les siennes à ce sujet ne sont d'ailleurs pas telles, là encore, que l'on puisse toujours en saisir clairement la nature. De manière générale, toutefois, on peut voir s'y exprimer une double interrogation portant à la fois sur la situation de l'esprit dans le monde, dans l'histoire, et sur les rapports de la littérature et de la vie.

Sur ce dernier point, certaines similitudes peuvent il est vrai prêter à confusion. Mais lorsque Musil affirme: «la littérature c'est la vie», il n'y a certainement pas lieu de voir dans cette déclaration une quelconque variante de ce qu'écrivait pour sa part l'auteur du *Temps retrouvé*. A vouloir comprendre ce qui s'y exprime, à tenter de saisir ce qui unit les deux moments de l'interrogation présente à sa pensée, on s'aperçoit que pour Musil les rapports de la littérature et de la vie s'inscrivent dans une relation doublement herméneutique: c'est à la lumière de la vie que les œuvres se lisent et s'interprètent; mais le propre des œuvres est aussi d'interpréter la vie, c'est-à-dire d'en offrir une mise en perspective au regard de laquelle les catégories ordinairement en usage sont provisoirement suspendues. «La littérature, comme il l'écrit dans l'un de ses cahiers, est interprétation de la vie»[3].

C'est en faisant appel au roman, principalement au roman, que Musil a voulu faire face à une situation qu'il nous faudra évoquer plus précisément, mais dont il est déjà permis d'entrevoir la nature à travers l'image précédemment mentionnée d'une «ville hyper-américaine». Ce qui l'intéresse dans un tel modèle, c'est très probablement le paradigme qu'il y trouve d'une forme de vie et d'un ensemble de phénomènes marqués par une *complexité* caractéristique qui, tout en se perdant dans l'infinitésimal, s'exprime dans des faits au regard desquels l'*individuel*, le détail, paraissent négligeables. A cela correspond peut-être, dans l'histoire, le développement d'un enchevêtrement d'ordres multiples dont l'un des principaux effets se donne dans un appauvrissement en teneur individuelle du contenu de l'expérience humaine. «Jadis, songe Ulrich, on avait meilleure conscience qu'aujourd'hui à être une personne». «N'a-t-on pas remarqué que les expériences vécues se sont détachées de l'homme? Elles sont passées sur la scène, dans les livres, dans les rapports des laboratoires et des expériences scientifiques...»[4]. Dans le roman de Musil, cette constatation en apparence désabusée est étroitement liée au double concept — au fait — d'«homme sans qualités» et de «qualités sans homme». On voit aussi s'y dessiner le principe d'une solidarité qui place en perspective l'absence de qualités (l'*Eigenschaftslosigkeit*), la complexité des composants qui entrent dans toute expérience, et la question de l'individuel, que l'on pense à l'individu comme tel — la personne — ou à la valeur différentielle — personnelle — de ce qu'il vit.

Comme sa pratique scientifique le lui avait appris, les relations qui entrent dans ce que l'on peut appeler une expérience, au sens le plus général du terme, sont pour Musil des relations de dépendance fonctionnelle. Les faits, les événements qui appartiennent à l'horizon de la vie et de l'histoire se définissent par leur insertion contextuelle dans des ensembles de relations dont les possibilités combinatoires conditionnent l'intelligibilité et le sens. Toute expérience participe à ce titre d'un ensemble de variables dont les limites sont toujours factuelles, modifiables, et entrent en relation avec une multitude d'autres variables dont le champ s'étend à l'infini.

Il va sans dire que dans son principe une telle complexité est de toujours. Toutefois, de même que les sciences, à un certain stade, doivent en prendre acte, tout se passe comme si l'homme, dans son existence individuelle et collective, était également amené, passé un certain seuil, à en mesurer brutalement l'évidence. « Les expériences vécues, dit Ulrich, se sont détachées de l'homme ». Musil semble parfois le penser : il pourrait bien y avoir comme une concomitance entre les processus qui se déroulent sur les différentes scènes de l'histoire, de la science et de l'expérience privée, c'est-à-dire de l'existence individuelle.

« A la campagne, les dieux descendent encore vers les hommes, on est encore quelqu'un, on vit encore quelque chose ; en ville, où il y a mille fois plus d'événements, on n'est plus en état de les rattacher à soi-même : ainsi commence la progressive abstraction de la vie dont on parle tant... »[5].

On peut certes voir dans ce qui s'affirme ici une expression de ce que l'on appelle communément la « crise du sujet »[6]. Comme il est cependant permis de le supposer à la lecture de ce passage, ce qui s'y fait jour ne saurait être dissocié d'un ensemble de conditions ne procédant pas seulement d'une espèce de soudaine découverte intellectuelle. Au début du siècle, à Vienne, on a pu penser dans certains milieux intellectuels que la science s'ouvrait sur la nécessité d'une désillusion, acceptée par les uns, refusée par les autres, dont l'illusion du moi fut comme une première épreuve[7]. Musil écrit toutefois la plus grande partie de son œuvre après la première guerre mondiale. Or, comme nous aurons l'occasion de le souligner, il s'agit là d'un fait beaucoup plus important qu'il ne paraît de prime abord. Non pas que les problèmes intellectuels lui paraissent alors d'une moindre signification, mais l'expérience de la guerre le rend plus attentif aux conditions dans lesquelles la vie humaine se produit, avec les intérêts qui lui sont propres, les inquiétudes ou les enthousiasmes, les problèmes qui s'y expriment. En d'autres termes, Musil ne perd jamais de vue l'enracinement de tout ce qui est humain dans une « forme de vie ». Or, si, de ce point de vue, tout ce qui se rattache à la notion d'un sujet individuel peut être tenu pour problématique, c'est essentiellement en cela que l'histoire paraît effectivement s'acheminer vers un état où la notion même d'un tel sujet « s'effacerait, comme à la limite de la mer un visage de sable »[8].

Aussi Musil se montre-t-il méfiant à l'égard de ce que d'aucuns nommeraient aujourd'hui les « grands récits ». Car si l'essentiel de notre vie se déroule, en effet, dans un univers de relations et de normes dont la participation du sujet est exclue, à quoi bon tenter d'en fixer maladroitement les contours visibles et provisoires dans un quelconque horizon de légitimation et de nécessité ? A lire Musil, on s'aperçoit qu'il y avait là, à ses yeux, comme une impossibilité confusément resssentie un peu partout, une sorte d'essouflement des moyens traditionnellement mis en œuvre par les hommes pour organiser — objectivement et subjectivement — leur expérience.

« La plupart des hommes, écrit-il, sont dans leur rapport fondamental avec eux-mêmes, des narrateurs »[9]. A côté des moyens d'intelligibilité offerts par les sciences, les ressources du récit peuvent sans doute être considérées comme l'une des plus importantes et des plus anciennes possibilités qui aient été exploitées par les hommes pour s'approprier et comprendre le contenu de leur expérience[10]. Mais qu'advient-il lorsque la « narration primitive » apparaît dérisoire au regard des processus qui se jouent sur la scène du monde, dans l'ignorance de toute espèce de participation subjective? Lorsque l'expérience individuelle, plus précisément, paraît se résorber dans l'élément des rapports objectifs et impersonnels?

Il y a incontestablement chez Musil comme la conscience d'une faillite, le sentiment d'impossibilités que l'on ne conjure pas en se réfugiant, frileusement, derrière des fantômes. Mais l'on trouve aussi chez lui l'expression d'une confiance dans les possibilités que la vie tient en réserve. Et, bien que cela puisse paraître paradoxal, c'est à la littérature qu'il revient d'en témoigner. D'abord parce que le rapport qui unit la littérature à la vie et la vie à la littérature s'ouvre sur un horizon que rien ne limite, sinon des habitudes pragmatiquement définies; d'autre part en cela que la littérature œuvre dans un domaine tel que les expériences qu'elle est à même de susciter symboliquement s'inscrivent dans une dimension que l'on peut grossièrement circonscrire comme celle de l'individuel, même si l'on peut aussi y voir s'y dessiner des valeurs communes, bref un horizon de sens qui suppose la communication.

Au reste, c'est parce que l'expérience humaine est d'essence symbolique qu'elle s'inscrit au cœur d'une double polarité, celle du général et du particulier, de l'impersonnel et de l'individuel. Musil suggère quelque chose de semblable lorsqu'il montre dans la « métaphore » et dans la « vérité » deux « grandes moitiés de la vie »[11]. La métaphore, la plurivocité opposée à l'univocité (*Eindeutigkeit*) des rapports objectifs constitue, dans l'ordre du symbolique, le lieu de possibilité de l'individuel, l'échec de la répétition, et cela tout art le réalise à sa manière[12].

L'indique aussi, dans *L'homme sans qualités*, le rôle joué par le « sens du possible ». Pour peu qu'on lui accorde en effet la place qui lui revient et que l'on considère la littérature sous l'éclairage qui en est issu, on s'aperçoit qu'il n'est guère de roman dont on ne puisse dire qu'il réalise à sa manière une forme d'*expérimentation symbolique* marquée par l'individuel et ne s'achevant jamais dans une pure et simple objectivité. Musil pensait que l'art pouvait «donner des leçons à la vie». C'est parce que le roman étend symboliquement le champ du possible sans perdre jamais tout à fait le contact avec l'expérience commune qu'il détient le pouvoir d'en faire «bouger» le sol.

Faut-il ici songer au mot de Rimbaud: «changer la vie»? Musil, par tempérament, n'était guère porté à des positions aussi radicales. Mais il n'était probablement pas loin de penser qu'il y a là comme une tendance inhérente à l'art. Au demeurant, pour ce qui concerne le roman comme tel, il ne fait aucun doute qu'il y a recherché une possibilité d'interprétation de la vie, peut-être d'autant plus précieuse ou nécessaire que d'autres voies lui paraissaient impraticables. Ce n'est probablement pas un hasard si les périodes d'incertitude sont également celles qui voient se manifester une affection particulière pour la narration. La littérature et la vie entretiennent des rapports très évidemment variables et parfois paradoxaux. Il est certain que Musil n'a pas opté pour les voies les plus immédiates qui pouvaient être offertes à un écrivain de sa génération.

Parce qu'il s'est montré attentif à un ensemble de phénomènes dont le principal effet lui paraissait être de favoriser un «monde d'expériences sans personne pour les vivre»; parce que ces mêmes phénomènes lui semblaient également de nature à promouvoir une forme spécifique de résignation à un univers sans différences, coincé dans les rapports objectifs, Musil a voulu faire du roman le lieu d'une contribution spécifique à la reconquête de l'esprit par lui-même. Il appartient au récit d'inscrire la possibilité du sens dans l'univers toujours recommencé de perspectives et de configurations que les conditions de l'existence et du langage ordinaires tendent à fixer, encore qu'elles ne s'enracinent pas moins dans la trame complexe d'un rapport aux choses, aux êtres et aux mots qui articule en permanence la substance commune du langage et des formes de vie à l'individualité des situations, des usages et de l'expérience vécue.

A s'en tenir à une caractérisation sommaire, les personnages de Musil paraissent constamment osciller entre deux pôles: celui de l'*indifférence* des rapports objectifs et celui d'une vie retrouvée qui, de manière soudaine, se soustrait à l'emprise de l'ordinaire et de la répétition pour renaître à elle-même. L'expérience du possible que l'écriture tend à produire à cette fin se nourrit à coup sûr des impossibilités et des déchirures qui paraissent miner tant la subjectivité que le langage. Mais la conscience du tissu complexe des faits, des événements, bref des variables dont participe toute situation transforme ce qui pourrait en effet se révéler une source de résignation en un défi à l'*invention*.

A un tel défi, l'œuvre de Musil se propose de répondre en mobilisant prioritairement pour cela les ressources du roman, et il n'est certainement pas jusqu'aux bouleversements qu'il fait subir aux conventions du genre qui ne plaident en faveur de celles-ci. Comme nous nous sommes proposé de le montrer dans les pages qui suivent, c'est très souvent à la faveur de «variations narratives» orientées vers une expression de l'individuel, la promotion de la teneur qualitative et singulière de ce que l'écriture tend à susciter, que Musil donne l'impression d'y parvenir. Les tentatives qui sont cependant les siennes sur le plan spécifiquement romanesque participent de très près d'une forme de maturation qui n'est pas sans se nourrir diversement d'interrogations étroitement liées à l'œuvre comme telle. Aussi nous sommes-nous attaché, pour commencer, à une réflexion sur les *Essais* que Musil écrivit à différentes périodes de sa vie, parallèlement à ses livres. De fait, entre ces deux pôles de la production de l'auteur, il existe de multiples *passages*, non pas, certes, que l'un soit le véhicule de l'autre, mais en ce sens que le processus de la création romanesque procède d'une mutuelle fécondation de l'écriture par la pensée et de la pensée par l'écriture. Celle-ci se distribue en un réseau de questions, de difficultés, d'exigences et d'essais laissant entrevoir de multiples *correspondances* aussi diverses qu'essentielles à l'œuvre comme telle. Aussi bien Musil ne faisait-il pas partie des auteurs qui, passé le moment de l'élaboration, se détachent de ce qu'ils ont réalisé à l'occasion de celle-ci. Ses *Journaux* en donnent plus d'un témoignage : son travail, ses incertitudes le ramènent très souvent à se tourner vers son passé d'écrivain, vers *Törless* ou les *Nouvelles*, par exemple, ou bien vers des notes anciennes. Les périodes d'écriture proprement dites alternent avec les moments d'interruption, d'attente, moments pendant lesquels, précisément, il remplit ses carnets. C'est apparemment dans ces occasions que communiquent les composantes de l'œuvre accomplie et les projections de l'œuvre en gestation; c'est alors, également, que les réflexions des *Essais*, bien que l'on puisse y voir un ensemble d'écrits de circonstance, entrent en communication avec l'œuvre romanesque comme telle.

Il serait certes parfaitement vain de spéculer plus longtemps sur les modalités de la création littéraire chez Musil. Une chose est sûre : le lien étroit qui en unit les différentes composantes. Compte tenu de la nature de celles-ci, une étude consacrée à Musil place toutefois son auteur devant un choix embarrassant. L'intérêt porté aux *questions* risque d'effacer ou de diminuer la part de l'écriture: tout ce qui fait de Musil — essentiellement — un romancier. Mais d'un autre côté, à se montrer attentif à cette simple évidence, ne prend-on pas le risque de lacunes aussi importantes? La critique musilienne donne bien souvent l'impression de naviguer entre deux écueils.

Pour ce qui est du présent ouvrage, on pourra y voir, si l'on veut, une sorte de parcours. Mais si (à l'exception du *Théâtre*) nous y avons abordé, dans leur diversité, les principales composantes de l'œuvre, ce n'était pas tant pour en donner une présentation que pour essayer de saisir la manière dont s'y articulent deux types d'intérêts respectivement relatifs à l'*éthique* et à l'*histoire*, tout en montrant comment, dans les deux cas, le travail du romancier s'attache à promouvoir, dans l'univers de la fiction, une expérience de l'individuel qui, associée au possible, en explore les formes. Entre l'*éthique*, au sens musilien, l'*histoire*, l'*individuel* et ce que nous avons cru pouvoir nommer «complexité», il existe, comme nous le verrons, des rapports étroits. Dans le cas de Musil, toutefois, la compréhension de ceux-ci passe par le *roman*. Car c'est essentiellement dans le cadre d'un processus de création romanesque, et dans un univers qui est un univers de fiction que se fait jour, à la façon d'une insistance, la question de l'individuel, du qualitatif et de l'indéfiniment variable, par opposition à ce que l'histoire paraît privilégier: les valeurs moyennes, l'indifférence et la répétition.

NOTES

[1] *L'homme sans qualités*, chap. 8, «La Cacanie». Nous nous référons à la traduction de Philippe Jaccottet, coll. «Folio», Gallimard, 1973 (H.S.Q., I, II, III et IV), sauf pour les citations ou références empruntées à des chapitres ou notes posthumes faisant partie de la seule deuxième édition réalisée par Adolf Frisé. Dans ce cas précis, nous renvoyons aux œuvres complètes en deux volumes (*Gesammelte Werke*, Rowohlt-Hamburg, 1978 — désignés par GW I ou II) en traduisant nous-même le cas échéant.
[2] Ce débat, en France, est apparemment assez mal connu. Certaines études, toutefois, en présentent quelques aspects. Cf., par ex., les textes réunis dans *Critique*, «Vienne, début du siècle», n⁰ˢ 339-340, 1975; A. Janik et S. Toulmin, *Wittgenstein, Vienne et la modernité*, P.U.F., 1978; J. Bouveresse, *La vengeance de Spengler*, «Le Temps de la réflexion», 1983 et *La philosophie de la vie et les illusions de l'Action parallèle*, «Revue d'esthétique», n⁰ 9, 1985.

³ *Journaux*, vol. II (Jx II), p. 507. Musil écrit: «La littérature n'est pas simple description, mais au premier chef interprétation de la vie.» Dans cette brève note, Musil semble dire que l'un des effets de la littérature pourrait être de susciter une rectification des *préjugés* qui réduisent éternellement celle-ci aux schémas ordinaires, alors que cependant: «Dans la vie, tout peut se produire».
⁴ H.S.Q. I, chap. 39, p. 233.
⁵ *Ibid*, II, chap. 122, p. 509.
⁶ Selon une expression consacrée. Dans le cas de Musil et du contexte intellectuel viennois, l'une des sources majeures en fut, comme on sait, la pensée de Mach. Mais il n'y a pas lieu d'ignorer non plus l'influence de Schopenhauer et de Nietzsche.
⁷ L'image de la science comme puissance de désillusion se manifeste, chez Musil, dans la tendance au mal qu'il lui prête. Voir *infra*.
⁸ Nous empruntons à dessein à Michel Foucault la conclusion de son livre: *Les mots et les choses*. On s'en souvient encore: celle-ci fit grand bruit à l'époque. La fameuse «mort de l'homme», tant et tant proclamée, commentée, les indignations qu'elle suscita, font singulièrement penser aux vagues que souleva, dans la culture austro-hongroise, le slogan popularisé par Hermann Bahr: «Le moi est insauvable!».
⁹ H.S.Q. II, chap. 122, p. 510.
¹⁰ Il n'y a évidemment pas lieu de procéder ici à des généralisations qui, de toute manière, seraient extérieures à notre propos. Sur différents plans, toutefois, les structures engendrées par la narration, si on la considère comme un acte d'énonciation spécifique, se révèlent de nature à produire une organisation du «divers» de l'expérience dont le principal effet nous paraît être de l'intégrer à un horizon d'intelligibilité et de sens qui procède essentiellement du récit. A ce sujet, voir nos suggestions dans: *R. Musil ou l'alternative romanesque*, P.U.F., coll. «Perspectives critiques», 1985, ainsi que dans *Temps et narration*, «Musil Forum», nº 1, 1984. Mais on lira surtout l'important travail de Paul Ricœur: *Temps et récit*. Ed. du Seuil, 3 vol., 1983, 1984 et 1985. Au moment où nous écrivons, le troisième volume est toutefois en cours de parution, de sorte que nous ne pouvons faire mieux que souligner les intéressantes convergences que nous constatons entre les thèses de Paul Ricœur et les réflexions auxquelles peut conduire à nos yeux la lecture de Musil.
¹¹ H.S.Q., II, chap. 16, p. 426: «Ce que l'on appelle l'humanité supérieure n'est sans doute qu'une tentative pour fondre ensemble, après les avoir prudemment séparées, ces deux grandes moitiés de la vie que sont la métaphore et la vérité». Dans le même chapitre, Musil parle aussi d'une «tension entre la littérature et la réalité». A cet égard, l'atttude d'Ulrich va tout à fait dans le sens d'une «interprétation» de la vie sous l'éclairage de la littérature, c'est-à-dire de la «plurivocité» métaphorique et du possible. On peut, sans grandes difficultés, mettre cela au compte de ce que vise à promouvoir un roman comme *L'homme sans qualités*.
¹² Cf. *infra*, chap. 1.

PREMIERE PARTIE
ESSAIS « POUR UN HOMME AUTRE »

> « L'essai néglige moins la certitude qu'il ne renonce à son idéal. C'est dans son avancée, qui le fait se dépasser lui-même, qu'il devient vrai, et non pas dans la recherche obsessionnelle de fondements, semblable à celle d'un trésor enfoui ».
>
> Théodor W. Adorno

1. L'essai - Symptômes d'une crise

> « *L'escrivaillerie semble estre quelque simptome d'un siècle débordé. Quand escrivimes nous tant que depuis que nous sommes en trouble?* »
>
> Montaigne

Musil a pour ainsi dire ponctué son œuvre romanesque de critiques et d'essais qui, bien qu'ils n'y fussent pas destinés, l'éclairent par plus d'un aspect.

Divers par les thèmes qui s'y trouvent abordés et par les intérêts dont ils témoignent, ces textes ont tous été écrits dans des circonstances également diverses. Il suffit pour s'en convaincre d'en observer les dates et les sujets. Le premier essai publié par Musil date de 1911. Il parut sous le titre: «L'obscène et le malsain dans l'art» (*Das Unanständige und Kranke in der Kunst*) dans la revue «PAN» éditée par Wilhem Herzog et Paul Cassirer. A ce moment-là, Musil avait déjà publié *Les Désarrois de l'élève Törless*, il avait aussi consacré une thèse de philosophie à Ernst Mach, mais il n'était absolument pas connu comme essayiste[1]. Dès cette époque, toutefois, il ne cessera de conjuguer son travail de critique et d'essayiste et sa tâche de romancier. Le dernier de ses essais date en effet de 1937: il s'agit du texte de la conférence «De la bêtise» (*Ueber die Dummheit*), texte auquel il attachait apparemment une certaine importance puisqu'il le mentionne régulièrement, dans les dernières années d'exil, sitôt qu'il lui faut, pour une raison ou pour une autre, faire état de son œuvre publiée.

Du reste, dans ces années-là, il envisage de réunir ses essais qui, en définitive, lui ont permis d'acquérir une notoriété qu'il n'aurait sans doute pas acquise sans cela. Car si les textes concernés sont loin d'être indifférents au regard de l'œuvre, il convient également de remarquer que les raisons pour lesquelles ils ont été écrits peuvent être tenues pour doubles. D'une part, ils lui ont permis d'être connu; d'autre part, ils l'ont aidé à vivre sur le plan matériel[2].

Ce n'est en effet un secret pour personne, l'auteur de *L'homme sans qualités* n'a jamais eu le bonheur de vivre de ses seuls droits d'auteur. Sauf à de rares moments, ses publications dans des journaux ou des revues comme *Die Neue Merkur* ou *Die Neue Runschau* ne lui ont pas davantage permis de vivre durablement ou confortablement de sa plume, mais cette activité lui a sans doute permis d'y contribuer partiellement.

Quoi qu'il en soit ces textes font partie de son œuvre et cela d'une façon peut-être plus essentielle que ne le laisserait supposer l'éventuel appoint financier qu'ils lui procurèrent. D'une part Musil y est amené à aborder tout un ensemble de questions qui sont étroitement liées à sa production d'écrivain. D'autre part ils participent, en tant qu'*essais*, de ce qu'il y tente.

Sur ce dernier point, on doit en effet observer que la notion d'*essai* s'est assez vite imposée aux yeux de l'auteur pour désigner, parallèlement à une recherche qui visait à engager l'écriture dans des voies spécifiques, un domaine généralement ignoré des balisages conceptuels que la pensée tend à institutionnaliser. Ce domaine que l'on pourrait hâtivement être amené à confondre avec celui de l'incertain, de l'informel ou de l'arbitraire représente, bien au contraire, l'expression d'une tentative qui vise à mettre en œuvre une attitude de rigueur et de rationalité là où la nature des phénomènes concernés ne permet plus, toutefois, de faire appel aux principes et aux méthodes éprouvés de la raison objectivante[3]. Musil évoque cette possibilité et les exigences qui lui donnent un sens dans plus d'un texte, en particulier dans une ébauche remontant à 1914, ainsi que dans un article un peu plus tardif consacré à Franz Blei en 1918[4]. On peut notamment y lire :

«L'essayiste qui passe pour une espèce de fumiste aux yeux des savants et nourrit sa substance de ce qu'ils tiennent pour leurs propres déchets, passe généralement aux yeux des créateurs pour une sorte de bâtard; ou pour la réfraction de leur rayonnement supérieur dans la buée de la rationalité commune. Deux jugements aussi bornés l'un que l'autre. Articuler le sentiment au moyen de l'intellect, détourner l'intellect des problèmes insignifiants du savoir vers ceux du sentiment, tel est le but de l'essayiste, avec pour but plus lointain la félicité humaine».

«Articuler le sentiment au moyen de l'intellect», écrit Musil: cette formule, à l'instar d'autres énoncés équivalents, pourrait à elle seule résumer l'essence de l'essai et éclairer sans aucun doute, comme nous le verrons, quelques-uns des aspects non moins essentiels d'un roman comme *L'homme sans qualités*. Dans le présent passage, toutefois, l'idée présente ceci de remarquable qu'elle s'y trouve associée de façon tout à fait claire à une notion de l'*esprit* qui commande pour une large part les analyses de l'auteur, les positions qui sont les siennes sur plus d'une question, ainsi que les orientations majeures de son œuvre romanesque.

Comme il le précise en effet lui-même dans plusieurs de ses écrits, Musil voit dans ce qu'il nomme ainsi l'union du *sentiment* et de l'*intellect*. C'est pourquoi il lui arrive de reprendre à son compte, par exemple dans les *Journaux*[5], la notion romantique du «Senti-mental», laquelle fait apparaître non seulement la nature des deux composantes essentielles de l'esprit, mais encore ce qu'elles présentent d'indissociable. «On voudra bien comprendre par intellectualité, écrit-il, l'activité de l'entendement au sens *civil* et scientifique; par esprit, ce mélange fait de vécu *et* d'organisation de ce vécu, donc à certains égards de beaucoup d'entendement *et* de beaucoup de sentiment qui a toujours caractérisé les maîtres du cheminement intérieur»[6].

Dans les domaines qui sont les siens, la science peut légitimement en appeler au seul intellect, encore que cela entraîne un certain type de conséquences que l'on peut difficilement tenir pour négligeables aux yeux de Musil. Mais ce serait une erreur de croire qu'il est inversement possible d'en appeler au seul sentiment sitôt que l'on franchit les frontières de l'objectif et du conceptualisable pour pénétrer dans l'horizon du vécu et du singulier. Qu'il n'y ait de science que du général, selon une formule bien connue, ne signifie nullement que les ressources de l'intellect, ou si l'on veut de la raison, soient destinées à s'épuiser dans la seule activité scientifique. L'*essai*, pour Musil, est en quelque sorte le redressement de cette erreur, mais en même temps beaucoup plus que cela.

S'il ne s'agissait en effet que de redresser une erreur, cela ne pourrait guère avoir pour conséquence que de rendre justice à un genre méconnu ou sous-estimé. Or, si dans une certaine mesure — en particulier dans le texte consacré à Franz Blei — il s'agit en partie de cela, la notion musilienne de *l'esprit* et l'idée de *l'essai* qui lui est associée ont aussi pour signification une exigence tout à fait spécifique dans le domaine de ce que Musil appelle précisément quelquefois «les œuvres de l'esprit»[7]. D'autre part la même idée, outre la portée programmatique qui est la sienne, peut également se voir reconnaître une signification critique de nature à mettre à nu le genre de maux dont les apôtres du sentiment ont coutume de se plaindre.

Comme l'évocation des romans de Musil et nos analyses ultérieures nous permettront de le montrer de façon plus précise, il se peut que la science signifie à certains égards un appauvrissement de l'esprit. « La science, observait Wittgenstein : enrichissement et appauvrissement. *Une* méthode particulière pousse de côté toutes les autres »[x]. Il se peut également que la science soit responsable — ou en tout cas partie prenante — d'un monde de « qualités sans homme » de plus en plus dominé par ce que Musil nomme parfois les « rapports objectifs ». Il s'agit d'un phénomène qui a suscité bien des interprétations et des commentaires. Mais la solution — s'il y en a une — ne peut pas être dans une pure et simple accommodation à cet état de choses, pas davantage dans son ignorance, encore moins dans l'attitude qui consiste à opposer à la raison tenue pour coupable les vertus du sentiment, de l'âme ou une quelconque forme d'angélisme parmi celles qui pourraient s'en inspirer. Il entre certainement dans l'attitude de Musil — dans ses *Essais*, précisément — une forte dose de provocation. L'image de la règle à calcul, celle de la nécessité où l'on se trouve de résoudre le plus rapidement possible une intégrale après avoir lu quelques pages d'un roman allemand, tout cela paraît tellement à contre-courant des révoltes inspirées par la science — et, soit dit en passant, d'un bon nombre de nos idées — que l'on pourrait être tenté de voir dans l'attitude de l'auteur l'expression d'une forme de positivisme cynique principalement destiné à choquer. En vérité, quoique ce genre de passages ne soient pas sans dispenser quelque plaisir malin pour ceux que les abîmes de l'âme ou les mythes qu'ils fondent n'ont jamais séduits ou fascinés, il n'en demeure pas moins que les indignations que cela peut également susciter recouvrent pour Musil l'un de ces problèmes qui présentent à première vue tous les caractères d'une impasse dans laquelle les comportements ordinaires conduisent inmanquablement sans le moindre espoir d'une issue.

Or c'est justement à une issue que s'efforce de penser Musil avec la notion d'essai, non sans songer également aux obstacles qui s'y opposent. A vrai dire, la notion concernée est fondamentale en ceci qu'elle est étroitement liée au type d'exigence que réclame la situation de l'esprit ; elle l'est aussi en cela que se dessinent en elle les contours d'une tentative qui est destinée à y répondre.

C'est en tout cas ce que montre l'examen des thèmes et des questions abordés par Musil dans la partie critique de son œuvre, et c'est aussi pourquoi la lecture des *Essais* ne peut guère être tenue pour secondaire au regard de l'œuvre romanesque, tout particulièrement dans le cas de *L'homme sans qualités*.

Comme il l'observe sans s'y attarder dans une lettre adressée à Johannes von Allesch, «les grands articles puisent au même réservoir d'idées que le roman»[9]. A l'exception de quelques textes, en effet, pour lesquels cela ne paraît pas immédiatement évident, les préoccupations qui s'expriment dans les essais de Musil, voire dans les chroniques qu'il écrivit ou les textes qu'il prononça, constituent le contrepoint de ce qu'il tente de mettre en œuvre, parallèlement, dans ses romans. Comme on l'a parfois souligné, le rapport singulier qui unit ces deux faces en apparence bien distinctes de l'entreprise de l'auteur ne sont pas sans s'interpénétrer, cela jusqu'à se révéler une source de difficultés particulières, notamment dans les dernières années, au moment où Musil tente vainement de conduire *L'homme sans qualités* jusqu'à son terme. C'est à ce moment-là qu'il envisage de publier un volume qui lui permettrait, comme il le remarque lui-même, de s'en débarrasser[10]. Etrange sentiment que celui-là: c'est alors que la nécessité — et très vraisemblablement le réel désir — d'achever ce roman qui l'absorbe depuis plus de vingt ans s'impose à lui avec le plus de force; dans une période où, de plus, il aurait souhaité donner à sa partie finale le bénéfice d'une sorte de narration retrouvée; c'est alors que ce qu'il écrit se constitue à cet égard en obstacle et que l'essai, comme par une sorte de ruse, vient s'y opposer.

En vérité, les problèmes auxquels il se trouve confronté sont incontestablement, de toux ceux que pose le roman, les plus difficiles. Ils concernent en effet pour l'essentiel la possibilité d'un dénouement de l'aventure «impossible» dans laquelle Ulrich et Agathe se sont engagés de manière solitaire, après avoir rompu avec le monde et tenté, selon les propres termes d'Ulrich, d'*abolir le réel*. Le monde est ici la limite, l'inexorable, l'échec. Or, il s'agit précisément pour Musil de maintenir la possibilité de l'*autre vie* à laquelle l'aventure du frère et de la sœur était subordonnée, et cela sans cependant basculer dans la folie, c'est-à-dire sans perdre de vue que c'est bel et bien dans un *monde* que cette autre vie demande à être vécue.

D'une certaine manière, toutefois, cette «issue» du roman représente l'aboutissement des possibilités sur lesquelles il est construit. Or, les thèmes et les questions abordés dans les *Essais* ne leur sont pas étrangers. Bien au contraire, c'est de manière finalement très précise qu'ils en dessinent les contours. Non pas, certes, que la lecture d'un roman comme *L'homme sans qualités* exige une connaissance préalable des *Essais*, mais il ne fait guère de doute que ces derniers appartiennent à l'œuvre de plein droit, même si l'on n'en soupçonne pas toujours l'importance ou la cohérence.

Tout d'abord, quoique écrits dans des circonstances ou sur des prétextes divers, ces textes composent un ensemble dont il convient de ne pas sous-estimer l'unité. Certes, comme Musil l'observe lui-même, « Je sens trop à quel point ce qu'ils peuvent avoir de cohérence profonde fut modelé par l'occasion qui me servit de prétexte alors que je ne me sentais nullement disposé à écrire; de sorte que ce que je jugeais essentiel s'y glissait toujours par la bande »[11]. Néanmoins, toujours selon ses propres termes, « un examen attentif m'a révélé que certaines corrélations se retrouvent partout, mais souvent souterraines »[12].

A considérer en effet les divers écrits que Musil a publiés ou qu'il destinait à une publication à titre d'essais, de chroniques ou de conférences, on est d'abord frappé par la permanence d'une attitude qui consiste à aborder les thèmes les plus divers selon une perspective qui associe généralement le diagnostic à la conscience d'exigences spécifiques. Comme certains ont jugé bon de le souligner, la pratique du diagnostic a connu à Vienne quelques-uns de ses développements les plus fameux. Mais l'on sait aussi combien celle-ci s'est très souvent épuisée dans une sorte de routine relativement stérile tendant à privilégier tantôt une forme diffuse de scepticisme, tantôt le cynisme le plus plat. Or, s'il est une chose qui, précisément, distingue Musil de bon nombre de ses contemporains, c'est au contraire l'idée, la conviction, que dans la plupart des domaines qui paraissent se prêter à un diagnostic, ou bien le réclamer en raison des malaises que l'on peut y percevoir, il y a quelque chose à faire, au demeurant quelque chose d'autre que la simple auscultation destinée à exhiber le mal ou à l'exorciser. Il est tout à fait clair que la seule présence d'un mal supposé suffit généralement à susciter au moins deux types d'attitudes. La première, celle qui consiste à opter pour les avantages de la dénonciation, et corrélativement pour une défense inconditionnelle du bien présumé que le mal dénoncé menace de disparition; la seconde, celle qui consiste plutôt à y trouver une occasion de diagnostic à la faveur de laquelle les capacités critiques de l'esprit pourront s'exercer, mais sans que l'on s'interroge réellement et de façon raisonnable sur les possibilités d'une issue avec tout ce que cela comporterait éventuellement d'effective remise en question des habitudes acquises. Il y a là, au fond, deux formes de paresse pouvant se conjuguer de diverses façons et pouvant également donner l'illusion du courage et de l'audace, au moins sur le plan intellectuel, y compris lorsqu'il s'agit de phénomènes dont la plupart des gens n'ont pourtant pas la moindre idée.

Depuis que nos sociétés ont acquis la conviction d'être malades, on a vu le vocabulaire médical s'imposer peu à peu dans des domaines qui jusque-là lui étaient restés étrangers. La littérature et la philosophie contemporaines de Musil en sont un excellent exemple. Ce qu'il y a de curieux, toutefois, c'est que ces emprunts souvent métaphoriques se soient le plus souvent limités à certains aspects seulement de la pratique et du langage médicaux et ne se soient que rarement étendus à ce qui en constitue la raison d'être, à savoir tout simplement la guérison. Il est vrai que c'est là une autre histoire, sans compter que l'on peut avoir toutes les raisons du monde de se méfier de ce genre d'ambition, nonobstant également la naïveté qu'il y aurait à prétendre obtenir de tels résultats sous l'effet d'un quelconque breuvage intellectuel. Comme l'écrit Musil: «Quant à nous, depuis le siècle des lumières, nous avons bien perdu courage. Un petit insuccès a suffi à nous dégoûter de l'intelligence, et nous laissons le premier exalté venu taxer de creux rationalisme la tentative d'un Diderot ou d'un D'Alembert»[13]. Mais précisément, tout diagnostic authentique suppose d'une part que l'on ne se laisse pas trop aveugler par la souffrance du patient, et d'autre part que l'on évite si possible de confondre le symptôme et la racine du mal, sauf à céder, bien entendu aux prestiges de l'exorcisme.

Dans plusieurs de ses essais, Musil semble il est vrai rechercher dans les phénomènes — culturels, esthétiques ou éthiques — sur lesquels porte son regard la manifestation des symptômes d'une crise qui lui paraît être celle de l'esprit. Conformément à l'utilisation qu'il fait le plus souvent de ce mot, l'une de ses convictions fut certainement que les facultés qui le constituent ont, au cours de notre histoire, subi un développement inégal. Les réflexions qu'il consacre par exemple à la science ne laissent aucun doute à ce sujet: le développement intensif et rapide des sciences a laissé loin derrière lui, dans une sorte d'état d'arriération, l'une des composantes pourtant essentielles de l'esprit: le sentiment, les éléments affectifs dont l'intelligence, à sa manière, se nourrit pourtant bel et bien. Les déséquilibres qui en sont issus se traduisent par différents malaises qui concernent aussi bien la culture que l'individu et la qualité de ses rapports avec les êtres et les choses, pour ne rien dire, comme nous le verrons, de ses rapports avec lui-même. Tout se passe — on l'a souvent remarqué — comme si l'homme était devenu pour ainsi dire trop intelligent, incapable de se hisser, quant à ses réactions et possibilités affectives, jusqu'au seuil atteint par ses connaissances, incapable, tout autant, de faire bénéficier son statut d'être sensible des lumières d'une intelligence qui, de toute façon, tend de plus en plus à se détacher de lui. L'âge de la science, comme on le nomme quelquefois, n'a pas su résoudre les questions les plus importantes qui se posent à l'homme: celles de la vie, tout simplement.

Chez Musil, la conscience d'une crise de l'esprit, les analyses qu'il en donne, ne se conçoivent pas autrement que comme la conscience de ce problème. C'est d'ailleurs précisément en cela que les thèmes qu'il aborde dans ses essais, les préoccupations qui sont les siennes, les observations qu'il consacre à la pensée scientifique ou à des questions d'ordre esthétique se révèlent inséparables d'une recherche d'inspiration fondamentalement éthique qui est en fait au centre de son œuvre. Il n'est pas, du reste, jusqu'à ses critiques théâtrales qui n'en témoignent également. Ainsi, lorsqu'il constate, par exemple, que «le théâtre s'étiole», c'est également pour constater combien les «créateurs» dans ce domaine ont bien trop peur de faire appel à ce qu'ils jugeraient sacrilège: «créer: une activité spécifique à laquelle trop d'intellectualité ne saurait que nuire»[14]. Par là, les hommes de théâtre ne font que rejoindre la cohorte de ceux qui opposent aux effets présumés dissolvants de l'intelligence les effets salvateurs de l'âme, qu'ils y voient leur unique planche de salut ou qu'ils se méprennent quant aux possibilités respectives de l'intellect et du sentiment. Il vaut la peine, ici, de citer ce qu'écrit Musil à propos de l'impressionnisme et de l'expressionnisme:

«L'impressionnisme ni l'expressionisme n'ont produit d'idées; le premier dans la mesure où il se plaisait à détecter les faits, en a produit parfois à l'état brut, mais sa technique: ne laisser la parole qu'aux faits et aux sentiments, manque de force idéologique cohésive, le second n'a pas créé la moindre idée nouvelle, il n'a jamais été l'art d'idées qu'il prétendait être, mais un art sans idées, et qui en est resté, bizarrement, à un trop et trop peu d'intellect comme de sentiment. Prétendre susciter des sentiments ou même des idées rien qu'en prononçant leur nom est pur rationalisme. D'un autre côté, c'est manque d'entendement, c'est-à-dire simplement d'intelligence, que de vouloir évoquer au moyen d'une fenêtre éclairée en rouge entre des rideaux noirs le lieu de réunion des communistes', comme l'a écrit ici même H. v. Wedderkop dans son excellent article du n" de mai. Il ne faudrait pas pour autant se ranger à l'usage qui en rend responsable l'*art d'idées*»[15].

Il ne faudrait pas croire, ici, à un excès de sévérité ou d'humeur de la part d'un auteur qui, il est vrai, s'est toujours considéré lui-même comme un «original»[16] dans son siècle. Lorsque Musil évoque, par exemple, «l'oppressant vide intellectuel, non seulement du théâtre, mais de toute notre littérature»[17], la seule chose qu'il ait en vue réside en fait dans ce que comporte de navrant à ses yeux l'ignorance des possibilités dont l'art pourrait tirer parti si seulement il se tournait un peu plus vers les forces dont il se méfie, et un peu moins vers un idéal qui se révèle en fin de compte celui du commerce[18]. A cet égard, ses chroniques théâtrales, autant que ses grands essais, permettent tout à fait de saisir la nature des tendances dominantes qui placent l'art sous la dépendance d'un mouvement de civilisation qui privilégie le sensationnel et distille paradoxalement l'ennui.

Il y a une raison à cela, c'est que le théâtre entretient des rapports plus étroits que la littérature ou d'autres formes d'expression avec la société et les goûts et attitudes qui s'y manifestent. D'autres que Musil y ont insisté, même si cela ne signifie pas qu'il était avec eux en parfaite communion de pensée: Broch, par exemple, Schönberg, pour ne citer que ces deux exemples, ont également vigoureusement déploré les habitudes de leurs contemporains dans ce que celles-ci comportaient de désespérément stérile à leurs yeux. Il se peut, du reste, que pour ce qui concerne le théâtre en particulier leurs analyses et leurs indignations — leur mépris, parfois — se limitent, quant au sens qu'on peut leur prêter, au seul contexte viennois. Mais les symptômes qu'ils y perçoivent dépassent largement le champ clos du théâtre, ou de l'opéra, et les frontières historiques et géographiques que l'on est spontanément tenté de leur associer. Comme l'écrit Musil: «L'exemple du théâtre montre comment la société administre les biens culturels», et c'est à ce titre qu'il est permis d'y voir un «phénomène symptomatique de l'état de notre société»[19].

Musil cite Nietzsche qui remarquait lui-même, dans sa polémique contre Wagner, que «dans les cultures de décadence... seul le comédien suscite encore l'enthousiasme»[20]. Il souligne également jusqu'à quel point les tendances inhérentes au journalisme se sont imposées dans la plupart des sphères de la culture, à commencer par celle-là. L'orientation la plus générale est celle qui «vise à rapprocher le théâtre du journalisme»[21]. De l'un comme de l'autre, on pourrait être tenté de dire qu'ils ont recours aux mêmes «trucs»: associer au «maximum de sensationnel» le «maximum de familier». A cela correspond ce qu'il appelle le *plaisir pur* et sa conséquence immédiate: «le besoin de changement au sein de l'ennui».

La conviction de Musil, dans tout cela, c'est que le théâtre exprime à cet égard quelques-uns des aspects les plus saillants d'une crise générale de la culture, elle-même marquée par une hostilité sans précédent à l'endroit de toute manifestation d'*intellectualisme* et par un idéal qui est celui du «cœur». Aussi les textes consacrés au théâtre peuvent-ils aisément être rapprochés de ceux qui concernent plus précisément la culture ou les questions d'ordre esthétique et éthique qui lui sont liées.

2. « Le vrai but c'est la pensée ! »

Dans un essai de décembre 1912 : « La politique en Autriche » (*Politik in Oesterreich*), on peut lire :

« Ce qui distingue surtout, du point de vue culturel, notre époque des précédentes, c'est la dissolution par le grand nombre, la solitude et l'anonymat de l'individu au sein d'une masse sans cesse croissante, qui imposent à l'esprit une attitude nouvelle aux conséquences encore imprévisibles. Le peu d'œuvres d'art dignes de ce nom que nous avons aujourd'hui en offre l'exemple le plus clair : qu'elles ne puissent être à la fois bonnes et accessibles au grand nombre constitue vraiment un fait nouveau et probablement, bien au-delà des querelles esthétiques, l'avènement d'une fonction nouvelle de l'art »[22].

Certes ce genre de constatation peut paraître en lui-même assez banal. Il convient toutefois de ne pas perdre de vue le type de conséquence que Musil en tire. D'un point de vue esthétique, tout d'abord. Sur un plan philosophique plus général ensuite. Pour commencer par ce dernier point, « l'attitude nouvelle » dont il parle le distingue en cela de bon nombre de ses contemporains, sans parler de leurs héritiers lointains, que les phénomènes qu'il mentionne ne sont pas tenus pour un horizon incontournable, ni, comme nous le verrons en ce qui concerne plus particulièrement les « découvertes » dont ils sont solidaires (le naufrage du « moi », par exemple), pour une malédiction qui prendrait le visage d'un destin. On sait qu'à Vienne, à peu près à la même époque, le sentiment s'est imposé, principalement dans les milieux littéraires, d'une impossibilité majeure que résume parfaitement la très fameuse *Lettre de Lord Chandos* et le non moins fameux cri d'alarme lancé par Hermann Bahr : « *Das Ich ist unrettbar* »[23]. A l'inverse de ces derniers, une attitude permanente de Musil fut certes de prendre au sérieux ce qui se faisait jour dans les évidences et dans le savoir de son temps, mais sans jamais y voir autre chose qu'un problème, c'est-à-dire tout simplement une difficulté à surmonter. Pour être plus clair encore, on peut dire que le thème de «la mort du sujet», celui de «la mort de l'homme» qui ont suscité dans la philosophie française les commentaires que l'on sait — thèmes qui n'avaient au fond de nouveau que la soudaine découverte d'un fait dont on ne s'était pas avisé jusqu'au moment où une certaine avant-garde en fut comme illuminée — n'auraient pas fait l'objet, chez Musil, d'une autre interprétation que celle qui fut la sienne dans des circonstances à peu près comparables : non pas céder de manière obsessionnelle à la conscience d'une impossibilité pour en faire le thème inépuisable d'une philosophie ou d'une littérature vouées à commenter leur propre impossibilité ou l'évidence de leur deuil, mais y voir bien au contraire l'indice d'une tâche à accomplir dans des conditions spécifiques culturellement définies.

C'est la conscience d'une semblable exigence qui s'exprime dans la plupart des jugements que Musil est amené à développer dans ses essais, en particulier sur le plan esthétique. Mais l'on devine déjà les raisons pour lesquelles les questions esthétiques relatives à ce qu'il nomme «une fonction nouvelle de l'art» ne peuvent être séparées de la signification éthique qu'elles revêtent. Et de même, on ne s'étonnera pas du rapport étroit qui unit ses réflexions à l'entreprise dans laquelle il s'engage sur un tout autre plan : celui du roman.

D'une certaine manière, ceci nous ramène aux réflexions précédemment esquissées au début du présent chapitre. En effet, l'une des constantes de la pensée de Musil, non seulement dans ses textes critiques, mais également dans son œuvre romanesque, réside dans un effort destiné à concilier la littérature, compte tenu de la spécificité du domaine qui est le sien, avec les ressources de l'intellect et l'appui qu'elle peut y trouver. C'est principalement une raison comme celle-là qui le conduit, à l'inverse de la plupart des écrivains d'alors, à se tourner vers les sciences, comme si l'énergie dont elles témoignent était de nature à définir en quelque façon une voie dont la littérature pouvait tirer parti. On verra, de fait, quel parti Musil en a tiré pour son propre compte. Une première constatation, toutefois, consiste dans cette sorte de défi qui s'exprime à la fin de *L'homme mathématique* comme dans d'autres essais vers lesquels nous nous tournerons ensuite :

«Il n'empêche que cette même époque non seulement voit en activité des énergies intellectuelles telles qu'il n'en fut jamais, mais encore connaît une harmonie et une unité de l'esprit jusqu'ici insoupçonnées. Prétendre que tout cela ne concerne qu'un savoir limité serait stupide; depuis longtemps déjà, le vrai but, c'est la pensée en général. Sans doute cette forme de pensée, avec ses exigences de profondeur, de hardiesse, de nouveauté, se borne-t-elle pour le moment au domaine exclusivement rationnel et scientifique. Mais elle s'étend peu à peu; quand elle aura gagné le sentiment, elle méritera le nom d'esprit. Aux écrivains de franchir ce pas. Pour ce faire, ils n'ont pas à apprendre une quelconque méthode (psychologique, juste ciel! ou autre); seulement à s'imposer des exigences. Au lieu de cela, ils se contentent de considérer leur situation avec perplexité, et se consolent en blasphémant. Et si les contemporains ne peuvent pas davantage, par eux-mêmes, transposer dans l'humain leur niveau de pensée, ils n'en sont pas moins sensibles à ce qui demeura là au-dessous de leur niveau»[34].

Un tel texte, bien entendu, n'a pas pour fonction de résoudre les problèmes qu'il pose. Ces problèmes, du reste, Musil ne cessera de s'y mesurer dans son activité d'écrivain. Il se peut également que séparées de leur contexte ces réflexions paraissent excessives ou sans objet. Pour peu, toutefois, qu'on les replace dans leur juste perspective : celle de la vague de scepticisme, de relativisme et d'irrationalisme qui sévit alors, elles ne peuvent pas ne pas prendre un relief significatif. Certes, on pourra toujours y voir l'expression d'une pensée formée aux sciences et à la technique, avec ce que cela peut comporter d'attachement parfois aveugle à des schémas qui, en dehors des cadres limités dans lesquels ils s'imposent, perdent toute signification. Mais ce serait au demeurant se détourner de l'essentiel. S'il est en effet autant question des sciences et de la rationalité scientifique dans les propos de Musil, ce n'est nullement pour des raisons semblables. Ce genre d'impression pourra encore détourner de son œuvre certains lecteurs et ils ne seront pas les premiers — on pourrait même dire qu'ils auront été précédés en cela par plusieurs personnages illustres —; il n'en demeure pas moins qu'aux yeux de Musil les diverses formes de procès intentés à la science souffrent le plus souvent d'un défaut majeur: l'ignorance des forces dont elle se nourrit et la méconnaissance des ressources de l'esprit qui s'y expriment. Or c'est précisément cela qu'il convient de saisir. Quant à la littérature, ce n'est pas en s'opposant à la science qu'elle parviendra à expurger le mal dont il lui arrive de se plaindre, mais en se concevant comme son prolongement. Que cela implique une reconsidération des attitudes les plus communément répandues, c'est ce dont Musil n'a jamais douté et c'est également ce que montre le précédent texte. A défaut, toutefois, on se condamne à une infirmité dont il est permis de se faire une idée à partir des constatations suivantes:

«Nous souffrons certainement d'un mauvais équilibre entre les forces intellectuelles du temps présent. L'universitaire, le plus souvent, ne sait pas grand-chose de l'art, et la plupart de nos artistes, dans cette époque où triomphe une pensée extrêmement forte, mais d'application trop unilatérale, font penser à des piétons indignés réfugiés sur l'îlot d'une rue à grande circulation. Ils sont incapables de comprendre ni d'orienter son intense passion intellectuelle. Sans doute sont-ils en avance sur elle sur le plan affectif, mais sur le plan de la raison, ils n'arrivent pas à suivre. Ils ne savent effectivement rien de précis des énergies spirituelles qui sont en œuvre en elle, ni de leurs innombrables formes. Ils passent leur temps à déchiffrer dans les entrailles la future misère de ce temps, qui ne saurait être que prosaïque, inartistique et désacralisé. Et ils cherchent à lui imposer quelque chose qui se trouve être parfaitement insignifiant, une forme, une grande attitude, rien qui suppose une participation, du tout fait, du définitif, du rédempteur : un art »[25].

A lire un texte comme celui-là, on peut évidemment être pris d'un doute et se demander si Musil ne prête pas au piéton dont il parle la possibilité d'une attitude qui, sur le plan du savoir proprement dit, n'est peut-être pas même envisageable pour ceux qui y font la circulation ou qui y participent. Mais cela ne peut néanmoins nous conduire à opter pour la situation du piéton. La question serait plutôt celle de l'alternative elle-même. Musil, en tout cas, la jugeait apparemment possible.

Sous quelle condition? c'est ce que nous avons déjà partiellement aperçu. Il s'en explique, toutefois, dans plusieurs textes qui, bien avant *L'homme sans qualités*, paraissent jeter les bases des principes qui commanderont le grand roman. A tel point que l'on est immédiatement tenté de placer ces textes et le roman dans la perspective d'un éclairage réciproque. Ainsi, par exemple, pour un essai relativement bref mais d'une incontestable importance à cet égard : « La connaissance de l'écrivain : esquisse » (*Skizze der Erkenntnis des Dichters*), publié dans *Summa*, alors dirigé par Franz Blei, en 1918.

On y voit notamment apparaître deux notions dont nous verrons qu'au-delà de ce qu'elles évoquent immédiatement elles sont au centre de l'œuvre et de la pensée de l'auteur : le *ratioïde* et le *non-ratioïde*. Pour l'essentiel, l'essai considéré vise à définir les limites qui sont celles du domaine propre à l'écrivain (*Dichter*), afin d'en déterminer non seulement l'étendue, mais également la nature des tâches qui déterminent la place de ce dernier au regard de l'esprit. Non pas que ces frontières — l'idée n'en est pas très originale comme Musil le remarque lui-même — puissent être tenues pour parfaitement nettes ni rigides, mais elles présentent certainement l'avantage de suggérer que le rôle de la littérature ou de l'art en général ne dépend pas fondamentalement d'un choix arbitraire dont la source résiderait dans les goûts forcément fluctuants de l'artiste ou de son public, mais plus essentiellement de la structure du monde et de l'esprit. En d'autres termes, pour Musil, la littérature, puisqu'il s'agit bien d'elle, tient sa vocation d'un fondement objectif dont il convient de se faire une idée aussi précise que possible :

«C'est la structure du monde, écrit-il, et non celle de sa nature propre, qui assigne à l'écrivain sa tâche, et selon laquelle il a une mission»[26].

C'est dire que les notions qui ont ici pour fonction de définir un partage ne sont pas de celles que l'on invoque à titre de programme ou de manifeste destiné à combler les désirs ou les goûts du moment, quitte à y renoncer ultérieurement lorsque les conditions changent. De fait, ce que Musil recherche dans un texte comme celui-là ou dans d'autres textes semblables — et cela vaut pour la plupart de ses essais — on pourrait le définir à la manière d'une épistémologie du roman si ce terme ne gagnait pas à être réservé aux questions qui touchent plus spécifiquement la science.

Quoi qu'il en soit, sous les mots précédemment invoqués il désigne donc respectivement le domaine de l'homme rationnel, lequel recouvre pour l'essentiel celui des sciences positives, et d'autre part celui des expériences dont la signification ne peut être réduite à un principe d'univocité du genre de celui qui, précisément, commande le fonctionnement de la raison et son efficacité.

«On ne peut mieux comprendre le rapport de l'écrivain au monde, écrit-il au début, qu'en partant de son contraire: l'homme qui dispose d'un point fixe a, l'homme rationnel sur son terrain ratioïde»[27].

Au passage, certes, Musil ne manque pas d'observer, conformément à une remarque à laquelle *L'homme mathématique* donnait une plus grande ampleur, que les assises qui fournissent à l'homme rationnel la garantie de son succès ne sont peut-être pas à l'abri de toute secousse. Mais les constructions qui sont les siennes n'en bénéficient pas moins d'un fondement objectif. En effet,

«Ce domaine ratioïde englobe — délimité à grands traits — tout ce qui peut entrer dans un système scientifique, tout ce qui peut être résumé dans des lois et des règles, donc, avant tout: la nature physique; mais la nature morale uniquement dans de rares cas de réussite (...) Mais ce qui le caractérise surtout, c'est que les faits s'y laissent décrire et communiquer de façon univoque. Un nombre, une luminosité, une couleur, un poids, une vitesse sont des représentations dont la part subjective n'amoindrit pas la signification objective, universellement transmissible (...). On peut dire que le domaine ratioïde est régi par la notion de 'solidité' comme d'une *fictio cum fundamento in re*»[28].

Or, à côté du vaste domaine des faits sur lesquels l'homme rationnel exerce son emprise, il y a encore le champ infini, non plus des faits à proprement parler, mais des expériences dont la vie la plus ordinaire offrirait d'innombrables exemples si, précisément, elles étaient aussi aisément communicables que les premières. Car tel est bien en effet l'un des problèmes qui s'y posent: celui de la possibilité — ou de l'impossibilité — de les tenir pour communicables, en tout cas de la même façon. Bien entendu, on pourrait avoir l'impression de retrouver ici l'écho des débats que les écrivains viennois, autour de Bahr et de Hofmannsthal, ont un certain temps nourri de leur plume. Il n'est même pas interdit de penser au *Tractatus* de Wittgenstein, en particulier à la proposition sur laquelle s'achève l'ouvrage. En vérité, sur ce plan-là tout au moins, bien que la réflexion de Musil ne soit pas véritablement tournée vers le langage, si sa position présente avec celle de Wittgenstein quelque chose de commun, c'est en cela qu'à première vue le domaine du *dicible* se confond à peu de choses près avec celui de la science; en cela aussi qu'au-delà s'étend le domaine de ce qu'il nomme également l'éthique. La différence, toutefois, c'est qu'il ne suggère en rien qu'au regard des possibilités de langage celui-ci serait rigoureusement frappé d'interdit. Bien au contraire, puisqu'il y voit, précisément, un domaine offert à l'écrivain. C'est du reste en ce sens que pour lui la littérature est appelée à prolonger la science. Comment ? certes toute la question est là. Mais sur ce point, le même texte n'est pas sans apporter quelques informations qui dépassent largement la simple délimitation de deux domaines spécifiques. Qui plus est, les éléments qu'il comporte sur ce plan-là sont également de nature à faire comprendre pourquoi ces deux domaines ne sont pas fondamentalement et inexorablement séparés, ce qui chez Musil n'est pas sans importance. Toutefois, s'il n'est pas tout à fait sans intérêt de rapprocher Musil de Wittgenstein, c'est certainement à la seconde philosophie de celui-ci, plutôt qu'à la première, qu'il y a lieu de penser.

«Une notion, un jugement sont dans une très large mesure indépendants de leur application et de la personne qui les applique; une idée, dans sa signification, est dans une très large mesure dépendante de l'une et de l'autre, elle n'a jamais qu'une signification déterminée par l'occasion et, détachée des circonstances, elle meurt. Prenons la première affirmation éthique venue: 'Il n'existe aucune opinion pour laquelle on ait le droit de se sacrifier et de céder à la tentation de la mort...' Quiconque a été ne fût-ce qu'effleuré par le souffle d'une expérience éthique saura que l'on peut bien aussi affirmer le contraire, et qu'il faut de longs commentaires simplement pour expliquer dans quel sens on entend cette phrase. (...) Dans ce domaine, la compréhension de chaque jugement, le sens de chaque notion est enveloppé d'une couche d'expérience plus subtile que l'éther, d'un mélange de volonté et de non-volonté personnelles variable de seconde en seconde. Les faits, dans ce domaine, et par conséquent leurs relations, sont infinis et incalculables»[29].

Il est bien clair que Musil ne dit pas que les expériences qui entrent dans la sphère du *non-ratioïde*, pour reprendre ses propres termes et «la laideur du néologisme», doivent être tenues pour indicibles, même si apparemment on ne voit pas très bien comment les affirmations dont il donne un exemple pourraient en constituer réellement une traduction. Ce qu'il y a de plus important dans les suggestions que contient ce passage, c'est l'idée que ces expériences sont entièrement inséparables du contexte entier qui leur donne un sens. Or, c'est justement cela qui les soustrait à tout jugement de type scientifique, et qui en même temps les désigne à un tout autre type d'activité symbolique. Il nous faudra certes voir plus précisément ce qu'il en est en nous tournant vers le genre d'entreprise que Musil met en œuvre dans ses romans, mais l'on peut d'ores et déjà essayer d'en donner rapidement le principe. En effet, l'idée formulée ici revient à subordonner la possibilité de la signification à l'existence de *formes* (*Gestalten*) qui, outre les infinies possibilités de variations que l'on peut aisément imaginer, présentent à chaque fois un irréductible caractère de singularité. Or, si le champ de l'éthique est constitué de telles expériences et de telles significations, non seulement il va de soi que des formules de portée générale ne peuvent y trouver une application, mais il n'est pas interdit de penser que l'écriture, sous certaines conditions, puisse en un sens les susciter. Les susciter et non pas les décrire ou les représenter, car comme on le verra la tâche de la littérature, aux yeux de Musil, est davantage d'*invention* que de *représentation*. «La tâche, comme il le précise, consiste à découvrir sans cesse de nouvelles solutions, de nouvelles constellations, de nouvelles variables, à établir des prototypes de déroulements d'événements, des images séduisantes des possibilités d'être un homme, d'*inventer* l'homme intérieur»[30]. Bien entendu, quoique Musil n'ait pas réellement pris en compte une telle question, ce genre de conception n'est pas sans impliquer à titre de condition une certaine théorie de la signification. A peu de chose près, en effet, pour ce qui concerne le domaine du *ratioïde*, la conception de Musil ne paraît pas très éloignée d'une théorie comme celle de Wittgenstein dans le *Tractatus*[31]; en revanche, sitôt qu'il s'agit d'expériences du genre de celles qu'il évoque par ailleurs, la possibilité pour la littérature, et pour le roman en particulier, de les susciter suppose que les conditions de la signification ne se limitent pas, en ce qui concerne le langage comme tel, à celles qui sont requises pour les jugements rationnels. Il n'est pas interdit de penser que les lacunes que comportent à cet égard les textes de Musil — entendons: ses essais, bien sûr — ne sont pas pour faciliter la compréhension de ce qu'il paraît indiquer. Mais quoi qu'il en soit, il convient encore d'indiquer que les domaines circonscrits ne sont pas perçus, dans tout cela, comme strictement hétérogènes. Dans la mesure où ils recoupent pour l'essentiel la dualité de l'esprit lui-même, on peut il est vrai tenir pour acquis qu'il ne saurait en être question, sauf à prendre en compte les divisions historiques contre lesquelles s'insurge précisément Musil. Néanmoins, cette nécessaire union des deux moitiés de l'esprit demande à être mise en œuvre: le sentiment demande à être articulé par l'intellect. Comme il le précise dans un autre essai, «La pensée artistique et la pensée scientifique, chez nous, ne sont pas encore entrées en contact. Les problèmes de la zone intermédiaire attendent encore leur solution »[32]. Or le roman, aux yeux de Musil, détient la possibilité d'œuvrer dans ce sens. Pourquoi le roman, cependant — ou l'essai — et non pas précisément la philosophie, par exemple, ou plus généralement la pensée conceptuelle ?

3. Le sentiment, l'intuition

La question des possibilités qui appartiennent en propre au roman trouvera un éclairage dans les chapitres ultérieurs. Quant aux réserves que suscitent certaines tentatives apparemment plus soucieuses d'œuvrer dans la «zone intermédiaire» dont il vient d'être question, il est permis de s'en faire une idée assez précise à la lecture de l'essai que Musil consacre à Rathenau.

L'importance du personnage réside dans ce qu'il représente à ce moment-là. Musil lui consacrera du reste également l'un de ses cahiers[33]. Comme écrivain, en effet, Rathenau dont on retrouve également la figure dans *L'homme sans qualités* incarne tout à fait les courants dont se nourrira l'*Action parallèle*, ceux d'une philosophie de la vie (*Lebensphilosophie*), de l'âme, opposés au rationalisme, au monde moderne, bref à tout ce dont paraît être responsable l'homme rationnel. On ne saurait dire, certes, que Musil ait été tout à fait indifférent aux idées de Rathenau, mais celui-ci — et c'est ce qu'il lui reproche — pèche par ignorance et par excès de naïveté. Comme le remarque en effet Musil, le genre d'expérience qu'il décrit dans ses ouvrages correspond à ce qui voit le jour dans l'amour, ou encore dans la mystique. Mais là où il n'y a rien de plus qu'un état dont il n'est même pas certain qu'il soit familier à chacun, Rathenau voudrait voir le principe même de ce qu'il nomme «l'homme vrai», et c'est pourquoi il tente de placer cet être «plein d'âme» au centre d'un monde, tout en ignorant, bien entendu, les aspects de la réalité qui s'y opposent. « Dans ce livre, en dépit de sa modernité, le monde se trouve une fois de plus partagé entre un ciel et un enfer, alors que c'est entre les deux, à partir d'un certain mélange... que les problèmes terrestres s'épanouissent »[34].

Il se peut que l'expérience dont Rathenau tente de donner la philosophie ne soit pas étrangère à l'idée musilienne de l'*autre état*. Mais l'erreur de celui-ci, et la source de ce que Musil tient pour un échec, réside dans la tentative qui vise à le *conceptualiser*, et cela d'ailleurs sans même que soit recherché le principe d'une conceptualisation sérieuse et consciente. Tout simplement, Rathenau fait confiance aux mots. Il ne voit pas, comme l'écrit Musil, que « ce mouvement merveilleux commence à se figer dès que l'intelligence essaie de le traduire en mots »[35]. Mais il ne faudrait pas prêter à Musil une quelconque allégeance à une position de type bergsonien à propos du langage. Ce qu'il reproche à Rathenau, c'est d'avoir constitué, à propos de phénomènes qui ne s'y prêtent pas, une philosophie de type descriptif, là où il aurait fallu sans doute en appeler aux ressources de l'écriture.

Cette attitude de réticence, voire de contestation, à propos de toute tentative visant, consciemment ou naïvement, à ramener la singularité de ce qui entre dans le champ du sentiment à des lois ou schémas de type général, on la retrouve en fait dans plus d'un texte de Musil. Non seulement dans l'*Esquisse* que nous avons citée jusqu'à présent, mais également dans deux autres textes également importants au regard de la tentative qui est la sienne : dans l'analyse qu'il consacre au *Déclin de l'Occident* de Splengler et dans un essai non publié : *L'homme allemand comme symptôme*[36].

Les lettres adressées à E. Frisch, l'un des éditeurs de la revue *Der Neue Merkur*, montrent que Musil tenait pour tout à fait importante une analyse critique de l'ouvrage de Spengler[37]. Ce qu'il écrit dans le texte concerné permet aisément de comprendre pourquoi. « Je ne juge pas ici le livre de Spengler, dit-il, je l'attaque. Je l'attaque par où il est typique; par où il est superficiel. Attaquer Spengler, c'est attaquer l'époque dont il est issu et à laquelle il plaît, parce que ses fautes et celles de son époque se confondent »[38]. Sans doute faut-il cependant encore ajouter que si Musil se montre aussi décidé, dans le cas présent, c'est aussi parce qu'il aperçoit dans *Le déclin de l'Occident* l'expression d'une tentative qui, pour contestable qu'elle soit, contient cependant des éléments significatifs au regard des questions qu'il se pose et des difficultés dans lesquelles il est engagé. Spengler, en effet, à la faveur d'une tentative qu'il juge lui-même « intuitive de part en part », est amené à pénétrer dans un domaine qui recoupe, pour une large part, le champ précédemment circonscrit sous la notion de ce que Musil nomme le «non-ratioïde». Or, de ce point de vue, précisément, il n'est pas jusqu'à ses erreurs qui ne soient instructives. De plus, dans une certaine mesure, ses idées, ou en tout cas certaines d'entre elles, peuvent paraître assez proches de celles de Musil pour que celui-ci se soit senti obligé de les soumettre à un examen, comme si cela constituait une occasion pour ce dernier de mettre au clair celles qui, précisément, paraissent s'en rapprocher le plus. En outre, l'orientation de Spengler est délibérément sceptique et hostile à toute forme de rationalisme. Or si l'on veut bien admettre que les vues de Musil, en dépit de l'attitude inverse qui est la sienne, ne sont pas sans présenter parfois quelque ambiguïté, on conviendra qu'un examen des thèses de Spengler ait pu aussi constituer, pour Musil lui-même, un moyen de se préserver de ce que les défauts d'un autre peuvent toujours présenter de contagieux. Il n'y a certes pas lieu d'en tirer des conclusions hâtives, mais le fait est que l'on a parfois l'impression de découvrir entre les deux auteurs des affinités qu'il serait vain de vouloir ignorer.

C'est ainsi que si Musil conteste le «mode de pensée» qui conduit Spengler à faire jouer de la façon la plus scandaleuse les tours de passe passe de la pensée analogique[39], s'il souligne ce que comportent d'invraisemblable les thèses spengleriennes concernant la réalité, la nature et la culture («il n'y a pas de réalité», «la nature est fonction de la culture»), bref s'il rejette fondamentalement leur scepticisme, le relativisme qu'elles entraînent et les monstruosités auxquelles Spengler fait appel sur le plan du raisonnement, il se montre toutefois plus nuancé dans l'appréciation de certaines idées. Spengler, par exemple, en appelait à Goethe pour opposer à tout ce qui lui paraissait «mort» ce qu'il jugeait au contraire «vivant». «J'en appelle à Goethe, écrivait-il par exemple. Ce qu'il a nommé *nature vivante* est ce qui s'appelle ici Histoire universelle au sens très large, *Univers-histoire*. Goethe qui ne cessa comme artiste de créer la vie, l'évolution des formes, le devenir, non le devenu, comme le montrent *Wilhem Meister* et *Poésie et vérité*, détestait les mathématiques. Chez lui, l'univers mécanique s'opposait à l'univers organique, la nature morte à la nature vivante, la formule à la forme»[40]. Musil donne un échantillon des nombreuses oppositions dont Spengler nourrit son livre. Mais il s'arrête aussi plus particulièrement sur certaines d'entre elles, notamment sur celle qui distingue la *connaissance vivante* et la *connaissance morte*, non pas certes pour en accepter les attendus, mais pour y reconnaître néanmoins un point de vue qu'il ne peut intégralement rejeter. Ce serait ici le lieu de reprendre un passage du premier roman de Musil: *Les désarrois de l'élève Törless* où se rencontre une distinction comparable⁴¹. Mais il nous suffit pour l'instant de remarquer que Musil, à propos de Spengler, ne conteste pas la distinction dans son principe. C'est que si le champ de la connaissance ne se limite pas en effet, comme Musil l'indique ailleurs, aux seules frontières de la science, on se doit alors d'admettre qu'à côté de celles dont «la validité est en dehors de nous», il y a encore toutes celles qui sont «imprégnées de volonté et de sentiment», et qui pour cette raison méritent le qualificatif de *vivantes*. Bien entendu, toute la question est de savoir s'il y a lieu d'y voir des connaissances proprement dites. Nous avons vu que Musil les appelle plutôt *idées* ou *pensées* et qu'il réclame pour ces dernières, à la fois le statut du singulier, la conscience de la complexité et la possibilité, toutefois, d'une élaboration rationnelle, au sens où il serait absurde de considérer qu'elles puissent faire l'objet d'un quelconque discours indépendamment de tout appel aux ressources de l'intellect. Or, le propre de la position de Spengler est justement de céder à une semblable illusion. Comme nous l'avons précédemment observé, il en appelle pour cela à l'intuition. Mais l'intuition, elle, lui est en vérité d'un bien piètre secours, car en supposant que nous décidions d'ouvrir le trop fameux «coffret à intuition» dont les précieuses richesses nourrissent tant de rêves et de fausses ambitions, on s'apercevrait vite que le contenu en est voué au pur et simple silence.

En vérité, comme l'observe Musil, nous sommes, à l'image de Spengler, beaucoup trop sceptiques *in ratione* et incroyablement crédules pour tout le reste. «Quiconque, aujourd'hui, veut affirmer quelque chose qu'il ne peut pas prouver ou qu'il n'a pas pensé à fond, invoque l'intuition»⁴². Spengler partage à cet égard les préjugés d'un bon nombre de ses contemporains, ce genre de préjugés dont Musil note qu'ils se caractérisent par un sentiment spontanément favorable à l'égard de «tout ce qui est entorse aux mathématiques, à la logique et à la précision. Parmi les crimes contre l'esprit, on aime à les ranger au nombre de ces honorables crimes politiques où l'accusateur public devient en fait l'accusé»⁴³.

En d'autres termes, ce que Spengler perçoit souffre en définitive d'une attitude qu'il n'est certes pas le seul à partager et qui peut être attribuée, en gros, à une époque qui, pour soigner les plaies qui sont les siennes, ne trouve rien de mieux à faire que de pratiquer des incantations susceptibles de faire reculer le mal par la seule magie du nom.

«Que l'on mette en doute les mathématiques pour mieux faire confiance à ces prothèses de la vérité que sont, en histoire de l'art, la culture et le style, que l'on fasse, dans la comparaison et la combinaison des données, malgré l'intuition, exactement ce que fait l'empiriste, en moins bien, en tirant plutôt avec de la fumée qu'à balles: voilà le portrait clinique de l'esprit aveuli par les jouissances trop prolongées de l'intuition, du bel esprit de notre temps»[44].

De là à souhaiter des mesures prophylactiques qui consisteraient à promouvoir quelque mise en quarantaine, c'est ce que fait Musil lorsqu'il propose que l'on s'interdise pendant un an d'utiliser le mot intuition. Mais ce n'est pas l'un des moindres paradoxes d'un ouvrage comme celui de Spengler et de l'esprit dont il participe que de pratiquer en sous-main ce qu'il dénonce tout haut. Comment pourrait-il en aller autrement ? La contestation radicale de l'empirisme et de toute forme de soumission aux faits ne devrait conduire en toute logique qu'au silence. Le simple fait d'aborder un problème quel qu'il soit exige, bien entendu, que l'on ait recours non seulement à des faits, mais encore à des moyens qui sont du ressort de l'intellect. Le seul inconvénient, c'est qu'à force de manifester son hostilité à la raison, à la science, aux faits, pour faire valoir les prestiges miraculeux de l'intuition, de l'analogie, du symbole ou de la connaissance vivante, on se prive inévitablement des précautions d'usage les plus élémentaires, là où précisément on en aurait le plus besoin. Ce que montre Musil, c'est que la tentative de Spengler est à cet égard exemplaire. Il y voit «les symptômes d'une époque qui ne sait pas se servir de son entendement. Non qu'elle en ait trop, comme on le prétend toujours, mais elle ne l'a pas où il faut»[45].

Il n'est pas exclu, du reste, que l'attitude inverse puisse être soupçonnée d'une incapacité ou d'une responsabilité somme toute aussi regrettable. La confiance aveugle ou exagérée dans les pouvoirs de la raison, lorsque celle-ci est rigoureusement confondue avec son modèle d'application dans les sciences, ne vaut peut-être guère mieux, que celle-ci conduise à une volonté d'annexion du *non-ratioïde* par le *ratioïde* ou à sa pure et simple ignorance, laquelle peut prendre des formes variées: «les deux adversaires sont dignes l'un de l'autre»[46].

La lacune la plus importante, dans tout cela, c'est qu'«il n'existe aucune tentative d'analyse logique de l'analogie et de l'irrationnel». Mais ce que montre aussi, par défaut, l'ouvrage de Spengler, c'est que le manque de compréhension des rapports qui unissent les différentes sphères de l'esprit, et notamment celles de l'intellect et du sentiment, ou encore des rapports qui existent entre les deux domaines du *ratioïde* et du *non-ratioïde*, comporte des effets désastreux dans tout ce qui touche à l'histoire et à la culture. C'est en ce sens que Musil, à la fin de «Esprit et expérience», en vient à plaider pour une «politique d'organisation de l'esprit». Il se peut que cette seule expression ne soit pas sans évoquer l'une des idées qui voit le jour, au sein de l'*Action parallèle*, dans *L'homme sans qualités*. Mais voilà, surtout, qui nous paraît de nature à mettre en évidence le lien qui unit la réflexion de Musil, ses interrogations dans des domaines qui touchent à l'épistémologie, à l'éthique et à l'esthétique, à des préoccupations qui concernent l'histoire. On ne l'a peut-être pas assez remarqué, l'œuvre de Musil se conçoit en fonction d'une tentative qui ne peut en être séparée. Il nous faudra y revenir à propos de *L'homme sans qualités*, car c'est peut-être là que les perspectives qui se dessinent sont les plus claires, mais les *Essais* apportent également plus d'un indice dans ce sens.

4. L'amorphisme humain

En ce qui concerne les analyses que l'auteur consacre à Spengler, il s'agit évidemment d'un aspect des choses qui ne peut passer inaperçu. Toutefois, les écrits plus particulièrement consacrés à des questions en apparence plus éloignées gagnent certainement à être rapprochés de ceux qui, plus explicitement, ont l'histoire ou la culture pour objet. Il est vrai que l'apolitisme revendiqué par l'auteur est de nature à voiler, à cet égard, quelques aspects importants de sa pensée. Un texte comme celui qui a été précédemment mentionné : « L'homme allemand comme symptôme » (*Der deutsche Mensch als Symptom*) est de nature à saisir le lien qui, sous ce rapport, unit les différents aspects de la pensée de l'auteur. Il permet en outre de faire bénéficier d'autres essais dont nous n'avons pas parlé jusqu'ici d'une perspective sans laquelle on ne pourrait guère y voir que des écrits de circonstance relativement secondaires.

Il n'est guère d'idéologies ni de visions du monde qui, depuis le XIXe siècle ne se soient tournées vers l'histoire, que ce soit dans la perspective d'y découvrir les racines d'un présent mal vécu ou dans celle d'un futur à bâtir sur de nouvelles bases. Aux yeux de Musil, toutefois, la plupart des courants de pensée qui s'y sont efforcés, que ce soit dans un sens ou dans l'autre, n'ont pas fait beaucoup mieux que manifester, sur ce plan-là, le même genre d'aveuglement que dans l'appréciation des malaises du présent et des questions qui s'y posent.

D'une certaine façon, l'une des erreurs les plus répandues consiste à rapporter les phénomènes pris en compte à un quelconque substrat qui, sous des variantes diverses, tient lieu de cause et constitue le terme de l'explication recherchée.

A cet égard, des concepts comme ceux de classe, de race, de nation, des notions comme celles de l'homme médiéval, grec, égyptien, etc. ont certainement permis, plus d'une fois, de promouvoir l'illusion d'une lumière que seule la méconnaissance de l'inextricable complexité des phénomènes les plus ordinaires de la vie a réussi à imposer. A propos de Spengler, Musil suggérait déjà tout ce que ce genre d'analyse est à même de dissimuler au regard le plus averti. Dans les notes destinées à *L'homme allemand comme symptôme*, sa tentative vise davantage à cerner les principes d'une compréhension qui s'en affranchirait. Non pas, du reste, dans un but de type spéculatif, mais plutôt en vue de répondre à cette question sans nul doute fondamentale à ses yeux : « Pourquoi ne fait-on pas l'histoire ? »[47].

Que l'on ne croie pas, cependant, à une manifestation de naïveté du genre de celle qui, dans *L'homme sans qualités*, nourrit les rêves de l'*Action parallèle*. Bien au contraire, tant il est vrai que les réflexions de Musil, à ce sujet, permettent de mieux comprendre ce que recouvrent ironiquement les fourvoiements de ses protagonistes. Musil, à le lire, se montre bien trop soucieux de ce que comporte de désolant le débat intellectuel et politique de son temps pour que l'on puisse voir dans les hypothèses qu'il risque l'expression d'une volonté visant à faire passer, dans la confusion régnante, quelques idées bien frappées auxquelles seraient attribuées des vertus miraculeuses.

Son constat le porte tout d'abord à reconnaître l'importance des difficultés dans un domaine où les phénomènes sont autrement plus complexes qu'on n'a coutume de l'imaginer. Mais, précisément, cette seule constatation que l'on pourrait juger proprement décourageante, suffit à discréditer toutes les tentatives qui, sur le plan de la pensée, font appel à des schémas que plus personne n'envisagerait de mettre en œuvre là où pourtant les phénomènes étudiés sont incroyablement plus simples. Il est tout de même singulier que là où une science comme la physique a utilement substitué au concept de cause celui de fonction, on en soit encore, dans le domaine des affaires et des actions humaines, à s'en remettre à des idées qui ne valent guère mieux que les fameuses « vertus dormitives » que les médecins de Molière prêtaient autrefois à l'opium[48], surtout lorsqu'on se propose comme c'est le plus souvent le cas une intervention thérapeutique.

En fait, ces habitudes qu'adoptent volontiers tous ceux qui, par désarroi, paresse ou hostilité, voient dans l'intellect une sombre menace, culminent en particulier dans une certaine idée de l'homme et dans les représentations annexes à partir desquelles la plupart entendent l'étiqueter. Comme le remarque Musil, les différences sur lesquelles, par exemple, on insiste le plus souvent, si elles ne peuvent être niées, demandent à coup sûr à être traitées dans le sens d'une plus juste appréciation que ce n'est ordinairement le cas. Race, culture, peuple, notion, époque, qui correspondent aux substrats précédemment évoqués, demanderaient à être davantage traités comme des questions que comme des réponses[49]. C'est tout particulièrement le cas, aux yeux de l'auteur, pour une notion comme celle de «l'élément national» dont on sait qu'elle était au centre de bien des débats à l'issue de la première guerre mondiale, notion dont il conviendrait de cerner la «nature» et «l'origine» avant de la tenir pour une réalité qui commanderait les principales difficultés — voire les solutions qui peuvent leur être apportées — d'une époque incontestablement mouvementée et confuse.

Dans plusieurs essais, notamment à propos du rattachement de l'Autriche à l'Allemagne, Musil est amené à faire porter ses interrogations sur celle-ci. Dans *L'homme allemand comme symptôme*, son propos prend toutefois un tour plus théorique que dans les écrits antérieurs[50]. A la faveur d'une extraordinaire légèreté et d'un non moins frappant «romantisme intellectuel», on en est venu, dans la plupart des milieux intellectuels à adopter diverses attitudes de fuite dont le corrélat immédiat est la certitude d'une décadence incontournable.

> «On fuit le présent pour se réfugier dans n'importe quel passé afin d'y retrouver la fleur bleue d'une sécurité perdue. Or, on voit là, le plus souvent, la désagrégation d'un état antérieur supposé plus solide, la perte de tout dogme et de toute ligne directrice, la dissolution de tous liens, en un mot: une décadence; et ce que je souhaite précisément montrer, c'est que cette hypothèse sans courage ne s'impose pas. L'état actuel de l'esprit européen n'est pas, à mon sens, la décadence, mais une transition en cours; non pas un excès, mais une insuffisance de maturité»[51].

Comme le suggèrera *L'homme sans qualités*, «jamais le monde ne fut dans un état aussi intéressant». Cette conviction qui n'est pas sans fournir à Musil, dans le roman, plus d'une occasion d'ironie, est aussi cependant ce qui le conduit à une approche de l'histoire qui, outre une plus juste appréciation de ce qui s'y trouve en jeu, serait également de nature à concevoir la possibilité de «solutions» là où, généralement, la résignation, la nostalgie ou l'exubérance sont de règle.

Or, contrairement à ce que l'on pourrait être tenté de croire, les conceptions «héroïques» de l'histoire sont, de toutes celles que l'on peut imaginer, les moins aptes à favoriser une réelle action sur le cours des événements. D'abord parce qu'elles reposent, la plupart du temps, sur une représentation des phénomènes historiques qui en efface la complexité et le hasard; ensuite parce qu'elles accordent une confiance illusoire à des «grandes causes» dont le propre, à supposer qu'elles existent, est de se diluer dans la masse des phénomènes diffus qui, en fait, font réellement pencher la balance. A ces conceptions, Musil oppose, pourrait-on dire, une vision *non héroïque* du phénomène humain ou, pour reprendre très exactement ses propres termes: «une philosophie de la bassesse». Or, peut-être paradoxalement, cette vision, pour partiellement hypothétique qu'elle soit, est la seule qui s'accorde réellement avec la possibilité d'un changement et, surtout, avec celle d'une possibilité d'intervention humaine qui permettrait de reconnaître à l'homme la capacité de faire son histoire: cette capacité dont on sait que les philosophies de l'histoire les plus soucieuses de changement, de progrès, etc., ont toujours échoué à la penser réellement (Musil, soit dit en passant, reconnaît aux «socialistes» seuls une volonté de ce genre, mais on nous accordera que cela se discute, même si les faits n'ont jamais absolument valeur de preuve...).

Un «théorème» permet en tout état de cause de comprendre pourquoi. Il s'agit du «Théorème de l'amorphisme humain». Selon celui-ci, comme l'explique Musil:

«Le substrat, l'homme, reste fondamentalement un et semblable à lui-même à travers toutes les civilisations et toutes les formes de l'histoire; ce qui permet de les distinguer, et de le distinguer du même coup, vient du dehors et non du dedans»[52].

Jacques Bouveresse a donné de ce théorème et de ses implications historiques un commentaire auquel nous nous permettons de renvoyer le lecteur[53]. Nous nous bornerons, pour notre part, à en préciser la signification, afin notamment de mettre en lumière ce qu'il est permis d'en tirer très immédiatement au regard des rapports qui unissent les différentes préoccupations de Musil dans ses *Essais* et, plus loin, le genre de compréhension qu'il autorise dans l'univers romanesque de l'auteur.

Voir dans l'homme, conformément au Théorème, une «substance moralement colloïdale»[54], c'est tout d'abord s'opposer, comme le révèle la lecture du texte de référence, à toute espèce de «phrénologie historique» qui, faisant appel à des substrats divers, attribue à l'homme un ensemble de caractères variés selon le lieu et le temps dans un pseudo-souci de rendre ainsi compte des différences observées. Outre ce que cette hypothèse comporte d'absurde puisqu'au train ou vont les choses, on pourrait aussi bien être amené à constater l'apparition d'une «nouvelle génération tous les cinq ans», elle revient également à dire quelque chose comme: «l'homme voleur a dans son cerveau un substrat physiologique du vol et l'honnête homme un organe de l'honnêteté »[55]. Or, pour peu que l'on se montre un peu attentif à la fluidité des transitions qui existent entre les types humains, aux innombrables possibilités que renferme, chez l'homme, tout état d'équilibre, à la coexistence de ce qui existe en lui et au hasard de tout ce qu'il a pu créer, on en viendra forcément à d'autres conclusions, à savoir à cette idée que l'homme est un être *informe* qui n'acquiert jamais une forme que de l'extérieur. Comme l'écrit Musil: d'une part, ce qui permet de distinguer l'homme vient toujours *du dehors*, jamais *du dedans*; d'autre part:

> « Si nous essayons d'abstraire de nous-même ce qui n'est que convention inhérente à l'époque, il reste quelque chose de tout à fait amorphe. Car même ce que nous avons de plus personnel se rattache, sous forme de déviation, au monde environnant. L'homme n'existe que dans des formes qui lui sont fournies du dehors »[56].

Nous le verrons, ce qui se fait jour ici sous la plume de Musil n'est pas sans entraîner des conséquences multiples dont les épisodes les plus importants de *L'homme sans qualités* sont en un sens inséparables. Si l'homme est absence de forme, il ne peut y avoir de vie humaine en dehors d'une *forme de vie*. Or, cette forme de vie lui est donnée dans les principes, les réalisations et les institutions qui constituent l'horizon de son monde: en ce point, tout le problème de *l'autre état* se trouve déjà posé. Contrairement aux idéologies qui voudraient croire en la possibilité d'une vie que n'ordonnerait aucun principe extérieur, forcément «aliénant» et source d'oppression, la théorie de *l'amorphisme humain* implique l'idée qu'en l'absence de princpes, l'homme serait absence de forme. Les principes sont, dit Musil, des «accumulateurs d'énergie». Tout cela, certes, exigerait de plus amples commentaires. Pour l'instant, toutefois, une double question se pose. Celle de l'origine et de la nature de ce qui donne une forme à l'homme, d'une part; celle de savoir, aussi, en quoi une conception comme celle-là autorise une meilleure compréhension de l'histoire et en quoi elle n'exclut pas que l'homme y prenne part.

Sur le premier point, Musil note que c'est «la totalité des réactions de ce qu'il a lui-même créé» qui tient lieu de moule. «Nos sentiments eux-mêmes prennent forme à l'instar des liquides dans des récipients modelés par des générations, et ce sont ces récipients qui recueillent notre informité»[57]. En un sens, «ce sont les maisons, et non les hommes, qui bâtissent les maisons». L'erreur, ici, consisterait à sous-estimer l'importance de ce que l'on nomme communément les traditions. Mais ces totalités complexes qui sont pour l'homme source d'information ne sauraient se concevoir non plus indépendamment d'une cohésion et d'une unité qui leur sont essentielles. D'où, pour Musil, le rôle de l'idéologie. «L'idéologie, c'est la mise en ordre des sentiments par la pensée; l'établissement entre eux d'une cohésion objective qui facilite la cohérence subjective»[58].

On ne nous en voudra pas de résumer ici à grands traits la réflexion de Musil. Les propositions avancées exigeraient certainement un examen plus attentif. Mais il s'agit surtout de déterminer le type d'éclairage que l'on peut y trouver au regard des questions qui nous sont apparues.

C'est ainsi que la fonction reconnue par l'auteur à l'idéologie, dans la définition qu'il en donne, répond sans nul doute aux exigences impliquées dans le Théorème de l'amorphisme humain. D'autre part, le même Théorème, outre ce qu'il entraîne du point de vue de la compréhension de l'histoire, permet aussi de saisir en quoi les divisions de l'esprit précédemment évoquées doivent être associées, d'une manière ou d'une autre, à une «situation» historique. Faut-il en déduire que les éventuelles solutions qui pourraient lui être apportées ne peuvent l'être qu'à ce niveau? Vraisemblablement. Mais si, comme le pense Musil, la littérature peut y contribuer d'une quelconque manière, ce ne peut être qu'en prenant en compte — d'une façon qu'il lui appartient de définir — la situation de l'esprit et les problèmes qui en sont issus. Or cela suppose que soient également prises en compte les composantes qui en font partie. Mais quel est au fond le visage qu'offre l'histoire à l'observateur et quels sont les desseins susceptibles d'y trouver une justification?

5. Fictions historiennes

Parmi les programmes qui ressurgissent régulièrement au gré des événements et des idéaux, il convient de réserver une place particulière au dessein de «changer l'homme». Comme l'indique déjà suffisamment le principe de l'amorphisme humain, il ne s'agit certainement pas là de l'une des voies les plus sûres pour faire pencher la balance de l'histoire dans un sens ou dans l'autre.

La matière humaine témoigne d'une «forte amplitude au-dehors» et d'une «faible amplitude au-dedans». Ce n'est pas au *centre* qu'il convient de rechercher les éléments moteurs de l'histoire, mais à la *périphérie*[59]. Il s'agit, du reste, d'une constatation qui, sur le plan éthique, n'est pas sans importance, puisque les forces qui agissent au sein de la civilisation procèdent toujours d'un mouvement périphérique — ce que l'on appelle le *progrès* leur est fondamentalement lié — et que cela compromet singulièrement, comme on le verra, la possibilité des états intérieurs et les recherches qui leur sont moralement liées[60].

En vérité, s'il s'agit de l'histoire, «imposer à son cerveau une gymnastique aristotélicienne ou kantienne n'entraîne aucune différence fonctionnelle»[61]. Certes, il existe d'autres idéaux que celui-là, mais ce que l'on peut y découvrir ne se révèle pas beaucoup plus crédible à l'examen. Une fois que l'on a admis l'hypothèse qui voit dans l'homme une réalité dépourvue de forme, on ne peut en effet pas davantage céder aux représentations qui tendent en quelque sorte à privilégier des entités qui, d'une manière ou d'une autre, permettraient d'en déterminer la substance.

Là encore, Musil privilégie l'attitude qui consiste à substituer les questions aux réponses. Dans un essai antérieur à L'*homme allemand comme symptôme*: «La nation comme idéal et comme réalité» (*Die Nation als Ideal und als Wirklichkeit*), il examine deux de ces entités communément mises en avant dans les débats politiques et sociaux: La *nation* et l'*Etat*. Il s'agit sans nul doute avec la notion de race qui retient également l'attention de Musil, de deux notions parmi les plus controversées à cet égard. Aux nationalistes s'opposent les supranationalistes, aux partisans de l'Etat ses divers détracteurs. En fait, comme le montre Musil, l'attitude qui prévaut revient, dans les deux cas, à se faciliter les choses. Il est souvent question de la guerre (de la première guerre mondiale) dans ces textes, et c'est un fait que parmi les expériences que celle-ci permettait d'invoquer, les arguments favorables à l'idée de nation (comme réalité) sont aussi nombreux que les arguments inverses. Il n'est guère possible d'entrer ici dans le détail des faits et des analyses que Musil leur consacre, mais on en retiendra au moins une chose. S'il s'agit d'invoquer les nations comme des réalités, en dépit des expériences affectives et psychologiques qui paraissent en confirmer l'hypothèse, l'essentiel réside dans ce que l'on ignore, à savoir une distribution des différences qui, loin de se découper selon des frontières géographiques ou historiques déterminées, trangresse fondamentalement celles-ci, et de telle sorte qu'il peut y en avoir autant, sinon plus, entre deux individus appartenant à la même communauté qu'entre deux hommes appartenant à des communautés différentes. Il en va ici comme du génie dont Musil dit ailleurs qu'il se répartit dans des proportions à peu près équivalentes dans chaque peuple. L'argument, on le devine, vaut tout autant pour les races qui, elles-mêmes, recouvrent une distribution des ressemblances et des différences propre à décourager quiconque entreprendrait réellement d'en faire l'inventaire dans un but typologique. Peu d'hommes, à vrai dire, se donnent cette peine, l'important étant bien davantage dans les préjugés dont on investit ce genre de notion que dans le réel bénéfice intellectuel que l'on voudrait en tirer.

Dans les deux cas, celui de la notion de race et celui de l'idée de nation, on méconnaît ceci que ni les nations, ni les races ne font les individus; ce sont, bien au contraire les individus qui font et les races et les nations. Certes, en ce qui concerne cette dernière idée, Musil ne veut pas dire qu'il n'y a lieu de voir dans un groupe — mais il faudrait encore pour cela qu'une nation, à elle seule, en fût un — que la somme des individus qui le composent. Toutefois, il ne veut pas dire non plus — conformément à ce que cette alternative comporte de parfaitement trivial — que tout groupe humain forme une entité substantielle dans laquelle la vie individuelle viendrait se résorber (la substance des individus). Sa position, bien plus originale, consiste, sur un plan plus général que le simple problème des nations, à substituer aux visions d'usage et à ce qu'elles comportent de naïvement antinomique, une représentation fonctionnelle et statistique au regard de laquelle interviennent, dans toute situation historique, une «déterminante constante» et des «déterminantes variables». La déterminante constante, c'est tout simplement l'homme comme réalité amorphe; quant aux déterminations variables, elles tiennent évidemment à une multitude de facteurs propres à rendre perplexe l'historien, et à plus forte raison l'observateur du présent. Bien entendu, un tel schéma ne saurait régler la question, mais l'on peut déjà voir ici, dans l'orientation que prend Musil et dans ce qui le sépare des «solutions» communément admises, l'indice d'une recherche soucieuse de saisir ce que comporte de complexe le genre de réalité à laquelle ont affaire tous ceux qui, d'une façon ou d'une autre, ambitionnent d'étendre leur pouvoir d'action et de pensée au-delà de la sphère des phénomènes naturels.

A cet égard, Musil, comme nous le verrons, n'est pas sans songer à ce que les sciences, dans leur domaine, ont réussi à mettre au jour. La défense de la rationalité, chez lui, n'est pas seulement un slogan qui lui permettrait, à peu de frais, de choquer tous ceux que celle-ci effraie et de séduire ceux qu'elle fascine. La référence aux modèles statistiques, l'allusion qu'il fait, dans l'un des textes sur lesquels nous nous sommes appuyé jusqu'à présent, aux travaux de Koehler en psychologie de la forme, révèlent en fait le souci d'une réelle extension de la pensée à des domaines qui, quoique étrangers à la rationalité scientifique proprement dite, n'en réclament pas moins une rigueur dont on ne voit pas pourquoi elle ne pourrait bénéficier, d'une certaine manière, des acquis de cette dernière. Certes, comme Musil l'aurait probablement dit, le tout est encore de savoir *de quelle manière* exactement. Disons en tout cas, pour l'instant, que le tort de la plupart de ceux qui se risquent sur ce terrain mouvant qu'est l'histoire est, à ses yeux, de ne se poser que rarement ce genre de question.

C'est aussi bien ce que montrent les débats qui ont communément lieu autour de l'Etat. A en juger par l'ampleur de ces derniers et par ce que comportent de rigoureusement antinomiques les convictions dont ils se nourrissent, «il est clair que des contradictions aussi flagrantes ne peuvent être uniquement théoriques: sinon, un compromis se fût trouvé à la longue, comme dans tous les problèmes intellectuels»[62].

En fait, pour Musil, de quelque côté que l'on se tourne, que l'on ait affaire à des réalités comme l'Eat ou à des fictions comme la *nation*, on se retrouve face à une somme d'illusions qui ne valent ni la confiance qu'on leur accorde ou les espoirs que l'on place en elles, ni davantage, au fond, l'énergie que l'on dépense à les combattre.

L'effort de Musil se conçoit ici plutôt dans le sens d'une plus grande clarté à la faveur de laquelle, à défaut d'une direction à imprimer aux actions, il soit du moins permis de favoriser la naissance des conditions qui le permettraient. Dans tout cela, les réflexions consacrées à la nation, à l'Etat, ne sont pas sans rappeler ce que suggérait à l'auteur la situation de l'Autriche au lendemain de la guerre. La croyance en une culture autrichienne spécifique conduisait en effet Musil à observer que si l'Autriche pouvait certes se prévaloir d'un nombre non négligeable de penseurs, d'artistes ou de poètes de talent, cela ne plaidait nullement en faveur d'une *culture* autrichienne.

Comme il l'écrivait alors :

«Un Etat ignore le guignon... Un Etat n'est pas doué. Il a, ou n'a pas, force et santé : c'est la seule chose qu'il puisse avoir ou non. C'est parce que l'Autriche ne l'avait pas qu'il y a eu des Autrichiens doués et cultivés (relativement assez nombreux pour nous assurer une bonne place en Allemagne) et pas de culture autrichienne. La culture d'un Etat consiste en l'énergie avec laquelle il collectionne et rend accessible livres et tableaux, bâtit des écoles et des laboratoires, fournit aux hommes de talent une base matérielle et assure leur essor par l'intensité de son courant sanguin; la culture ne repose pas sur le talent — à peu près également réparti entre les nations — mais sur la couche immédiatement inférieure du tissu social. Or, cette couche, en Autriche, est d'une activité incomparablement plus faible qu'en Allemagne. On peut faire une culture avec un millier de gens intelligents et cinquante millions d'acheteurs sûrs; avec cinquante millions de gens charmants et doués et guère plus d'un millier de personnes sûres d'un point de vue pratique, on n'obtient qu'un pays où l'on est peut-être intelligent et élégant, mais incapable de créer seulement une mode» [63].

Ailleurs, Musil ne manque pas de souligner également combien ce genre de situation se traduisait en fait dans un climat que le lecteur de *L'homme sans qualités* ne manquera pas de retrouver, en particulier au début du roman, ou dans les enthousiasmes et les illusions de l'*Action parallèle*, avec peut-être cette différence que s'y exprime une plus grande tendresse que ce n'est le cas dans les essais. Mais pour l'essentiel, le diagnostic, le tableau, restent les mêmes: les exigences aussi! Que Musil en ait tiré, à l'époque, le principe d'une position politique favorable à l'Allemagne, cela peut sans doute partiellement trouver une explication dans un certain nombre d'inclinations personnelles qui l'ont conduit à y passer une grande partie de sa vie. Il reste, toutefois, que son attitude trouve aussi dans les analyses auxquelles nous nous référons l'une de ses sources non négligeables. C'est à propos de l'Autriche qu'il écrit:

«On ne sait même pas, au juste, par quoi on se laisse gouverner; périodiquement une tempête s'élève, et tous les ministres de tomber aussitôt comme des gymnastes exercés; mais, la tempête calmée, on retrouve leurs successeurs exactement dans la même position. On a opéré de menus changements qui peuvent satisfaire les professionnels, mais doivent rester incompréhensibles aux non-inités: lesquels ne s'en déclarent pas moins instantanément satisfaits. Cet *ostinato* sans mélodie, sans paroles, sans expression, a quelque chose d'inquiétant. Il faut qu'il y ait quelque part dans cet Etat un secret, une idée: mais on ne parvient pas à les saisir. Ce n'est pas l'idée de l'Etat, ni l'idée dynastique, ni celle d'une symbiose culturelle des différents peuples (l'Autriche pourrait être une expérience mondiale). Il ne s'agit vraisemblablement que de mouvement par manque d'idée motrice: les zigzags du cycliste qui fait du sur-place»[64].

Or s'il s'agit de faire réellement un pas au-delà de ce qui ressemble fort à une agitation moléculaire privée de direction, les lamentations ne suffisent évidemment pas, ni davantage les idées ordinairement mises en avant pour penser la possibilité d'un mouvement qui, de fait, ne saurait trouver sa condition dans le pouvoir mystérieux de causes ou d'entités autour desquelles se cristallisent les idées les plus contradictoires. Du reste, comme l'observe Musil à propos de l'Etat, l'attitude qui se dessine derrière tout cela est aisément discernable. Elle tient en quelques mots: «laisser faire!». Là où les directions manquent, où les principes comme les idéaux apparaissent à l'image de ces tamis dont parle Musil à propos de la morale; là où le tissu social et humain est devenu tel qu'aucun regard ne semble à même d'en embrasser beaucoup plus que quelques parcelles, l'individu ne peut guère faire autrement que de s'abandonner à une attitude de ce genre. Seuls les hommes politiques ou les exaltés donnent le change. Les premiers — leur statut l'exige — adoptent la posture du spécialiste qui sait de quoi il parle: la confiance qu'on lui accorde étant à la mesure du besoin que l'on a de s'en remettre à quelque chose ou à quelqu'un. Les seconds tiennent leur énergie de l'indifférence et de la somme des forces auxquelles les autres ont renoncé.

Dans une telle situation où le groupe agit à la place de l'individu, les passions tiennent lieu de contrepoids. «Au lieu de se borner à les condamner, écrit Musil, on devait comprendre qu'elles sont le correctif luciférien nécessaire à ce Dieu très imparfait qu'est l'Etat. Augustin distinguait entre l'Etat et la *civitas Dei*, la sphère du royaume de Dieu où l'individu est soustrait aux atteintes de la communauté. Aujourd'hui, la cité de Dieu se précipite au cinéma, voue son existence au shimmy et, à force de trafiquer sur les devises, pousse sans scrupule l'Etat au bord de l'abîme»[65].

Mais chez Musil ce genre de tableau n'exprime nullement la conscience nostalgique ou cynique d'un esprit «décadent» qui, comme il le suggère, trouverait une source de plaisir dans le spectacle du monde, de ses contradictions et de sa lâcheté[66]. Il se peut que ce genre de sentiment ne soit pas tout à fait absent des premiers écrits de l'auteur, ni de cette attitude qui se fait jour dans la figure de «Monsieur le Vivisecteur»[67]. On sait cependant que ce penchant précoce débouche en fait assez vite sur la conviction d'une urgence qu'exprime la *Confession politique d'un jeune homme*: «transférer enfin des laboratoires de physique à la morale les avantages d'une technique d'expérimentation sans préjugés»[68]. A propos de la période antérieure et des sentiments qui furent alors les siens, Musil écrira: «j'étais un anarchiste conservateur». Il ne fait guère de doute, même si cette époque est alors marquée par une forme de participation au débat politique qui ne représente pas réellement une constante chez lui, qu'au moment où il écrit cela, ainsi qu'à celui où il publie les essais jusqu'ici évoqués, Musil ne se caractérise ni par un «anarchisme» qui se traduirait par une pure et simple négation des structures étatiques ou des principes organisateurs de la vie sociale, ni par un «conservatisme» de nature à refuser toute idée de changement. Dans le défaut d'intérêt pour ce que l'on est convenu de nommer la politique, il perçoit bien au contraire l'expression d'un vieux préjugé que l'on pourrait être tenté de lui prêter un peu trop facilement si l'on n'y prenait garde: celui qui consiste à voir dans l'Etat l'équivalent d'un hôtel où l'individu est en droit d'exiger d'être servi selon ses désirs sans être aucunement concerné par le fonctionnement de la maison. Que l'Etat moderne incline le citoyen à cela, c'est bien possible, mais il se peut aussi que l'expérience de la guerre à laquelle Musil se réfère si souvent dans cette période incline à penser autrement.

En d'autres termes, la question de l'apolitisme de Musil pourrait bien être un peu plus difficile à saisir qu'on ne serait tenté de le croire. Sans doute convient-il d'en juger à partir de sa pensée et pas seulement de son attitude. Quant à celle-ci, on pourrait difficilement nier que les comportements qui la constituent n'ont pas été sans connaître des variations, comme chez n'importe quel individu du reste. La guerre, encore une fois, comme chez la plupart des hommes, écrivains ou non, de cette génération, a été une expérience décisive. Et sans doute aussi la période qui a précédé immédiatement le second conflit mondial, sans parler évidemment de ce qui s'est découvert au moment du conflit lui-même. C'est un fait, par exemple, que la correspondance de l'auteur dans les années d'exil révèle un comportement assez différent de celui des années où il côtoie, à Vienne et à Berlin, les milieux d'opposition et fréquente un homme comme Robert Müller, fondateur de la société «Katakombe»[69]. Exilé, on le voit demander des explications sur l'interdiction de ses livres en Allemagne et en Autriche, et aller même jusqu'à faire valoir son attitude passée en faveur de l'Allemagne, son «patriotisme» et ses états de service dans l'espoir de bénéficier de la reconnaissance qu'on se refuse à lui accorder. Mais il n'y a peut-être pas lieu d'accorder une importance excessive à ce genre de faits pour étonnants ou consternants qu'ils soient. Ils ne témoignent au fond que d'une relative ambiguïté dont la raison tient vraisemblablement moins à une ignorance coupable (dont les effets, il convient de le souligner, n'ont jamais pris des proportions scandaleuses) qu'à la place prise alors par *L'homme sans qualités* dans la vie et l'univers de l'auteur.

Il ne nous appartient pas d'en juger ici. La seule chose qu'il convient de souligner étant plutôt, dans la pensée de Musil, le lien étroit qui existe entre les différentes faces de son œuvre et les problèmes que l'histoire et la situation historique lui paraissaient poser.

Pour résumer, à cet égard, les réflexions qui précèdent, il semble permis de dire qu'en dépit des potentialités qui lui paraissaient être celles de l'époque incriminée, l'un des défauts essentiels de celle-ci résidait à ses yeux dans ce que l'on pourrait nommer une absence d'épine dorsale. C'est ce que montre en tout cas, non seulement le genre de diagnostic auquel se livre Musil, mais également le type de regard auquel il soumet les éléments d'ossification sur la base desquels les idéologies ambiantes voudraient fonder une authentique croissance.

Ici, en fait, deux remarques s'imposent. L'une concerne effectivement l'éventuelle présence dans la situation de déliquescence évoquée d'éléments solides susceptibles de servir de vecteurs aux potentialités susceptibles de s'y trouver. L'autre, la nécessité — et la question jusqu'ici différée — d'une juste appréciation des ressorts de l'histoire.

Quant au premier point, si de nombreux contemporains s'accordent à incriminer l'importance prise, dans le développement des sociétés modernes, par les sciences, les techniques, l'industrie, le capitalisme, etc., et s'ils y voient, le plus communément du monde, des éléments de déstabilisation et de dissolution des formes de vie harmonieuses qu'ils projettent dans le passé, peu nombreux sont ceux qui, toutefois, en soupçonnent réellement à la fois la nature et, d'une certaine manière, la parenté.

6. L'âge de la science

L'estimation du type de force dont ces produits culturels typiques tirent leur énergie et l'importance de leur succès n'est pas sans apporter un certain éclairage quant à la nature de ce qu'il convient de réaliser dans les terres où «l'âme» tente vainement d'imposer sa juridiction. En vérité, les réactions purement négatives ne sont certainement pas le meilleur moyen d'apprécier la nature des périls dont on s'estime, à tort ou à raison, menacé. Ceux qui redoutent la science, par exemple, y voient tantôt une réalité qui aurait perdu en cours de route tout caractère humain, tantôt une sorte de malédiction tendant à confondre la connaissance avec les puissances proprement lucifériennes qu'un péché originel aurait libérées. Pour Musil, quel que soit le caractère forcément approximatif des représentations évoquées, on ne peut dire ni des uns ni des autres qu'ils aient absolument tort. Que le développement des sciences pose un problème aux sociétés qui en ont bénéficié, cela ne devrait d'ailleurs faire de doute pour personne. Mais le mal, ici, peut aussi cacher un bien. Et ce bien, par dissimulation ou ignorance du mal, même les représentations les plus favorables à la connaissance scientifique peuvent conduire à l'ignorer. Il fut un temps, en effet, où la science était volontiers perçue comme l'expression d'un besoin théorétique inhérent à l'esprit humain; un temps où le seul désir du vrai et les effets bienfaisants dont on croyait qu'ils lui étaient liés suffisaient à expliquer et à justifier le développement continu de la raison scientifique dans l'histoire. Aujourd'hui, ce genre de croyance n'a certes pas bonne presse et l'on peut dire sans se tromper que le même sentiment tendait à prévaloir à l'époque de Musil, principalement, d'ailleurs, dans les milieux intellectuels et surtout dans les milieux littéraires.

Ce que montre Musil, quant à lui, c'est bien en effet la présence dans toute entreprise d'ordre scientifique d'une tendance au mal[70]. Mais ce mal, s'il est permis de s'exprimer ainsi, peu de personnes, parmi les détracteurs de la science, en reconnaissent la nature. Comme l'a clairement mis en lumière Jacques Bouveresse et comme il nous faudra y revenir à propos de *L'homme sans qualités*, l'essentiel réside ici dans un esprit, une mentalité, beaucoup plus primitifs qu'on ne pourrait être tenté de le croire.

De la science, Musil laisse en effet entendre qu'il y a en elle comme un élément, sans doute mal contrôlé, qui confère à toute grande découverte un aspect maléfique dont il est permis de penser qu'il pourrait se révéler riche de développements si l'on se décidait à en tirer véritablement les leçons. Cet aspect de la connaissance scientifique se présente certes sous le jour d'une volonté de nuire qui peut paraître proprement désastreuse à ceux qui en mesurent les effets aux bouleversements qu'elle entraîne dans l'horizon des certitudes établies. Mais ce que ces derniers ne voient peut-être pas, c'est que l'attitude qui s'y manifeste a eu un jour, comme le dit Musil, «la violence contagieuse d'une expérience nouvelle et libératrice»[71].

L'auteur de *L'homme sans qualités* y perçoit pour sa part un mouvement d'*abstinence de l'âme* dont le pragmatisme considéré comme une manifestation de la vie, plus que comme un courant de pensée déterminé ordinairement désigné sous ce nom, pourrait se résumer en une maxime: «Ne te fais aucune illusion. Ne te fie qu'à tes propres sens. Creuse toujours jusqu'au rocher!»

Cet esprit, qui est aussi celui des *faits*, non seulement il serait parfaitement vain d'en sous-estimer l'énergie en croyant, par exemple, que le sentiment, par ses seules vertus, peut en annuler les effets, mais il convient encore d'en mesurer l'importance tant au regard de l'histoire passée que des exigences du présent. Comme l'écrit Musil: «Les petites âmes goethéennes doivent apprendre à compter avec lui»[72]. En premier lieu pour cette raison que la loi qui en commande les ressorts est également celle qui agit dans d'autres sphères de la vie que celle de la connaissance. En effet, on peut dire en simplifiant que l'un des traits communs les plus importants de la science et du genre d'activités qui dominent la sphère pratique de l'expérience humaine n'est rien d'autre que l'exigence d'*univocité* dont l'esprit objectif et la pensée orientée vers l'action se sont probablement constamment nourris au cours de l'histoire. Car c'est bien cette exigence qui se révèle la condition aussi bien d'un savoir de type scientifique que, plus simplement, des activités élémentaires soucieuses d'efficacité. Le fameux sauvage à qui l'on prête généralement une tendance au délire imaginatif parce que l'idée que l'on veut bien en retenir est celle qui se manifeste dans ses mythes ou dans ses rituels, ce sauvage n'en est pas moins un homme qui, comme l'observaient Bergson et Wittgenstein[73], chasse, construit sa hutte, prend soin de constituer des réserves, etc. Ceux qui ont voulu voir, inversement, dans la magie une préfiguration de formes de connaissance plus évoluées ont été, à cet égard, victimes du même genre d'erreur, celle qui consiste à situer sur le même plan des pratiques qui, en fait, représentent bien davantage deux orientations, deux composantes, de l'esprit humain. De même qu'il distingue deux régions de l'esprit qui, dans sa pensée, remplissent à bien des égards une fonction *topique*, Musil oppose deux principes dont nous verrons qu'il sont au centre de sa tentative sur le double plan éthique et esthétique : la *métaphore* (la plurivocité) et le *principe d'identité* (l'univocité). Or, la pensée univoque, celle que commande le principe d'identité, est solidaire d'un impératif dont on ne saurait nier qu'il est à l'œuvre aussi bien dans la science que dans la sphère des actions à vocation pratique : celui de la *répétabilité*, c'est-à-dire de la possibilité de reproduire, au moyen d'une règle ou d'une loi, les phénomènes dont la vie exige que nous les dominions d'une manière ou d'une autre. Sous ce rapport, c'est le même *désir d'univocité*, pour reprendre les termes utilisés par Musil, qui commande au chasseur, à l'homme de l'art ou au théoricien. Bien entendu, cela ne signifie pas qu'il n'y ait entre la façon dont celui-ci s'exprime ou se réalise dans les sciences, dans le domaine de la technique, au sens le plus large du terme, ou dans tout autre domaine, de profondes différences. Mais l'exigence, elle, à des degrés divers, apparaît comme de même nature. C'est en un sens ce que suggérait un penseur comme Mach en invoquant la fonction économique des principes et des concepts qui commandent la démarche scientifique. Musil, en effet, bien qu'il n'en ait pas tiré tout à fait les mêmes conséquences, a vu dans les travaux de ce dernier un ensemble d'idées suffisamment importantes pour leur consacrer sa thèse de doctorat en philosophie : *Beitrag zur Beurteilung des Lehrens Machs*[74]. Dans celle-ci, il se montre tout particulièrement attentif au *Principe d'économie de la pensée*, principe selon lequel les démarches qui commandent l'approche scientifique des phénomènes répondent à une double fonction : l'adaptation des pensées aux faits et celle des pensées à elles-mêmes. Or, si Musil analyse de manière critique la portée de ces principes sur le plan de la théorie de la connaissance et de la validité des lois, il en retient au moins deux choses. D'une part une conception du réel dont nous verrons en temps utile que la représentation lui en paraît précisément subordonnée à des visées économiques au sens de Mach. D'autre part, semble-t-il, une conception de l'objectivité qui, tout en se refusant à la composante sceptique qui pourrait lui être liée[75], permet de situer le genre de connaissance qui est à l'œuvre dans la science dans une dimension qu'elle partage avec d'autres manifestations de la vie et de la pensée humaines : la fameuse sphère du *ratioïde* que nous avons précédemment évoquée. Le principe d'*univocité* dont on ne niera pas qu'il fait corps, en quelque sorte, avec la pensée objectivante, y représente une tendance souveraine. Mais, précisément, ce même principe, ainsi que les composantes ou les dérivés qui lui sont liés, ne se limite évidemment pas, quant à son champ d'action, aux seuls phénomènes de la nature. Déjà, sur ce seul plan, il n'est pas sans s'accompagner d'effets divers qui concernent tout autant les formes de la vie humaine et les facteurs objectifs auxquels elles sont subordonnées. Mais on le trouve également présent là où ce ne sont plus seulement les phénomènes naturels qui sont directement en jeu.

Ainsi, sur le premier plan, on ne saurait évidemment tenir pour négligeables — et cela, il est vrai, personne ne manque de l'observer, quoique ce ne soit pas d'une manière toujours dépourvue d'équivoque — les conséquences innombrables que l'étude scientifique de la nature entraîne jusque dans les moindres recoins de notre vie. On peut certes y voir un lieu commun dont l'intérêt est inversement proportionnel au nombre de cerveaux qui le tiennent pour un fait acquis, mais la signification n'en est pas moins remarquable, au moins sous un double rapport. En premier lieu du point de vue de la solidarité qui s'y découvre entre la souveraineté d'un certain type de connaissance et des formes de vie déterminées. D'autre part, du point de vue du paradoxe que recouvre cette solidarité elle-même. Musil en donne une expression dans *L'homme mathématique* lorsqu'il observe qu'à cette sorte de matérialisation des connaissances à laquelle se rattachent les objets et les facilités diverses qui forment l'horizon du monde quotidien propre à nos civilisations correspond, pour ainsi dire en coulisses, une incertitude dans les fondements qui donne à notre vie le caractère d'une «fantasmagorie pure»[76]. Ce texte fait bien évidemment allusion aux problèmes posés par la question des fondements des mathématiques, c'est-à-dire aux difficultés rencontrées, à l'aube du XXe siècle, pour surmonter les paradoxes surgis dans la théorie des ensembles et pour faire face aux exigences nouvelles issues du processus de formalisation dans la plupart des secteurs-clés de l'édifice mathématique. Il est certain que Musil en tire la matière d'un article dont on ne saurait dire qu'il soit, sur le plan épistémologique, entièrement convaincant.

Mais la question se situe probablement à un autre niveau : non pas tellement celui d'une crise de la raison, que celui de l'incommmensurabilité des innovations — et de la part de risque, d'audace, qu'elles comportent ou qui s'y exprime — auxquelles l'intellect donne naissance et des prolongements dont celles-ci s'accompagnent à plus ou moins long terme dans la vie sociale et, par voie de conséquence, à l'échelle des mentalités. Là où la science paraît s'être engagée sur une voie qui ne permet d'assigner aucune limite à l'audace qui lui tient lieu de démon, la pensée commune, davantage nourrie par le sentiment, se trouve acculée à un dilemme : accueillir, de la science, les fruits les plus immédiatement accessibles (de bon ou de mauvais gré), tout en en refusant les conséquences en apparence les plus funestes, celles qui se traduisent, en particulier, par une sorte de viol permanent des consciences et de la sensibilité. Qu'il y ait là deux principes en concurrence, c'est ce que suggère Ulrich, dans *L'homme sans qualités*, en invoquant l'opposition de ce qu'il nomme le *sens du réel* et le *sens du possible*, et en optant du reste pour ce dernier. Au fond, c'est ce sens du possible, accompagné d'une tendance à ne reculer devant rien, qui confère à la science le visage du mal.

Mais c'est aussi la même tendance, ou en tout cas une inclination analogue qui se fait jour là où le besoin d'univocité, débordant les strictes limites des mathématiques et des sciences de la nature, atteint les rapports et les phénomènes spécifiquement humains. Comme l'écrit Musil :

«Le maximum d'univocité dans la signification, telle est l'essence du langage et le principe fondamental de ce qu'on appelle les axiomes de la logique et la garantie de sa légalité ; mais c'est aussi de ce que l'on appelle ici les faits au sens élargi. L'univocité, la répétabilité de l'événement et la fixité de l'objet sont les conditions préalables du calcul et de la mesure comme de l'activité pensante en général.

Ce besoin d'univocité, de répétabilité et de fixité, c'est, dans le domaine de l'âme, la violence qui le satisfait ; et une forme particulière de cette violence, forme extrêmement souple, très élaborée et, dans plus d'une direction, féconde, se trouve être le capitalisme»[77].

Dans le même passage, Musil étudie, à propos du capitalisme, les ressorts qui confèrent aux principes évoqués la garantie de leur efficacité. Il invoque notamment tout ce que le capitalisme doit à l'égoïsme du point de vue du type d'ordre qui lui correspond. Mais l'un de ces ressorts, et non des moindres, réside tout particulièrement dans la part de cynisme obligatoire qui s'y exprime et que le capitalisme possède en commun avec l'action politique, et peut-être aussi avec la science, au moins dans l'une de ses orientations.

Musil parle à ce sujet d'une *spéculation à la baisse*, et corrélativement d'une «ruse de parasite supérieur».

«Ce principe d'ordre, écrit-il, est aussi vieux que les premières associations humaines. Dans le domaine humain, celui qui veut bâtir sur le roc doit se servir de la force, ou des convoitises. Cette façon de compter avec les capacités mauvaises de l'homme est de la spéculation à la baisse. Un ordre à la baisse, c'est un dressage de la bassesse. Tel est l'ordre du monde actuel. 'Je te laisse gagner pour que je puisse gagner plus', ou: 'Je te laisse gagner pour que je puisse gagner quelque chose', cette ruse de parasite supérieur est l'âme même des affaires les plus décentes que l'on conclut. Offrir des avantages ou les soutirer par la ruse. Nombreux sont les hommes qui ne vivent que du préjudice causé aux autres»[78].

A première vue, de telles réflexions pourraient faire croire que Musil en appelle ici à une vision qui place l'égoïsme et les tendances qu'on lui rattache généralement au cœur d'une nature présumée de l'homme, conformément à l'alternative qui veut que celui-ci soit tantôt soupçonné de tendances mauvaises, tantôt, au contraire, crédité d'une bonté naturelle. Il va de soi qu'il n'en est rien, ce que suffit à justifier le *Théorème* précédemment évoqué de l'amorphisme humain. En fait, sur ce plan-là, précisément, c'est parce que l'homme est une masse *amorphe* que l'on peut, avec lui, jouer tantôt *à la baisse*, tantôt *à la hausse*. Sans évoquer pour l'instant cette dernière possibilité tout aussi partielle et ignorante que la première, la constatation qui s'impose réside dans le fait que parmi les stratégies auxquelles la vie donne naissance, il en est une qui témoigne en tout cas d'une remarquable constance et d'une non moins remarquable efficacité, c'est évidemment celle qui se révèle la plus compatible avec les exigences de l'univocité et, par conséquent, de l'action efficace: la première. Mais c'est aussi pour cette raison qu'elle tend également à favoriser un processus croissant d'abstraction tout particulièrement visible dans les sciences, certes, mais tout autant réel jusque dans le tissu social. Nous verrons que l'un des problèmes les plus importants par rapport à ce que tente Musil dans *L'homme sans qualités* procède des différentes formes prises par ce processus d'abstraction et des exigences qu'il renferme d'un point de vue spécifiquement éthique. Le capitalisme, toutefois, comme le stade le plus avancé de son impérialisme, y trouve dans l'argent — et aussi dans la profession[79] — son expression la plus éclatante. Il est certainement inutile, à cet égard, d'insister après tant d'autres sur ce que l'argent comporte d'abstrait. On peut toutefois lire ce qu'écrit Musil à ce sujet:

«La devise de cette époque du capitalisme qui s'impose en relation avec les *faits* est la suivante: l'argent est la mesure de toutes choses. Ou, sous sa forme négative: l'action humaine n'a plus de mesure en elle-même»[80].

De fait, ce qui se fait jour dans le règne de l'argent n'est peut-être pas fondamentalement différent d'un phénomène aux ramifications complexes que Musil résume en une formule: l'abstraction de la vie même. L'argent pourrait aussi bien y être considéré comme l'emblème de l'*Eigenschaftslosigkeit* : l'absence de qualités dont Ulrich incarne la forme humaine dans le roman de Musil. Mais précisément, l'absence de qualités ne représente jamais que la face négative de possibilités dont l'argent, lui aussi, témoigne à sa manière en contribuant efficacement à un système d'échange généralisé dont l'un des avantages est au moins celui d'une très grande souplesse.

7. Complexité et histoire

La place de l'argent, l'esprit des faits, la cruauté qui s'exprime dans les conduites en apparence les plus désintéressées, tout cela témoigne en un sens de la victoire de l'intellect sur le sentiment, ou encore, selon les propres termes de Musil, d'une incroyance spécifique : celle d'un temps qui *ne croit qu'aux faits*[81]. Au fond, c'est le même type d'homme qui affirme sa maîtrise dans les sciences, dans les affaires ou dans le domaine politique. Cette souveraineté, toutefois, n'est pas sans révéler un horizon de possibilités que Musil situe essentiellement sur deux plans : un plan historique, d'une part, mais aussi sur un plan éthique.

Comme il l'écrit lui-même :

«Il semble plus important de souligner ce qu'il y a de positif, n'hésitons pas à dire: de bon, dans cet état de choses. C'est la forme d'organisation la plus vigoureuse et la plus élastique de toutes celles que l'homme s'est données jusqu'ici»[82].

Si la vie prend aux yeux de beaucoup le visage de l'abstraction et du désenchantement, c'est probablement en raison du recul des anciennes synthèses, ou encore de la faillite des idéologies qui entendent s'y opposer. Le processus de démantèlement des synthèses exemplaires qui s'est manifesté dans les sciences n'a pas épargné la vie sociale, ni, bien entendu, la vie individuelle. La principale conséquence paraît en être l'impossibilité d'une idéologie susceptible de rassembler les fragments épars de la vie en un tout cohérent qui, miraculeusement, viendrait apporter à celle-ci la garantie de ce que l'on est convenu de nommer un sens. Et bien entendu, l'incapacité, la faiblesse qu'accroît encore la somme des réactions négatives que l'on voit naître de toutes parts, ne font que renforcer les effets destructeurs d'un processus que rien, en apparence, ne peut arrêter. C'est ainsi que le temps paraît révolu où il était peut-être encore permis de croire à la possibilité d'une rédemption que toute vision héroïque de l'histoire semble en effet autoriser. Mais précisément, ce que Musil perçoit à la faveur des développements de la rationalité, ce n'est pas tant la sombre perspective d'un incontournable déclin, voire quelque chose de comparable à une fin de l'histoire qui se serait brusquement arrêtée au milieu de son parcours, que ce que comporte d'encourageant, en fin de compte, la fin d'un mythe : celui qui, dans quelque domaine que ce soit, confère aux « grandes causes » la faculté d'engendrer les effets que l'on souhaite ou auxquels on voudrait croire.

Il n'est certes pas tout à fait sûr que l'on puisse, à ce sujet, prêter à Musil des idées du genre de celles que l'on a voulu récemment lui attribuer. Ce serait là l'objet d'une discussion au regard de laquelle nous ne nous sentons pas particulièrement qualifié. Ce que la lecture de Musil, en tout cas, nous autorise à dire, c'est que la notion d'un « ordre par fluctuation » ne pourrait légitimement lui être attribuée qu'à la condition de lui prêter également l'idée d'une sorte de spontanéité moléculaire qui ne se trouve dans son œuvre nulle part. En fait, ce qu'il entrevoit peut approximativement se résumer à ceci : ce qui caractérise une époque historique donnée (encore que la notion d'époque soit à ses yeux peu défendable), c'est que l'enchevêtrement des causes et des effets y est infini. A cet égard, les grandes visions historiques ignorent ceci qu'à vouloir mettre en œuvre le principe d'un minimum d'intelligibilité de ce qui se produit ou pourrait se produire, il serait nécessaire de dominer par la pensée un tel entrelacs de phénomènes que seul un Dieu semblable à celui de Leibniz pourrait y parvenir. Or il suffit de songer à la situation qui s'est peu à peu créée dans les sciences pour se rendre compte de ce que comporte de parfaitement vain une pareille ambition. Cela n'empêche évidemment, ni les historiens de faire leur métier, ni les hommes politiques d'œuvrer — ou de laisser entendre qu'ils œuvrent — pour un changement, l'avenir, le progrès, et toutes sortes d'objectifs du même genre. Du reste, ils n'ont jamais tout à fait tort, puisque de toute façon c'est encore ce qui a le plus de chance de se produire. Mais en se comportant ainsi, ils ne peuvent entièrement convaincre celui qui voit l'histoire lui échapper qu'ils sont en train, eux, de la faire. En d'autres termes, le problème qui se pose alors devient de savoir comment faire l'histoire. Et pour savoir comment on peut la faire, il importe également de savoir comment elle se fait. C'est en quelque sorte à ce problème que s'attaque Musil lorsqu'il observe ce que comporte de déconcertant, à cet égard, le moindre événement se produisant dans le monde : le simple phénomène, par exemple, d'une tuile qui tombe d'un toit. Le hasard, ici, en effet, même s'il est possible, comme il est bien connu, de le réduire à l'entrecroisement de séries causales distinctes, ne saurait être purement et simplement effacé. A plus forte raison lorsqu'il s'agit de phénomènes aussi complexes que ceux qui fournissent la matière des événements historiques. Là, toutefois, il est différentes façons de considérer les choses. Ainsi, si l'attention prêtée à l'événement comme tel se révèle aisément de nature à décourager toute tentative d'intelligibilité, et s'il y a incontestablement quelque aveuglement à rechercher à ce niveau « microscopique » l'équivalent d'une cause qui se révélerait à même d'entraîner à elle seule un quelconque processus, il paraît néanmoins permis de considérer les choses un peu autrement, en adoptant en particulier un point de vue comparable à celui du mathématicien ou du physicien lorsqu'il s'efforce de saisir sous une loi statistique ce qu'une vision strictement mécanique ou linéaire ne lui permettrait pas de concevoir.

Lorsque Musil évoque comme il le fait très souvent les perspectives sur lesquelles s'ouvrent à ses yeux les travaux réalisés dans certains secteurs scientifiques en apparence les plus éloignés des problèmes qu'il tente pour sa part d'aborder, c'est la plupart du temps à ce que l'on pourrait en tirer, pourvu qu'on le veuille, dans les domaines où la plus extrême complexité est de règle : ceux de l'histoire et du sentiment.

« La psychologie, écrit-il par exemple, comme les mathématiques et la physique, a ouvert de nouvelles perspectives sur les problèmes de l'espace et du temps, un nouveau réseau de connexions est apparu dans la structure de la matière, les problèmes de la vie et de l'individualité sont en partie sortis de l'ombre ; et même dans un problème aussi spécifiquement métaphysique que celui de la conversion du physique en psychique, l'application du 'gestaltisme', théorie d'abord psychologique, à la physique, à la chimie physique et à la physiologie a ouvert la voie à une solution de la plus grande portée »[83].

Dans un autre passage du même texte, Musil évoque ce que comportent de fragile la plupart des constructions métaphysiques et l'attachement qui leur est lié aux vastes systèmes déductifs :

« Quand on veut bâtir un pareil système, une authentique vision du monde, il faut évidemment d'abord avoir réellement vu le monde, et connaître les faits. Le moindre fait intéressant le rapport entre le caractère et l'équilibre hormonal nous ouvre plus de perspectives sur l'âme qu'un système idéaliste de cinq étages ».

Certains verront peut-être dans ce genre d'observation une sorte de profession de foi positiviste assez suspecte. Mais, comme Musil l'observe aussi, le positivisme, avant d'être une idéologie ou une philosophie âprement défendue par les uns et décriée par les autres, fut d'abord une pratique conquérante contre laquelle les atermoiements de l'âme demeurent impuissants et dont les principes sont quotidiennement observés par quiconque se montre soucieux d'efficacité dans ce qu'il entreprend. Or s'il est, par rapport à cela, une attitude parfaitement vaine, c'est bien celle qui consiste à en combattre les effets présumés désastreux en ignorant les faits, c'est-à-dire, au fond, en préférant aux armes de l'adversaire le combat à mains nues.

Ainsi, pour en revenir à l'histoire, ce que Musil tente de concevoir, ce n'est pas autre chose que les possibilités que pourrait laisser envisager une compréhension davantage soucieuse des faits, et aussi beaucoup plus respectueuse des modèles d'intelligibilité qu'impose la pensée rationnelle là où, précisément, les anciens modèles se sont montrés incapables de remplir leur fonction. Dans les *Journaux*, ainsi que dans *L'homme sans qualités*, l'essentiel des références scientifiques auxquelles Musil a recours consiste dans le modèle «gestaltiste» en psychologie et dans ceux de l'étude des gaz en physique[84]. Dans les *Essais*, bien que les références ne soient pas aussi précises, l'idée est néanmoins à peu près la même. L'auteur y développe une théorie des «petites causes» dont les principes peuvent être résumés de la façon suivante. De même que les sciences de la nature ont substitué au schéma classique des relations de cause à effet, celui de relations fonctionnelles, il convient, partout où l'on a affaire à des phénomènes humains, de se représenter ce qui a lieu sur le modèle d'interactions qui interdisent d'isoler, comme on ne le fait que trop souvent, certaines variables parmi d'autres pour les baptiser du nom de cause, et les autres du nom d'effet. C'est en ce sens que le point de vue de la *complexité* doit remplacer celui de la *causalité*. D'autre part, à la considération de facteurs isolés et à l'action qu'ils sont supposés exercer les uns sur les autres, il convient de substituer une vision à la fois *gestaltiste* et statistique qui, sans que cela signifie forcément une traduction dans des modèles abstraits, permette du moins de comprendre que l'élément n'est pas premier, mais au contraire la complexité dans laquelle il se trouve pris, et d'autre part que, quant à l'ensemble, le phénomène déterminant qui doit être pris en considération est celui des moyennes. Musil invoque ces principes à de nombreuses reprises, en particulier, comme nous l'avons déjà suggéré, lorsqu'il aborde, dans ses *Essais*, des questions relatives à la société, à la culture, ou aux problèmes politiques qu'il lui arrive d'étudier comme nous l'avons déjà vu. En tout état de cause, le modèle qui s'impose à lui — et qui lui vient incontestablement des questions d'ordre épistémologique auxquelles il s'est intéressé, est celui des totalités complexes qui intègrent le hasard. Or, la conclusion qu'il en tire, comme le montre le passage suivant, c'est précisément la possibilité d'un certain type d'action.

«On prétend volontiers que le goût de ce genre de considérations dénoterait un esprit grossièrement mécaniste, une civilisation sans culture et cynique. J'aimerais faire remarquer qu'il comporte un immense optimisme. Car, si nous ne sommes plus dépendants du fuseau de quelque Parque épouvantail, mais simplement couverts d'une quantité de petits poids emmêlés comme pandeloques, c'est à nous qu'il revient de faire pencher la balance»[85].

Ailleurs, toujours à propos de la même question, Musil évoque l'image d'un train, ou encore d'un wagon de tramway, comme dans *L'homme sans qualités*: le train du temps emporte les voyageurs sans qu'ils soient apparemment maîtres de leur mouvement. Et pourtant, comme dans n'importe quel véhicule de ce genre, la trajectoire, la destination, dépendent autant de la distribution et du groupement des masses à l'intérieur que de la bonne volonté du pilote et de la direction des rails. De fait, quoique le problème ne soit sans doute pas aussi simple — il ne s'agit après tout que d'une image —, l'important réside dans les caractères propres à ce que l'on peut appeler une *situation*; d'autre part, en ce qui concerne ce que suggère la notion de «*Gestalt*», au sens de la psychologie de la forme, nous verrons que tant sur le plan éthique que sur le plan historique, ce sont les lois et les possibilités relatives aux formes qui demandent à être prises en considération. La notion musilienne de l'*Autre état*, notamment, ne saurait être comprise indépendamment de ce que lui suggère cette notion et de ce qu'il a retenu des travaux d'un chercheur comme Köhler, par exemple, sans parler, sans doute, des travaux de Mach, bien que celui-ci en soit cependant resté à une théorie de type associationniste.

Bien sûr, dans tout cela, selon Musil, on ne saurait négliger les mille hasards dont dépend tant l'apparition d'une époque nouvelle, c'est-à-dire au fond un changement dans la forme de vie des hommes, que tout ce qui peut se produire au sein d'une forme de vie déterminée. Mais il n'en demeure pas moins qu'à vouloir changer quoi que ce soit, ou en tout cas à œuvrer dans ce sens, c'est aux formes d'organisation qu'il convient de songer avant tout. Musil parle d'une «coïncidence non légale de nombreux faits» et d'une «conception antihéroïque» qui pourrait faire croire à un constat d'impuissance, mais ce serait en fait ignorer la véritable contre-partie de ce qui se fait jour ici.

Comme il l'écrit, de façon tout à fait significative:

«Cette conception du cours de l'histoire, est, en apparence, antihéroïque; c'est une philosophie de l'esprit petit-bourgeois: petites causes, grands effets.

En réalité, la philosophie de l'histoire qui privilégie les grandes causes, avec son beau

pathos intellectuel, n'est héroïque qu'en apparence. Car elle ne prend pas les faits tels qu'ils sont.
Le mouvement de l'histoire n'est pas la trajectoire d'une boule de billard. Il ressemble au mouvement des nuages, soumis à tant de circonstances qu'une autre peut à tout moment le modifier. Il ressemble à l'homme... chaque pas nécessaire, mais sans nécessité pour l'ensemble (!).
Ce qui apparaît : *où* je suis.
Mais voici, dès lors, où il faut chercher l'héroïsme : on ne peut pas changer les lois, mais les situations, oui ! »*[86]*.

Ce texte fragmentaire où l'on rencontre l'une des images les plus fréquentes utilisées par Musil dans bien d'autres textes : celle des déplacements des masses nuageuses, suffirait s'il en était besoin, pour montrer que l'une des questions essentielles qui s'imposent à ses yeux est bel et bien celle de la possibilité pour l'homme d'agir sur l'histoire. C'est ce qu'autorise l'idée de *situation*, ici évoquée. Mais il va sans dire que s'il en est ainsi, c'est aussi parce que l'histoire est à cette condition. Penser l'histoire, si du moins il y a lieu de donner à ce mot un sens, c'est penser la possibilité d'en infléchir le cours, de quelque façon que ce soit. Après tout, il n'y a peut-être pas de meilleure façon de nier l'histoire que d'en faire la philosophie, au sens des *philosophies de l'histoire*. Mais c'est aussi pourquoi, l'idée d'un *ordre par fluctuation* ne saurait véritablement correspondre à ce que Musil a en vue : la négation de l'histoire n'y est peut-être pas moindre. En outre, la façon dont Musil aborde cette question ne peut être dissociée des problèmes qu'elle recouvre sur le plan éthique. Or, comme il est clair, nous avons là deux types de préoccupations qui non seulement sont étroitement associées dans la pensée et l'œuvre de Musil, mais qui, de plus, sont subordonnées au même genre d'exigence.

Au fond, c'est un même sentiment d'impuissance caractéristique qui s'exprime, tant dans la sphère des événements qui appartiennent à l'expérience personnelle de chacun que dans celle des faits qui appartiennent à l'histoire. Les «qualités», les événements, les formes dans lesquelles se loge la vie humaine : tout cela paraît n'avoir d'autre statut qu'extérieur, instable, décentré, n'offrant d'autre prise qu'illusoire à ce que l'on continue cependant d'appeler, peut-être par simple habitude, le Moi ou la Personne.

Sans doute ce genre de sentiment ne s'exprime-t-il pas de manière égale dans les œuvres de Musil. La mise en perspective des questions relatives au *sujet* — plus précisément à l'*absence de qualités* — et des interrogations que suscite l'histoire ne s'affirme nettement, sur un plan rigoureusement littéraire, qu'avec *L'homme sans qualités*. Néanmoins, comme le montre la lecture des *Essais*, les problèmes que cela implique sont certainement présents à l'esprit de l'auteur bien avant qu'il ne les intègre réellement au projet de son dernier roman. De fait, si l'on s'en tient à l'essentiel, dès son premier livre: *Les désarrois de l'élève Törless*, Musil engage sa création romanesque dans une voie qui correspond tout à fait au type d'exigence et de problème dont les *Essais* dessinent par ailleurs les contours. On peut y voir une tentative destinée à promouvoir une écriture qui se détourne des «grands sentiments» pour leur substituer la possibilité d'une expérience de ce qui paraît échapper à un regard limité à la périphérie. Le souci de Musil le porte bien davantage à une littérature qui privilégie à la fois le singulier et le complexe. Mais il ne s'agit pas pour autant de psychologie. L'attention portée vers le *détail*, le «microscopique», en quelque sorte, n'est nullement la transposition d'une quelconque psychologie des profondeurs. Cela, pour de multiples raisons, dont une, en particulier: la psychologie appartient au domaine du «ratioïde», quelles que soient du reste les vertus qu'on lui reconnaît en tant que science. La littérature, elle, s'ouvre sur un domaine à tous égards différent. Il n'y a certes pas lieu d'anticiper sur ce que seule la lecture des œuvres est à même de révéler. Toutefois, à résumer l'orientation qui s'y fait jour sur ce plan-là, Musil y opte, en toute connaissance de cause, pour une tâche d'invention tournée vers le pluriel, le fragmentaire, «la vibration et l'exubérance de la vie». Comme il l'écrit dans un court texte de 1913, significativement intitulé *Analyse et synthèse*:

«La suprême méfiance est requise à l'égard de tous les souhaits de réduire la complexité de la littérature et de la vie, de connaître des états d'âme homériques ou religieux, l'homogénéité et l'intégrité»[87].

NOTES

[1] *Das Unanständige und Kranke in der Kunst*, trad. franç. de Philippe Jaccottet, in *Essais*, Ed. du Seuil, 1984. La traduction et l'édition citées seront désormais celles de P. Jaccottet. Il nous arrivera, toutefois, de renvoyer le lecteur à l'édition allemande d'Adolf Frisé. Dans ce dernier cas, les *Gesammelte Werke*, publiées chez Rowohlt, seront citées GW. I ou II, les *Tagebücher*: TB. I ou II, également, et les Lettres (*Briefe*), encore inédites en français: Bf. I ou II. La thèse de doctorat de Musil est accessible, depuis peu de temps au lecteur français, dans une traduction de Michel-François Dumet. L'édition a été augmentée d'une Préface et d'une Postface de Paul-Laurent Assoun. Le texte en a été publié sous le titre: *Pour une évaluation des doctrines de Mach*, coll. «Philosophie d'aujourd'hui», P.U.F., 1985. La parution des *Désarrois de l'élève Törless* («Die Verwirrungen des Zöglings Törless») avait précédé la soutenance de thèse de Musil, ainsi que la parution de ses premiers essais. *Törless* date de 1905, la thèse de 1908. Il convient toutefois de faire une exception pour deux études antérieures parues en 1904 et en 1905 dans *Natur und Kultur*, et qui concernaient respectivement les moteurs utilisés dans l'industrie et les appareils de chauffage dans les appartements (Cf. R. Musil, *Beitrag zur Beurteilung der Lehren Machs und Studien zur Technik und Psychotechnik*, Rowohlt-Hamburg, 1980).

[2] Les différents textes publiés par Musil sa vie durant ont sans aucun doute contribué à le faire connaître. D'autre part, ils ont constitué l'une des sources de ses revenus. Musil y a certainement trouvé lui-même un double avantage de cette nature. Il est en effet clair que sa production romanesque ou théâtrale ne lui a permis de vivre à aucun moment; d'autre part, à l'exception du succès obtenu très tôt par *Törless*, mais assez vite oublié, celle-ci ne lui a pas davantage permis de bénéficier d'une large notoriété de son vivant.

[3] Cf., par ex., «De l'essai» (*Über den Essay*), in *Essais*, op. cit., p. 334.

[4] *Franz Blei*, in *Essais*, p. 78. Franz Blei, qui était alors un écrivain connu, fut un ami de Musil, un de ceux qui compta le plus.

[5] Jx. I, p. 184. Musil y écrit: «... mon devoir est de m'instruire auprès des romantiques et des mystiques. Mon seul travail critique consiste à réduire leurs idées à leur contenu proprement 'senti-mental'...» La même notion est également évoquée par l'auteur dans deux lettres. La première date de 1917/1918, et elle est adressée à Franz Blei. On peut y lire: «Ce qui est purement rationnel se prête à un traitement rationnel. Ce qui est senti-mental à un traitement poétique (*ist zur dichterischen*)». La seconde, beaucoup plus tardive est adressé à Adolf Frisé, le futur éditeur de Musil. Elle date du mois de janvier 1931». «Je voudrais enfin répéter une fois de plus, écrit-il à son correspondant, que l'intellect n'est pas l'ennemi du sentiment, mais son frère... Le concept de senti-mental, au sens précis des romantiques, a déjà embrassé, jadis, en les unissant, ces deux éléments.» Cf., Bf. I, pp. 133 et 495, respectivement.

[6] «Théâtre à symptômes I» (*Symptomer Theater*), in *Essais*, op. cit., p. 160.

[7] Cf. «Franz Blei», in *Essais*, op. cit.

[8] L. Wittgenstein, *Vermischte Bemerkungen*, trad. franç., G. Granel, Trans-Europ-Repress, 1984, p. 74.

[9] Lettre à Johannes von Allesch du 4-12-1929, Br. I, p. 454.

[10] C'est ce que suggère une lettre du 3 avril 1940 adressée à Hubert Decleva. Musil y évoque les difficultés qui sont alors les siennes à propos de la fin du roman, et son projet de publier une partie du matériel élaboré sous forme d'aphorismes (cf. Bf. I, p. 1172). Voir également sur cette question, l'*Avant-propos* écrit par Philippe Jaccottet pour son édition des *Essais*.

[11] Jx II, cahier 25, p. 165.

[12] *Ibid*, p. 167.

[13] « L'homme mathématique » (*Der mathematische Mensch*), in *Essais*, p. 59.
[14] Cf. « Théâtre à symptômes », I et II (*Symptomen Theater*), in *Essais*, op. cit.
[15] « Théâtre à syumptômes », I, in *Essais*, p. 160.
[16] Cf., par ex., Bf. I, p. 1176. A l'occasion d'une lettre adressée à Hans Lothar le 5 avril 1940, Musil y écrit : « la place que j'occupe dans la littérature allemande est celle d'un original ».
[17] « Théâtre à symptômes », II, p. 184.
[18] *Ibid.*, p. 186. « Sa vertu cardinale (du théâtre), c'est l'étude de l'homme par lui-même. Un latin, même au modeste niveau de la conversation banale, joue de sa personne, vis-à-vis de son interlocuteur, comme une femme de son éventail; en parlant, il cherche à se faire valoir, lui et ses pensées. Nous autres, en revanche, l'idéal que nous cultivons, sur la scène comme dans la vie, est celui d'un commerce ».
[19] « Théâtre à symptômes », p. 177.
[20] F. Nietzsche, *Le cas Wagner, Œuvres complètes*, Gallimard, 1974, p. 43.
[21] « Théâtre à symptômes », p. 183.
[22] « Politik in Oesterreich », in *Essais*, p. 44.
[23] Hugo von Hofmannsthal, *Ein Brief*, paru en 1905. Trad. franç., J.C. Schneider, Mercure de France, 1969. « *Das Ich ist unrettbar* », (le moi ne peut être sauvé), telle est l'idée que H. Bahr retient de la lecture de Mach, et principalement de *L'analyse des sensations*. Il en fait la matière d'un texte paru dans *Dialog vom Tragischen* en 1904 : « Das unrettbare Ich ». A ce sujet, on peut lire, de P.Y. Pétillon : « Hofmannsthal : le règne du silence, in *Critique*, « Vienne, début d'un siècle », n°^{s} 339-340, 1975, ainsi que P.L. Assoun, *Préface* à R. Musil, *Pour une évaluation des doctrines de Mach*, op. cit.
[24] « L'homme mathématique », in *Essais*, pp. 59-60.
[25] « Quelques essais », in *Essais*, p. 421.
[26] « La connaissance de l'écrivain : esquisse » (cité *Esquisse*), in *Essais*, p. 84.
[27] *Ibid*, p. 81.
[28] *Ibid*.
[29] *Ibid.*, p. 83.
[30] *Ibid*.
[31] L. Wittgenstein, *Tractatus logico-philosophicus*, Routledge & Kegan Paul, London, 1961. C'est ce que fait apparaître, en particulier, l'un des chapitres de *L'homme sans qualités* où Ulrich développe une conception de l'Image (*Bild*) tout à fait proche de la théorie du *Tractatus*. Cette affinité, toutefois, se limite au plan de la rationalité. Cf. *L'homme sans qualités*, IV, pp. 140-154.
[32] « Note sur une métapsychique » (*Anmerkung zu einer Metapsychik*), in *Essais*, p. 73. L'essai est consacré à Rathenau. Cf. J. Bouveresse, *La philosophie de la vie et les illusions de l'Action parallèle*, in « Revue d'esthétique », n° 9, 1985.
[33] Il s'agit du cahier 2. Celui-ci, pour des raisons parfaitement incompréhensibles, n'a pas été inclus par A. Frisé dans son édition des *Tagebücher*. A ce jour, ce cahier est donc toujours inédit.
[34] « Note sur une métapsychique », p. 70.
[35] *Ibid.*, p. 71.
[36] « Esprit et expérience. Remarques pour des lecteurs réchappés du déclin de l'Occident » (*Geist und Erfahrung. Anmerkungen für Leser, welche dem Untergang des Abendlandes entronnen sind*), in *Essais*, p. 98; « L'Allemand comme symptôme », (*Der deutsche Mensch als Symptom*), in *Essais*, p. 344.
[37] Cf. Bf. II, lettres à E. Frisch. Cf., par ex., la lettre du 29-11-1919, p. 192, où il présente le livre de Spengler comme un symptôme du temps (*Zeitsymptom*).
[38] « Esprit et expérience », p. 104.
[39] *Ibid.*, p. 99. Musil évoque les chapitres que Spengler consacre aux mathématiques dans son livre, et les rapprochements audacieux qu'il pratique entre divers objets et

théories mathématiques. C'est à ce sujet qu'il écrit: «Cela fait si sérieux qu'un non-mathématicien se persuade aussitôt que seul un mathématicien peut parler ainsi. En réalité, cette énumération de Spengler évoque le zoologue qui classerait parmi les quadrupèdes les chiens, les tables, les chaises et les équations du quatrième degré!»
[40] O. Spengler, *Der Untergang des Abendlandes*, trad. franc. Gallimard, vol. I, Introduction, p. 37.
[41] *Les désarrois de l'élève Törless*, op. cit., trad. franç. P. Jaccottet, Le livre de Poche, 1972, p. 235. La même distinction se retrouve dans les *Journaux* et dans *L'homme sans qualités*. Cf. *infra*, notre dernier chapitre, ainsi que notre étude: «Pensées vivantes et forme de vie», in R. Musil, *problèmes et perspectives*, Actes du Colloque de Royaumont.
[42] «Esprit et expérience», p. 110.
[43] *Ibid.*, p. 99.
[44] *Ibid.*, p. 112.
[45] *Ibid.*, p. 116.
[46] *Ibid.*
[47] C'est la question que pose Ulrich, non sans ironie, il est vrai, dans le chapitre 83 de *L'homme sans qualités*.
[48] On peut penser une fois de plus à Spengler, mais de manière plus générale, aussi, à toutes les explications qui recherchent dans les concepts de race ou d'homme porteur de tel ou tel caractère la clé miraculeuse des événements et phénomènes historiques. Musil en fait la critique en plusieurs endroits des *Essais*. Cf., notamment, «Esprit et expérience», ainsi que «L'Europe désemparée» (*Das hilflose Europa oder Reise vom Hundertsten ins Tausendste*).
[49] «L'Allemand comme symptôme», op. cit., in *Essais*, p. 345: «Dès lors que les notions de race et de culture, de peuple et de nation (et même cette inutile notion auxiliaire d'époque empruntée à l'histoire des civilisations), si elles renvoient évidemment à une réalité, n'en désignent pas moins visiblement rien de tangible ni même de simple, on ne peut en faire un usage raisonnable qu'en les traitant comme des questions et non comme des réponses, non comme des substrats des phénomènes mais comme des phénomènes complexes, non comme des facteurs sociologiques, mais comme des résultats...»
[50] Musil y formule, notamment au regard de l'histoire, le fameux *Théorème de l'amorphisme humain*, certainement essentiel à ses conceptions. Cet essai, il est vrai, n'a pas été publié, ni terminé du reste. Il ne s'agit tout de même pas moins d'un texte où l'auteur condense ses idées-force avec une profondeur de vue à nos yeux remarquable.
[51] «L'Allemand comme symptôme», p. 346.
[52] *Ibid.*, p. 347.
[53] J. Bouveresse, *Anti-Splenger*, in «L'Herne», cahier *Robert Musil*, 1982.
[54] «Discours sur Rilke» (*Rede über Rilke*), in *Essais*, p. 421.
[55] «L'Allemand comme symptôme», in *Essais*, p. 361.
[58] *Ibid.*, p. 359.
[59] *Ibid.*, p. 353.
[60] Dans *L'homme sans qualités*, le mouvement de la civilisation, tout ce qui s'y rattache (les «tendances appétitives», les «forces centrifuges») se constitue en obstacle au mouvement éthique vers le centre, tel qu'il est figuré par la recherche de *l'autre état*.
[61] «L'Europe désemparée», op. cit., in *Essais*, p. 141.
[62] «La nation comme idéal et comme réalité» (*Die Nation als Ideal und als Wirklichkeit*), trad. franç. in *Essais*, p. 124.
[63] «L'Autriche de Buridan» (*Buridans Oesterreicher*), trad. franç. in *Essais*, p. 86.
[64] «La politique en Autriche» (*Politik in Oesterreich*), trad. franç. in *Essais*, p. 43.
[65] «La nation comme idéal et comme réalité», op. cit., pp. 127-128.
[66] *Ibid.*

[67] Cf. Jx. I, cahier 4 (1899-1904). On a coutume de voir dans l'image de «Monsieur le Vivisecteur», telle qu'elle s'exprime dans ce cahier, une sorte de paradigme de l'attitude intellectuelle de Musil, et pas seulement pour les années de jeunesse. C'est ignorer, nous semble-t-il, ce que l'œuvre plus tardive doit à l'ironie de Musil, laquelle s'accorde assez mal avec le genre de pose empruntée qui s'exprime dans le choix de ce nom. Ceci, pour ne rien dire du mot lui-même et de ce qu'un psychanalyste — c'est là du reste chose faite — pourrait en tirer, non sans en faire ses délices.
[68] «Confession politique d'un jeune homme» (*Politisches Bekenntnis eines jungen Mannes*), trad. franç. in *Essais*, p. 63.
[69] Cf. l'étude de R. Olmi: *Katakombe-Musil et l'activisme expressionniste*, in «Sud», R. Musil, hors série, 1892. Rappelons qu'en novembre 1918, Musil est à Vienne et qu'il assiste à la révolution qui suit la fin des hostilités. A ce moment-là, il montre une certaine sympathie pour les socialistes et il souscrit au programme du Conseil Politique des Travailleurs de l'Esprit. On trouve un écho de tout cela dans «Les exaltés» (*Die Schwärmer*), trad. franç. de P. Jaccottet, Ed. du Seuil, 1961. Musil ne tardera toutefois pas à s'enfermer dans une position de refus de la politique qui demeurera constante. Faut-il dire, comme Berghahn, que «le refus musilien de la politique n'est pas plus intelligent que celui des intellectuels de son temps»? Nous n'avons pas à en juger ici, mais peut-être faut-il remarquer que la réputation d'intelligence de l'auteur a eu jusqu'ici pour effet d'occulter ce genre de question, ce qui ne constitue pas une excellente façon de le comprendre. Il est vrai aussi qu'en raison de son audience limitée, Musil a très tôt été livré aux «spécialistes», c'est-à-dire à des cercles très musiliens, au double sens du terme. Or, comme dans tous les clubs «sélects», il est d'usage de célébrer, non de questionner.
[70] Cf. H.S.Q., chap. 72: *La science sourit dans sa barbe*, ainsi que «L'Allemand comme symptôme», pp. 367-372.
[71] «L'Europe désemparée», op. cit., p. 145.
[72] *Ibid.*, p. 144. «... cet esprit si décrié de respect autarcique des faits qui règne sur les sciences, cet esprit de la statistique, des machines, des mathématiques, du pragmatisme et du nombre, ce tas de sable des faits et cette fourmilière humaine ont aujourd'hui vaincu».
[73] H. Bergson, *Les deux sources de la morale et de la religion*, P.U.F., Ed. du Centenaire, 1963; L. Wittgenstein, *Remarques sur le Rameau d'or de Frazer*, trad. franç. de J. Lacoste, L'Age d'homme, 1982.
[74] *Pour une évaluation des doctrines de Mach*, op. cit., Cf. notre ouvrage: *R. Musil ou l'alternative romanesque*, op. cit., et nos commentaires à ce sujet.
[75] Cf. *Pour une évaluation*, op. cit., pp. 69-70. Musil s'est toujours défendu d'être un sceptique, comme on peut en juger à la lecture des *Journaux*, par exemple: vol. II, c. 33, p. 461.
[76] «L'homme mathématique», op. cit., p. 58: «Or, quand tout cela a eu pris la plus belle forme du monde, voilà que les mathématiciens (infatigables fouineurs théoriques) découvrirent soudain, dans les fondements mêmes de toute l'entreprise, quelque vice irrémédiable: et constatèrent, en allant au fond des choses, que l'édifice tout entier ne reposait sur rien! Mais les machines fonctionnaient... Nous voilà donc réduits à convenir que notre existence est fantasmagorie pure».
[77] «L'Allemand comme symptôme», op. cit., p. 370.
[78] *Ibid.*
[79] *Ibid.*, p. 361: «De nos jours, le lien principal est la profession. Lorsqu'on a désigné la profession de quelqu'un avec un petit complément du genre: doué ou pas, amusant ou pas, convenable ou pas, on a dit à peu près tout ce que sa vie permet d'en dire.» Ce fait n'est évidemment pas sans rapport avec l'absence de qualités (*l'Eigenschaftslosigkeit*), comme nous aurons l'occasion de le voir.

[80] *Ibid.*, p. 368.
[81] *Ibid.*
[82] *Ibid.*, «Le temps des faits», p. 363: «L'incroyance de notre temps peut se traduire de façon positive ainsi: il ne croit qu'aux faits. Sa représentation de la réalité ne reconnaît que ce qui est, pour ainsi dire, réellement réel».
[83] «L'Allemand comme symptôme», p. 365. Voir aussi l'*Appendice* de l'éd. franç. des Jx., vol. II, pp. 688-689.
[84] Voir, par exemple, H.S.Q., IV, chap. 47: *Promenades dans la foule*; dans les Jx., les remarques du vol. II des pages 128 et 626. Sur la notion de *Gestalt*, voir «Littérateurs et littératures», in *Essais*, op. cit.
[85] «L'Europe désemparée», op. cit., p. 142.
[86] «L'Allemand comme symptôme», op. cit., p. 350.
[87] «Analyse et synthèse», in *Essais*, p. 60.

DEUXIEME PARTIE
LES DEUX MONDES
DU SENTIMENT

« Quand un sentiment évolue vers la détermination, il s'aiguise, en quelque sorte, il étrécit sa signification et se termine, en fin de compte, au-dedans et au-dehors, dans une sorte de cul-de-sac; il conduit à une action ou à une décision, et quand il ne s'achève pas avec celles-ci, il se trouve modifié comme l'eau à la sortie du moulin. S'il évolue, au contraire, vers l'indétermination, il semble n'avoir aucune énergie. Mais alors que le sentiment déterminé évoque un être aux bras tendus pour s'emparer de quelque chose, le sentiment indéterminé modifie le monde avec l'indifférence et le désintéressement du ciel modifiant ses couleurs... »

L'homme sans qualités

Chapitre I
Törless

> « Ces mêmes sentiments de vide sont au point de départ
> de bien des délires mystiques ou d'apparence mystique. »
>
> Pierre Janet

> « Au reste, tant les vraies racines que les fausses ne sont
> pas toujours réelles, mais quelquefois seulement imaginaires... »
>
> Descartes

1. L'expérience de l'indéterminé

A s'en tenir aux œuvres qui précèdent la parution du premier volume de *L'homme sans qualités*, la production de Musil donne l'impression d'un développement marqué par la diversité et l'évolution des choix d'écriture. Comme cela a très souvent été observé, y compris par Musil lui-même, un roman comme *Les désarrois de l'élève Törless* se caractérise, indépendamment des thèmes dont il se nourrit, par une sobriété et par une relative simplicité de traitement qui permettent d'y voir, d'une certaine manière, un modèle de narration[1]. En revanche, avec les *Nouvelles: Trois femmes* et *Noces*, l'écrivain semble s'engager dans une voie différente marquée par une rupture à l'égard des choix qui l'avaient apparemment guidé dans son premier roman.

Mais une telle caractérisation, quoique juste en apparence, ne peut se révéler de nature à saisir, de façon réellement satisfaisante, ce que Musil tente effectivement de mettre en œuvre dans cette première période de son activité d'écrivain. Comme il l'observe lui-même dans l'un des cahiers de ses *Journaux*: «Les nouvelles sont encore puisées, en partie, au même réservoir que le *Törless*»[2]. Bien entendu, cela ne veut évidemment pas dire que celles-ci ne soient qu'un prolongement, à plusieurs années d'intervalle, d'une construction romanesque dont *Törless* fut comme la première pierre. En fait, de celui-ci aux *Nouvelles*, le projet de Musil se déplace, il s'affermit, aussi, et il s'affine.

En effet, sur le seul plan des phases qui paraissent avoir scandé le travail et les préoccupations de Musil, deux remarques semblent s'imposer. L'une concerne les circonstances dont ces œuvres sont issues; l'autre le genre de perspective qui commande, en partie tout au moins, leur élaboration.

Le premier roman de Musil date d'une époque où celui-ci n'avait pas encore choisi entre les possibilités qui s'offraient à lui d'un point de vue strictement professionnel et le métier d'écrivain auquel il finira par se consacrer entièrement.

A bien des égards, l'œuvre apparaît comme une sorte de pari, même s'il ne s'agit pas, en vérité, d'une première tentative[3]. Comme en témoignent clairement les *cahiers* de ces années-là[4], les préoccupations qui sont alors les siennes, d'un point de vue intellectuel, oscillent entre la littérature, la philosophie, la psychologie et les sciences. C'est l'époque où il étudie Mach, en vue de sa thèse de doctorat, où il lit Husserl[5], Nietzsche; l'époque où ses intérêts, quoique tournés également vers la littérature, le portent tout autant vers les questions essentiellement centrées sur la connaissance.

Pour des raisons somme toute assez évidentes, ce premier roman est aussi celui vers lequel la critique et les commentateurs se sont tournés le plus souvent et le plus volontiers. Sans trop exagérer, il n'est même pas interdit de penser que si Musil n'avait écrit que ce roman-là, ou d'autres du même genre, il n'aurait probablement pas acquis cette réputation d'auteur difficile dont son œuvre a tant souffert. Certes, en ce qui concerne la critique proprement dite, la parution des *Désarrois de l'élève Törless* n'a pas valu à son auteur que des éloges. Néanmoins, la réception dont le roman fut l'objet suggère que Musil avait toutes les raisons du monde de se montrer satisfait. Alfred Kerr, écrivain et critique qui, s'il avait aussi des ennemis dans le monde des lettres d'alors, n'en bénéficiait pas moins d'une indéniable autorité, salua avec toute la rigueur qui lui était coutumière la parution de l'ouvrage, et Musil lui-même raconte, non sans réserves toutefois, combien le livre fut également apprécié dans divers milieux, en particulier celui des éducateurs soucieux de réformes qui y virent une critique tout à fait opportune de ce qu'ils combattaient eux-mêmes sur leur propre terrain[6]. Ces faits sont connus et il n'est probablement pas nécessaire de s'y attarder. Toutefois, la réception du roman révèle précisément que la lecture que l'on en fit, dès ce moment, ne fut pas toujours au goût de Musil et que les intentions qui lui furent prêtées ne furent pas davantage à la mesure de ce qu'il avait lui-même tenté.

Le cadre choisi explique il est vrai les réactions d'une partie des lecteurs de Musil. Si Alfred Kerr, en effet, avait su y percevoir une qualité de ton et de style à laquelle l'auteur de *Törless* était tout particulièrement attaché, les «pédagogues», comme il les appelle, se montrèrent bien davantage sensibles au tableau qu'ils croyaient y percevoir d'un univers scolaire scandaleusement oppressif, pervers et en tout état de cause réactionnaire. On sait que l'Autriche, après la première guerre mondiale, donna le jour à un vaste mouvement de réforme scolaire. Ceux qui, dès 1906, œuvraient dans ce sens virent dans le roman de Musil la manifestation d'un témoignage qui, à tous égards, comblaient leurs vœux les plus chers. Les dénégations de Musil doivent-elles nous conduire à penser qu'une telle lecture était totalement dépourvue de sens? Trop d'éléments, dans le livre, concernent l'univers scolaire qui s'y trouve décrit pour que l'on puisse tout à fait le priver d'une dimension critique à ce sujet. Mais cela ne signifie évidemment pas que ces éléments en constituent l'essentiel. A plus d'un égard, en effet, ce premier roman représenta pour son auteur une expérience qu'il ne cessa par la suite, au cours des ans, d'interroger. Il est remarquable, de ce point de vue, que Musil, longtemps après, s'y réfère encore dans ses *cahiers*, de même qu'il se remémore quelques-uns des passages les plus significatifs à ses yeux de la critique que Kerr lui avait consacré. Il lui en gardera, du reste, une reconnaissance durable. Mais quel était, aux yeux de Musil, le prix d'un tel roman, et quelles sont les raisons qui le conduisirent à lui mesurer son œuvre ultérieure?

Deux observations permettent d'apporter quelque lumière à ce sujet. Tout d'abord, les réflexions qui, dans les *Journaux* par exemple, concernent *Les désarrois de l'élève Törless*, prennent le plus souvent place dans le cadre d'interrogations ayant pour objet le récit, ses insuffisances et ses vertus. C'est pourquoi Musil se remémore souvent cette phrase d'Alfred Kerr:

«Le récit de Musil est sans mollesse. Il est absolument exempt de ce qu'on appelle le lyrisme. C'est un homme qui sonde les faits; seule leur mise en forme objective produit la juste mesure de lyrisme qui est peut-être dans les choses... Libre de toute sensiblerie. Représentation des faits. L'atmosphère n'est pas 'peinte', c'est une projection des faits représentés»[7].

Comme c'est le cas dans ce passage des *Journaux*, l'écrivain procède en fait à des comparaisons qui nourrissent sa recherche et le travail sur le récit auquel il s'efforce. Il invoque à cet égard un principe qui retiendra ultérieurement notre attention, celui de «l'uniforme ministériel». L'idée — et cela nous rapproche déjà davantage du style des *Nouvelles*, en particulier de *Noces* — consiste pour l'auteur à ne se montrer que sous le vêtement des personnages, c'est-à-dire à ne rien décrire qui ne se rapporte à ce qui est vécu, tel que cela est vécu, par ces derniers. Il est vrai que de ce point de vue, Musil paraît souvent ne parvenir qu'après-coup à toute la clarté nécessaire. Mais c'est précisément pourquoi il revient régulièrement sur ce qu'il a écrit, envisagé, à un moment ou à un autre, à moins qu'il ne se penche à nouveau, comme dans le cas précédent, sur ce que lui révèle la lecture d'un critique ou d'un autre auteur[8].

Mais quoi qu'il en soit pour l'instant sur ce point, un autre type de réflexion se rapporte également à *Törless*, d'une manière plus directement centrée sur ce que l'on peut appeler pour simplifier le contenu du roman. Il faut ici penser à l'une des déclarations les plus connues qui parcourent les *Journaux*, à savoir cette idée qu'en écrivant ce premier livre, Musil aurait, selon ses propres termes, décrit en Reiting et Beineberg «les dictateurs actuels *in nucleo*»[9]. Cette réflexion apparaît dans le cahier 33. Elle se situe entre 1937 et 1941. En vérité, d'ailleurs, les noms qui apparaissent dans la note considérée sont ceux de *Reising* et *Boineburg*, c'est-à-dire ceux de deux camarades de collège que Musil avait connus à Mährisch-Weisskirchen, lieu de «la véritable histoire de Törless». Or cela n'est nullement indifférent, car antérieurement, dans les années qui suivirent immédiatement la parution du roman, l'attitude de Musil se révèle sensiblement différente de celle qu'il paraît adopter dans les dernières années de sa vie. C'est ce qui justifie les commentaires de Karl Corino dans l'une des études que celui-ci a consacrée au roman de Musil lorsqu'il suggère que ce dernier, dans un premier temps, aurait craint de s'attirer des ennuis en déclarant ouvertement que ce qu'il avait connu à Eisenstadt et à Mährisch-Weisskirchen lui avait servi de modèle. Mais cela nous introduit probablement au cœur des véritables questions que pose un roman comme *Les désarrois de l'élève Törless*, et sans doute aussi, en partie, de celles que posent les œuvres ultérieures au regard des rapports qui existent entre la fiction et ce dont elle se nourrit.

Soyons plus clairs. Comme nous le verrons à propos des *Nouvelles* et de *L'homme sans qualités*, il n'est guère d'éléments, dans tout ce que Musil met en œuvre dans son entreprise romanesque, qui ne renvoie à des personnages ou à des situations faisant partie de ce que l'on est convenu de nommer la biographie de l'auteur. Or, cela pose un problème qui, dans le cas de Musil, demande à être pris au sérieux, car d'un côté celui-ci indique à plusieurs reprises le peu d'importance qu'il accorde à tout ce qui pourrait apparenter son œuvre à la description d'un monde, d'un milieu ou de personnages déterminés dont celle-ci serait en quelque sorte le miroir. D'un autre côté, comme le montrent les travaux qui ont été entrepris dans ce sens, le fond autobiographique ou vécu, comme l'on voudra, en est très souvent transparent[10]. Faut-il y voir une contradiction ou une inconséquence de nature à justifier les interprétations qui visent prioritairement à rechercher, derrière la fiction, la réalité, comme si celle-ci en représentait le dernier mot? Sans doute est-ce là poser le problème d'une manière un peu trop simple. Toutefois, à quelques nuances près, force est de prendre l'auteur au sérieux — d'essayer du moins — ne serait-ce qu'afin de résoudre cette apparente contradiction.

Il ne saurait être question de nier — Musil lui-même ne l'a du reste jamais fait — que le cadre dans lequel se déroule *Les désarrois de l'élève Törless* a bien pour modèle le collège d'Eisenstadt et le lycée de Mährisch-Weisskirchen que Musil fréquenta respectivement de 1892 à 1894 et de 1894 à 1897. D'autre part, Reising et Beineberg, dans le roman, Basini aussi, et jusqu'au jeune prince dont il est également question, ont leur modèle dans des personnages que Musil a effectivement rencontrés alors ou dont il a entendu parler[11]. Mais quoi qu'il en soit, cela ne veut évidemment pas dire que nous ayons affaire, purement et simplement, au récit d'une expérience de jeunesse dont tout l'intérêt résiderait dans ce qu'elle présente d'insolite, ni davantage dans une quelconque forme de dénonciation ou de critique.

Est-il du reste vraiment nécessaire d'insister sur ce point? Dans *Törless* l'histoire, ou ce qui en tient lieu, est beaucoup trop dépouillée des composantes descriptives et factuelles qui sont habituellement destinées à remplir ce genre de fonction pour que l'on puisse prêter au roman une valeur de témoignage qui en constituerait le dernier mot. En vérité, comme le montre aisément tout examen de la construction du roman et des thèmes qu'il mobilise, le récit, tel que Musil le met en œuvre, prend essentiellement la valeur d'une *expérience* dont les modalités sont bien plus importantes que le contenu objectivable qui lui correspond dans les divers moments de la narration.

Cette expérience, toutefois, le roman l'actualise dans deux dimensions connexes qui, dans ce qu'elles présentent d'énigmatique aux yeux du jeune Törless, se révèlent à l'origine des «désarrois» qui ébranlent ce dernier. On retrouvera dans les œuvres ultérieures de Musil l'équivalent formel de ce qui se produit ici dans l'horizon du sens: un déchirement du tissu homogène et apparemment plein de l'existence ordinaire, un ébranlement soudain du sol de la certitude. Ces deux dimensions sont celles de la *sensualité* et de l'*intellect*. Törless, peut-être parce qu'il est à un âge où les virtualités qui se logent peu à peu dans le carcan des formes extérieures qui leur sont offertes ne se sont pas encore fixées, éprouve existentiellement et intellectuellement la présence obscure d'une autre vie que celle dont la réalité du collège, l'image de ses parents, la surface érodée des mots et des concepts qui circulent dans cet univers sans faille destiné à former les jeunes générations, marque les contours, les bornes. Il est probable que ce qui s'y dessine se nourrisse, chez Musil, d'un vécu dont les différentes notes dispersées dans les *Journaux* ou dans des ébauches ultérieures offrent de multiples indices. De même, comme on le verra, il n'est pas jusqu'aux interrogations les plus abstraites en apparence qui retiennent l'attention de l'auteur qui ne jouent, au cœur de l'expérience que le roman tend à promouvoir, un rôle également important. Mais chez Musil, de ce point de vue, tout ce que la pensée ordinaire tend généralement à séparer — *l'intellect* et le *sentiment*, pour reprendre ses propres termes — fait au contraire l'objet d'une mise en perspective ayant pour effet la mise en lumière d'une solidarité ou de rapports que nos habitudes historiques seules font tomber dans l'oubli. Il s'agit sans doute de l'une des choses que Musil doit à Nietzsche et à la lecture qu'il en fait dans les années où il commence à écrire. Et c'est peut-être aussi cela qui le conduit à l'idée d'une «seconde vie», expression dont on sait qu'elle se rencontre également chez Nietzsche, ainsi que chez d'autres penseurs et écrivains contemporains[12]. Néanmoins, comme cela a été parfois remarqué, Musil est, de tous les écrivains de cette époque, le seul qui en ait réellement tiré la notion d'une *autre histoire* et d'une *autre vie* que celle qui habite, à nos yeux, la surface des idées, des concepts ou des sentiments. Or, n'est-ce pas ce qu'un roman comme *Les désarrois de l'élève Törless* nous invite à prendre en compte?

Comment? Ici, une erreur consisterait évidemment à prêter au roman une fonction édifiante qui ne lui convient manifestement pas. L'effort de Musil ne vise nullement à mobiliser les ressources du récit au bénéfice d'un contenu prédéterminé que l'écrivain aurait à cœur de faire partager. En fait, et c'est pourquoi il convient de parler d'*expérience*, même si c'est en un sens qu'il conviendra de préciser, tout se passe comme si l'écriture se voyait ici reconnaître une possibilité rarement entrevue, celle de faire *bouger*, à la faveur des *variations* qu'elle permet d'opérer, le champ de l'expérience ordinaire et l'horizon du sens qui lui est associé. Cela, bien sûr, c'est l'écriture qui le réalise, et sans doute conviendrait-il d'être attentif, à cet égard, à des détails stylistiques auxquels on ne prête généralement pas attention, bien que le jeu auquel ils donnent naissance dans la trame narrative n'en soit pas moins effectif. Mais c'est aussi sur le plan du récit lui-même et de ce qui s'y dessine que cela s'accomplit solidairement. C'est ainsi que d'une certaine manière, même si les rares descriptions qui entrent à titre de composante dans le roman paraissent pouvoir être attribuées au narrateur et recevoir ainsi, dans la fiction, une signification «objective» neutre au regard de ce qui est accordé aux personnages, il n'en demeure pas moins que le sens doit en être mis en relation avec ces mêmes personnages: Törless, Reiting, Beineberg, à la manière des propriétés d'un champ de forces dont les déterminations ne peuvent être pensées séparément. La «petite gare sur la ligne de Russie», le «remblai couvert de ballast jaune», l'ancien établissement de bains, le grenier, les salles du collège, etc., ne sont pas à proprement parler décrits par un auteur au langage souverain. Il faut plutôt y voir une «projection», pour emprunter l'un des mots utilisés par Alfred Kerr, des faits qui s'attachent au personnage et aux états ou aux événements qui s'y rapportent. C'est probablement ce que révèle la lecture du début du roman, lorsque Musil écrit, par exemple:

«Etait-ce le fait de ces couleurs tristes, était-ce la lumière du soleil couchant, blême, faible, épuisée par la brume, les choses et les êtres avaient un tel air d'indifférence, d'insensibilité machinale, qu'on les aurait crus échappés d'un théâtre de marionnettes. A intervalles réguliers, le chef de gare sortait de son bureau, tournait la tête, toujours selon le même angle, dans la direction des signaux qui s'obstinaient à ne pas annoncer l'arrivée de l'express, retardé considérablement à la frontière; puis il tirait sa montre, avec toujours le même mouvement du bras, il hochait la tête, et il disparaissait de nouveau, comme font ces petits personnages d'anciennes horloges, quand sonnent les heures»[13].

Cet «air d'indifférence» que présentent les choses et les êtres, les comparaisons qui apparaissent dans ce passage, ce qu'il y entre de répétitif, tout cela permet déjà d'esquisser, à la faveur d'une pseudo-description, l'une des perspectives qui singularise l'expérience de Törless dans le roman. Car si cette expérience s'accomplit bien dans un horizon qui admet une intériorité et une extériorité, les relations n'en sont pas moins mouvantes, variables et surtout telles qu'on ne saurait les tenir, l'une et l'autre, pour autonomes. Comme le rappelle Manfred Frank dans une étude consacrée à la question de la plurivocité du texte littéraire:

«Musil dit que la littérature est de par son 'principe' une *incessante variation*. Sa tâche consiste en une 'transformation et un renouvellement incessants de la vision du monde et de sa relation à lui en ce qu'elle fait éclater par ses vécus la formule de l'expérience»[14].

Or, dans *Törless*, comme le suggère déjà le court extrait précédemment cité, les variations qui affectent le champ des relations de l'extériorité et de l'intériorité oscillent entre deux pôles: celui de l'*indifférence*, d'une part, celui de l'*indéterminé*, d'autre part. Ces deux pôles confèrent du reste à l'œuvre de Musil une unité thématique et structurelle qui participe, comme nous le verrons, de la dimension «éthique» qui lui est propre. C'est en effet l'une des constantes du style et du genre d'expérience que vivent les personnages musiliens que la découverte d'une indétermination de ce qui paraît se dévoiler à leurs yeux dans les moments où, de manière transitoire, s'efface l'indifférence qui s'attache à l'ordinaire, au quotidien, au constitué. Ce sentiment de l'indifférence, lui-même, n'est pas sans rappeler ces états asthéniques que décrivait Pierre Janet dans les premiers chapitres de son livre : *De l'angoisse à l'extase*[15], livre que Musil avait probablement lu. Mais il ne s'agit pas, pour Musil, d'illustrer ou de décrire le passage d'un état pathologique caractérisé par un sentiment du vide à un état d'équilibre de la personne qui, pour des raisons somme toute contingentes aurait été perturbé. Bien au contraire, le pathologique, ou ce que l'on pourrait prendre pour tel, définit dans ses livres, comme on le voit bien dans *Törless*, l'état ordinaire, celui qui correspond, en fait, à ce que l'on peut sans doute appeler une «forme de vie» essentiellement dominée par des «rapports objectifs» qui, privilégiant un ordre univoque, condamne le moi à chercher refuge dans le surnaturel, l'illusoire ou la magie de l'irrationnel. Un personnage comme Beineberg, dans *Törless*, incarne assez bien ce qu'un semblable nihilisme peut présenter d'excessif, et en définitive de dangereux.

Si Musil, en effet, s'est intéressé à ce que la psychiatrie était en mesure de lui révéler, s'il a pris connaissance des travaux d'auteurs comme Janet, Kretschmer, Bleuler, par exemple, c'est probablement en ce sens qu'il y trouvait, dans les descriptions cliniques souvent très fines que ceux-ci renfermaient, un ensemble de faits et de possibilités qui correspondaient à ce que lui-même recherchait en tant qu'écrivain. Car l'intérêt, en effet, de la psychopathologie, par rapport à la psychologie classique — c'est apparemment pour les mêmes raisons qu'il s'intéresse à l'anthropologie — c'est de révéler à sa manière que les comportements normalisés avec lesquels finit par se confondre notre représentation de la vie ne constituent jamais qu'une configuration réifiée de possibilités infinies que seules les circonstances historiques, et d'une certaine façon le hasard, ont imposé au monde. En ce sens, tout phénomène humain se situant à la marge de l'ordinaire, de l'habituel, prend une valeur exemplaire en cela qu'il permet de mettre au jour la nature des transitions, parfois imperceptibles, dont le tissu de l'expérience humaine est fondamentalement constitué. Les processus à la faveur desquels ces transitions s'accomplissent commandent en grande partie les formes et la progression du récit dans un roman comme *Les désarrois de l'élève Törless*. Au reste, c'est principalement sous cet aspect que le premier roman de Musil se distingue des œuvres romanesques contemporaines qui pourraient à la rigueur lui être comparées[16]. D'autre part, c'est également en raison de ce caractère qu'il peut être aisément rapproché des tentatives ultérieures de Musil, des *Nouvelles* jusqu'à *L'homme sans qualités*. L'ambivalence qui marque de son empreinte l'œuvre et les personnages de l'auteur en est à coup sûr l'expression la plus caractéristique. Sans doute peut-on y percevoir un écho de ce que Musil a retenu de la lecture de Nietzsche et de Dostoïevski. Le principe, en tout cas, même s'il revêt dans l'ensemble de l'œuvre des formes variées, y joue un rôle central.

Comme le suggère Musil très clairement :

« Que chacun ignore aujourd'hui ce dont il sera capable demain, voilà une pensée qui n'est plus considérée désormais comme une extravagance. Que les transitions de la rigueur morale au crime, de la santé à la maladie, de l'admiration au mépris d'un même objet soient insaisissables et sans limites fixes, voilà qui est devenu pour beaucoup d'entre nous, grâce à la littérature de ces dernières décennies et à quelques autres influences, une vérité d'évidence. Je ne voudrais pas exagérer. Si nous considérons l'individu isolé, nous voyons que de fortes inhibitions s'opposent encore à ce qu'il soit vraiment 'capable de tout'. Mais si nous considérons l'histoire de l'humanité, c'est-à-dire l'histoire de la normalité par excellence, il ne peut subsister aucun doute! Les modes, les styles, les sentiments, les époques, les morales se relaient ou coexistent dans un tel désordre qu'il nous impose l'image d'une humanité pareille à une masse gélatineuse toujours prête à prendre la forme que les circonstances lui suggèrent »[17].

Est-ce donc cela que découvre Törless? De manière générale, il est permis de dire que c'est le plus souvent à la faveur d'un ébranlement de l'horizon familier des mots et des choses que se révèle à la conscience ce second visage de la vie. Dans *Les désarrois de l'élève Törless*, toutefois, cette découverte prend d'abord la forme d'une scission du moi, d'un déchirement de l'existence qui se traduisent dans une discontinuité du temps et du vécu conférant à l'ambivalence le visage de l'effroi. Cette sorte de dédoublement dont se nourrissent les conflits intimes auxquels le jeune Törless doit faire face est en même temps l'effet et la vérité d'une errance qui le conduit dans ces marges de l'ordinaire, du constitué, de l'univoque que marquent notamment, dans le roman, les limites topographiques de l'univers du lycéen. Il est clair, en effet, que l'expérience de ce dernier épouse les contours d'une géographie dont les frontières, quoique nettes, ne sont pas sans autoriser certains passages, certaines *transitions* qui, un peu comme en topologie, sans qu'aucun bord n'ait été véritablement franchi, se traduisent par des effets que les normes ordinaires du métrique tendent à faire apparaître comme un bouleversement radical des données initiales. Que l'on veuille bien nous pardonner le caractère approximatif de cette comparaison, mais elle est semble-t-il de nature à éclairer, dans une certaine mesure, le processus de l'ambivalence dans le roman de Musil. Quant à l'importance des lieux, il n'est guère besoin d'en souligner la place dans le récit[18], même s'il convient d'ajouter que les contrastes qui paraissent destinés à en marquer les oppositions jusque dans le choix du vocabulaire mobilisé à cette fin traduisent davantage une projection des émois juvéniles des protagonistes qu'une vision réellement imputable à l'auteur. Sur ce point, il suffit de songer à l'attitude qui finira par être celle de Törless lui-même, dans la dernière partie du roman, pour comprendre que cette sorte de décor naïvement fétichisé et peint des couleurs les plus invraisemblables ne représente que la face visible d'une expérience dont les premiers moments sont marqués par une tendance à accentuer les oppositions relativement propres à l'adolescence. Mais cela aussi fait partie du roman et de l'expérience que l'auteur s'efforce d'y articuler. Il est vrai que l'on retrouve, de manière éparse, mais de façon insistante, dans l'œuvre de Musil, y compris dans ses *cahiers*, ce que l'on pourrait appeler un goût des lieux, en particulier de ceux qui indiquent une limite, une distance ou encore une complexité proche de l'indiscernable : greniers, fenêtres, portes, jardins, faubourgs, etc. Il est également vrai que les premiers cahiers, ceux qui abritent notamment la fameuse image du «vivisecteur de l'âme», font apparaître un certain goût pour les contrastes exagérés, les atmosphères caricaturalement expressionnistes. Il n'est pas certain, toutefois, que l'on puisse y voir beaucoup plus qu'un ensemble de naïvetés dont Musil se défera très vite. Pour l'essentiel, ces traits datent d'une époque où Musil fréquente les cercles littéraires de Brünn, écrit des paraphrases, lit Nietzsche, D'Annunzio, Huysmans. Or, la lecture des *cahiers* de cette époque montre à l'évidence, comme il est normal, que ce qui frappe Musil dans ses lectures est encore perçu avec un regard juvénile dont les notes apposées tardivement de sa main permettent de mesurer la naïveté, et parfois la présomption[19].

Quoi qu'il en soit, même si l'on devait admettre que *Törless* en porte encore la marque, il n'en demeure pas moins qu'il y a bien entre l'image des lieux, dans le roman, et les différents moments de l'expérience du personnage, une relation de signification qui associe, au sein d'un processus essentiellement *motivé*, les frontières instables du moi et de l'extériorité. A s'en tenir à la lettre, Törless et ses camarades trouvent dans l'obscurité, dans la pénombre du grenier, dans les lieux où ils se risquent le soir, la possibilité d'une vie qui, à leurs yeux d'adolescents, fait apparaître sous le jour le plus grossièrement faux et artificiel le monde des adultes, lequel tend à se confondre avec l'univers quadrillé du collège militaire tels qu'ils le perçoivent. Sans doute est-ce en partie en raison de ce qu'ils vivent comme une opposition irréductible que leur recherche tend à prendre des formes extrêmes et cruelles, comme si le mal leur apportait la garantie d'une liberté et d'un héroïsme qu'un personnage comme Beineberg croit actualiser par son seul refus de la raison, de la morale et de la faiblesse.

Mais il en va ici du mal, ou de ce qui en tient lieu, comme des espaces secrets qui servent de décor aux «expériences» de Reiting, de Beineberg et de Törless. Le grenier, l'ancien établissement de bains où ils rendent visite à la prostituée Bozena, ne signifient une rupture avec le monde rassurant des valeurs qu'ils rejettent avec grandiloquence qu'au regard de ces mêmes valeurs. En vérité, un personnage comme Beineberg n'éprouve nullement, de ce point de vue, ce que comporte de troublant la possibilité du *passage* d'un lieu à un autre, d'un univers bourgeois où tout paraît clair, à un monde trouble, équivoque où les instincts les plus bas paraissent pouvoir se donner libre cours. D'une certaine manière, Beineberg et Reiting, Beineberg surtout, vivent dans deux mondes, et paradoxalement leur moi n'en souffre pas. Leur nihilisme, leur cruauté, quoique revêtant des formes exarcerbées, sont en fait à la mesure de l'univers bourgeois dont ils se croient libres: la logique en est celle du décor et de l'envers du décor, avec cette différence seulement que là où, généralement, l'endroit cache l'envers, ils optent pour ce dernier en croyant ainsi s'élever au-dessus de la médiocrité ordinaire, voire s'engager dans une voie réservée à des êtres d'exception. Or il en va différemment de Törless en cela que pour lui, bien que l'existence lui apparaisse d'abord comme perforée de trous, les extrêmes ne sont séparés qu'en apparence par des frontières nettes. Pour Törless, pourrait-on dire, comme le suggère Musil en d'autres circonstances, *il n'y a qu'un monde*, et c'est précisément cela qui fait problème.

C'est du reste pour cela qu'il éprouve dans l'angoisse comme une scission, une déchirure de tout son être. Peut-être les mots, en raison de ce qu'il suggèrent, y contribuent-ils. Cruauté, homosexualité, vice, semblent se rattacher à une alternative telle que chaque choix en exclut un autre. Les mots sont ainsi chargés d'une teneur morale qui nous laisse penser que les contraires ne communiquent pas. Pour un être comme Törless, à peine arraché à la douce quiétude de son nid familial, à la sollicitude de ses parents, l'attrait de l'insolite, l'éveil des sens, la fascination craintive que fait naître en lui le spectacle de la perversion physique et morale où l'entraînent ses deux camarades, ne peuvent être vécus que sur le mode d'un dédoublement, d'un conflit opposant à ce qu'il reste de lui-même une moitié monstrueuse en laquelle il ne se reconnaît d'abord pas. Les commentateurs de *Törless* ont souvent souligné cette sorte de cri intérieur auquel l'adolescent s'accroche alors que son corps résigné et brûlant attire à lui la nudité de Basini:
«Ce n'est pas moi! Ce n'est pas moi! Demain je redeviendrai moi-même! Demain!»[20].

Les « désarrois » de l'élève se condensent en ce soubresaut. Mais pour que celui-ci soit possible — que l'on nous pardonne cette trivialité — il a fallu que cet « autre » qui cède à Basini, c'est-à-dire à lui-même, soit aussi perçu comme moi. Au demeurant, il serait vain, ici, de percevoir comme la manifestation d'un conflit de type freudien. L'essentiel, du point de vue du roman et de ce qui s'y actualise, réside bien davantage dans une forme spécifique de dénouement qui est à peu près la suivante. Jusque-là, Törless, bien que complice, n'en est pas moins resté spectateur des sévices infligés à Basini par Reiting et Beineberg. Non, certes, que sa sensualité, sa curiosité et certains de ses penchants, jusqu'alors ignorés, n'y aient trouvé l'occasion d'un *éveil* qui est à l'origine de ses troubles, mais sa participation distante et relative était restée enveloppée, protégée pour ainsi dire, par une attitude dont les ressorts demeuraient en grande partie d'ordre intellectuel. Déjà, à l'inverse de ses camarades Reiting et Beineberg, Törless, bien qu'il fût dépourvu de toute pitié pour Basini, n'en éprouvait pas moins, à l'égard de ce dernier, plus de curiosité mêlée de répulsion que de réel désir d'humiliation ou de cruauté perverse. D'une certaine façon, si Törless ne parvient pas à se détacher de Basini, au sens où celui-ci paraît à l'origine d'un trouble qui l'ébranle profondément, c'est essentiellement en cela qu'il découvre en lui comme une faille dans un monde qui est *le sien*. A cet égard, il vaut la peine de placer en parallèle les différentes émotions que font naître en lui les personnages que sa condition de lycéen l'amène à rencontrer. Le jeune prince H., d'abord, Beineberg et Reiting, bien sûr, puis Basini pour en rester à ces seuls exemples.

Dans le premier, Törless découvre « une autre espèce d'homme »[21]. Tandis que ses camarades s'amusent de la « féminité » de ce dernier, Törless, en effet, perçoit dans ses manières la singularité d'une présence qui devient pour lui « la source des plus subtils plaisirs psychologiques ». Il en va ici, comme souvent chez Musil, de l'irruption soudaine, toujours associée à des instants, d'une réalité invisible dont le visible, miraculeusement, dessine les contours à la manière d'une image dont les effets, à défaut de réelle ressemblance, résonnent énigmatiquement dans le seul sentiment de celui qui en est ému. Comme Ulrich le suggère à sa sœur Agathe dans *L'homme sans qualités* :

« Les substituts les plus émouvants comportent toujours un défaut de ressemblance... Quand je ne suis pas en ta présence, je ne te vois pas ressemblante comme quelqu'un qui voudrait te peindre : c'est plutôt comme si tu avais jeté les yeux sur l'eau et que je m'efforce en vain d'y suivre ton image du doigt »[22].

A propos de ce qu'éprouve Törless, le narrateur, dans le roman, parle des premiers éléments d'une *connaissance* de l'homme à la faveur de laquelle, sous les surfaces peuvent être *devinées* les profondeurs. Or cette révélation se traduit chez Törless par un double malaise dans son équilibre intérieur. La brouille avec le prince le prive de ce qu'il avait à peine commencé à entrevoir. D'autre part, les motifs qui en sont la cause creusent en lui un fossé qui constitue l'une des composantes essentielles de son désarroi: la dispute qui éclate entre eux pour des «histoires de religion» lui fait prendre la mesure du conflit qui oppose la *raison* et le *sentiment*. «La *raison* de Törless, comme en dépit de son *cœur* (nous soulignons), déchaîna une série d'assauts ininterrompus contre la délicate dévotion de son ami.» «L'intelligence, avec ses critères grossiers, avait détruit là, tout intempestivement, un trésor précieux et fragile»[23]. Mais en s'acharnant contre la ferveur du jeune prince, Törless se défend, en quelque sorte, contre les suggestions que le sentiment avait éveillées en lui. En cela, il témoigne d'un fort attachement aux exigences d'une pensée charpentée par la raison à laquelle cependant la passion n'est pas étrangère. La «sauvagerie» à laquelle il est fait allusion dans le roman à propos de cet épisode en constitue à coup sûr un élément qu'il n'y a pas lieu de sous-estimer. Ce qui pourrait ici apparaître comme un trait de caractère signifie néanmoins quelque chose de beaucoup plus important qu'il ne paraît de prime abord. En Törless s'opposent les deux composantes essentielles mais antagonistes d'une époque qui n'a pas su les harmoniser: «l'âme» et «la ratio»[24]. C'est ce conflit, avec les conséquences qu'il entraîne au regard des déséquilibres dont souffre l'esprit, qui constitue la figure dominante des différents épisodes du roman, à la fois du point de vue des processus qui marquent le déchirement intérieur de Törless et des rapports que le personnage noue avec les autres personnages du roman.

Ainsi, en dépit de tout ce qui oppose Beineberg, par exemple, au jeune prince, un même principe paraît commander l'attitude de Törless à son égard. Dans les deux cas, l'adolescent découvre, quoique sous un jour totalement opposé — mais il est important qu'il le soit — une «mystérieuse seconde vie»[25]: sous l'aspect d'une indicible douceur, d'abord, sous les espèces de la cruauté et d'un mysticisme aveuglé par la volonté de puissance ensuite. Or, dans les deux cas, précisément, ce que Törless refuse c'est le délire irrationnel. Là où Beineberg se met en quête de mystérieuses révélations surnaturelles, Törless affirme ne rien chercher d'autre que de *naturel*[26]. Bien entendu, ces différentes expériences le bouleversent et sans doute n'est-il guère besoin d'ajouter que sa confusion est d'autant plus grande qu'elles sont aussi source d'émoi. Mais le plus important réside précisément en cela qu'il lui est impossible d'établir un lien, d'unir en lui, ce qui s'éveille dans ces circonstances au cœur d'une dimension de son être qui reste indéterminée, et ce qui continue à s'imposer à lui sous la forme d'une exigence à laquelle il ne parvient pas à renoncer en dépit des agressions qui le secouent et le privent d'une sérénité à laquelle il a été arraché dès l'instant où il a été séparé de ses parents. De plus, ce qu'il devine par-là même c'est qu'au-dessous de la surface des êtres et des choses, les tendances ou les phénomènes en apparence les plus contradictoires peuvent communiquer. Comme nous l'avons vu précédemment, «il n'en faudrait pas beaucoup pour faire de l'homme gothique ou du Grec de l'antiquité un moderne civilisé»[27]. Et de même, comme l'expérience de la guerre en avait témoigné selon Musil, il suffit de peu de chose pour transformer l'être le plus inoffensif en une bête sanguinaire. Les facteurs qui en décident ne reposent nullement sur une hypothétique nature humaine ou sur un ensemble de caractères inhérents à la nature de chacun, individus ou peuples, homme primitif, gothique ou civilisé. C'est évidemment cela qui est effrayant et qui, pour Törless, devient la source d'une énigme dont il pressent cependant qu'il ne pourra en venir à bout qu'à l'aide de la raison.

Qu'il en soit ainsi, c'est au demeurant ce que montre le genre de relation qui, dans le roman, s'établit entre Törless et Basini. Mais c'est aussi ce que révèle un autre motif de trouble, non moins important que les précédents : celui qui ébranle Törless dans le fameux épisode sur la notion de nombre imaginaire.

Sur le premier point, on peut tenir pour remarquable que Törless, à l'inverse de ses camarades, tende à traiter Basini comme un «cas» dont il cherche avant tout à comprendre le sens. Certes, il ne faudrait pas voir dans l'attitude du premier le simple effet d'une curiosité intellectuelle calculée. Il y entre sans doute quelque chose comme une volonté de «vivisection de l'âme», mais une semblable tendance, comme le suggère assez bien cette dernière image, n'est pas totalement dénuée de passion, voire de cruauté et de cynisme. En outre, Törless oscille constamment, tant à l'égard de Basini que des sollicitations diverses qui l'assaillent, entre l'abandon à ce qu'il vit comme un vertige des sens et la tutelle de la raison. Mais le désir qu'il éprouve de percer le mystère auquel il se heurte n'en prend que plus de force. Ainsi, ce qu'il cherche à comprendre, chez Basini, c'est la *possibilité* de ce qui lui apparaît, d'un point de vue moral, comme la négation des certitudes qui permettent d'ordinaire à chacun de situer l'infâmie dans les limites rassurantes de l'anormal, de l'exceptionnel ou de la monstruosité. Or, ce qu'il y a de «monstrueux» dans Basini ne consiste nullement, pour Törless, dans ses menus larçins, ni même dans ce qui pourrait apparaître comme une nature habitée par le vice, mais bien davantage dans ce que l'on pourrait nommer sa *plasticité*. La complaisance avec laquelle il se prête au jeu pervers et cruel de Beineberg et de Reiting, la fluidité des caractères qui s'y manifeste ont pour Törless valeur d'énigme. Avec Reiting et Beineberg, il découvre déjà non pas tant un type d'homme qu'un ensemble de possibilités, inscrites dans l'homme, et qu'il ne soupçonnait pas. L'entrée au collège marque bien, à cet égard, le début d'un apprentissage : on serait tenté de dire d'une « formation » *(Bildung)* si son expérience, précisément, n'était celle d'une incontournable impossibilité, d'un impossible accord entre les principes que tendent à légitimer les paradigmes intellectuels et moraux sur lesquels se règle la « formation » des élèves et la substance infiniment plus ténue, contradictoire, ambivalente en tout cas, *informe*, de la réalité adolescente. Sans doute l'adolescence a-t-elle ici valeur d'exemple. Musil s'est expliqué sur ce point en soulignant que le propre de cet âge réside précisément en cela que la « masse gélatineuse » dont l'homme est pour ainsi dire pétri n'a point encore cette « forme solide » qui ne se brise ensuite que plus difficilement. En fait, pour peu que l'on y regarde de près, un roman comme *Törless* contient déjà plus d'un thème — voire d'une idée force — parmi celles que développeront ensuite les *Essais* ultérieurs et *L'homme sans qualités*. Mais par rapport à ce qui se fait jour dans les personnages de Reiting et Beineberg, c'est-à-dire dans ce que l'élève Törless y découvre, Basini représente un approfondissement, un ébranlement beaucoup plus radical. Deux expériencces, en fait, se conjuguent à cet égard dans le roman : celle qui s'attache au personnage de Basini, donc, et celle qui s'accomplit à la faveur des questions que suscite chez Törless la notion de nombre imaginaire.

Les sentiments qu'éprouve celui-ci à l'égard des personnages qui exercent sur lui différentes espèces d'attrait peuvent être tenus pour significatifs sous ce rapport. On ne peut certes ici que simplifier de beaucoup ce que suggère la lecture du roman, mais il est clair qu'à considérer chacun de ces personnages sous l'angle des relations spécifiques qui se nouent entre Törless et eux, on obtient en quelque sorte une *vue d'ensemble* des principales figures de désenchantement dont se nourrissent les *désarrois* de ce dernier.

Nous avons déjà évoqué le personnage du jeune prince et l'effet que celui-ci produit sur Törless. En ce qui concerne Beineberg et Reiting, on sait également qu'il découvre chez eux une image de la violence qui, à première vue, n'est pas sans exercer sur lui un certain attrait. Mais ses sentiments à l'égard de chacun d'eux ne sont pas de même nature. A l'inverse de Reiting qui lui apparaît comme « un vrai tyran », Beineberg possède le privilège de son « charme » et de la

« séduction » qu'il exerce sur ceux qui l'approchent. Pourtant, comme le montrent les pages où Törless se trouve seul avec lui dans la pâtisserie, Beineberg produit chez ce dernier une sorte de sentiment de répulsion. « Ses mains avaient quelque chose d'obscène »[28], un élément *sexuel* se mêle à sa personne, source de malaise dont Törless se détourne en regardant ailleurs: par la fenêtre[29]. Et Bozena? Là encore, Törless est comme pris entre une forme spécifique d'attrait dont il connaît du reste plus d'une variante dans le roman (par exemple lorsqu'il découvre pour la première fois les masures qui bordent la petite ville) et les réactions que paraissent produire en lui des mécanismes de défense dont la force alterne avec une tendance à l'abandon. Psychologie? L'image de sa mère qui, à un moment, s'impose à lui pourrait le suggérer. Mais il ne s'agit nullement en fait, dans ces pages, d'une concession ni d'un clin d'œil aux inépuisables motifs dont se nourrit la psychanalyse. Tout se passe plutôt comme si se mêlaient, dans l'esprit de Törless, des figures du réel que les cadres habituels de la morale, du sentiment et de la conscience commune conspirent à opposer. Or, non seulement les frontières s'en effacent en modifiant ainsi les perspectives qui n'assurent jamais qu'en apparence aux éléments qui en sont solidaires une signification stable, mais il n'est pas jusqu'aux principes élémentaires qui apportent au Moi la garantie de sa permanence et de son unité qui n'en soient affectés. Car en chacun de ces personnages, en chacune de leurs facettes, Törless rencontre l'image spéculaire d'un fragment de lui-même, ou de ce qui l'agite intimement. Qu'à l'image de Bozena puisse se subtituer celle de sa mère, et que ses sentiments puissent s'en trouver bouleversés; que les « extraordinaires énergies psychiques » dont le comportement et les discours de Beineberg sont la traduction soient de nature à éveiller son attention; que le comportement de Basini et jusqu'à la féminité qui en émane puissent se révéler source d'émoi: tout cela ne peut profondément ébranler Törless que dans la mesure où se disloque peu à peu en lui le genre de certitude intérieure dont l'unité du Moi est constituée. Le *dissemblable* s'impose à lui avec force sous le jour du *semblable*, de sorte que lui-même finit par connaître la situation d'un esprit écartelé « entre deux mondes en apparence incompatibles »[30], en proie à une « division intérieure »[31] contre laquelle les ressources de la raison se révèlent impuissantes. C'est à la faveur de cette expérience que se profile, pour Törless, le visage de cette « seconde vie » dont le thème parcourt le roman.

Et pourtant, le roman n'est pas simplement le récit de cet écartèlement, c'est-à-dire, sous l'effet de la fiction, d'une subversion calculée des principes que l'on place généralement au fondement de l'intégrité du Moi et de la personne. Et sans doute ne s'agit-il pas davantage de ce qui pourrait passer à certains égards pour une manifestation de provocation dont la cible serait celle des assises conventionnelles de la responsabilité et de la morale. D'une certaine manière, un roman comme *Törless* rompt avec le roman traditionnel — en dépit de tout ce qui permet de l'apparenter aux formes qui définissent le genre — en cela qu'il *déplace* le lieu du récit, ou encore ce que l'on pourrait appeler son point d'application. Peut-être fallait-il, pour qu'il en soit ainsi, que ce roman fût écrit par un auteur dont les intérêts, jusque-là, étaient restés limités à un horizon littéraire relativement restreint, et qui de surcroît s'était tourné vers des domaines en apparence très éloignés de celui des lettres. Quoi qu'il en soit, ce déplacement s'éclaire peut-être à une remarque plus tardive où Musil, bien qu'il ne pense pas à son premier roman en particulier, souligne ce que comporte d'insuffisant à ses yeux le genre de choix qui commande la narration lorsque l'écrivain s'en remet à l'idée de personnages dont il suppose, a priori, que ce qui s'y rapporte peut être tenu pour signifiant:

«On décrit le comportement intérieur et extérieur dont on croit qu'il serait celui de ces deux êtres dans le cours d'une action; mais, ce faisant, on ne donne que les conséquences de ce qui constitue l'essentiel de ces êtres, non cet essentiel même; lequel reste sous-déterminé, comme toujours lorsqu'on doit inférer des conséquences aux causes. On ne livre ainsi que des fragments périphériques, jamais le centre ni la loi de structure d'un amour singulier et signifiant. Pis encore: cette voie ne permet même pas d'atteindre la signification des actions déjà racontées. Car le fait, par exemple, que l'un de ces deux personnages commet une infidélité peut être indifféremment banal ou bouleversant; la seule chose importante, c'est ce qu'ils font de cette infidélité au tréfonds d'eux-mêmes; derrière ces surfaces que sont la souffrance, le désarroi, la faiblesse — et bien souvent beaucoup plus tard. En dehors de cette interdépendance, tout le reste, tout le résidu psychologique de l'individu n'est qu'accessoire, même s'il est la cause des événements; ce sont des éléments évidents dont l'intérêt pour l'analyse tient précisément à leur fréquence et à leur uniformité; si l'on voulait faire le portrait d'un personnage uniquement à partir de ce genre de données pyschologiques, on n'obtiendrait — même si leur richesse accessoire fait le charme facile du genre — qu'une individualité bâtie exclusivement de matériaux de remploi»[32].

On peut tenir les présentes réflexions pour solidaires de la distinction que Musil établit ailleurs entre les *causes* et les *motifs*, ou encore de celle qui oppose le *centre* et la *périphérie*[33]. Comme nous l'avons déjà entrevu à la lecture des *Essais*, et comme cela apparaîtra encore à la lumière de *L'homme sans qualités*, ces notions, bien que le sens n'en soit pas immédiatement clair, constituent le point de rencontre des préoccupations qui, dans l'œuvre de Musil, ont respectivement pour objet l'*éthique* et l'*Histoire*. D'un point de vue plus spécifiquement limité à ce qui se fait jour dans *Les désarrois de l'élève Törless*, le passage cité, comme les distinctions mentionnées, permettent de situer le point d'application du récit à un niveau qui, comme dans *Noces*, par exemple, n'est plus celui d'un enchaînement psychologique des causes et des effets que noueraient les fils du récit, mais celui d'un ensemble de variables de nature infiniment plus complexe qui en constitueraient comme l'infrastructure ou le contenu latent. Mais ces expressions ne traduisent que très imparfaitement ce que Musil semble avoir en vue à cet égard. Du reste, on touche ici à l'une des difficultés les plus importantes avec lesquelles Musil s'est lui-même débattu; d'autre part, au regard de ce qui est en jeu, c'est d'une certaine manière toute la question du sentiment qui se trouve ici posée.

Avec toutes les réserves d'usage qu'exige un tel rapprochement, on peut dire que dans *Les désarrois de l'élève Törless*, le récit tend à se déplacer vers une dimension du sens qui, par rapport à la sphère de ce que tente ordinairement de projeter tout récit centré sur les configurations qu'autorise la catégorie du personnage, s'apparente à celle de ce que Leibniz appelait les «petites perceptions»[34]. Non pas, certes, que la comparaison nous invite à y voir rigoureusement la même chose, mais simplement en cela que la nature supposée des processus qui s'y trouvent impliqués présente à tout le moins un double caractère comparable à celui des «petites perceptions»: ils constituent comme l'arrière-plan des grandes configurations de sens autour desquelles s'articule ordinairement le récit; d'autre part, la «logique» en est fondamentalement différente en cela que les configurations qui articulent notre vision des êtres et des choses, celles qui paraissent se réfracter dans les unités du discours, se révèlent traduire de tout autres processus exigeant à tous égards une tout autre forme d'intelligibilité.

C'est à propos de cette sphère qui constitue comme une autre face de la vie que Musil écrit:
«Dans ce domaine, les faits ne se soumettent pas, les lois sont des cribles, les événements ne se répètent pas, mais sont infiniment variables et individuels. Je ne puis mieux le caractériser qu'en précisant qu'il est le domaine des réactions de l'individu au monde et à autrui, le domaine des valeurs et des évaluations, des relations éthiques et esthétiques, le domaine des idées. Une notion, un jugement, sont dans une très large mesure indépendants de leur application et de la personne qui les applique; une idée, dans sa signification, est dans une très large mesure dépendante de l'un et de l'autre, elle n'a jamais qu'une signification déterminée par l'occasion, elle meurt quand on la détache des circonstances»[35].

Il n'est guère besoin de préciser que ce point de vue n'est pas étranger à un roman comme *Törless*, même si la présente formulation lui est ultérieure. Point de vue intégré au roman, d'ailleurs, à l'occasion de l'une des réflexions du personnage, lorsque celui-ci évoque «les pinces de la causalité»[36]. Ces pages, cette dimension du roman, demandent sans aucun doute à être mises en rapport avec ce que suggère

Musil dans un « Curriculum vitae » de 1938. A propos de *Törless*, celui-ci écrit en effet:

« Il est paru la même année que *L'éveil du printemps* de Wedekind, est contemporain d'un autre produit viennois, la psychanalyse; mais il trace les contours d'une représentation tout autre de l'âme et de la vie, représentation qui influence fortement la jeune génération mais n'a trouvé qu'aujourd'hui tout son retentissement intellectuel, notamment dans les intuitions de la psychologie de la Gestalt »[37].

Cette dernière remarque est importante, car elle tend à mettre en évidence la spécificité des phénomènes que le roman privilégie de la manière qui, bien entendu, lùi est propre. Nous ne saurions évidemment en dresser ici l'inventaire, mais il est clair qu'en ce qui concerne les phénomènes appartenant à la sphère précédemment mentionnée, le roman contient un ensemble de notations discursives qui, intégrées au récit, les apparentent de manière nette aux traits les plus caractéristiques étudiés par la « Gestaltpsychologie »[38]. Faut-il y voir une anticipation de ce que les travaux réalisés ultérieurement en psychologie permettront de mettre en évidence et de systématiser scientifiquement? C'est un peu ce que Musil paraît suggérer dans les lignes précédemment citées. Mais sans doute faudrait-il, à vouloir en décider, s'intéresser de plus près, non seulement aux lectures de Musil, mais également à ses propres études en psychologie. Rappelons en effet que Musil a écrit *Les désarrois de l'élève Törless* à un moment où ses études l'avaient conduit à Berlin où enseignait Carl Stumpf. Lorsque le roman est publié, en 1906, ni Wertheimer, qui fut aussi l'élève de Stumpf, ni Koffka ni Köhler n'avaient encore publié les travaux qui allaient donner naissance à l'école qu'ils représentent. En revanche, Christian von Ehrenfels avait jeté les fondements de ce qui deviendrait plus tard la *Gestaltpsychologie* avec les auteurs précédemment cités. Musil connaissait probablement les travaux de ce dernier, et sans doute conviendrait-il de prendre encore en considération d'autres influences ou courants dont les idées ont certainement retenu l'attention de l'auteur de Törless: Stumpf, peut-être Meinong. Il n'est pas jusqu'à un certain type de rapport avec la phénoménologie husserlienne qui ne pourrait être interrogé. Mais, quoi qu'il en soit, les « intuitions de la psychologie de la Gestalt » auxquelles Musil rapporte son premier roman ne représentent certainement pas une simple caution découverte après coup et destinée à faire apparaître celui-ci sous le jour d'une scientificité d'emprunt. De fait, toujours en ce qui concerne les phénomènes qui s'apparentent pour Musil à la sphère du sentiment, sphère qui n'est qu'en apparence étrangère à celle de l'intellect, comme nous l'avons vu, deux choses semblent devoir être retenues.

D'une part, Musil a toujours pensé que la littérature, sous certaines conditions qu'il s'est efforcé de définir et de mettre en œuvre, pouvait en constituer un mode d'exploration, si l'on entend par là la possibilité d'élaborer dans le langage les conditions qui permettent de faire droit à ce que les phénomènes qui s'y rattachent présentent d'irréductiblement singulier et qui leur confère le statut de l'individuel. C'est pourquoi la science lui paraissait laisser intactes les questions les plus élémentaires que pose la vie, mais c'est aussi pourquoi la littérature, loin de simplement tourner le dos à la science, tend à en pénétrer le corps ne fût-ce qu'afin d'entrevoir le sol dont elle se nourrit elle aussi. Car comme on sait, pour paraphraser Kant, si le sentiment, sans l'intellect, peut être tenu pour amorphe, l'intellect, sans le sentiment, est privé de vie[39].

D'autre part, on trouve toutefois chez Musil le pressentiment, pour ne pas dire l'idée, que les mêmes phénomènes ne sont pas étrangers à tout principe d'intelligibilité. Sous ce rapport, Musil récuse davantage un certain type de rationalité que l'idée d'intelligibilité comme telle. C'est incontestablement à ce niveau qu'il convient de situer son intérêt pour la *Gestaltpsychologie*. Mais les deux points de vue considérés ne s'excluent nullement comme on pourrait être tenté de le croire. A supposer, en effet, que la science parvienne à conceptualiser, grâce à l'élaboration de modèles suffisamment fins et diversifiés pour cela, une catégorie de phénomènes s'inscrivant pourtant dans le registre de l'individuel, cela ne la conduirait en rien à entrer en concurrence avec la littérature. Si Musil estime par exemple que la psychanalyse est, comme il le dit, une «voisine menaçante de la littérature», ce n'est pas en cela qu'elle priverait celle-ci d'un domaine qui paraît lui être réservé. La raison en est plutôt dans le fait que, tout en réduisant les phénomènes du sentiment à un «petit nombre de concepts» qui en effacent la complexité et les différences, la psychanalyse fait appel, en partie à son insu, à un type de mise en œuvre qui s'apparente au mode d'élaboration narratif et «poétique». Et sans doute n'est-il pas jusqu'au genre de comportement ou de réaction qu'elle produit qui ne puisse être rapproché du mode de réception des formes littéraires[40]. En fait, la science, lorsque sa scientificité est avérée, n'est jamais une concurrente pour l'écrivain, sauf à se méprendre sur le statut et de la science et de la littérature. La raison en est simple: d'une part, la tâche de cette dernière est, comme le dit Musil, «d'invention»[41]; d'autre part, tout ce dont la science peut promouvoir l'intelligibilité ne s'inscrit pas moins également dans une dimension du sens qui peut être appelée, si l'on veut, celle du *vécu*, mais qui, en raison des formes infiniment variables qu'elle est par nature appelée à recouvrir, s'ouvre sur des possibilités que la littérature peut «explorer» en les «inventant». Or, pour Musil tout au moins, non seulement elle le peut, mais elle le doit, car sa tâche est à cet égard d'ouvrir le langage à ce que nous appellerons plus loin des «formes de vie» où l'homme puisse «lire» d'autres possibilités que celles qui lui sont offertes, et reconnaître aussi le vrai visage de la vie : celui de «l'horizon infini des possibles» dont parle précisément Musil. Quant à la portée de cela, nous aurons l'occasion de nous interroger à nouveau. Mais dans *Törless*, déjà, le récit se mesure à cette exigence.

2. Le réel et l'imaginaire

Il est vrai, pourtant, que l'expérience de Törless — celle du personnage, mais aussi du récit dans ce qu'il met en œuvre — présente à plus d'un égard les caractères d'une aporie. Comme cela apparaît en effet clairement dans le roman, cette expérience est celle d'une fragmentation du Moi dont on sait, du reste, qu'elle a nourri de nombreux commentaires. C'est le tissu de l'existence qui apparaît à Törless comme percé de trous : perforé ! Beineberg traduit à sa manière ce que vit Törless lorsqu'il observe sur le ton qui convient à la mise en scène dont il entoure les supplices infligés à Basini :

«Mourir n'est qu'une conséquence de notre manière de vivre. Nous vivons d'une pensée à une autre, d'un sentiment à un autre. Nos sentiments et nos pensées, au lieu de couler comme un fleuve paisible, nous «passent» par la tête, nous «envahissent» et nous quittent : illuminations, éclairs, intermittences. En t'observant bien, tu t'aperçois que l'âme n'est pas une substance qui change de couleurs par transitions nuancées, mais que les pensées en jaillissent comme des chiffres d'un trou noir (...) Si tu es très attentif, tu peux même saisir, entre deux pensées, l'instant du noir absolu. Cet instant est pour nous, une fois saisi, tout simplement la mort»[42].

Comme souvent chez Musil, les propos prêtés à un personnage pourraient aussi bien être rapportés à d'autres : on ne sait jamais très bien quelle est la voix que l'on entend. Mais le roman n'en recouvre pas moins également un processus de clarification des différences où se forge la distance à partir de laquelle la figure de Törless en vient à se vêtir de contours spécifiques. Ici, le discours délibérément énigmatique de Beineberg rencontre à son insu le genre de menace qu'une représentation discontinue du temps faisait planer sur la certitude qu'enveloppe le cogito cartésien. Mais les conclusions que Beineberg en tire permettent d'estimer à sa juste mesure la différence de point de vue qui oppose celui-ci à Törless. Les réflexions de Beineberg s'achèvent sur la supposition mystique d'une autre «manière de vivre» apportant la promesse de l'immortalité de l'âme. Or, comme le suggère un autre passage du livre, Törless, lui, n'est nullement à la recherche de possibilités surnaturelles : ce qu'il cherche n'est rien moins que *naturel*[43]. En un sens, ce qu'il éprouve, c'est bien le même genre de chose que ce que suggère le refus, par Beineberg, de la substantialité de l'âme. Mais les instants discontinus qui sapent l'unité de son Moi signifient pour lui tout autre chose que pour son camarade. Dans les « trous » qui perforent son existence et dans la conscience qu'il en prend se fait jour le sentiment d'une altérité à la faveur de laquelle se dessine également la possibilité d'une métamorphose. Que cette dernière possibilité participe de ces moments d'angoisse que décrit le roman, il n'est guère besoin de le souligner. Toutefois, c'est bien là ce qui motive, chez Törless, le genre d'expérience à laquelle il se livre avec Basini, ainsi du reste que ses principales interrogations. Alors qu'il tente de savoir de ce dernier ce qui se passe en lui au moment où il le tourmente, il se souvient aussi de ce jour où il avait été « si bizarrement effrayé » par Beineberg et Reiting qui étaient devenus soudain, d'écoliers qu'ils étaient, tout autre chose, quelque chose de sombre, de sanguinaire, les héros d'une tout autre vie. Ce jour-là, Törless avait eu l'impression d'une métamorphose, d'un saut, comme si l'image de ce qui l'entourait était brusquement apparue à d'autres yeux que les siens, éveillés d'un sommeil séculaire [44]. Or, ce sentiment attribué un peu plus loin à une « modification de la perspective intérieure » place Törless devant une alternative dont la découverte de l'altérité, l'altération, aussi, des états ordinaires, sont en quelque sorte des indices. En fait, pour aller plus directement à l'essentiel sur ce point, c'est à la faveur de ce qu'il ressent d'abord comme une destruction de ses certitudes les plus intimes et de l'équilibre qui leur correspond que Törless s'ouvre à l'idée de ce que l'on peut appeler une autre vie du Moi subordonnée à un changement de perspective que Musil s'efforcera de penser, un peu plus tard, sous la notion de « l'autre état ». Mais l'important est ici que cela même qui paraît s'inscrire dans la dimension de l'*autre* — nonobstant les problèmes que pose ce simple mot, et sur lesquels nous reviendrons — semble précisément pouvoir être associée pour le Moi à une vie totalement absente des conditions ordinaires. C'est sans doute pourquoi des expériences limites se révèlent à cet égard nécessaires, comme si elles en constituaient le commencement obligé. Elles n'en constituent pourtant nullement le dernier mot. L'expérience de Törless est celle d'un passage marqué par un état d'angoisse initial qu'accentue le « mal du pays » dont il est question à plus d'une reprise, à une sorte de suggestion qui se traduit elle-même dans des manifestations de sérénité parfaitement inattendues.

« Entre la vie que l'on vit et celle que l'on sent, que l'on devine, que l'on voit de loin, il y a cette frontière invisible, telle une porte étroite où les images des événements doivent se faire aussi petites que possible pour entrer en nous... » [45].

« Voilà, se disait-il, une pensée bien singulière... ». Au moment où Törless, « songeur », en vient à de semblables réflexions, l'apaisement s'est déjà substitué aux sentiments violents qui le tourmentent initialement. Mais le roman ne s'achève pas pour autant sur le genre de résolution que l'on pourrait attendre, et c'est pourquoi il conserve tout de même une structure aporétique sous un certain rapport. Qu'en est-il exactement?

L'une des premières observations que l'on peut en effet formuler à cet égard, c'est que le dénouement de ce qui paraît avoir la fonction d'une intrigue dans ce roman parfaitement structuré n'est en rien comparable à une «résolution» qui, comme dans le roman d'apprentissage par exemple, aurait valeur d'intégration. Le langage de Törless ne se fond nullement dans la «prose du monde». Bien au contraire, puisqu'aux discours déviants qui scandent le récit succède, pour finir, le pur et simple silence: lorsque le roman s'achève, Törless se tait. Mais sans doute est-ce précisément ce silence qu'il convient d'interroger.

La portée, tout d'abord, ne peut en être établie qu'à la condition de bien comprendre que l'intrigue autour de laquelle se nouent les fils du récit ne se définit pas fondamentalement dans une «situation», ni davantage dans les effets qui peuvent être associés à des événements ou à des actions dont les personnages seraient les protagonistes, mais plutôt dans un horizon qui est celui des pensées et de ce qui s'y joue. Bien entendu, le récit est construit autour du vol commis par Basini au début du roman, et il est vrai que de ce point de vue, l'intrigue paraît aisément localisable. Mais tout se passe en fait comme si le récit se développait simultanément à deux niveaux dont celui-ci, tout en étant premier est aussi le plus superficiel. Le second niveau, le niveau fondamental au double sens de ce terme, c'est celui qui naît de la division, du déchirement intérieur, produit par les événements qui ont lieu à la périphérie. Or, de ce point de vue, le récit s'articule autour d'une fracture, de l'expérience qui lui correspond et des possibilités qu'elle fait apparaître. On retrouve ici ce que nous avons précédemment suggéré sous la forme d'un «infrarécit» dont le roman, dans ses structures superficielles, permettrait la mise en œuvre. Nous permettra-t-on de suggérer que si le récit comme tel peut être tenu pour achevé, *l'infrarécit*, lui, ne l'est nullement.

C'est en tout cas ce dont témoigne selon nous le silence de Törless, ainsi que d'autres éléments du texte. Il est par exemple tout à fait remarquable, de ce point de vue, que le roman fasse apparaître, à un moment, une singulière anticipation du devenir de son personnage central.

«Törless, peut-on lire dans ce passage, devait devenir plus tard, une fois surmontée l'épreuve de l'adolescence, un jeune homme très fin et très sensible. On put le ranger alors au nombre de ces natures d'intellectuels ou d'esthètes qui trouvent un certain apaisement à observer les lois, et même, au moins partiellement, la morale officielle, parce que cela les dispense de réfléchir à des problèmes grossiers, trop étrangers à la subtilité de leur vie intérieure, mais qui manifestent, à côté de cette extrême correction apparente et légèrement ironique, la plus totale indifférence et le plus profond ennui pour peu qu'on leur demande un intérêt plus personnel pour ces problèmes»[46].

Nous ne pouvons, certes, citer plus longuement les pages dont ces lignes sont extraites, mais ce que l'on peut y lire est suffisamment insolite pour qu'il vaille la peine de s'y arrêter. A quoi peut bien correspondre une semblable digression dans un roman qui présente à première vue tous les caractères d'un récit achevé? La première réponse qui vient à l'esprit est tout à fait simple. Si une telle projection trouve une place dans le roman, ce ne peut être qu'afin de produire un éclairage faisant apparaître le «développement» intérieur qui est au centre de celui-ci comme un moment dans un processus que le récit n'est pas supposé conduire jusqu'à son terme. Mais quel peut bien être alors l'intérêt d'un tel récit si ce qu'il met en œuvre de manière souterraine ne comporte aucun dénouement proprement dit, et si de plus l'histoire comme telle ne trouve sa justification qu'à ce niveau? En d'autres termes, comment convient-il de lire *Les désarrois de l'élève Törless*?

L'intérêt généralement accordé à ce que nous avons présenté comme un premier niveau dans un roman qui en comporterait deux offre l'avantage de réponses simples et immédiates. Le roman peut être lu comme une œuvre de représentation mobilisant les ressources de la psychologie (celle des mœurs adolescentes, par exemple); on peut y voir, comme nous y avons déjà fait allusion, la description d'un milieu, la critique d'une institution, etc. Et de fait, ce roman, tel qu'il se présente, autorise sans aucun doute des possibilités de lecture de ce genre. Mais que faire alors de cette dimension du récit qui paraît précisément échapper à toute traduction dans l'univers de la représentation? Quelle place accorder à tout ce qui fait signe, d'un bout à l'autre du roman, vers un «quelque chose» qui n'est jamais désigné que sous le visage de *l'indétermination*? A se tourner vers cette dimension de l'œuvre, on ne peut qu'essayer d'interroger, paradoxalement, ce qui se fait jour, de manière oblique, dans une expérience dont tout paraît indiquer que le silence lui est essentiel.

Mais ce silence, toutefois, prend également un sens par rapport au bruit qui le couvre. Les discours et vaticinations de Beineberg, en particulier, se développent en contrepoint d'une expérience de l'ineffable qui apparaîtrait peut-être sous un tout autre jour si elle n'y trouvait, comme par contraste, la confirmation d'une alternative laissant derrière elle les contradictions dont se nourrissent les déchirements de l'esprit. On ne l'a peut-être pas toujours suffisamment remarqué, le silence de Törless n'a pas grand-chose à voir avec une attitude de démission ou d'amertume qui consisterait en un pur et simple retrait à l'égard des problèmes posés par cette situation de crise de l'esprit dont le roman paraît explorer quelques-unes des sources et des composantes. Sa signification est bien davantage celle d'un commencement que d'une fin. Ce livre *s'achève sur un commencement*, sur une porte, si l'on veut, là où précisément les seules issues paraissent à l'image de ces zones obscures qui entourent ou bordent l'univers des lycéens de l'intérieur, comme la proximité d'une frontière peut donner à ceux qui s'en approchent l'illusion de se trouver déjà de l'autre côté.

Le passage précédemment cité, celui par lequel le narrateur, au moyen d'une intrusion singulière dans le récit, offre au lecteur la possibilité d'une perspective par laquelle il s'affranchit du temps propre au récit, ce passage autorise un renversement à la faveur duquel la fin peut effectivement apparaître comme augure. Il n'est pas du reste jusqu'aux attendus des composantes essentielles du récit qui n'y trouvent un éclairage. Dans *Törless*, en effet, les discours qui se croisent tracent aussi les contours d'un champ d'idées, de représentations et de sentiments où s'exprime, d'une certaine manière, la conscience d'une époque. On a souvent parlé de l'atmosphère «fin de siècle» que Vienne connut avant d'être précipitée dans la guerre, puis dans l'oubli. Cette atmosphère est présente dans le roman, non pas qu'elle s'y trouve *décrite*, ce qui n'est manifestement pas le cas, mais elle y est *inscrite*, comme en creux, dans les discours dont ce collège militaire situé aux confins de l'empire, fait résonner l'écho, un peu comme si la source lointaine qui leur correspond et leur donne un semblant de réalité, sans que cela soit su, était déjà tarie. A cela correspond, dans le roman, l'apparence de la vie, ces contrastes trop marqués, exagérément appuyés, qui maquillent de leurs fausses couleurs une lumière déclinante. L'expérience de Törless en naît, certes, mais la «fleur» qui s'en détache ne fait que mieux apparaître la distance qui l'en séparait.

Tentons de voir plus précisément en quoi.

Intérieurement et extérieurement, Törless se trouve pris entre deux sources essentielles de sollicitations et de pensées. «Extérieurement», ces deux sources ont pour localisation respective l'institution scolaire et l'ensemble des codes — intellectuels, moraux, civils et militaires — qu'elle incarne, et d'autre part les forces en apparence contradictoires, occultes, que celle-ci dissimule ou tend à réprimer. Cette vision, quoique caricaturale, permet du moins de marquer les pôles qui encadrent l'expérience de Törless, même si celle-ci consiste également pour ce dernier à en découvrir la secrète alliance. A première vue, le genre de discours, par exemple, dont Beineberg est le principal artisan s'oppose de la manière la plus radicale au discours institué : celui de l'administration, des professeurs de l'école, voire des parents. D'autre part, les supplices infligés à Basini, les visites à l'établissement de bains, la sensualité et l'homosexualité sont comme l'envers et le refus d'une morale qui, elle aussi, a le visage de l'institution. Au risque de proférer une banalité, peut-être faudrait-il encore ajouter que la vocation militaire du collège qui sert de cadre à l'action renforce encore la nature « solide », rigide, des codes qui figurent la loi. Même si cette idée ne peut guère être dissociée de l'ironie musilienne, l'ordre militaire réalise cette « pratique du coffrage » dont la « morale » est, aux yeux de Musil, inséparable.

« Intérieurement », Törless oscille entre l'indifférence et les émotions que les expériences marginales dans lesquelles il est entraîné lui procurent. Mais peu à peu, c'est son monde intérieur d'adolescent qui s'effrite. Il est sans doute inutile d'insister à nouveau sur ce point, toutefois il est clair que quelque chose le retient et l'empêche de céder totalement aux sollicitations de ses sens comme aux suggestions de ses partenaires Reiting et Beineberg. Comme dans l'épisode du jeune prince, Törless ne parvient pas à renoncer à une exigence de rationalité qui lui interdit de partager pleinement les sentiments de ces derniers ou leurs croyances les plus extravagantes. D'où, bien sûr, son conflit intérieur, conflit qui oppose en lui, de fait, « deux moitiés de la vie ». Or, de ce point de vue, c'est à la faveur d'une nouvelle « faille » que le sens lui en apparaîtra.

Ici, le récit épouse en quelque sorte les figures du déchirement de l'esprit, et c'est pourquoi on peut y reconnaître tout ce qui, en définitive, oppose Musil à un certain nombre d'idées ambiantes que le roman paraît récuser. Le monde rationalisé, celui dans lequel se déroule la vie ordinaire, présente aux yeux du lycéen le visage de l'indifférence en ce sens qu'il n'est rien en lui qui ne participe d'une impersonnalité par rapport à laquelle le moindre écart semble faire signe vers une vie insoupçonnée du Moi. Mais, précisément, ce monde présente du moins une vertu par rapport à ce qui semble échapper à sa loi : tout y est rigoureusement déterminé, univoque, tandis que l'univers du sentiment dont Törless découvre parallèlement les attraits se dérobe à toute détermination. L'indéterminé, c'est-à-dire ce qui se fait jour dans l'altération des perspectives ordinaires sous la forme d'un émoi, lequel paraît atteindre l'être tout entier, mais sans que cela puisse prendre place dans les formes qui structurent la vie et la pensée constituées, *l'indéterminé brise l'indifférence*, mais il s'ouvre sur un vide. Aussi la question qui se pose pourrait-elle, à peu près se formuler ainsi : Si, là où la vie prend une forme, l'indifférence paraît constituer notre horizon, et si la possibilité d'une vie pour le Moi signifie la dispersion dans la singularité éphémère de l'instant et la dissipation des formes d'organisation qui confèrent au sentiment une réalité, comment échapper à l'alternative et unir ce qui paraît alors fondamentalement séparé ?

A cette alternative correspond l'alternance de la parole et du silence. Face à ces expériences à la faveur desquelles il sent naître en lui une vie à laquelle les conditions réelles ne lui permettent pas de prétendre, Törless se retrouve muet. L'impossibilité qu'il éprouve de faire entrer cette vie dans la sphère des mots est à la mesure de ce qui l'en arrache sans qu'il puisse cependant s'en délivrer. Mais la sphère des mots, le paysage de la raison, ne sont pas, eux-mêmes, sans présenter des failles qui constituent à leur tour comme des zones de silence. D'une certaine façon, Törless n'est pas le seul personnage muet du roman, muet sur l'essentiel bien entendu. C'est ce que montre, entre autres, l'épisode des nombres imaginaires.

Le professeur de mathématiques à qui Törless rend visite dans l'espoir d'obtenir une réponse aux questions qu'il se pose est, lui aussi, parfaitement silencieux quant à ce qui tourmente son jeune élève. La seule différence, c'est que son mutisme s'exprime dans un langage de circonstance dont un livre providentiel de Kant lui offre la possibilité. Nous ne nous attarderons pas sur ces pages parfaitement édifiantes, il est vrai, où l'embarras du professeur, l'autorité déclarée du philosophe, donnent à Törless l'occasion de mesurer l'étendue des secours que la philosophie peut offrir selon l'usage que l'on en fait. Mieux vaut sans aucun doute évoquer rapidement les motifs qui mobilisent Törless, car il s'agit certainement de l'un des moments les plus importants tant au regard du développement du récit que de ce qui s'y trouve mis en place de manière latente.

L'épisode des nombres imaginaires peut en effet être tenu pour symétrique de l'évolution et du malaise qui se dessinent dans le comportement émotionnel et sentimental de Törless dans toute la partie du roman. Ce qui a tout d'abord été découvert dans le tissu de l'existence apparaît désormais au cœur de la connaissance.

De même que l'expérience de la sensualité, par exemple, voire celle de la cruauté et des émotions dont elle peut être la source révèlent l'existence d'un abîme indéterminé entre ce qui en constitue la figure immédiate, psychologiquement identifiable, et l'horizon «irréel» que le sentiment paraît entourer comme la circonférence d'un cercle son centre, de même, au cœur de la connaissance, une notion comme celle de nombre imaginaire recouvre elle aussi un abîme que les procédures reconnues de l'entendement ne paraissent pas pouvoir identifier. L'indétermination semble y être inscrite au cœur de l'opératoire sous l'effet d'un passage qui ne se recommande d'aucune espèce de soutien dans ce que la raison tend à tenir pour réel, un peu comme si avec les «imaginaires», l'irrationnel faisait soudain irruption au cœur du rationnel. Sans doute est-ce tout d'abord ainsi que Törless perçoit la spécificité de cette notion. Mais les suggestions qu'il en tire vont toutefois au-delà de ce qui pourrait passer, sinon, comme une simple contradiction accentuant à ses yeux les prestiges de l'irrationnel. C'est ce que montre en particulier cette réflexion du personnage:

«Les nombres imaginaires sont comme un pont irréel muni de piliers aux extrémités, mais qui permet néanmoins aux hommes, quand ils calculent, de franchir un abîme»[47].

En fait, l'énigme que recouvre la notion de nombre imaginaire, cette image d'un pont qui apparaît ici comme en bien d'autres endroits de l'œuvre, sont tout à fait de nature à éclairer le silence de Törless, et en même temps ce qui était au cœur de ses désarrois existentiels. Il est en effet, d'une part, tout à fait significatif que le personnage du roman éprouve, à l'égard de ce que comporte à ses yeux d'incompréhensible une notion mathématique, un trouble comparable aux inquiétudes qu'avaient fait naître en lui ses expériences équivoques antérieures. Il y a chez Törless, à cet égard, comme une tendance caractéristique à vivre de manière émotionnelle des expériences qui paraissent s'inscrire dans deux dimensions distinctes de la conscience et de l'esprit. Les nombres imaginaires produisent en lui un second éveil. L'indifférence n'est pas la qualité essentielle de tout ce qui appartient au champ de la rationalité; en outre, de même que ce qui appartient au domaine du sentiment paraît en appeler aux ressources de l'intellect, la raison semble communiquer secrètement avec des potentialités qui appartiennent à une sphère de l'esprit communément tenue pour étrangère. Or, pour le personnage du roman, cela prend la valeur d'une révélation, ou plutôt de la possibilité d'un dépassement des antinomies dont se nourrissaient ses inquiétudes. Car si la raison, dans le domaine qui est le sien: celui de la connaissance, parvient à élaborer des modèles d'intelligibilité qui, en première approximation, transgressent les normes du réel qu'elle a elle-même établies afin de produire des formes d'intelligibilité supérieures qui, à un moment ou à un autre, feront elles-mêmes l'objet d'un traitement comparable, alors cela veut dire que l'esprit, au regard du possible, témoigne d'une audace à laquelle les expériences qui se font jour sur le sol de l'existence ne sont qu'en apparence étrangères. On retrouve ici l'expression d'une attitude avec laquelle Musil nous a familiarisé. Que l'on songe, par exemple, à *L'homme mathématique*. Dans le domaine de ce qu'il nomme le plus souvent l'Ethique prévalent généralement des formes d'ordre dont la fonction est en quelque sorte de quadriller les expériences qui s'y rattachent. Ce sont ces «moules à Cake» dont parle Musil, et qui traduisent dans cette dimension de la vie un souci d'univocité relativement comparable à celui qui domine dans les sciences. Que les impératifs pratiques commandent cela, nous avons déjà eu l'occasion de le souligner. Que l'«univocité» soit une condition de la connaissance objective, également. Mais ce que devine Törless, c'est que les sciences, à l'inverse des attitudes qui, en dehors de leur domaine, tendent à se pérenniser, témoignent d'un esprit bien plus aventureux dont la principale conséquence réside dans des constructions imprudentes que le sens commun a bien souvent du mal à comprendre. Il n'est peut-être guère que les philosophes, partageant en cela les attendus du sens commun, pour se soucier des «fondements» de la science. Et il s'agit peut-être aussi de l'une des raisons pour lesquelles une philosophie, fût-elle celle de Kant, ne peut offrir une réponse aux questions que se pose Törless dans le roman.

Dans celui-ci, peu après la visite rendue à son professeur de mathématiques, Törless fait un rêve: c'est Kant qui vient alors habiter son sommeil. Une fois éveillé, alors qu'il y songe, cette question lui vient à l'esprit:

«Croyez-vous que ces bonshommes si calés aient jamais été couchés au pied d'un mur solitaire... tressaillant au moindre frémissement des pierres, comme si elles cachaient une présence cherchant des mots pour parler aux hommes?»[48].

A ce propos, le narrateur évoque:

«la souffrance d'être obligé d'attendre derrière une porte fermée»[49].

En fait, cette porte, l'épisode des nombres imaginaires l'a déjà entrouverte. La mise en perspective que ce qui s'y fait jour autorise, le lien qu'ils laissent supposer entre ce que Törless, jusque-là, a vécu séparément, s'expriment dans l'image du «pont» précédemment évoquée, comme si la possibilité d'unir ce que la vie a séparé pouvait y être entrevue. Les imaginaires, à cet égard, outre ce qu'ils sont supposés déclencher chez le personnage, peuvent aussi servir de modèle comme le montre aisément le sens, et aussi l'histoire de la notion.

Lorsque Bombelli, en 1572, introduit $\sqrt{-1}$ afin de résoudre les difficultés rencontrées par Tartaglia et Cardan dans la résolution des équations du troisième degré, il le fait dans un esprit qui subordonne le nombre utilisé (les nombres symbolisés par $\sqrt{-1}$ sont seulement «imaginaires») au résultat obtenu par ce moyen. i, qui symbolise $\sqrt{-1}$, disparaît du reste à la fin du calcul, mais son usage sera ensuite systématisé, et c'est lui qui permettra d'assurer l'existence de n racines pour toute équation de degré n. Comme l'écrivait à ce propos d'Alembert: «Allez de l'avant et la foi vous viendra»[50]. On peut y voir l'expression du sentiment qui perce chez Törless, mais qui lui permet, tout à la fois, de récuser la tentation du surnaturel et de l'irrationnel dont Beineberg l'accable et l'image d'une rationalité fermée sur elle-même, étrangère à la vie, et surtout à une dimension de la vie que Törless n'avait jusqu'alors entrevu que sur le mode de l'angoisse, de l'altérité et du déchirement.

On sait que dans la dernière partie du roman, le personnage connaît de tout autres sentiments. A Beineberg qui invoque «l'insuffisance de la raison», il répond: «J'ai l'impression que tu te convaincs surtout en t'étourdissant de paroles»[51]. Et c'est à Reiting qu'il réplique également:

«Je ne connais plus d'énigmes: les choses arrivent, voilà l'unique sagesse»[52].

A ce moment-là, Törless à réalisé l'unité de ce qui s'était manifesté à lui dans la diversité de ses expériences et dans la division. Ce qu'il avait ressenti au cœur de sa sensualité en émoi, ce qui le fascinait dans le comportement de Reiting et Beineberg, et jusqu'à ce qui l'avait effrayé dans la découverte des nombres imaginaires, tout cela se rassemble autour de ce qui lui était apparu à la faveur de deux autres expériences dont la place est tout aussi importante dans le roman. La première concerne ce souvenir évoqué au début de l'abandon dans la forêt. Faisant part de ce souvenir à Beineberg, et mentionnant sa frayeur d'enfant, Törless évoque aussi: «Ce silence soudain, qui est comme un langage que nous ne pouvons percevoir»[53]. La deuxième se rapporte à un moment où le personnage, seul dans le parc du collège, s'effraye à la conscience qu'il prend tout à coup de «la hauteur du ciel»[54].

«Il en fut presque effrayé. Juste au-dessus de lui, entre les nuages, brillait un petit trou insondable. Il lui sembla qu'on aurait dû pouvoir avec une longue, longue échelle, monter jusqu'à ce trou. Mais plus il pénétrait loin dans la hauteur, plus il s'élevait sur les ailes de son regard, plus le fond bleu et brillant reculait. Il n'en semblait pas moins indispensable de l'atteindre une fois, de le saisir et de le 'fixer' des yeux.»

Ce qui se manifeste chaque fois, comme ici ce «petit trou insondable», toujours à la manière d'un point, dans le recul de la distance, n'est toutefois pas à proprement parler un ailleurs ou l'une de ces innombrables versions d'un «arrière-monde». La seule chose qui pourrait le faire croire, c'est cette impossibilité qui se manifeste une fois encore, dans ce passage du roman, de soustraire cette expérience au silence. Mais l'échelle qu'imagine Törless participe de ces moyens que l'on ne peut détourner de leurs fins ordinaires. Il n'en va pas différemment de ces notions qui, adaptées aux opérations habituelles, «domptées», se confondent avec l'usage qu'on en fait. L'infini, par exemple, qui occupe les pensées de Törless, notion «vivante, menaçante, ironique, dans le ciel qui le dominait»[55].

«Chacun sait que tout a une explication simple et naturelle, et Törless ne l'ignorait point; mais, avec une stupeur teintée d'angoisse, il croyait découvrir que cette explication n'avait retiré aux choses que leur enveloppe la plus superficielle, sans mettre le noyau à nu; et c'était ce noyau que Törless, d'un regard qui semblait devenu presque anormal, ne pouvait plus s'empêcher maintenant de voir briller au fond du tout»[56].

Lorsque le roman se termine, pourrait-on dire, Törless sait que ce qui scintillait à ses yeux est inscrit dans la chair de la vie, ce qui signifie de manière plus précise qu'il n'y a pas lieu de le chercher dans un autre monde, ni de succomber au vertige de l'irrationnel. La vie du Moi qui s'y manifeste est ce qui relie les fragments d'expérience où paraissaient se briser et le Moi et le monde. Or, cette vie du Moi, loin d'exiger une sorte de fuite dans le seul sentiment, ou bien encore (corrélativement) un divorce de l'«âme» et de la «ratio», exige bien au contraire leur union.

Ce n'est pas un hasard si Törless, au moment où il évoque ce qu'il nomme les «pensées vivantes», ne s'adressant pour ainsi dire qu'à lui-même malgré la situation que décrit le roman, s'exprime en une image qui contient une suggestion de ce genre.

«Une grande découverte, s'écrie-t-il, ne s'accomplit que pour une part dans la région éclairée de la conscience; pour l'autre part, elle s'opère dans le sombre humus intime, et elle est avant tout un état d'âme à la pointe extrême duquel s'ouvre comme une fleur»[57].

Sans doute n'y a-t-il pas lieu d'accorder à cette image beaucoup plus qu'une valeur indicative des pensées qui sont supposées habiter l'esprit de l'adolescent. Mais l'idée des «pensées vivantes» occupe une place beaucoup trop importante dans l'œuvre et la pensée de Musil pour qu'il soit permis d'en sous-estimer la portée. En fait, c'est peut-être en cet endroit du roman que le point de vue de l'auteur tend à se confondre avec ce que «l'évolution psychique déterminée» du personnage aboutit à privilégier. Si ce dernier, au moment où il quitte le collège, répond à sa mère qui lui demande «Qu'y a-t-il mon petit?»: «Rien, maman, une idée», c'est parce que cette «évolution» s'achève sur une tâche à accomplir. Et cette tâche, si elle concerne au premier chef la vie, ne se conçoit pas moins dans une perspective qui est celle d'une unité de l'esprit et des facultés qui le constituent : celle-là même que Musil, sur le terrain qu'il choisit en décidant de se consacrer à la littérature, n'a cessé de poursuivre.

En ce sens, voilà un roman dont la « fin » éclaire le processus qui lui donne naissance. Mais c'est aussi pourquoi le silence de Törless ne peut être tenu pour une fin. Comme il est permis de le lire dans les dernières pages du roman :

> « Le vrai problème était toujours présent. C'était ce changement de perspective mentale, selon les distances dont il avait fait l'expérience »[58] ;

ou encore :

> « cette impossibilité de trouver des mots avait une saveur, comme la certitude de la femme enceinte qui devine déjà dans son sang le discret tiraillement de l'avenir »[59].

A ne retenir que ce qui se fait jour dans la dimension de ce que nous avons appelé, faute de mieux, l'« infrarécit » que le récit proprement dit paraît avoir pour effet de mettre en œuvre, l'expérience de Törless débouche sur la faillite des discours qui, tout en privilégiant une perspective unique centrée sur la position souveraine d'un sujet fondateur, en appellent à l'idée d'un super-ordre ou de super-concepts. Lorsque Törless, après son entretien avec le professeur de mathématiques, retrouve les cahiers dans lesquels il avait consigné ses essais poétiques, son premier geste est de les déchirer.

> « Il voulait se débarrasser ainsi de son ancien bagage, comme s'il s'agissait maintenant de porter son attention, libre de toute gêne, sur les pas qui lui permettraient de progresser »[60].

Sans doute n'est-il pas exagéré de dire que l'attitude qu'il adopte alors est déjà celle que Musil désignera plus tard sous le nom de « mentalité inductive ». Cette attitude, au fond, n'est pas très différente de celle que Musil, comme nous l'avons vu, défend dans plusieurs de ses *Essais*, en particulier dans *L'homme mathématique* lorsqu'il réclame des écrivains qu'ils réalisent dans leur domaine ce que les sciences, de longue date, n'ont cessé de mettre en pratique. Or, sur ce point en tout cas, Musil se sépare de la plupart de ceux qui, forts des révélations qu'ils avaient cru pouvoir trouver dans les idées scientifiques de leurs temps, cèdent, à la même époque, à la fascination de l'ineffable ou aux facilités du désenchantement[61].

On sait que Musil a choisi pour épigraphe de son livre cette réflexion de Maeterlinck :

> « A peine exprimons-nous quelque chose qu'étrangement nous le dévaluons. Nous pensons avoir plongé au plus profond des abîmes, et quand nous revenons à la surface, la goutte d'eau ramenée à la pointe pâle de nos doigts ne ressemble plus à la mer dont elle provient. Nous nous figurons avoir découvert une mine de trésors inestimables, et

la lumière du jour ne nous montre plus que des pierres fausses et des tessons de verre ; et le trésor, inaltéré, n'en continue pas moins à briller dans l'obscur. »

Sans entrer dans le détail de ce qu'a pu représenter la lecture d'un auteur comme Maeterlinck pour le jeune Musil, on peut tout de même suggérer l'erreur qu'il y aurait à voir dans un roman comme *Törless* l'illustration d'une quelconque philosophie pour laquelle l'indicible constituerait le dernier mot de la pensée. Que la vie ordinaire — prosaïque — détourne l'homme et le prive de ce qui se fait jour en lui à des moments privilégiés, de sorte que sitôt l'instant passé l'indifférence reprenne ses droits, cela ne constitue nullement l'indice d'un destin inexorable, que celui-ci soit associé à l'essence du langage, à l'existence d'un horizon jugé inaccessible pour toutes sortes de raisons ou à l'inanité présumée des concepts auxquels notre vie reste attachée. Dans tout cela, il en va sans doute davantage, pour Musil, des formes et des habitudes dans lesquelles la vie s'est pour ainsi dire fixée, ce qui ne signifie nullement, quels que soient les malaises qu'elles occasionnent, que l'on doive y voir l'expression de la nécessité, ni qu'elles soient à rejeter en bloc.

Chapitre II
Métamorphoses

« Un punto vidi che raggiava lume acuto si... »
(Un point je vis qui dardait lumière tant aiguë...)

Dante

« Mais peut-on vivre de telle sorte que la vie cesse d'être problématique ? Que l'on vive dans l'éternité et non dans le temps ? »

L. Wittgenstein

1. Les *Nouvelles*

Dans ces pages précédemment évoquées où le narrateur laisse entrevoir au lecteur les principaux traits de l'évolution ultérieure de Törless, on peut lire :

« C'est ainsi qu'un jour où quelqu'un à qui il avait conté l'histoire de sa jeunesse lui demandait si le souvenir ne lui en donnait pas, malgré tout, quelque honte, il fit cette souriante réponse : 'Certes, je ne nie point qu'il ne se soit agi d'un avilissement. Et pourquoi pas ? Il est passé. Mais quelque chose en est resté à jamais : la petite dose de poison indispensable pour préserver l'âme d'une santé trop quiète et trop assurée et lui en donner une plus subtile, plus aiguë, plus compréhensive ' »[62].

Un lien — fût-il seulement thématique — unit *Törless* aux *Nouvelles* que Musil écrivit dans la période qui suivit la publication de son premier roman et sa décision de renoncer à la carrière universitaire qui aurait pu s'offrir à lui : cette « petite dose de poison » grâce à laquelle, parfois, une fracture se produit dans le tissu ordinaire de la vie, dans les rapports quotidiens avec les êtres et les choses, faisant apparaître ironiquement, lorsque vascillent les certitudes élémentaires qui leur sont liées, un point obscur, une clarté soudaine dont le regard, dès lors, ne peut plus se détacher. Les *Nouvelles* de Musil privilégient ce genre d'expérience, ses proses les plus brèves aussi ; mais c'est là aussi — peut-être parce que l'écriture, alors, tend à s'y concentrer sur l'instant — que sa tentative prend la plus grande distance à l'égard des attendus conventionnels de la narration.

Dans les *Nouvelles*, tout se passe comme si la fiction visait à ouvrir une parenthèse dans le temps social et, plus généralement, dans le cours ordinaire des choses. Ces brefs récits sur lesquels Musil passa pourtant plusieurs années prolongent en ce sens l'une des choses que *Törless* permet d'entrevoir : l'expérience inattendue qui naît de l'ébranlement des formes pétrifiées où se loge l'existence commune des hommes. Mais c'est encore peu dire. Et puis, s'il est permis d'y voir un prolongement, voire un approfondissement de ce qui se fait jour, sur ce plan-là, dans le premier roman, il n'en demeure pas moins que les *Nouvelles* apparaissent comme délestées des éléments qui, dans les *Désarrois de l'élève Törless*, associaient directement la fiction à un contexte social, culturel, intellectuel, déterminé.

On a pu dire, non sans raisons, que Musil y avait parfaitement atteint ce qu'un roman comme *L'homme sans qualités* paraît sans cesse différer du fait des ambitions qui en commandent l'élaboration. Mais sans doute serait-il plus juste d'observer, en adoptant un point de vue quelque peu différent, que ce qu'il peut y avoir de commun aux *Nouvelles*, à un roman comme Törless, et à une œuvre comme *L'homme sans qualités*, ne peut guère se concevoir indépendamment d'un projet qui s'affirmit au cours des ans, et qui par conséquent se développe et s'amplifie au gré des problèmes qu'il rencontre ou soulève dans son exécution. Soyons plus clair encore, au risque de procéder pour cela à une schématisation excessive qui ne va pas, d'ailleurs, sans une certaine anticipation des différents points que la suite permettra de mieux aborder. Chez Musil, tout se passe à bien des égards comme si l'œuvre romanesque était essentiellement subordonnée à la possibilité de saisir, par la fiction, les contours de *formes de vie* que nos usages linguistiques, nos habitudes mentales et les impératifs pratiques qui commandent l'existence ordinaire masquent en permanence, et surtout privent de réalité. Ces «formes de vie», dont nous verrons qu'elles ne peuvent être tenues pour des «formes» qu'en un sens bien particulier, ne s'imposent à l'attention — on serait presque tenté de dire à l'intuition si ce mot ne constituait à lui seul tout un problème — qu'à l'occasion d'un ébranlement libérateur dont les modalités peuvent être diverses, mais à la faveur duquel le sujet éprouve la possibilité d'une autre vie, c'est-à-dire non pas d'un autre monde, mais d'une autre manière de vivre ses expériences dans le monde. Très sommairement, il est permis de dire que cette même possibilité — la lecture des *Essais* nous a déjà permis de comprendre cela avec une plus grande précision — suppose fondamentalement une modification des rapports ordinaires ne pouvant elle-même naître que d'une variation dans les règles qu'ils instituent. Or la fiction — tout particulièrement la fiction romanesque ou narrative — possède cette faculté de produire des *variations* (et non pas seulement des «écarts», comme le voudraient certains théoriciens de la littérature) dans notre univers symbolique qui, en raison de la solidarité qui existe entre nos «jeux de langage» et notre «forme de vie», s'ouvrent sur des possibilités symboliques qui figurent elles-mêmes d'autres «formes de vie».

Tout cela paraîtra peut-être fort peu «musilien», mais si l'on veut bien admettre que l'entreprise littéraire, chez Musil, se comprend à partir de perspectives de ce genre, on comprendra alors mieux le lien qui unit les différentes œuvres mentionnées: de *Törless* à *L'homme sans qualités*.

Dans les *Nouvelles*, par rapport à *Törless*, l'écriture se concentre sur une tâche dont les contours peuvent être estimés plus positifs que dans le premier roman: celle d'une «expérience» qui, sous l'effet des «variations» qu'elle met en œuvre, suscite dans le langage une dimension de la vie qui, loin de l'indifférence des rapports ordinaires, préside à une renaissance. Les *Nouvelles*, sous ce rapport, paraissent explorer les conditions de ce qui apparaît à bien des égards comme une métamorphose; en même temps, elle tendent à saisir différents visages de la vie. Mais ce faisant, elles paraissent précisément privilégier une attitude de lointaine distance, une sorte de fuite éthique et esthétique qui s'accomplit dans le pur état poétique. En cela, elles se distinguent à coup sûr des *Désarrois de l'élève Törless*, mais aussi de *L'homme sans qualités*. Non pas que le grand roman de Musil leur soit étranger, car c'est une même exigence, une même inquiétude aussi, qui parcourt ces œuvres en apparence si différentes et qui s'exprime, là où l'écriture paraît atteindre son but, dans des pages d'une surprenante beauté. L'accomplissement, toutefois, trouve sa condition dans un processus qui naît très précisément du travail de l'écriture, comme si elle ne se concevait que sous cette fin. Or dans *L'homme sans qualités*, ce processus prend en charge tout un pan de la vie dont les *Nouvelles* paraissent faire l'économie: la vie périphérique, l'histoire. Il en résulte, comme on peut d'ores et déjà s'en douter, un ensemble d'exigences qui confèrent au roman et aux ambitions qui s'y expriment une tout autre dimension. Une dimension nécessaire, toutefois, si l'on veut bien admettre ce qui suit.

Les expériences que l'écriture tend à susciter, comme pour ouvrir le langage à un horizon ignoré ou tenu pour indicible, appartiennent à un domaine que Musil circonscrit généralement comme celui de l'*Ethique*. Ce domaine peut être tenu pour celui de «formes de vie» que les formes instituées de la vie commune tiennent en respect et vouent à l'éphémère, au fragmentaire, à l'irréel. A s'y consacrer, la littérature ne peut que s'épuiser dans une tâche infinie au regard de laquelle son objet même devient objet absent, tandis que l'écriture, comme on sait et comme on l'a vu, n'a plus pour sens que de dire sa propre impossibilité[63]. Mais n'en déplaise à certains ou à la lecture que d'aucuns pourraient être amenés à faire de *L'homme sans qualités*, la tentative de Musil ne s'apparente pas à une quelconque entreprise de déconstruction. Il s'agit bien au contraire pour lui d'élaborer ce qui paraît appartenir à l'indicible, ce qui se traduit à ses yeux dans une certaine idée de la littérature et dans un élargissement à l'histoire des questions qui se posent dans le champ de la vie.

C'est à juste titre que Philippe Jaccottet écrit à propos de *Törless* et des premières œuvres:

«Le mouvement profond du grand roman, souvent dissimulé, pour un regard peu attentif, par la prolifération des détails, apparaît dans ces œuvres secondaires, peut-être plus frêle, mais aussi plus visible»[64].

On ne saurait mieux dire, mais cette prolifération des détails tient aussi à cet élargissement auquel nous venons de faire allusion. Ce qui paraît appartenir en propre à la sphère du sentiment doit être articulé par l'intellect. C'est là, nous l'avons vu, une idée qui apparaît très tôt chez Musil et à laquelle il n'a jamais renoncé. Pour lui, la littérature participait de cette tâche. Mais sur le plan de l'existence proprement dite, cette capacité d'articulation participe elle-même des formes que la vie met en œuvre, et qui s'incarnent dans les conditions extérieures avec lesquelles les hommes entrent en relation. C'est pourquoi les problèmes qui se font jour dans la sphère de l'éthique, ceux qu'il appartient à l'art de prendre en charge, ne peuvent être tenus pour étrangers à l'histoire. D'où, vraisemblablement, un roman comme *L'homme sans qualités*.

Mais nous n'avons déjà que trop anticipé sur la suite de notre propos, et il n'est que temps d'en venir plus précisément à ces Nouvelles: *Trois femmes*, *Noces*, et à ce qu'elles révèlent au lecteur de Musil.

2. Le don du chant

Trois femmes: Grigia, la Portugaise, Tonka. *Noces:* Claudine, Véronique. Cinq figures féminines.

Faut-il y voir un fait contingent, inessentiel?

A faire appel aux suggestions de la biographie, on pourrait être tenté d'observer que *Trois femmes* et *Noces* sont issues d'une période qui, dans la vie de l'écrivain, est marquée par trois personnages féminins sur lesquels on nous permettra de ne pas insister, mais que l'on peut au moins mentionner : Herma Dietz, avec qui Musil eut une liaison singulière, Martha dont il fait alors la connaissance et qu'il ne tardera pas à épouser, Alice Charlemont, enfin, qui épousera Gustav Donath avant de sombrer dans la folie. On sait, d'autre part, comme le montrent différentes ébauches ou certaines notes des *Journaux*, que plus d'une expérience que l'on pourrait être tenté de nommer cruciale est étroitement associée, dans la vie de l'auteur, à une rencontre féminine[65]. Que cela ne puisse être tenu pour indifférent au regard de la genèse de l'œuvre, nous n'avons guère de raison d'en douter, tant il est vrai que d'autres avant nous y ont insisté. Quant à l'œuvre proprement dite, on peut toutefois adopter un point de vue différent en s'interrogeant sur la place qu'y occupent les personnages féminins.

A s'intéresser de prime abord au type de relations qui se nouent entre les personnages des *Trois femmes*, on est tenté d'observer que les personnages féminins y apparaissent sous le jour d'un contraste dont la fonction dans le récit n'est évidemment pas négligeable. A l'inverse de *« Noces »* où la féminité prend un visage quelque peu différent, Grigia, la Portugaise et Tonka paraissent tout d'abord incarner un «dépaysement» : elles ne sont pas seulement femmes — et par conséquent différentes —, elles appartiennent à un autre monde que les personnages masculins auxquels l'histoire donne consistance.

Nous ne saurions bien entendu reprendre ici le détail de chacun des trois récits, ni davantage en effacer les différences. Mais il est clair que ces « trois femmes » laissent transparaître, jusque dans leur nom, comme la trace d'un rapport à la vie et au langage qui est au centre de ce que les personnages masculins découvrent à un moment de leur vie qui en modifie le destin. Désignées par Grigia, la Portugaise, Tonka, celles-ci portent en effet non pas leur nom, mais celui qui leur est donné par les personnages masculins que Musil met en scène dans chacune des nouvelles. Grigia est appelée ainsi «à cause d'une vache qu'elle avait et qu'elle appelait Grigia, 'la Grise'». Tonka qui s'appelait Antonie et dont «le nom de famille était l'un de ces fabuleux noms tchèques qui signifient 'il chantait' ou encore 'il est venu à travers près'», est prénommée ainsi par abréviation de *Toninka*, un petit nom tchèque, et l'on apprend pour la circonstance que «l'on parlait, dans ces ruelles, un bizarre mélange des deux langues». Quant à la Portugaise, on ne sait rien de son vrai nom. Il est vrai que sur ce plan-là tout au moins, l'identité des personnages masculins n'est guère plus déterminée. Dans la première nouvelle, l'homme porte le nom d'Homo, dans *Tonka*, il n'est pas du tout nommé, bien que le récit soit écrit à la troisième personne; ce n'est guère que dans *La Portugaise* que la figure masculine centrale se voit attribuer une identité apparemment plus précise: *Von Ketten*. Mais encore ne s'agit-il que d'un patronyme, doublé d'un autre: *Delle Catene*, en raison d'une double appartenance allemande et latine.

Il n'est probablement pas indispensable de s'arrêter davantage sur ces deux derniers noms. En revanche, ceux qui sont donnés aux figures féminines peuvent être considérés comme autant de marques positives de l'espace que leur présence dessine indistinctement dans les trois œuvres. Toutes trois sont en effet *étrangères*, du moins au regard des hommes dont elles bouleversent la vie. Elles appartiennent en ce sens à un monde dont tout est fait pour suggérer l'éloignement, ainsi que les frontières floues. Frontières qui sont également celles de la langue et d'un rapport au langage qui n'est pas seulement d'ordre géographique et culturel, mais d'une nature beaucoup plus indéfinissable.

Grigia ne parle pas tout à fait la même langue qu'Homo. Comme ses manières, son langage paraît de prime abord exotique. Mais l'univers auquel elle appartient est surtout marqué par un rapport plus direct, plus naïf aussi, à ce qui échappe au langage: cette proximité avec la terre que le récit suggère de différentes manières. Faut-il y voir une raison? Grigia, comme la plupart des femmes de son pays, adopte à l'égard du langage une attitude ironique à la faveur de laquelle les mots paraissent s'alléger, devenir jeu, tandis que le sérieux de la vie se confie au silence. D'une certaine manière, il n'en va guère différemment dans les autres nouvelles qui composent *Trois femmes*. En particulier dans *Tonka*, comme on sait, des trois nouvelles celle qui a certainement été la plus commentée.

Non pas que Tonka soit absolument silencieuse, mais c'est cependant son mutisme qui donne à son existence ce caractère d'improbable nécessité que présentent parfois à nos yeux, par contraste, les choses ou les êtres qui paraissent le plus échapper à l'horizon ordinaire de notre vie. Comme le note Musil dans l'un de ces cahiers: «— Tonka — Ce sont les 'pauvres filles qui ne peuvent pas parler'. La parole est non seulement un instrument de pouvoir, mais un sens supplémentaire pour percevoir le monde»[66]. A ce propos, dans la même note des *Journaux* et dans la nouvelle proprement dite, Musil cite Emerson dont les essais sont inscrits en filigrane dans plus d'une page de l'œuvre d'alors: «La moitié de notre vie est expression. (...) Hugo, là au milieu, cherche insatisfait: seule Herma n'a pas d'expression du tout. C'est pourquoi elle prend pour lui la forme du destin!»[67]. Herma, c'est-à-dire Tonka, parce qu'elle «n'a pas d'expression», se tient de tout son être en retrait du langage, forme visible mais nue d'une moitié de la vie que les mots ne peuvent habituellement traduire qu'au prix d'un accord avec ce qui lui tient lieu de loi : l'univocité et la rigueur des formes que les contraintes extérieures de la vie et de l'histoire ont entérinées. Car c'est au regard de cette parole qui est «pouvoir», c'est-à-dire, pour Musil, capacité d'agir sur le monde et sur les autres que l'existence d'un être comme Tonka paraît à la fois exceptionnel, fascinant et dérisoire. L'homme qui s'éprend d'elle dans le récit de Musil est un homme de langage; intellectuellement, il est de ces hommes pour qui le monde demande à être appréhendé sous un point de vue unique : celui du solide, du métrique. «Il était pour la destruction du sentiment contre la poésie, la bonté, la vertu, la naïveté»[68]. Il n'en va guère autrement des autres personnages qui tentent de le détourner de son égarement : sa mère, cet oncle écrivain, amant de celle-ci, à qui les mots sont comme une seconde nature.

«Le bruit de leurs discours leur donnait du courage, et chacun finissait par obtenir ce qu'il voulait. La parole, pour eux, n'était pas un moyen d'échanger des pensées, mais un capital, un ornement destiné à imposer aux autres; debout devant la table où les lots étaient répartis, il se rappela un vers : 'Apollon lui offrit le don du chant, la douce bouche des chansons', et il comprit pour la première fois que c'était vraiment un don. Comme Tonka était muette ! Elle était incapable de parler comme de pleurer. Mais un être qui ne peut ni parler ni être exprimé, qui disparaît sans voix dans la masse humaine, petit griffonage sur les tables de l'Histoire, un être pareil à un flocon de neige égaré en plein été, est-il réalité ou rêve, est-il bon ou mauvais, précieux ou sans valeur? On sent que la pensée se heurte là à une limite où elle est bien près de se dissoudre. Il sortit, sans un mot, pour aller dire à Tonka qu'il ne l'abandonnerait pas»[69].

On devine, à lire ce passage, la signification, le prix, du silence de Tonka. Ne peut-on pas lire, tout au début : «L'infini vous est parfois donné au compte-gouttes»? De *Törless* à *Trois femmes*, la distance n'est pas si grande. Sans doute n'est-ce pas par hasard que le personnage masculin de la nouvelle lit les *Fragments de journal* de Novalis, un peu comme si cela lui permettait de fixer dans un semblant de forme, déjà là, s'y prêtant de manière spéculaire, ses propres pensées.

C'est une fois de plus l'indicible qui s'y installe, d'une manière que l'on serait tenté de dire *féminine*, en songeant à tout ce que Tonka, Grigia, la Portugaise, possèdent en commun.

De ce qui oppose ces trois personnages féminins aux hommes qu'elles séduisent jusqu'à les *détourner* précisément du chemin de leur vie, on pourrait dire, en effet, que le *sentiment* en constitue le trait commun. De ce point de vue, ces femmes sont pour ces hommes comme la *moitié de leur vie* que *l'intellect*, en eux, a effacé du regard. A bien des égards, du reste, la féminité tend à s'apparenter, pour Musil, à un ensemble d'attitudes ou à une sensibilité spécifiques dont les notes

des *Journaux* permettent de se faire une idée. Sous cet aspect, il y a dans le langage quelque chose de typiquement masculin. Dans *Tonka*, cela est clair. Dans les *Journaux*, Musil écrit par exemple :
«Une différence capitale: l'homme a besoin de 'dire ce qu'il pense'; la femme, de le taire»[70].

Il n'y a évidemment pas lieu de discuter la validité de telles assertions ici. Quoi qu'il en soit, le même passage des *Journaux* est consacré à un inventaire des traits psychologiques et sexuels qui appartiennent en propre selon l'auteur, à l'homme et à la femme. Ce souci s'exprime d'ailleurs à plusieurs reprises dans les cahiers de Musil, jusque dans cette note où il observe que la conception d'une *âme masculine* et d'une *âme féminine* pourrait ne pas être inféconde[71]. Il est d'une certaine manière significatif que le même cahier contienne également plusieurs notes se rapportant aux nouvelles, en particulier à *Tonka*. Mais sans doute se méprendrait-on à attribuer à Musil l'idée d'une sorte de typologie des sexes que ses œuvres, par ailleurs, illustreraient. En fait, même si les observations qui sont les siennes sur ce plan-là réservent parfois au lecteur quelques surprises, le point de vue qui s'y exprime mérite néanmoins de se voir accorder le bénéfice de quelques nuances. Il serait par exemple probablement abusif de prêter à Musil une conception qui consisterait à répartir les sexes selon quelques grandes catégories au rang desquelles figurerait, entre autres, l'intellect et le sentiment. Il est certes vrai que quelques-unes de ses observations paraissent y incliner. Pourtant, ce qu'il cherche, dans ces cas-là, paraît bien être d'une autre nature.

Ainsi, dans le passage précédemment cité des *Journaux*, la distinction d'une «âme-homme» et d'une «âme-femme» est présentée comme pouvant renvoyer à «Weinert»[72]. Or, comme il paraît vraisemblable, ce nom pourrait bien indiquer en fait Weininger dont Musil, comme la plupart de ses contemporains autrichiens connaissait *Sexe et caractère*[73]. Plusieurs indices en attestent, bien que le nom de ce dernier ne soit pas réellement prononcé, en particulier certaines pages consacrées à l'autre état dans les *Essais* ou dans *L'homme sans qualités*. Musil y parle d'un Principe mâle et d'un Principe femelle, comme dans ce passage significatif où Ulrich évoque «les travaux d'un psychologue auquel il était personnellement attaché»[74].

«Ce n'était pas là une analyse strictement objective, mais une de ces recherches que l'imagination rend aventureuses et qui doivent le jour à une impulsion extérieure à l'activité scientifique et quotidienne; pourtant ses bases étaient solides, et d'une grande vraisemblance ses conclusions qui s'orientaient vers une unité primitive et cachée de la sensation, unité dont les ruines, cent fois bouleversées, avaient peut-être vu naître en fin de compte (Ulrich en venait à le croire) l'attitude actuelle qui s'organise inconsciemment autour d'une opposition de l'expérience mâle et de l'expérience femelle, à l'ombre mystérieuse des rêves immémoriaux. »

En fait, comme le suggèrent ces lignes, l'intérêt d'une semblable dualité ne réside pas tant dans un quelconque fondement scientifique dont·elle ne saurait se réclamer, sinon abusivement, que dans ce dont elle indique l'*absence*: cette «unité primitive» que Agathe et Ulrich, dans *L'homme sans qualités*, s'efforcent de restaurer. Dans les *Nouvelles*, il est vrai, l'expérience qui voit le jour avec les retrouvailles du frère et de la sœur est encore loin d'être véritablement thématisée. Mais ce qui se dessine autour des personnages féminins et des contrastes dont ils épousent les contours n'est pas tout à fait étranger à «la dernière histoire d'amour» du grand roman de Musil. Si les trois femmes, au reste, sont bien au centre des nouvelles auxquelles Musil a donné ce titre, c'est bien en cela que sous le visage de l'inattendu, d'un enracinement dans une autre vie qui prend valeur d'énigme, elles figurent une faille possible, une *terra incognita*, dans la vie apparemment pleine des hommes auxquels elles se donnent.

Insaisissables, signes à peine esquissés sur la page de ce qui se dit, elles n'en bouleversent pas moins dangereusement et de manière irréversible le cours régulier, mécanique, de ces vies d'hommes en apparence toutes tracées. Homo, géologue, périt dans les profondeurs d'une galerie. Von Ketten, dans *La Portugaise*, alors qu'il est mourant, entreprend l'invraisemblable ascension de la falaise au sommet de laquelle se dresse son château. Le personnage masculin de *Tonka* renonce à ses certitudes plutôt qu'à cette lueur qu'avait fait naître en lui une «chaude petite ombre sur le brillant de sa vie».

A en considérer le seul contenu immédiat, ces trois nouvelles peuvent certes paraître bien inférieures aux autres œuvres de Musil. Sans doute sont-elles d'une beauté que les ambitions de l'œuvre plus tardive tend en quelque sorte à éclipser. Mais sur un tout autre plan, ce que l'on y rencontre peut être en vérité tenu pour solidaire d'une émotion, d'une inquiétude et d'interrogations qui, chez Musil, participent de l'essentiel.

Cette émotion, plus particulièrement perceptible dans *Tonka*, on la voit s'exprimer dans plus d'une page beaucoup plus tardive de *L'homme sans qualités* lorsque le récit paraît se nourrir à la source de ces «pensées vivantes» qui traversent l'œuvre tout entière. Dans plus d'une ébauche, aussi, lorsque Musil évoque de manière très elliptique la rencontre de Herma Dietz, le modèle de *Tonka* précisément[75]. Mais à la faveur des trois figures féminines de *Trois femmes* c'est aussi le possible qui, dans son indétermination, ébranle le sol des formes d'existence et de sensibilité établies. Il est tout à fait remarquable, à cet égard, que le récit, dans les trois nouvelles, tout en demeurant relativement conventionnel, s'accomplisse dans des effets spécifiques dont l'un des principaux caractères réside dans un effacement des frontières du rêve et du réel.

A cela contribuent plusieurs faits de style, ainsi qu'un certain nombre de composantes narratives dont la singularité mérite d'être soulignée. A propos de *Tonka*, par exemple, Musil note dans ses *Journaux*:

«Une ligne: le côté rêve dans la vie réelle... Le récit se développe à partir d'un 'mélange critique d'états': rêve et veille, passé et présent»[76].

Cette note date d'une période antérieure à l'élaboration de la nouvelle, de sorte que les spécifications qui l'accompagnent dans le texte des *Journaux* ne correspondent pas exactement à ce que révèlera la rédaction définitive beaucoup plus tardive. Il s'agit néanmoins d'un aspect non négligeable du texte dans son ultime version. Dans le récit, les limites temporelles, ainsi que celles du réel et de l'irréel — dans la fiction, bien entendu — sont extrêmement peu marquées. Il est du reste significatif que le récit commence par cette remarque:

«C'était cela Tonka.»

et plus loin:

«D'ailleurs, à tout prendre, était-ce bien ainsi que les choses s'étaient passées, ou avait-il tout reconstitué après coup? La féerie s'en était mêlée dès les premiers instants: impossible d'être au clair. Ce qu'il y avait de sûr, c'est qu'au moment où il fit sa connaissance, elle vivait chez une tante à elle»[77].

Non seulement la perspective qui se fait jour ici est rétrospective, mais, comme pour un rêve, le récit présente un caractère d'incertitude que motive la nature ambiguë des événements relatés. Il n'est pas rare, à vrai dire, de voir Musil introduire, comme ici, un doute à la faveur d'une simple allusion. Tantôt c'est le réel qui se charge de caractères proches du rêve; tantôt c'est au contraire le rêve qui se donne pour réel jusqu'à ce que l'éveil se produise; tantôt, encore, se développe une sorte d'alternance sans qu'aucun repère précis ne soit donné. Dans *Tonka*, toutefois, la raison peut en paraître simple. L'aventure relatée présente du rêve tous les caractères si l'on entend par là — à un premier niveau tout au moins — que ce qui s'y produit se situe totalement en marge des repères, conventions et intérêts ordinaires du personnage masculin. En d'autres termes, ce qui lui est arrivé pourrait aussi bien avoir été rêvé. Mais, précisément, voilà qui pour lui ne change rien, car seul importe, au fond, le souvenir qu'il en garde, la trace qui s'est dès lors déposée en lui de manière indélébile. Tonka, dans sa vie, c'est au fond l'impondérable possible qui l'habite intimement, et de ce point de vue, il n'est nullement certain que les habituelles limites qui permettent de circonscrire le domaine de ce qui est réel et de ce qui ne l'est pas soient d'un grand intérêt.

Cette incertitude se marque, dans *Tonka* et dans les deux autres nouvelles, par une indétermination temporelle dont nous verrons qu'elle constitue un trait marquant étroitement lié à ce dont Musil tente de réaliser l'expérience par la fiction.

Il est certain, par exemple, qu'en situant le récit, dès le début, dans la ligne d'une vision rétrospective, Musil confère à *Tonka* le bénéfice apparent d'une configuration temporelle que les incertitudes mentionnées rendent toutefois problématique. Cette sorte de clôture initialement présupposée et affirmée comme telle par le narrateur installe la fiction dans un passé tel que les faits qui la nourrissent puissent apparaître selon un déroulement chronologique repérable et déterminé, mais d'un autre côté, le *doute* qui s'y fait jour, par la voix du même narrateur, autorise par avance la possibilité d'une indétermination, d'un flou temporel que le récit actualise dans sa mise en œuvre. «Un autre jour», «une autre fois», «de temps à autre», «parfois», «une fois», autant de pseudo-repères qui, s'ils autorisent une articulation des composantes narratives, ne permettent évidemment pas pour autant de véritablement les associer selon un authentique enchaînement temporel. Il n'en va pas différemment, sous ce rapport, des éléments autour desquels *Grigia* et *La Portugaise* sont constituées. «Une fois», «un jour», «une nuit», etc. «A cette époque». L'usage que fait Musil de ce genre de locutions produit une forme spécifique d'«achronie» relative dont l'un des principaux effets paraît être de dénouer le système des rapports inhérents au déroulement temporel au bénéfice de relations d'une autre nature dont on dirait que l'insertion dans le temps de la chronologie ne leur est pas essentielle. A cela contribue du reste un usage dominant du prétérit, voire, comme cela est assez souvent le cas dans la plupart des œuvres de Musil, une forme de projection caractéristique dont on peut trouver un exemple dans *Grigia*:

«Peu de temps après, écrit Musil, Homo était l'amant d'une femme de paysan» (*«Kurze Zeit danach war er der Geliebte einer Bauernfrau geworden»*)[78].

Ici, le jeu conjugué du passé et d'un futur qui s'en détache prive l'événement concerné de toute insertion dans un moment déterminé du temps et accentue le caractère paradoxalement *achronique* des éléments de l'histoire. Bien entendu, pour les mêmes raisons, le récit se trouve privé en partie des «effets de réel» qui appartiennent d'ordinaire à la narration[79]. Or, pour peu que l'on rattache cela à la nature de ce qui se joue, dans les *Trois femmes*, entre «l'âme masculine» et «l'âme féminine», on s'aperçoit aisément que l'écriture elle-même conspire à un «détachement» qui est au centre des trois récits.

Détachement, en effet, dans la mesure où les trois nouvelles nous montrent, à chaque fois, trois personnages que les circonstances de leur vie ont amené à s'écarter de leurs habitudes, de leur cadre ordinaire d'existence ou de ce qui déterminait, d'une manière ou d'une autre, l'horizon de leur vie. Le personnage masculin de *Tonka* effectue son service militaire dans une région qui l'a éloigné de chez lui :

«C'était pendant son service militaire; et que ce fût pendant cette période n'était pas un hasard, car on n'est jamais aussi démuni de soi-même et de ses œuvres, aussi exposé qu'à ce moment de l'existence où une puissance extérieure vous dépouille jusqu'à l'os»[80].

Homo, dans *Grigia*, quitte son domicile à un moment où

«la vie ralentit visiblement, comme si elle hésitait à continuer ou songeait à changer de direction»[81].

Von Ketten, enfin, après avoir poursuivi des années durant une lutte ancestrale, est confronté à un vide auquel rien ne le prédestinait, affaibli par une mystérieuse piqûre d'insecte, privé de lui-même et de sa vie :

«Il dormait beaucoup et, même quand il ouvrait les yeux, restait absent; et quand la conscience lui revenait, ce corps sans volonté, sans pouvoir, chaud comme un corps d'enfant, n'était toujours pas le sien, ni la sienne cette âme faible et qu'un souffle irritait»[82].

On retrouve ici, d'une certaine façon, les composantes d'une situation analogue à celle qui, dans *Les désarrois de l'élève Törless*, s'ouvrait sur une expérience de *l'autre* vécue dans l'angoisse et le déchirement. Ici, toutefois, les métamorphoses du sentiment, bien qu'elles paraissent guettées par la mort, tout particulièrement dans *Grigia* et dans *La Portugaise*, se traduisent davantage par un «dépaysement» à la faveur duquel, comme dans un rêve, les personnages paraissent glisser dans une sphère d'existence étrangère au réel. Le détachement se prolonge en un «allègement» auquel se mêle, certes, un goût d'angoisse, sans que toutefois le tissu de la vie se déchire véritablement. Von Ketten lui-même, dont le corps mystérieusement rétrécit, glisse doucement dans un état de torpeur, comme ensorcelé, pour s'éveiller à nouveau à la vie, par un réflexe quasi animal, et franchir ce qui le sépare de ce que ses actes muets lui interdisaient de nommer. Le relâchement des liens temporels accomplit la dissolution des «liens réels» que commande l'enchaînement des causes et des effets dans ce qu'il comporte d'inexorable.

Dans les notes parallèles à l'élaboration des *Nouvelles*, Musil évoque les deux motifs qui en constituent le thème principal : la jalousie et la solitude. Il s'agit en effet de deux sentiments qui, de diverses manières, nourrissent la fiction dans *Grigia, La Portugaise* et *Tonka*. Mais la solitude, comme la jalousie, semblent essentiellement mettre en jeu, voire en question, les certitudes du moi, ainsi que les formes prises par un rapport ordinaire aux êtres et aux choses, de sorte que dans le champ ouvert par la blessure ou l'incomplétude le sentiment s'insinue jusqu'à bouleverser l'économie du moi dans ses ressorts internes. Non pas qu'il s'agisse ici de psychologie, mais de «motifs», précisément, c'est-à-dire d'éléments narratifs susceptibles d'engendrer les composantes d'une «expérience» dont la signification fait davantage appel à des variations fonctionnelles dans un espace fondamentalement ouvert qu'à un faisceau de significations préalablement répertoriées, insérées dans les limites de l'objectivable.

3. *Vita nova*

La publication du recueil: *Trois femmes* date d'une époque qui coïncide, à peu près, avec les premières ébauches du projet qui allait donner naissance à *L'homme sans qualités*. Les deux nouvelles qui composent *Noces* remontent, en revanche, à une période antérieure. Elles ont été publiées en 1911, alors que Musil travaillait comme bibliothécaire à l'Ecole polytechnique de Vienne, et une première version de *Véronique la tranquille* avait paru dès 1908 dans la revue *Hypérion* que dirigeait Franz Blei sous le titre «La maison enchantée»[83].

Venant donc tout de suite après *Les désarrois de l'élève Törless* et plus de dix ans avant *Trois femmes*, *Véronique la tranquille* et *L'accomplissement de l'amour* paraissent occuper une place singulière, quelque peu incompréhensible, dans l'évolution de l'écrivain. Non pas, certes, qu'elles appartiennent à un horizon étranger aux œuvres entre lesquelles elles prennent place, mais en cela que les orientations qui s'y font jour paraissent témoigner d'une rupture radicale, ne serait-ce que sur le plan des choix d'écriture, par rapport au premier roman, tandis que les nouvelles de *Trois femmes*, pourtant plus tardives, donnent l'impression d'un retour à un traitement plus conventionnel du récit et des thèmes qu'elles abritent. Peut-être est-il permis d'y voir une expression des hésitations de l'auteur: un témoignage des «essais», en quelque sorte, que la littérature peut autoriser, sitôt que l'on a renoncé à la considérer comme un domaine clos d'expression et de représentation qui ne se nourrirait que des contenus qui s'offrent à elle, pour privilégier l'idée d'une forme d'exploration spécifique aux possibilités infinies. C'est du reste pourquoi on ne peut que difficilement, d'une manière à la fois limitée et extrêmement relative, parler d'une *évolution* de Musil. A vouloir appréhender son œuvre de façon stricte dans une perspective de ce genre, afin d'en apprécier la maturation ou les difficultés croissantes, l'affinement des solutions envisagées sur le plan littéraire ou conceptuel, il faudrait par exemple — ce que nous sommes nous-mêmes en train de faire consciemment — aborder *Noces* après *Trois femmes*, et presque considérer les deux premières dans le prolongement de ces dernières. Il s'agit sans doute d'un paradoxe auquel il convient de n'accorder d'autre importance que celle d'une singulière impression: à plus d'un égard, les deux nouvelles de *Noces* représentent un approfondissement, non seulement de ce qui pouvait apparaître latent dans *Törless*, mais aussi encore dans *Grigia*, *La Portugaise*, *Tonka*, plus particulièrement sans doute dans ces deux dernières nouvelles.

Le lecteur, patient ou impatient, en conviendra aisément en constatant tout d'abord que les aspects les plus spécifiques, et parfois inattendus, du récit dans *Törless* et dans *Trois femmes* paraissent prendre dans *Noces* une dimension telle qu'il en résulte un sentiment d'ambiguïté, d'indétermination, voire de pure et simple inintelligibilité proprement décourageantes. Ce n'est certes pas ici le lieu d'entreprendre une étude des traits stylistiques qui confèrent à ces deux textes un statut énigmatique, mais il ne fait aucun doute que la *texture*, précisément, en est à ce point lacunaire ou paradoxale que le lecteur y chercherait en vain un quelconque fil d'Ariane susceptible de le délivrer de ses tourments. Bien entendu, on peut toujours tenter de *raconter* ce que l'auteur s'est abstenu de composer selon les principes éprouvés de la narration — on rencontre çà et là dans la critique musilienne des velléités de ce genre: il en va un peu, ici, comme de la critique musicale lorsque celle-ci, déconcertée par des formes musicales qui échappent aux canons ordinaires, substitue à l'appréciation musicale proprement dite un commentaire prenant pour objet le livret ou tout autre moyen commode à sa portée[84]. On ne saurait toutefois sous-estimer les déclarations de Musil lui-même à ce propos, en particulier lorsqu'il évoque «l'aversion profonde pour le récit» qui se cache derrière ces nouvelles[85]. Une chose est certaine, en effet, même si les problèmes que cela soulève ne sauraient trouver en eux-mêmes leur solution: c'est délibérément que Musil s'est efforcé de libérer pour ainsi dire le texte des principaux schèmes de configuration susceptibles de constituer ce que l'on pourrait appeler une *histoire*, avec tout ce que cela suppose de possibilités unificatrices et de mise en œuvre d'un ordre à la fois temporel, subjectif et objectif. A adopter, au risque de quelque approximation, une image comme celle de la *profondeur*, il est permis de voir dans ces deux nouvelles une tentative visant à ouvrir l'écriture à ce que l'on pourrait nommer, conformément à l'une de nos précédentes suggestions, une infrastructure du sentiment. Mais le principe peut toutefois en être clairement formulé.

Dans un texte posthume consacré à l'essai, Musil observe :

«Que l'on détache des œuvres littéraires les personnages que la magie des auteurs y a fait vivre, et que l'on essaie d'appliquer à leur société les lois morales de la nôtre, on s'apercevra que chaque individu du livre est fait de plusieurs individus, qu'il est tout ensemble bon et condamnable, qu'il n'a pas de caractère, qu'il est inconséquent, que ses actes échappent à la causalité : en bref, qu'il est impossible d'organiser ou d'intégrer d'aucune façon les forces qui le meuvent. On ne peut lui indiquer d'autre voie à suivre que celle, toute contingente de l'intrigue»[86].

Deux points, dans ces lignes, méritent en effet d'être soulignés. En premier lieu, le fait qu'il existe entre les lois de la vie ordinaire et les principes qui commandent toute fiction littéraire comme un hiatus. Cette *absence de caractère* qui, aux yeux de Musil, appartient aux personnages des œuvres littéraires définit pratiquement, au regard du réel, une impossibilité. Il est inutile de préciser combien ce thème est central dans l'œuvre de Musil : il nous faudra du reste y revenir. Mais s'il s'agit d'une impossibilité, ce n'est évidemment pas en cela que la réalité est fondamentalement autre. Bien au contraire. L'absence de caractère, c'est-à-dire la dimension seulement «économique», au regard des besoins de la vie, des regroupements de qualités qui apportent au moi la garantie d'une stabilité et d'une assise apparemment nécessaires est en quelque sorte ce qui se cache derrière les principes d'identité et de différence qui sont la condition de l'individualité. S'il y a lieu de parler d'impossibilité, c'est donc tout simplement en ce sens que les «lois morales» de notre société, comme le dit Musil, ont entre autres fonctions celle de promouvoir, à la faveur des cadres, formes et principes intégrateurs qui lui sont propres, la possibilité de «caractères» définis dont on peut seulement se demander dans quelle mesure ils ne sont pas interchangeables. C'est pourquoi l'hiatus mentionné n'est en rien incontournable. Comme nous le verrons, lorsque Ulrich revendique la possibilité de vivre comme un personnage de roman, tout se passe, certes, comme s'il prenait la vie à revers mais sans toutefois réellement s'en séparer : l'autre côté du miroir n'incarne jamais qu'un renversement de perspective où c'est encore la vie qui se donne à voir. Un autre regard, somme toute, dont la littérature possède, sinon le privilège, du moins la faculté!

A cela, on objectera il est vrai que l'absence de caractère, la plasticité des personnages de fiction, n'est nullement un trait permanent de toute création littéraire. Bien sûr. On pourrait même donner de nombreux exemples du contraire. Mais ce que veut probablement dire Musil ici, c'est que l'on ne saurait faire d'un personnage de roman, par exemple, un personnage «réel», c'est-à-dire l'arracher au contexte de l'œuvre qui le constitue pour le fixer dans un autre contexte qui serait celui du monde ordinaire auquel l'auteur, en particulier, appartient. On mesure, bien entendu, ce que comporte d'absurde une telle supposition, mais elle permet du moins d'entrevoir une dimension importante, peut-être essentielle de toute œuvre littéraire : un écrivain peut certes mettre tout son art à forger des *caractères* dont il sera permis de penser qu'ils entretiennent avec le réel extérieur à l'œuvre des rapports tenus pour essentiels; il n'en demeure pas moins qu'il opère sur un ensemble de *possibilités* qui ne sont peut-être pas plus subordonnées à la *réalité* des différents centres autour desquels il les ordonne que ne le sont nos propres caractères à la réalité présumée de ce qui nous constitue comme sujet. En fait — et c'est là le second point qu'il convenait de souligner, l'écrivain a le plus souvent recours à des ressources qui, dans la vie ordinaire aussi, se révèlent inépuisables : celles qui lui sont données par «la voie de l'intrigue».

Sans doute est-il permis de penser que celle-ci peut revêtir des formes extrêmement nombreuses et variées. Paul Ricœur a montré combien la «mise en intrigue» pouvait se révéler au cœur des tentatives littéraires en apparence les plus éloignées des formes et des genres classiques[87]. Aussi serait-il vraisemblablement exagéré de voir dans les deux nouvelles de *Noces* une sorte de rupture avec l'art consommé de l'intrigue. Néanmoins, il ne fait guère de doute, si l'on en juge par rapport au texte précédemment cité, que la tentative de Musil dans celles-ci s'apparente à une visée d'annulation relative dont le principal effet est celui d'une dissolution des formes habituelles de la vie subjective, laquelle s'ouvre alors sur une évocation de ces «forces» dont l'enchevêtrement est ordinairement canalisé économiquement.

D'une certaine manière, cette ouverture de la subjectivité à une autre dimension de la vie peut être rapprochée de ce que Musil nomme, comme on sait «l'autre état». On sait aussi, du reste, que l'amour, aux yeux de l'auteur, en constituait une possibilité d'expérience privilégiée. Or, c'est bien entendu l'expérience amoureuse qui, comme dans les *Trois femmes*, est au centre de *L'accomplissement de l'amour* et de *Véronique la tranquille*, même si les fragments d'expérience que l'écriture tente de saisir présentent plus d'un aspect surprenant qu'aucune «histoire» à proprement parler ne nous rend tout à fait clairs, univoques. Mais c'est précisément de cela qu'il s'agit : le risque de toute «histoire», fût-elle d'amour, c'est de priver le sentiment de ce qu'il comporte d'irréductiblement plurivoque : le sentiment, le sensible sont toujours incomparablement plus riches qu'aucune histoire ne permet de le supposer. Certes, dans ces deux nouvelles, plusieurs thèmes se croisent : l'infidélité dans *L'accomplissement de l'amour*, la pensée de la sodomie dans *Véronique*, mais il est remarquable que ces thèmes, pour nous en tenir au plus évident, ne soient à aucun moment véritablement fixés, exploités comme ils pourraient l'être chez d'autres auteurs. C'est dans les textes parallèles de Musil que l'on prend connaissance de manière explicite de la valeur thématique de la sodomie dans *Véronique*. Dans la nouvelle elle-même, on assiste plutôt à un ensemble de variations de sentiments et de pensées qui mêlent aux évocations de ce que ressent le personnage féminin des souvenirs et des rêves remontant à une période plus lointaine : cette histoire de chien, enveloppe animale dont la fourrure indique la proximité pénétrable. Les sensations paraissent interférer, s'échanger, sans parvenir à réellement se loger dans un Moi définissable dont elles constitueraient le bien propre. On retrouve en fait ici, à plus d'un égard, la marque d'une sensibilité féminine, comme nous y avons déjà insisté. Figures du double, Claudine, Véronique, comme plus tard Agathe, sont à l'origine d'une expérience qui naît d'un *écart*. Ecart silencieux mais décisif qui donne le jour à un monde plus contemplatif, plus labile aussi, plus impersonnel.

Ce monde est évidemment celui du sentiment, mais ce que Musil tente d'y investir est suffisamment singulier pour que l'on s'y arrête. A vouloir en résumer l'orientation majeure, on pourrait y voir la mise en œuvre d'un principe qui en est comme le postulat : « Les expériences affectives profondes sont presque aussi impersonnelles que les sensations ; le sentiment, en lui-même est pauvre en qualités ; c'est celui qui le vit qui le particularise. » (...) Curieusement, toutefois, cette « particularisation » s'opère à la faveur d'un affaiblissement des fonctions ordinaires du moi.

Il est par exemple tout à fait significatif que Claudine, dans *L'accomplissement de l'amour*, se sente entraînée dans une aventure qui prend pour elle le visage du destin : « Du coup, tout lui parut destin »[88]. Les événements lui paraissent « implacablement vrais »[89]. Ballottée, « sans qu'elle n'y pût rien », dans le petit traîneau qui l'emmène de la gare à son lieu de destination, en présence de cet homme que seul le hasard a placé sur son chemin, elle éprouve la « fermeté des événements ».

« Maintenant, elle trouvait à lui répondre courtoisement un bizarre plaisir ; en même temps, impuissante, l'âme immobile, elle suivait des yeux ses propres actions et sentait sur elle comme accroupie dans l'espace brusquement approfondi d'un grand épuisement, une jouissance partagée entre le plaisir et le tourment »[90].

Dans l'un de ses cahiers, Musil s'interroge, à propos de l'autre état, sur la nature des composantes qui entrent dans le sentiment. Il oppose à cet égard une *part active* et une *part passive*, division qui coïncide partiellement, à ses yeux, avec «l'opposition masculin-féminin».

> «Dans tout sentiment, note-t-il, il y a une part sensible et une part motrice. Le moi est à mi-chemin entre le monde agissant et le monde agi (ne serait-ce que par la locomotion): c'est un appareil commutateur avec un obscur reflet de celui-ci (?). Que prévale un de ces aspects, voilà le moi absorbé, effacé.
>
> Si c'est l'aspect sensible, il ne reste que le monde, et notre sentiment passe dans les choses. Si c'est l'aspect moteur (danse, combat, plainte, chant, psyché collective —?—, ce sont les actions qui absorbent le moi; elles aussi semblent se produire toutes seules. C'est la seconde forme de l'extase»[91].

Ces quelques lignes ne constituent qu'un échantillon des nombreuses réflexions consacrées aux phénomènes de l'extase, de la dépersonnalisation dans les *Journaux* et dans diverses ébauches. Celles-ci datent toutefois d'une époque qui est celle de *Noces*; elles présentent en outre l'intérêt d'éclairer quelques-uns des aspects les plus immédiatement énigmatiques des deux nouvelles qui composent le recueil. Ainsi, quoique de façon différente, Claudine et Véronique sont marquées par une prédominance de la «part sensible» du sentiment qui détermine pour l'essentiel le type d'expérience que la fiction s'attache à suggérer. Et dans les deux cas, cela se traduit par un effacement relatif de l'image du moi. Dans l'alternance des pensées et des sentiments qui les traversent, Claudine et Véronique se sentent comme «entourées», les frontières habituelles qui séparent les êtres et les choses tendant à se dissiper. «Véronique avait de sa propre personne un sentiment vague, fluide, et quand elle se tâtait intérieurement, elle ne trouvait qu'une alternance de formes approximatives et voilées, comme on sent bouger quelque chose sous une couverture sans deviner ce que c'est»[92]. Dans l'intimité de la chambre où Claudine et son mari, avant le départ de celle-ci, évoquent la figure d'un mystérieux «G» (vraisemblablement Gilles de Rais), les objets silencieux conspirent à envelopper le couple d'une présence complice, jusqu'à donner à la femme le sentiment d'un bonheur épuisant[93]. Plus tard, sa volonté elle-même lui paraîtra se détacher de ses gestes:

> «Elle s'étonna de voir, maintenant qu'elle était éveillée, dans le vide du matin, ses mains aller et venir comme si elles ne dépendaient pas de sa volonté mais d'une quelconque puissance inconnue et indifférente»[94].

Ici, le lecteur de Musil reconnaîtra aisément l'expression de l'un de ces sentiments qui accompagnent généralement, tantôt l'éveil, tantôt l'attente du sommeil, c'est-à-dire, en tout état de cause, les moments où la «part active» du sentiment paraît s'effacer devant la «part sensible»: cette impossibilité, notée par Musil, de se retourner, de bouger un bras ou de se lever, malgré la pensée qui paraît l'ordonner, puis le mouvement soudain, sans raison, qui accomplit le geste de manière manifestement involontaire. Nietzsche, dans un fragment posthume, insiste sur ce que comportent d'involontaires un grand nombre de ces mouvements que nous sommes pourtant accoutumés à rapporter à notre «volonté»:

> «Un nombre incalculable de mouvements particuliers s'accomplissent dont nous ne savons rien au préalable et l'*intelligence* de la langue par exemple est beaucoup plus grande que l'*intelligence* de notre *conscience en général*. Je nie que ces mouvements-là soient provoqués par notre volonté; ils se déroulent et nous demeurent inconnus»[95].

Pour Musil, ce genre d'expérience naît d'une modification dans les rapports des différentes fonctions du moi. Les textes parallèles à l'élaboration des *Nouvelles* ne laissent du reste aucun doute à ce sujet. Au moment où il y travaille, il est par exemple conduit à s'intéresser aux Théories que Wundt avait développées en psychologie à propos des formes supérieures de la vie mentale. La notion qui retient notamment son attention est celle d'*apercepteur*, principe général d'explication chez Wundt. Dans les remarques qu'il consacre à cette notion, Musil observe que si les phénomènes objectifs et les organes de la perception participent au processus de la perception, l'Apercepteur représente le constituant essentiel de la représentation du moi. Or, comme il le note également, deux facteurs entrent à titre de composantes dans l'Apercepteur lui-même: un facteur intellectuel et un facteur émotionnel, si bien que l'image ordinaire du monde et celle du sentiment du moi paraissent subordonnées aux états d'équilibre qui naissent des différentes fonctions qui leur sont associées. Au facteur émotionnel, par exemple, correspondent une image sensible du monde extérieur et une image sensible de l'intériorité qui donnent naissance, en tant que forme d'équilibre, à une troisième image d'ordre supérieur, celle d'un «*Wertgefühl*» dont la conservation, note Musil, est une condition vitale de la personne et de l'adaptation de l'individu au monde. Mais il arrive précisément, comme dans les états d'asthénie, que celle-ci soit perturbée. C'est alors que se modifient l'image de soi et du monde. «Aussi longtemps que le facteur émotionnel de l'apercepteur reste constant, note Musil, l'orientation est stable... sinon, on a un '*Wertgefühl*' labile»[96].

Nous ne saurions entrer ici dans un réel examen de ces notions, ni davantage porter une appréciation à leur sujet. Ce que l'on peut en retenir permet toutefois d'éclairer ce que recherche Musil, à la fois dans ces réflexions et dans ce qu'il tente, au même moment, sur un plan plus spécifiquement littéraire. Lui-même écrit, en résumé, à la suite de ses notes que «l'homme sent, à côté du monde objectif, la proximité d'un monde mouvant, singulier, irrationnel »⁹⁷. Or, ce sentiment qui constitue sans doute l'essentiel de ce qui se fait jour dans *L'accomplissement de l'amour* et dans *Véronique* est précisément attribué par Musil à des changements, des déplacements qui affectent l'Apercepteur et dont le principal effet réside dans une tonalité autre du monde, dans des qualités de formes différentes.

A se placer de ce point de vue, Claudine et Véronique sont des personnages qui souffrent, s'il est permis de s'exprimer ainsi, d'une déstabilisation du moi. Non pas que Musil ait voulu, quitte à nous répéter, donner une illustration de deux cas de pathologie mentale. Par plus d'un trait, certes, Véronique présente sans doute des symptômes d'asthénie qui ne sont pas sans évoquer la future Clarisse de *L'homme sans qualités*, et il n'est pas non plus tout à fait interdit de penser que Musil ait pu songer lui-même à Alice Charlemont dont la « Maison enchantée » était après tout la demeure. Mais les suggestions que celui-ci recherche dans la psychologie obéissent à un tout autre objet : l'émergence, dans le sentiment, d'une expérience relative à des possibilités que les rapports ordinaires du moi et du monde ne permettent généralement pas d'entrevoir. Certes, une semblable idée était déjà présente dans *Törless*. Au demeurant, elle n'abandonnera pas l'auteur. Ici, toutefois, dans *Noces*, l'écriture emprunte des voies différentes dont nous verrons qu'elles étaient propres à la « nouvelle » aux yeux de celui-ci.

C'est ainsi que Claudine, comme Véronique, entrevoient un point, une note, dans l'espace indifférencié, comme Törless dans le bleu du ciel. Véronique ressent la présence obscure d'une « autre vie » vers laquelle elle se sent entraînée :

« On marche, il y a la forêt et la prairie d'un côté, la montagne et le rocher de l'autre, et dans cette vaste ordonnance chaque chose est simple et docile comme un caillou, et en même temps, considérée en soi, terriblement composite, riche d'une vie contenue, de sorte que votre admiration se double d'angoisse, comme devant une bête qui étend les pattes et se fige, à l'affût »⁹⁸.

Comme l'a observé René Gérard, les états que ces deux nouvelles s'attachent à saisir se traduisent dans une revalorisation du sensible sans doute essentielle à l'art⁹⁹. Les images du double regard et de la réversibilité de l'espace intérieur et extérieur y participent d'une expérience esthétique dont on peut trouver plus d'un témoignage dans les propos tenus par des artistes comme le remarquait naguère Merleau-Ponty dans *L'œil et l'esprit*. Ainsi André Marchand, s'exprimant à ce propos :

« Dans une forêt, j'ai senti à plusieurs reprises que ce n'était pas moi qui regardais la forêt. J'ai senti, certains jours, que c'étaient les arbres qui me regardaient, qui me parlaient... Je crois que le peintre doit être transpercé par l'univers et non vouloir le transpercer... J'attends d'être intérieurement submergé, enseveli. Je peins peut-être pour surgir»[100].

Merleau-Ponty parlait à cet égard d'une «métamorphose du voyant et du visible». Il n'en va guère différemment dans *Noces*, et il ne fait guère de doute que c'est d'une telle métamorphose que Musil tente de saisir les aspects. Mais l'un de ces aspects peut-être le plus important réside dans les modifications qui en résultent pour le moi lui-même : en même temps qu'il s'oublie, le moi, en effet, se retrouve. Comme l'écrit Musil dans une note sur l'intuition : «l'entrée en soi et la sortie hors de soi pourraient constituer les deux faces d'un même phénomène»[101].

A cela correspond un déplacement des perspectives, un défaut de point de vue central, comme Musil l'a lui-même indiqué[102], qui, pour déconcertants qu'ils soient, transfigurent l'horizon du sentiment et ce que l'on pourrait appeler le code amoureux. Un récit comme *L'accomplissement de l'amour* repose en effet sur un *dénouement* des formes de cohésion et d'équilibre qui structurent le champ des relations où s'articule la double sphère de l'intériorité et de l'extériorité au bénéfice d'un contexte élargi de possibilités qui englobent ce que l'expérience ordinaire exclut. On songe ici, évidemment, au thème le plus frappant sans doute de la nouvelle, celui sur lequel Musil a le plus insisté dans le récit comme tel et dans divers écrits parallèles : celui de l'infidélité. Cette idée, en d'autres termes, qu'une infidélité peut être l'occasion de nouvelles noces, c'est-à-dire d'une fidélité amoureuse plus profonde que ne le laissent supposer les formes attendues du sentiment amoureux. Qu'il y ait là un paradoxe, c'est l'évidence même. Mais ce paradoxe — peut-être ne s'en est-on pas toujours suffisamment avisé — possède une valeur que l'on pourrait dire paradigmatique. Lorsqu'il parle de l'autre état, ou encore de ce qu'il nomme le «non-ratioïde», Musil insiste souvent sur ce qui oppose les expériences vécues qui s'y rattachent aux principes et règles les plus élémentaires qui commandent l'exercice de la pensée. Généralement, dans les textes de ce genre, il oppose quelques-uns de ces termes que nous avons déjà rencontrés et que tout lecteur connaît bien : l'intellect et le sentiment, le ratioïde et le non-ratioïde, l'univocité et la plurivocité, etc. Or, ces oppositions, bien qu'elles entrent en effet dans des systèmes complexes et variés qu'entérinent nos pratiques, ne doivent pas être tenues pour rigoureusement indépassables, ni davantage pour absolues. Elles procèdent plutôt — encore que dans certains cas la position de Musil puisse légitimement paraître ambiguë[103] — d'un enracinement dans des habitudes historiques dont rien n'indique qu'elles définissent une nécessité. Du reste, ce n'est peut-être pas un hasard si Musil, au début de sa conférence sur la bêtise, dans un contexte qui met en jeu les problèmes du goût et du jugement, rappelle la fameuse antinomie kantienne du jugement de goût:

> «Thèse: le jugement de goût ne se fonde pas sur des concepts, sinon l'on en pourrait discuter (trancher par la preuve).
> Antithèse: il se fonde sur des concepts, sinon l'on ne pourrait même pas en discuter (chercher une unanimité)»[104].

Il en va des antinomies évoquées par Musil comme des antinomies kantiennes: leur résolution exige un remaniement de nos concepts et de nos manières de voir, c'est-à-dire, dans le cas de Musil, une meilleure compréhension des rapports respectifs des facultés de l'esprit. On sait que pour lui, en effet, il s'agissait là, précisément, de l'une des tâches auxquelles la littérature était à même de contribuer[105]. Or, un élément essentiel d'une semblable contribution consistait à coup sûr, à ses yeux, en un élargissement du contexte des possibilités à l'intérieur duquel s'exercent les facultés de l'esprit ou les ressources du sentiment. Dans *Noces*, dans une certaine mesure tout au moins, c'est à une tentative de ce genre que l'on assiste, même si Musil peut seulement donner l'impression d'aborder de façon singulièrent inhabituelle des thèmes peu originaux: la solitude, l'infidélité, un certain désordre amoureux.

Mais quelle est, dans ces conditions, la lumière dont ces thèmes et les paradoxes qui leur sont liés bénéficient? A vrai dire, ce qui s'y profile peut apparemment trouver un éclairage dans les considérations suivantes. L'état amoureux présente en lui-même ceci de particulier qu'il modifie les rapports de l'homme intérieur et de l'homme extérieur: il est à la source d'une *vita nova* qui en bouleverse les données, de sorte que se fait jour en lui, comme à la faveur d'une porte soudain ouverte, une mystérieuse seconde vie dont l'idée a déjà amplement retenu notre attention. Or, c'est cette seconde vie qui, pour peu que l'on se donne la peine de l'ouvrir, précisément, sans se priver pour autant des ressources de l'intellect, nous découvre un contexte infini de possibilités par rapport auxquelles le champ restreint de nos habitudes effectives apparaît comme un simple échantillon. Les personnages de Musil (Törless, Claudine, Ulrich, par exemple) voient généralement une porte s'ouvrir devant eux, à moins qu'ils ne la recherchent comme Törless et Ulrich plus tard. Ce qu'ils aperçoivent, alors, et qui paraît très souvent scintiller, seulement, comme une lumière devant leurs yeux, c'est la présence d'un autre monde, en apparence irrationnel. Et ce monde est toujours celui du sentiment, du singulier, avec tous les bouleversements que cela entraîne : failles, lacunes, ébranlement des couches solidifiées de l'esprit et du moi. Cette expérience dont nous avons déjà suggéré les contours à propos de Törless peut présenter des aspects négatifs : elle n'en est pas moins presque toujours positive. Mais les composantes qui en font partie effacent, précisément dans les moments les plus positifs — ceux où le moi paraît soudain vivre d'une nouvelle vie — les frontières et les rapports qui ordonnent le monde en catégories définies, usuelles, étroitement liées à l'expérience que nous en avons. A propos de ces catégories dont la fonction est essentiellement structurante, et dont tout porte à croire qu'elles étaient associées par Musil à l'activité supérieure de la conscience[106], on pourrait dire également qu'elles doivent en partie l'efficace qui leur est propre à une « réaction généralisante qui écrase les petites différences »[107]. Dans *Noces*, tout se passe comme si ces « petites différences » accédaient à un rang inhabituel que seuls certains états permettent d'atteindre. Ainsi, dans ses *Journaux*, Musil évoque, à propos de Véronique, « le rêve d'une certaine sorte d'expériences... intenses et néanmoins impersonnelles ». Quant à l'activité supérieure de la conscience, il lui oppose de manière significative, l'exemple des « conjoints et des amis », lesquels, dit-il, « sont proches des animaux »[108].

C'est probablement à la possibilité d'états de ce genre qu'il faut rapporter les éléments paradoxaux des deux nouvelles de Musil. N'écrit-il pas, en effet :

« En disant : dans l'inclination pour un animal, il peut y avoir quelque chose de l'attachement à un prêtre, ou : une infidélité peut constituer dans une région plus profonde de l'être, de nouvelles noces — on a circonscrit le sujet de Véronique et celui de Claudine. Ces deux nouvelles ne contiennent rien de plus »[109].

Passée la limite des principes qui commandent les fonctions supérieures de la conscience et l'organisation rationnelle, c'est-à-dire univoque, des activités qui lui sont liées, les sentiments les plus opposés en apparence donnent naissance à de mystérieuses analogies. Les figures de l'animalité évoquées dans *Noces*, l'importance des rapports de voisinage et l'instabilité des limites de l'intériorité et de l'extériorité ne signifient pas autre chose, ni davantage tout ce qui paraît destiné à marquer la « présence de l'indéterminé ». Comme dans les pages de *L'homme sans qualités* où Agathe et Ulrich paraissent s'ouvrir à une expérience où s'échange leur moi respectif, Claudine et son mari, dans *L'accomplissement de l'amour*,

« se (recouvrent), telles deux moitiés admirablement adaptées qui, une fois rejointes, réduisent leur limite extérieure tandis que l'intérieur grossit comme des fleuves mêlant leurs eaux. S'il leur arrivait d'être malheureux, c'est qu'ils ne pouvaient pas tout partager jusqu'à l'ultime parcelle »[110].

Marquées par une forme de suspension caractéristique, par un arrêt du temps qui n'est pas sans analogie avec le filet d'eau qui s'échappe de la théière, ces pages traduisent une « activité réduite de la conscience » à la faveur de laquelle les frontières du moi se diluent, comme si l'image en passait soudain dans ce qui l'entoure. Véronique, elle, s'adressant à Jean, songe à ce qu'ils pourraient être l'un pour l'autre :

> « je pense, dit-elle, à une manière d'être où l'on se dissoudrait intégralement dans ce rapport mutuel au lieu de rester comme un étranger à l'extérieur, aux aguets... Je ne saurais te l'expliquer... Ce que tu appelles Dieu quelquefois ressemble à cet état... »[111].

Aux yeux de Véronique, il faudrait être « comme ce qui se passe et non comme la personne qui agit », mais « aucun homme ne pourrait être impersonnel à ce point, une bête seule... »[112]. Singulièrement, du reste, cette expérience d'un autre état qui se fait jour à la manière d'un visage ou des figures qui se forment dans la pierre comme « l'incompréhensible message de quelque chose d'encore absent » est confusément vécu comme une alternative de cette solitude dont le thème est omniprésent dans les deux nouvelles de *Noces*. Un peu comme si le moi ne pouvait y échapper que dans le mouvement qui le délivrerait de lui-même. A ce genre de sentiment correspond un effacement relatif des formes d'organisation et des rapports spatio-temporels dont dépend la signification des éléments du vécu. Ainsi, alors que Claudine entrevoit dans l'éventualité d'une infidélité qui se présente tout d'abord à elle comme un « jeu avec le possible » une expression de son amour, il lui semble tout à coup que, par une sorte de réversibilité insoupçonnée, ses expériences amoureuses antérieures à son mariage pourraient tout autant être considérées sous ce jour. A supposer qu'elles le fussent, cela signifierait qu'elle avait aimé son mari bien avant de le connaître et que, lui étant infidèle, elle l'aimait.

> « Nous avons été infidèles l'un à l'autre avant de nous être connus. A vrai dire, ce ne fut qu'une demi-pensée scintillant silencieusement, presque un simple sentiment; une amertume merveilleusement agréable, comme dans le vent qui se lève de la mer court parfois un âpre souffle; ce fut presque seulement cette autre idée: 'nous nous aimions avant de nous être connus...'. Comme si soudain en Claudine, l'infinie tension de leur amour s'étendait bien au-delà du présent jusque dans ce champ d'infidélité n'ayant peut-être été, finalement que la première forme de l'éternelle présence, en eux, de cet amour »[113].

L'homme sans qualités offre de nombreux exemples de cette modification des configurations temporelles et des déplacements qui en sont issus dans l'horizon du sens. A cela, il convient d'associer l'idée selon laquelle, aux yeux de Musil, « les expériences affectives profondes sont intemporelles », comme si le passé et le futur pouvaient indifféremment communiquer dans le présent. Mais dans tout cela, dans cette ouverture au possible qu'éprouve Claudine dès lors que se fait jour en elle le sentiment que «la sécurité qui, à la surface portait sa vie, comme un tournoiement, tout à coup avait cessé de nouveau de la porter»[114], on peut lire l'expression d'un *détachement* à l'égard des formes où la vie trouve ordinairement à se loger: une sorte d'«abolition du réel»[115] dont on sait qu'elle constitue, pour Musil, le propre de l'art.

En ce sens, le genre d'expérience auquel les deux nouvelles de *Noces* donnent corps peut être tenu pour «esthétique», cela du reste en un double sens. Toutefois, indépendamment de ce qu'elles permettent d'entrevoir à propos de ce que Musil nomme par ailleurs l'autre état, outre ce qui s'y fait jour, également, au regard des rapports de l'intellect et du sentiment, on voit s'y affirmer une tentative qui, tant en ce qui concerne l'art de la nouvelle que l'écriture spécifique qui s'y déploie, apparaît étroitement liée aux principaux traits qui ont retenu notre attention jusqu'à présent.

Comme il le précise en effet lui-même, la nouvelle n'est pas, pour Musil, subordonnée à une autre «méthode»; elle s'applique bien davantage à «un autre domaine»[116], domaine qu'il situe « à la charnière de l'intellect et du sentiment». Bien entendu, il ne saurait être question de discuter ici du bien-fondé d'une semblable affirmation. Qu'il nous suffise de constater, à supposer que cela soit nécessaire, combien *Claudine* et *Véronique* illustrent parfaitement cette caractérisation. Dans un bref essai consacré à ce genre de question, Musil conteste les définitions de la nouvelle qui tendent à y voir un genre réservé à des spécialistes et subordonné à des moyens spécifiques.

«C'est dans un sens beaucoup plus décisif, écrit-il, la rencontre fortuite d'un écrivain avec un problème que des raisons qui ne regardent, pour l'essentiel, que lui, empêchent de donner un roman ou un drame, et qui ne l'en obsèdent pas moins. Par conséquent: un espace limité, cadeau du destin, qu'il s'agit d'utiliser aux mieux; il ne s'agit plus alors d'un problème particulier, mais de la problématique même du récit»[117].

La lecture de l'essai dont ces lignes sont extraites permet aisément de le constater: Musil ne s'attarde guère sur des considérations susceptibles de spécifier la nature de ce que l'on nomme communément une nouvelle. En revanche, l'idée d'une «problématique du récit» retient tout particulièrement son attention. Or cette problématique n'est absolument pas séparable des questions que Musil n'a cessé de poser à propos de la littérature et du roman. Nous en avons déjà eu un aperçu, certes, en évoquant dans notre deuxième chapitre les essais les plus importants où ces questions sont abordées, mais la lecture des *Nouvelles* permet évidemment de saisir dans la chair de l'écrit l'originalité et l'importance, pour l'auteur, de ce qui s'y affirme. Il est vrai qu'à première vue *L'accomplissement de l'amour* et *La tentation de Véroni-*

que la tranquille paraissent se construire de ce qui s'y trouve détruit dans le mouvement d'une écriture qui s'emploie à annuler la positivité des articulations qui structurent généralement les œuvres de ce genre. En ce sens, en effet, les deux nouvelles de Musil — à un degré différent, il n'en va toutefois pas autrement pour celles qui composent *Trois femmes* — ne sont en rien comparables à ce modèle qu'il évoque ironiquement dans «Petite novelette», celui d'un «petit paquet soigneusement ficelé avec une petite surprise quand on l'ouvre»[118]. Bien au contraire, Musil paraît y avoir «rayé de la surface», selon l'une de ses expressions, tout ce qui aurait pu situer le récit dans la ligne d'une causalité, ou d'un enchaînement conventionnels des événements, des pensées ou des sentiments[119]. Comme il y insiste dans deux lettres respectivement destinées à Franz Blei et à Paul Scheffer, le récit, loin d'être porté par un développement faisant appel à des ressorts de ce genre, fonde son «ossature» sur un réseau de relations issues des images et des comparaisons dont le texte est pour ainsi dire tissé[120]. Ces images, précise-t-il, ont en effet à ses yeux une valeur constitutive, en ce sens qu'il ne faut pas leur prêter une valeur *symbolique* ou *allégorique*, mais une dimension «catégorique». Elles seules sont porteuses de signification, et il n'est pas jusqu'aux personnages dont Musil ne précise également qu'ils sont circonscrits par le cercle des sentiments qui s'y expriment.

Une note plus tardive des *Journaux* fait à cet égard allusion aux critiques d'un écrivain qui reprochait à Musil de n'avoir rien compris à l'essence de la nouvelle:

«L'aversion pour le récit qui se cache derrière ces nouvelles lui avait totalement échappé; pour le récit, pour la pseudo-causalité et la pseudo-psychologie aussi bien. Ainsi ai-je abouti au principe de la motivation et de son élaboration maximale (Elm)»[121].

Ailleurs, l'abandon de la narration «épique» est justifié par *l'entrée dans l'indéterminé* qui marque *Noces*[122]. Mais encore convient-il de ne pas se méprendre sur la signification et la portée des nombreuses remarques qui, dans les *Journaux* ou ailleurs tendent à privilégier à ce propos un traitement du récit libéré de la causalité et des attendus de la narration ordinaire. Lorsque Musil, comme il le fait très souvent, oppose ce qu'il nomme la *motivation* à la *causalité*, il n'entend pas, à vrai dire, renoncer purement et simplement à l'art du récit; sa recherche porte apparemment bien davantage sur la possibilité de soustraire le récit à un mode de liaison et d'articulation fondé sur des rapports qui, pour l'essentiel, correspondent à une dimension de la vie étrangère à l'art, une dimension qui occulte le champ infini des possibilités qui fixe sa tâche à l'écrivain. En fait, en invoquant un principe comme celui de la motivation, il cherche, bien au contraire, à mettre en œuvre un ensemble de moyens qui, tout en déplaçant le centre de la narration et des configurations narratives de l'extérieur vers l'intérieur, accorde le récit à la spécificité du domaine qu'il lui appartient d'investir. Comme le montrera *L'homme sans qualités*, l'écrivain ne peut simplement se donner pour tâche de «raconter des histoires» dès lors que les principes qui le lui permettraient appartiennent à un monde ou à une forme de vie qui n'est plus. Mais cela ne veut pas dire qu'il doive alors consacrer son art à des prouesses formelles, par exemple, ou bien encore sacrifier au culte du silence dans ses innombrables versions. Sa tâche, qui ne peut se concevoir dans une pure et simple indifférence à l'égard des questions les plus urgentes de la vie, se conçoit bien davantage comme un effort destiné à ouvrir au langage, et par conséquent à articuler, les significations apparemment muettes d'une expérience qui, fondamentalement, appartient à un domaine déserté par l'esprit. Or, il se trouve que c'est précisément le récit qui doit s'ouvrir à cela.

A ces suggestions, on objectera peut-être que Musil a écrit les deux nouvelles de *Noces* à l'occasion d'une commande et que son projet était certainement d'une ambition beaucoup plus limitée que nous n'avons tendance à le supposer. Sans doute, mais comme il s'en explique lui-même dans l'un de ses «Testaments», le projet initial s'est très vite infléchi dans le sens d'une plus grande complexité, ce qui explique au demeurant le temps relativement long que demanda son exécution.

«J'étais donc occupé d'idées qui appartenaient déjà à la sphère des *Exaltés* et de *L'homme sans qualités*, lorsque je reçus commande d'un petit récit pour une revue littéraire. Je m'en acquittai assez rapidement : ce fut *La maison enchantée*, parue dans Hypérion. J'ai dû recevoir ensuite une autre commande et, je ne sais pour quelle raison, décidai d'écrire rapidement une histoire en puisant dans le même répertoire thématique, celui de la jalousie (la jalousie sexuelle n'était là qu'un prétexte ; ce qui m'intéressait, c'était l'incertitude de l'être sur sa valeur, peut-être aussi sur sa véritable nature, comme sur celles de l'être qui lui est le plus proche)... Or, quiconque a lu *L'accomplissement de l'amour* ne saurait concevoir plus grand contraste entre cette intention et sa réalisation. Il est à peu près aussi grand que celui qui existe entre le projet d'improviser un petit récit et le fait que j'ai travaillé à ces deux nouvelles pendant deux ans et demi et, je puis le dire, presque jour et nuit. J'ai failli consumer pour elles toute ma substance intérieure»[123].

En fait, ces deux ans et demi donnent la mesure de la tâche entreprise et des difficultés rencontrées. On peut d'ailleurs également en juger aux notes et aux ébauches qui correspondent à cette période dans les *Journaux*, même si le résultat, comme Musil le reconnaît lui-même, peut paraître disproportionné à l'énergie qui lui fut nécessaire. Les notes consignées dans le *cahier* 5 permettent notamment d'apercevoir ce qui apparente l'élaboration des deux nouvelles à une recherche marquée par des moments d'hésitation, voire d'incertitude, concernant en permanence des choix d'écriture. Ces hésitations concernent du reste notamment la forme narrative, mais l'exécution effective se laisse peut-être appréhender dans un double processus qui permet de circonscrire ce que Musil nomme motivation. Sous l'un de ses aspects, le récit produit en effet des lacunes qui affectent en particulier tout ce qui concerne les personnages et l'insertion dans le temps de ce qu'abrite la sphère de leurs sentiments, de leurs pensées et de leurs rares actions : les sensations acquièrent ainsi une valeur autonome, «détachée» de tout enracinement spatio-temporel rigoureusement déterminé. D'un autre côté, simultanément, la description des sentiments ou des pures sensations comme telles, à la faveur des images qui s'y glissent et leur confèrent une teneur spécifique, tissent un réseau serré de relations constituées d'harmoniques qui leur donnent une profondeur. Le récit s'articule ainsi autour de deux pôles, l'un «négatif», en quelque sorte, l'autre «positif». Le premier prive le récit de tout enchaînement causal : il le repousse, pour ainsi dire, dans une autre dimension ; le second donne naissance à cette autre dimension : celle de la motivation proprement dite, laquelle fait principalement appel à des relations d'analogie qui bénéficient de l'indétermination créée par les lacunes qui affectent le récit et des possibilités de perspectives que cela autorise en raison, également, du défaut de tout point de vue central [124].

Une approche superficielle permettrait peut-être de conclure à une sorte de description du «sentiment» privé de toute espèce d'articulation. En fait, comme le suggère Musil, les Nouvelles «n'expliquent pas, elles impliquent»[125] : elles ne se nourrissent pas des ressources d'un développement fondé sur la causalité et la mise en perspective spatiale et temporelle des éléments qui trouveraient à s'y loger ; elles convergent bien davantage vers un centre dont les sentiments décrits forment la constellation.

De ce point de vue, c'est la nature de son objet qui, pour Musil, impose à l'écrivain le choix de ses moyens. Comme il l'écrit :

«Le travail de mise en forme du narrateur n'a de place qu'intermédiaire entre le conceptuel et le concret... Le but essentiel du livre est de nous restituer la vie dispersée et confuse d'un degré plus cohérente, mieux décantée, plus ordonnée, donc plus proche du concept : de donner de la vie à l'idée ou d'idéifier ce qui aura été d'abord de la vie »[126].

Comme nous l'avons déjà souligné, le sentiment, considéré en lui-même, est «pauvre en qualités, et ne tient sa couleur propre que de celui qui le vit»[127]. En d'autres termes, c'est le contexte fonctionnel auquel il appartient qui spécifie le sentiment, et ce contexte fait toujours apparaître «une interaction de sentiment et d'entendement».

«Il n'y a aucun autre moyen, comme le précise encore Musil, de distiguer le sentiment — cette sorte de poulpe ramifié dont les mille ventouses font irrésistiblement tourner le monde — d'un François d'Assise — nos frères les oiseaux! — de celui d'un petit pasteur exalté; et la suprême mélancolie qui flotte autour de la décision de Kleist pourrait bien être, considérée en soi, identique à celle de n'importe quel suicide»[128].

Il appartient à l'écrivain de prendre en compte cela, c'est-à-dire de s'attacher, dans le domaine qui est le sien, au cas particulier, à ce qui échappe à l'emprise du général comme aux moules qui, sur le terrain des valeurs, voudraient ramener les expériences fondamentales à des lois générales. La tâche qui correspond à cela est bien d'élaboration, car c'est à cette condition que le singulier, sur ce plan-là, peut être saisi comme tel, et non à partir de cette attitude qui consiste, ni plus ni moins, pour l'écrivain, à tendre sa gourde au flot des «grands sentiments». Comme le dit encore Musil en pensant au thème central de *L'accomplissement de l'amour*:

«On suppose que deux individus sont signifiants et que leur amour, ou toute autre relation entre eux, l'est aussi... le fait, par exemple, que l'un de ces deux personnages commet une infidélité peut être indifférent, banal ou bouleversant; la seule chose importante, c'est ce qu'ils font de cette infidélité au tréfonds d'eux-mêmes; derrière ces surfaces que sont la souffrance, le désarroi, la faiblesse — et bien souvent beaucoup plus tard»[129].

Chapitre III
Utopies de l'ordinaire

> *« La perception de la lumière ou de la couleur, par exemple, dont nous nous apercevons, est composée de quantités de petites perceptions, dont nous ne nous apercevons pas, et un bruit dont nous avons perception, mais où nous ne prenons point garde, devient aperceptible, par une petite addition ou augmentation. »*
>
> G.W. Leibniz

1. Micrologies

Il n'appartient guère plus à la littérature de vouer un culte aux «grandes choses» que de se nourrir à la source des «grands sentiments». C'est, en un sens, ce que pourraient illustrer les courtes proses réunies par Musil sous le titre : «Œuvres pré-posthumes» *(Nachlass zu Lebzeiten)*[130]. Leur publication date des dernières années de la vie de l'auteur, mais elles parurent, pour la plupart, dans une première version, au cours des années 1920-1929, dans divers périodiques[131].

Divisé en quatre parties *(Images, Considérations désobligeantes, Des histoires qui n'en sont pas, Le merle)*, l'ouvrage représente sans nul doute l'une des faces d'un art dont nous avons vu qu'il tendait essentiellement à privilégier un genre d'expérience au regard de laquelle l'écriture entre en concurrence avec les formes convenues de la réalité et de la vie. En privilégiant, comme dans *Törless* ou dans les *Nouvelles*, une recherche tournée vers les lacunes, les failles, l'arrière-existence, voire les illuminations qu'abrite le tissu apparemment homogène de la vie, Musil fait surgir dans ses œuvres un horizon de possibilités dont la signification éthique est inséparable des métamorphoses qui en sont issues. Si, sur ce plan-là, la signification d'une expérience est en effet liée à la *qualité* toujours singulière du vécu qui s'y rattache, et si cette *teneur* singulière dépend toujours, comme le suggère Musil, à la fois des circonstances qui lui sont propres et de celui qui les vit, alors ce n'est que dans la mesure où les rapports constitutifs du champ ordinaire de notre expérience se transforment et cessent de nous être indifférents, comme ils le sont le plus souvent, que le vécu s'ouvre à une dimension authentiquement éthique. Certes, à plus d'un égard, le singulier semble se situer en marge de l'ordinaire, dans l'émergence soudaine d'une vie secrète du moi que recouvre, comme par sédimentation, l'appareil stratifié des fonctions qui placent la personne en relation avec un monde structuré dont elle est elle-même solidaire. Mais il n'y a précisément «qu'un seul monde»[132], et c'est pourquoi le singulier n'est pas rigoureusement étranger à l'ordinaire.

Cela, les *Œuvres pré-posthumes* le suggèrent manifestement, plus particulièrement, sans doute les «Images» qui ouvrent le recueil, ainsi que «Le Merle», récit sur lequel il s'achève. Certes, les textes qui composent la première section se présentent comme une série de tableaux dont l'inspiration peut paraître très différente de celle que suggèrent les «Considérations désobligeantes», lesquelles s'apparentent davantage à de brefs essais d'inspiration satirique; quant aux «Histoires qui n'en sont pas», elles ne semblent pas avoir grand-chose de commun avec «Le Merle», ni davantage avec les deux premières parties du livre. Pourtant, à la faveur de la diversités des thèmes qui s'y trouvent abordés, Musil paraît se livrer à un exercice spécifique dont l'une des orientations majeures réside certainement dans un déplacement du regard vers le *détail* des êtres et des choses, un peu comme s'il s'agissait d'entourer, à la surface de ce qui enveloppe la vie, la trace de ce qui s'y dissimule sous l'innocence, le charme ou le confort du familier.

Comme le remarque Enrico De Angelis, les *Œuvres pré-posthumes* relèvent d'une tentative dont il n'est guère d'exemple dans la littérature allemande d'alors, celle d'une sorte de «Micrologie» attentive à l'indiscernable, à la réalité frémissante de ce qui anime les formes d'équilibre généralement offertes au regard, à l'intelligence et au langage[133]. Une semblable littérature suppose il est vrai, de la part du lecteur, une accommodation de l'œil comparable à celle qui s'y trouve promue de façon à peine saisissable; mais le renversement des perspectives qui en est issu porte en lui sa récompense: pour «quiconque sait observer la vie humaine dans ces détails où elle se trahit étourdiment, et se laisser envahir par les sentiments 'latents' qui, jusqu'au moment où ils se déclarent, semblent 'n'avoir rien à dire' et se manifestent dans nos actes» la réalité apparaît sous un jour infiniment plus ramifié, et sans doute beaucoup plus juste, dans tout ce qui s'y découvre, que ne le permet la vision ordinaire, généralement peu soucieuse du détail.

Son souci du *détail*, de l'*infinitésimal*, des «petites causes» aussi, Musil l'étend à la plupart des phénomènes vers lesquels le tournent ses préoccupations. Comme on peut déjà s'en rendre compte à la lecture de *Törless* ou des *Nouvelles*, cela se traduit souvent chez lui par une forme particulière d'investigation prenant pour objet l'enveloppe ou les contours des êtres et des choses que la pensée ou le regard tendent à circonscrire dans des limites à la fois lisses et distinctes. De là, sans doute, son intérêt pour le vêtement, son étonnante curiosité pour un phénomène comme celui de la mode vestimentaire. C'est que l'habit est au fond à l'image des innombrables «fourreaux» où la vie a coutume de se loger. Peau symbolique, il marque à la fois la *limite* et *l'intersection* de l'intérieur et de l'extérieur, la surface où communiquent les conventions variables du social et la substance qu'elles informent. C'est pourquoi les modes vestimentaires peuvent être tenues pour un phénomène beaucoup moins insignifiant qu'il n'en a l'air : il se peut que l'invention de la jupe-culotte ne change pas réellement la femme, mais il se peut aussi que les idéaux, autre vêtement sans doute plus masculin, ne changent pas l'homme en profondeur (...). Or les inventions en apparence les plus éloignées, ne fût-ce que par le côté frivole des unes et la réputation de sérieux des autres, témoignent d'une solidarité plus grande qu'il ne serait permis de croire de prime abord. Qu'est-ce donc qui sépare l'homme de la femme, l'humanité de l'animalité, une époque avancée d'un temps plus lointain ? De même que *l'homme intérieur* dépend généralement beaucoup plus qu'il ne croit des *formes extérieures* qu'il tient de son insertion dans une époque ou une culture donnée, de même les principes de démarcation auxquels les hommes ont coutume de se référer se révèlent parfois subordonnés à des détails au regard desquels le vêtement tient une place non négligeable. On en trouve, dans les *Œuvres pré-posthumes*, plusieurs illustrations qui ne sont évidemment pas étrangères à l'ironie qui parcourt l'ensemble du recueil, mais en lesquelles on peut lire, néanmoins, la valeur paradigmatique de tout ce qui touche au vêtement dans l'œuvre de Musil.

Il n'est d'ailleurs pas jusqu'aux animaux qui ne paraissent vêtus, comme «le petit fox blanc à longs poils de la petite dame blanche à col de fourrure fouine» dans *Catastrophe au pays des lièvres*. Mais lorsque la catastrophe se produit, le vêtement qui, le vent aidant, conférait à celui qui le portait un «profil héroïque», devient soudain obstacle : «Il faut si longtemps pour que la volonté, derrière les plis au fer, arrive aux semelles lisses !»[134]. Il arrive certes que les circonstances nous jouent des tours. Néanmoins les avantages que l'on tire des inventions de ce genre : chaussures, pantalons, etc., peuvent légitimement passer pour inestimables. Comme le suggère Musil, le fait de porter chaussures aux pieds en dit peut-être plus long qu'on ne le supposerait sur ce qui distingue l'homme de l'animal, encore que, comme la petite dame précédemment évoquée, les hommes se laissent parfois aller à emprunter aux animaux quelques-uns de leurs atours. D'ailleurs, pour ne pas en rester là dans la ligne de ces considérations déjà *désobligeantes*, comment ne pas songer au rôle injustement négligé des inventions vestimentaires dans l'histoire, en particulier du point de vue de la supériorité qui nous distingue des époques lointaines ou primitives. Dans «Jubilé artistique», Musil évoque ce sentiment, mieux: cette certitude, que chacun éprouve, par rapport à toute autre époque que la sienne, d'être *plus haut*, ou en tout cas *ailleurs*.

«Il y a pourtant, écrit-il, dans cette façon d'être ailleurs une étrange façon d'être déjà au-delà. C'est en rapport mystérieux, sauf erreur, avec la mode. Celle-ci a non seulement la propriété de nous paraître ridicule après coup, mais encore celle de nous empêcher, tant qu'elle règne, de prendre absolument au sérieux les intentions d'un homme qui ne serait pas trait pour trait aussi ridiculement habillé que nous-mêmes. Je ne sais ce qui, avec notre admiration pour l'antiquité, pourrait dissuader un philosophe moderne du suicide, hors le fait que Platon et Aristote ne portaient pas le pantalon; le pantalon a contribué plus qu'on ne pense à l'édification de l'Europe intellectuelle qui, sans lui, n'aurait sans doute jamais surmonté son complexe d'infériorité humaniste à l'égard de l'Antiquité. Pour rien au monde nous ne voudrions changer de place avec quelqu'un qui ne porterait pas de vêtements modernes: voilà notre sentiment le plus profond de la contemporanéité. Et c'est sans doute l'unique raison pour laquelle nous avons chaque année, en art aussi, l'impression du progrès, même si les expositions ne coïncident avec les présentations de collections, au printemps et en automne, que par hasard»[135].

Une telle page, parmi plusieurs autres, permet à coup sûr d'avoir un aperçu non seulement du ton de l'ouvrage, mais également de ce que doit l'ironie de l'auteur à la direction de son regard. En se tournant vers l'ordinaire — ici le vêtement et la mode — ou vers le détail: les plis de ce qui constitue l'enveloppe des choses et de nous-mêmes, Musil prend pour ainsi dire à revers les représentations ou les croyances les plus immédiates dont se nourrissent les visions du monde et de l'histoire. Comme si l'auteur consacrait ici tout son talent à une recherche des chausse-trapes susceptibles de réduire à néant les certitudes grandiloquentes dont le cours des choses est généralement revêtu: une façon de tendre un croc en jambe aux idéaux. Mais cette manière qu'a Musil de jouer en quelque sorte «à la baisse» dans plus d'un texte des *Œuvres pré-posthumes* ne constitue jamais qu'une face de la recherche qui anime son travail d'écrivain par ailleurs. Aussi n'est-il pas étonnant d'y retrouver quelques-uns des thèmes ou des paradigmes qui lui sont les plus familiers.

On peut en juger à plusieurs niveaux, par exemple à partir du clin d'œil ironique dont le vêtement est une fois de plus l'occasion dans

Œdipe menacé. Le lecteur de *L'homme sans qualités*, des *Journaux* également, peut se faire quelque idée des réserves qui étaient celles de Musil à l'égard de la psychanalyse. Dans *Œdipe menacé*, la critique latente de la psychologie des profondeurs qu'il est permis d'y percevoir fait appel à un simple détail en apparence peu sérieux: le danger qu'il y aurait à ce qu'il n'y eût plus de *giron*. La satire à laquelle se livre Musil dans ce merveilleux petit texte contient certes d'autres éléments dont l'un des moindres n'est pas une brève allusion que l'on pourrait dire «poppérienne» à l'égard du système de défense grâce auquel la psychanalyse repousse toute forme de contestation[136]. Mais lorsqu'on pense à l'importance prise par celle-ci, et lorsqu'on songe également au rôle fondamental qu'y joue le complexe d'Œdipe, on ne peut qu'être effrayé à l'idée que ce système de défense cesserait d'avoir sa raison d'être si Œdipe disparaissait. Or ce péril pourrait ne pas être lié à la possibilité d'un bouleversement de grande envergure, mais beaucoup plus simplement à l'un de ces changements imperceptibles qui se font parfois jour dans l'histoire, l'une de ces *petites causes* dont on ne soupçonne généralement pas les effets: le mouvement de la mode vestimentaire.

«Je crains qu'après une ou deux générations, il n'y ait plus d'Œdipe! Comprenons en effet qu'il est issu de ce petit être qui est censé trouver son plaisir dans le giron de sa mère, et jalouser le père qui l'en expulse. Mais si la mère n'a plus de giron? On a compris où je veux en venir: le giron ne désignant pas tant une partie précise du corps que toute la sourde maternité de la femme, les seins, la graisse chaleureuse, la mollesse rassurante, protectrice et même, à bon droit, la robe dont les larges plis forment un nid mystérieux. En ce sens, les expériences fondamentales de la psychologie sont issues évidemment de la mode des années 70 et 80, et non des costumes de ski. Imaginons un maillot de bain: où en est le giron? Quand j'essaie, à la vue d'une nageuse de crawl, de me représenter le désir psychanalytique de me retrouver embryon dans son sein, je me demande vraiment, non sans être sensible à leur beauté originale, pourquoi la génération future ne souhaiterait pas aussi bien rentrer dans le giron du père.
Mais alors?
Aurons-nous à la place d'Œdipe, un Oreste? Ou la psychanalyse devra-t-elle renoncer à sa bénéfique croisade?»[137].

Une page comme celle-là ne doit évidemment pas être lue comme une quelconque contribution destinée à étayer une réelle critique des fondements du savoir psychanalytique; on peut néanmoins y percevoir l'expression d'un doute qui est tout à fait en accord avec une position que Musil n'a jamais abandonnée et, dans le cas présent, une illustration des moyens que Musil met en œuvre afin de promouvoir un ébranlement des façons de voir dont dépend généralement notre perception du «donné», qu'il s'agisse des phénomènes qui nous sont familiers ou des configurations à la fois idéologiques et culturelles qui délimitent l'horizon de nos certitudes. Cette méthode n'est pas particulière aux textes qui composent les *Ecrits pré-posthumes*; elle s'inscrit pour une large part au cœur de l'ironie musilienne, et elle consiste pour l'essentiel en une forme spécifique de variation dont nous avons déjà aperçu quelques aspects.

Sous ce rapport, les écrits des *Œuvres pré-posthumes* privilégient un type d'expérience qui, que ce soit au regard du temps ou de l'espace, se caractérise par un jeu sur les limites ou les distances liées aux états et formes d'équilibre habituels. L'instrument optique dont les vertus sont décrites dans le texte *Lunettes d'approche* en donne un excellent exemple. Il est d'ailleurs significatif, pour plusieurs raisons, que l'instrument considéré soit détourné de sa fonction ordinaire. Généralement destiné à rendre proche ce qui est lointain, un instrument de ce genre peut en effet tout aussi bien être appliqué à ce que l'œil perçoit sans difficulté, et par conséquent sans l'aide d'aucun appareil. Bien entendu, l'utilité proprement dite d'un tel usage peut être tenue pour nulle, mais les modifications de la vision qui en sont issues n'en sont pas moins impressionnantes comme on peut aisément l'imaginer. Le narrateur de *Lunettes d'approche* applique successivement son instrument à des objets, des personnes de son environnement immédiat: une plaque à l'entrée d'un immeuble, l'immeuble lui-même, un tramway, des femmes, un chapeau, etc., rien que de très connu, en apparence tout au moins. Or il y découvre une vie insoupçonnée, tantôt risible, tantôt monstrueuse, toujours inquiétante d'une certaine façon. En privant les êtres et les choses du contexte dans lequel le visible s'organise en formes stables, les lunettes d'approche produisent une véritable mise en échec du sens.

«Le meilleur remède contre un abus inconvenant de cet instrument philosophique est l'examen de sa théorie. Sa théorie est l'isolation. On ne voit jamais les choses que dans leur entourage, si bien qu'on finit par les confondre avec la signification qu'elles y prennent. Les en détache-t-on, elles deviennent incompréhensibles, effrayantes même, comme peut l'avoir été le lendemain de la création, quand les apparences n'étaient pas encore habituées les unes aux autres, ni à nous. Dans la solitude cristalline des jumelles, tout devient plus net, plus grand, mais surtout plus originel, plus sacré»[138].

Musil, il est vrai, affectionne particulièrement les situations ou les moyens à la faveur desquels, sans qu'aucun bouleversement en profondeur ne se soit produit, les figures du quotidien apparaissent tout à coup *autres*, comme privés de ce qui leur donne communément une contenance. Dans *L'homme sans qualités*, Rachel et Soliman observent leurs maîtres à travers les trous de serrure; ici, dans *Lunettes d'approche*, l'observateur décèle les points de rupture, de déséquilibre, qui se cachent dans le détail des gestes, des atours ou des différentes parties du corps des personnages observés.

«Regarder son époque à la loupe, c'est plonger sous l'agitation de la surface; et flotter ainsi parmi les choses de la vie comme le nageur qui garde les yeux ouverts sous l'eau, ne manque pas d'agrément»[139].

Ce que perçoit celui qui regarde ainsi son époque *à la loupe*, ce n'est rien d'autre, certes, que l'insigne présence de la convention dans les attitudes les plus naturelles en apparence. Mais la transfiguration que la vision du détail occasionne fait également apparaître, non seulement tout ce que nous lui devons, mais aussi combien les choses contiennent toujours en elles-mêmes des éléments d'altérité. Et en ce sens, c'est bien l'*inconnu* qui fait soudain irruption dans le *connu*. Qu'une telle irruption soit largement thématisée par Musil dans son œuvre, c'est ce dont la lecture des ouvrages précédemment analysés nous a déjà partiellement convaincus. Dans les *Œuvres pré-posthumes*, toutefois, Musil en multiplie les occurrences, et cela dès les «Images» qui ouvrent le recueil, jusqu'à la nouvelle «Le Merle» où le simple chant d'un oiseau suffit à bouleverser une vie.

Dans les divers textes qui appartiennent aux trois premières sections, l'auteur paraît en effet s'attacher à décrire un ensemble de situations ou de faits dont l'un des caractères communs réside principalement en ceci que la vie donne l'impression de s'y *trahir*, sans que toutefois le charme, la sérénité, en soient réellement rompus. Lorsque, au «Pays des lièvres», se produit la «catastrophe» que l'on sait, peu après que la violence a déchiré le voile de bonté originelle dont l'île est comme revêtue, alors qu'une tension soudaine a vu le jour qui plonge les esprits dans la stupeur, une voie de salut se dessine sitôt que l'initiative est prise de faire disparaître le cadavre du petit lièvre dans les cuisines de l'hôtel. C'est alors, comme l'écrit Musil, que «le solide plancher de l'Europe» vient éclipser l'insupportable sentiment d'un abîme. Il n'en va pas très différemment dans le récit d'un «Enterrement dans un village slovène», lorsque le narrateur, à la seule vue d'une main qui, «à l'insu de son possesseur», se met à jouer avec la gueule d'un chien, retrouve ses esprits et se débarrasse ainsi de l'anxiété qui l'avait étreint un moment[140]. Des récits comme celui-ci, centrés sur le détail des événements, sur l'instant plutôt que sur la configuration d'ensemble de ce qui se produit, présentent ceci de particulier que les plus élémentaires certitudes semblent en proie à une fragilité qui laisse supposer le pire, un peu comme si l'imminence de catastrophes toujours possibles ne pouvait précisément se voir que dans le détail, l'isolement, des faits et des événements. Mais l'observation de la surface de ce qui s'offre au regard réserve également d'autres surprises, d'autres sources d'étonnement, au rang desquelles il y a lieu de compter les analogies que l'on y découvre.

Ainsi, entre l'homme et l'animal, les récits qui composent « Images » permettent-ils d'entrevoir plus d'une ressemblance dont Musil paraît s'amuser. Du reste, comme le suggérait déjà Nietzsche à qui Musil n'est pas sans penser ici dans plus d'un texte, chaque homme ne possède-t-il pas son animal? Contre toute attente, rien n'exclut qu'un cheval puisse rire, sinon quelques-unes de nos doctes assurances, lesquelles trouvent une singulière contrepartie dans la possibilité, pour un garçon d'écurie, de « hennir de rire »[141]. Les habitants simiesques de « L'Ile aux singes » font apparaître par plus d'un aspect dans leur comportement une tendance à mimer les attitudes convenues de certaines couches sociales, voire, pour une partie d'entre eux, les comportements de masse qui se rencontrent dans d'autres. Mimétisme troublant, toutefois, puisqu'il tend aussi bien un miroir aux conventions ou aux attitudes qu'il paraît réfléchir. Il n'en va pas différemment, d'ailleurs, de ces mouches à l'agonie, prises dans la glu du « Tanglefoot », plus par convention que par gourmandise (« Il y en a tant d'autres », précise le narrateur)[142]. Tantôt animales, tantôt humaines, en particulier lorsqu'elles renoncent à tout sursaut d'énergie, on peut lire dans leurs multiples postures successives, comme en raccourci, tout ce que la condition humaine peut contenir de tragique et de dérisoire. Ainsi, tout se passe comme s'il n'était guère d'état ou de situation qui n'offre en lui-même une prise à l'altérité, au retournement ironique de l'apparence sous laquelle il se donne, et que l'écrivain, dans ces pages, s'attache à prendre en défaut. Faut-il y voir une expression de cynisme? Sans doute faudrait-il pour cela ignorer la complicité dont l'esprit qui s'y exerce est étroitement solidaire.

« Exercices de style », suite où Musil donne le sentiment de moduler sous l'anecdote, l'instantané, le paradoxe ou la fable, quelques pensées de second rang, les *Œuvres pré-posthumes* n'en contiennent pas moins les éléments d'une réflexion dont les interrogations et les thèmes s'apparentent à une critique du quotidien et du temps qui les a vu naître. Dans l'*Avant-propos* rédigé en 1936, Musil observe, à propos de deux textes: le *Papier tue-mouches* et l'*Ile aux singes*, que l'on pourrait être tenté d'y voir « d'imaginaires paraboles de situations ultérieures ». « En réalité, écrit-il, ce furent plutôt des lectures de l'avenir dans un papier tue-mouches et une collectivité simiesque »[143]. En mettant ces deux textes en exergue, Musil tend à suggérer un certain type de lecture qui, exception faite pour les autres, privilégierait une mise en perspective dont les événements politiques et sociaux de l'avant-guerre donneraient la clé. Bien entendu, rien n'interdit une telle lecture, mais quelle qu'ait été l'opinion de Musil à ce sujet, il n'en reste pas moins que la quasi-totalité des écrits réunis dans le recueil dépasse et de loin les prestiges pouvant être reconnus à de simples écrits de circonstance, que l'on y retrouve l'attrait d'un passé révolu ou l'avant-goût d'un avenir qui n'était pas encore.

Il suffit, pour s'en convaincre, de se tourner vers les *Considérations désobligeantes* et vers les *Histoires qui n'en sont pas*, pages dont Musil précise pourtant qu'elles sont « nettement datées » et que « leurs flèches visent quelquefois des cibles qui n'existent plus »[144]. Nous avons déjà insisté, certes, sur tout ce que le vêtement possède d'emblématique au regard des rapports qui existent entre tout homme et les circonstances qu'il rencontre dans le milieu, l'époque dont il fait partie. Faut-il le rappeler ? le *Théorème de l'amorphisme humain* y trouve sa principale illustration. Or, si les hommes, de tout temps, se sont vêtus, et si l'on peut voir dans ce simple fait une *image* privilégiée des conditions sous lesquelles la substance humaine acquiert une forme, on peut toutefois se demander ce qu'il advient de l'homme et de la culture lorsque les conditions changent, ou plus précisément lorsque les idées, par exemple, se succèdent au rythme des saisons, de la même manière que la mode masculine ou féminine.

Tout d'abord, si, comme le pense le *Géant Agao*, l'habit fait effectivement le moine, alors un autobus peut aussi bien faire l'affaire, de sorte qu'il ne devrait être, en principe, nullement besoin d'avoir le physique d'un athlète pour séduire les dames que fascine l'idéal sportif[145]. Mais, outre le fait que certaines enveloppes, quoique impressionnantes, peuvent se révéler bien peu adaptées aux aspirations de quiconque ne veut plus voyager seul, les choses se compliquent encore lorsque ce n'est point le physique qui fait défaut, mais le caractère. L'histoire : *Un homme sans caractère*, bien qu'elle ne manque pas non plus d'ironie, laisse entrevoir de manière plus précise que la précédente les particularités d'une époque qui, tout en faisant de l'individu son idéal, n'est plus en mesure de lui offrir que des vêtements de confection. Ce n'est certes pas par hasard que le récit considéré commence par une observation qui transpose l'une des pages les plus connues du *Gai savoir* de Nietzsche où s'annonce la mort de Dieu.

« Sans doute faut-il aujourd'hui chercher les caractères à la lanterne; encore se moquerait-on de vous, fort probablement, si l'on vous voyait en plein jour avec une lanterne allumée »[146].

A la mort de Dieu correspond ici celle des caractères et, d'une certaine manière, sinon de l'Homme du moins du Moi, comme le suggère la lecture de *L'homme sans qualités*. Mais à la parabole nietzschéenne, Musil substitue une histoire, celle d'une homme accusé depuis son plus jeune âge de manquer de caractère. Défaut symptomatique, à coup sûr, puisque, comme nous en prévient l'auteur, tout porte à croire que le personnage qui en était affecté fut en son temps «une sorte de pionnier, ou de précurseur»[147]. Comme on le conçoit aisément, la fable d'un tel homme permet à Musil, non sans malice, de peindre en filigrane les contradictions d'une époque qui, pour affronter les questions qui se posent à elle, ne trouve d'autre solution que celle que lui offrent ses déguisements. Comme nous l'avons vu à la lecture des *Essais*, ce n'est pas l'une des moindres curiosités d'une époque comme celle qui a inventé les «chars d'assaut, les lance-flammes et les gaz de combat» que de vouloir résoudre ses propres problèmes en faisant appel à des recettes dont même un faiseur d'opérettes serait enclin à douter. Mais quant au caractère ou à ce que présentent de dérisoire les moyens qui permettent de s'en forger un, sans doute convient-il encore d'observer que la faillite relative d'une telle notion, comme des sentiments qui s'y rattachent, n'est pas sans rapport avec l'universalisation des modèles standards dans tous les domaines, ainsi qu'une fâcheuse tendance à confondre le mouvement avec le retour circulaire du même.

2. Les caprices du temps

Le propre de ces modèles dont la règle est en effet celle du prêt-à-porter c'est de convenir à quiconque et à n'importe quelle situation, à condition toutefois de tenir pour nul ce qui échappe à la norme. Or, sitôt qu'on les considère sous cet angle, les particularités de chacun deviennent rigoureusement interchangeables, de sorte que s'il est encore permis de les associer à telle ou telle catégorie d'emprunt, le lien qui les unit à un moi devient en revanche parfaitement inessentiel. C'est pourquoi, bien sûr, le caractère, s'il doit en dépendre, peut aussi bien être perçu comme une absence de caractère; c'est également pourquoi la monotonie qui en résulte peut espérer trouver une issue dans l'alternance, à intervalles réguliers, des modèles qui sont ainsi mis à la disposition de chacun, c'est-à-dire aussi bien de tout le monde.

Cette forme particulière d'impérialisme du «On» ne recouvre pas seulement, comme nous le verrons, ce que l'on est convenu d'appeler un «phénomène de société». Il est toutefois permis de remarquer, pour l'instant, que le problème qu'il pose se situe à un double niveau.

En premier lieu, dans la mesure où le général tend ainsi à se développer, le vaste continent des expériences singulières paraît corrélativement condamné à se transformer en désert, soit qu'on l'ignore, soit encore qu'il se confonde avec le lieu de l'indicible et des vaticinations les plus invraisemblables. A cela, on peut associer la double attitude de démission et/ou de délire dont l'éthique, selon Musil, devient l'objet.

En second lieu, comme l'effacement du singulier se prolonge dans une tendance à privilégier le « réel » qui seule paraît bénéficier du concours de l'intelligence, l'absence de caractère devient un véritable problème historique dès lors que l'on se place du point de vue des moyens dont l'homme dispose pour agir effectivement sur son histoire. Telle est, comme cela apparaîtra mieux par la suite, la solidarité qui, dans l'œuvre de Musil, unit l'ensemble des questions qui appartiennent à la sphère de l'éthique et celles qui se posent sur le terrain de l'histoire. Comme la mère de l'*Homme sans caractère* le répète inlassablement à son fils :

« Petit, gémissait-elle, tu n'as pas trace de caractère. Que pourras-tu bien devenir ? »[148].

De même une époque sans caractères ne peut guère espérer avoir du caractère. Dans le récit de Musil, du reste, les différentes tentatives du personnage recoupent quelques-uns des aspects les plus importants d'un phénomène culturel. « En Allemagne, disait Hölderlin, il n'y a plus que des professions »[149]. Il n'est donc pas étonnant que l'Homme sans caractère tente de tirer avantage de cet état de choses. Auparavant, cependant, il ne manque pas de se tourner vers les ressources que la littérature et le théâtre mettent à sa disposition. Appliquant à sa manière la maxime d'Ulrich dans *L'homme sans qualités*, il tente alors de vivre comme les personnages des livres qui nourrissent ses passions juvéniles. Mais la littérature n'est pas la vie. Ou du moins, si elle est dans une certaine mesure à son image, c'est en cela qu'elle ne peut elle-même lui offrir qu'une panoplie de modèles dont l'efficacité ne dépasse guère celle des clichés éculés dont elle se nourrit. Il va sans dire que les remarques de l'auteur ne sont pas sans recouvrir une sourde contestation des effets que les faiblesses de l'esprit peuvent avoir sur la littérature comme sur tout le reste. Car c'est bien de littérature qu'il s'agit dans plus d'une page des *Considérations désobligeantes*. Une époque qui privilégie exclusivement le solide et qui, dans son agitation désordonnée, ne trouve rien de mieux à faire que d'habiller de neuf ses propres faiblesses n'épargne pas la littérature.

Le personnage décrit par Musil revêt d'abord « tout ce que la scène allemande compte de 'caractères' ». Mais,

« Encore était-ce inoffensif et sans détours à côté de l'effet des romans. Ceux-ci fournissent un véritable inventaire des plus merveilleuses façons de se comporter dans les situations les plus diverses. L'ennui, c'est que les situations dans lesquelles la vie nous met ne coïncident jamais absolument avec celles pour lesquelles les romans ont prévu ce qu'il faudrait dire et faire. La littérature universelle est un gigantesque magasin de confection où des millions d'âmes vont s'habiller de magnanimité, de colère, de fierté, d'amour, de mépris, de jalousie, de noblesse ou de vulgarité. Quand une femme adorée foule nos sentiments aux pieds, nous savons que nous devons lui adresser un regard de fervent reproche; quand une brute maltraite un orphelin, nous savons qu'il nous faut l'abattre d'un coup de poing. Mais que faire si la femme adorée, immédiatement après avoir piétiné nos sentiments, ferme la porte de la chambre, et que notre fervent regard ne puisse plus l'atteindre? Ou si, entre nous et le bourreau d'orphelins se dresse une table chargée de verrerie de prix? Enfoncerons-nous la porte pour frayer un passage à notre tendre regard? Débarrasserons-nous précautionneusement les verres avant de frapper avec indignation? Dans ces occasions vraiment graves, la littérature vous laisse toujours en plan; dans quelques centaines d'années, le nombre des descriptions ayant beaucoup augmenté, peut-être cela ira-t-il un peu mieux»[150].

Aux tentatives malheureuses de l'Homme sans caractère correspondent les balbutiements de l'histoire. Ce qui fait défaut à l'un, fait également défaut à l'autre. Sous la rondeur, la «bonne couche de graisse» du premier, tel que le décrit Musil, on croit percevoir l'écho des suggestions de Nietzsche dans la *Seconde inactuelle*: l'étiolement, l'absence de volonté que produisent selon l'auteur de *Zarathoustra* l'hypertrophie de sens historique[151]. Mais quelles que soient les formes dans lesquelles s'enveloppe un homme ou une époque, ou encore l'absence de forme qui peut résulter de l'impossibilité de s'en tenir à aucune, les changements auxquels on est tenté de croire sont beaucoup moins importants qu'on ne le pense le plus souvent. Dans les *Œuvres pré-posthumes*, à plus d'une reprise, Musil raille ce sentiment illusoire d'un monde en mouvement où le «nouveau», à l'image de ces annonces qui paraissent vanter la seule qualité digne d'attention de tout produit, prend le visage du quotidien. Plus précisément, peut-être, il laisse deviner au lecteur l'étroite solidarité qui existe entre l'étrange sentiment de stagnation historique qu'il dépeint parfois et le rythme étonnant auquel se succèdent les idées du jour. L'exaltation, l'hyperbole y prennent valeur de règle. Mais, outre le fait que le progrès, à ce point, ressemble à un cauchemar («On apprécierait volontiers le progrès à condition qu'il eut une fin», peut-on lire dans *Jubilé artistique*), quiconque se montre un peu attentif ne tarde pas à s'apercevoir que tout cela tourne parfaitement en rond: comme pour la mode vestimentaire, le goût du jour ne roule jamais que sur un nombre fini de possibilités qui s'échangent alternativement et donnent mystérieusement, à chaque fois, le sentiment d'une audace inédite.

Peut-être cela est-il dû à une faculté d'oubli dont Musil, à la suite de Nietzsche suggère toute l'importance lorsqu'il écrit:
«Nous rappeler tout ce que nous avons tenu un jour pour essentiel nous serait proprement insupportable; et la plupart des hommes, revoyant vieillards, par la magie de quelque film sonore, leurs grands gestes et leurs grands éclats de jadis, se jugeraient de bien médiocres acteurs... L'oubli est une faculté aussi riche que féconde qui fait de

nous d'abord, et refait sans cesse ensuite, cette personne innocente, plaisante, conséquente pour l'amour de laquelle nous sommes prêts à justifier n'importe quoi »[152].

Au reste, comme l'observe également Musil, sait-on seulement ce qu'est au juste le « changement » ? Les sentiments que nous inspire le passé sont au demeurant des plus étranges. On peut en juger à partir des tentatives qui paraissent destinées à immortaliser le présent; ou encore à partir de celles qui visent à célébrer la mémoire des grands moments ou des grandes œuvres de l'histoire. Les sentiments que suscitent en nous, sous ce rapport, les monuments, les photographies, les jubilés de toute sorte sont de nature à rendre étonnamment perplexe.

Comme par une ruse de l'histoire, les monuments que les hommes édifient « manquent... immanquablement » leur but: personne ne les regarde, à tel point d'ailleurs que l'on pourrait même se demander si ceux qui sont destinés au culte des grands hommes ne témoignent pas d'une « perfidie calculée »[153]. Mais pour quiconque se montre un peu plus attentif qu'à l'ordinaire, les statues de toutes sortes qui ornent, par exemple, les places et les parcs des villes nous en disent malicieusement plus long qu'il ne semble sur les rapports pourtant fort élémentaires qui existent entre la signification que prend à nos yeux telle ou telle chose et les circonstances qui l'entourent. Musil insiste souvent sur le fait que les pensées, les sentiments, ne demeurent « vivants » que dans la mesure où les circonstances qui les ont vu naître conservent également le bénéfice de la vie: sinon elles meurent. Il n'en va pas différemment de ce que les hommes gravent dans la pierre, ni même — en un certain sens tout au moins — de ce qu'ils confient à l'écriture. Peut-être parce que les statues, en dépit de l'érosion du temps, ne vieillissent pas (elles ignorent l'oubli). Dans *L'homme sans qualités*, Agathe, contemplant le portrait de son premier mari qu'elle garde sur elle, s'aperçoit tout à coup qu'il lui est impossible de l'aimer: comment une femme de son âge pourrait-elle rester amoureuse d'un garçon de vingt ans ? Il en va sensiblement de même pour tout ce qui traverse le temps sans apparemment prendre une ride, et tout particulièrement pour tout ce qui est destiné à la conservation. Les monuments érigés à la gloire de quiconque deviennent franchement risibles sitôt qu'on les regarde autrement qu'en ne les voyant pas:

« Si les hommes n'avaient pas l'âme aveugle aux monuments, s'ils pouvaient voir ce qui se passe un peu au-dessus d'eux, ils frémiraient, comme entre les murs d'un asile d'aliénés. A plus forte raison quand les sculpteurs figurent un prince ou un général. Le drapeau flotte dans leur main, et il n'y a pas un souffle de vent. L'épée est tirée, et personne ne la fuit. Le bras est tendu, impératif, en avant, mais pas un homme ne songe à obéir. Même le cheval qui s'est cabré pour bondir les narines frémissantes, reste sur ses sabots de derrière, pétrifié de constater que les gens, sous lui, au lieu de s'écarter, enfournent tranquillement un sandwich ou achètent le journal. Bien que les personnages des monuments ne marchent jamais, ils ne cessent de faire des faux pas »[154].

Parfois, comme le suggère Musil dans *Jubilé artistique*, l'impression que l'on retire de certaines retrouvailles frise le sentiment de l'horreur :

«Retrouver une œuvre littéraire, c'est retrouver une maîtresse conservée vingt ans durant dans l'alcool : pas un poil de changé, pas une écaille de son rose épiderme! A en frémir!»[155].

Sans doute peut-on imaginer d'autres sentiments, mais le propre de ce genre d'expériences dont on pourrait dire qu'elles sont inséparables, elles aussi, d'une forme particulière d'isolement, c'est qu'elles placent celui qui s'y livre en présence de la seule apparence, de la seule *convention*. C'est ce que découvre Ulrich, dans *L'homme sans qualités*, au moment où il feuillette les albums de photographies que sa cousine Diotime lui a prêtés. Fixés, immortalisés sur la pellicule dans des poses semblables à celles des statues précédemment évoquées, les personnages que découvre Ulrich paraissent avoir confié aux prestiges d'un art proche de leurs aspirations tout ce que celles-ci présentaient de ferveur, d'audace et de naïveté[156].

«Comme une vague va mourir dans le sable, cette noblesse d'âme avait abouti dans les vêtements et dans une certaine ferveur privée, ferveur pour laquelle il doit bien exister un meilleur mot, mais dont nous n'avons provisoirement que ces photographies.»

L'impression sur la pellicule, la fixation de l'élan, une fois passé le temps de pose, ne sont pas sans analogie avec ce que réalise le papier tue-mouches. Il existe comme une tendance de la vie à se précipiter dans les quelques «douzaines de moules à cake» qui lui sont offerts et les oscillations qu'elle produit finissent toujours par se ramener à des valeurs moyennes dont la fonction est en définitive assez comparable à ces moyens chimiques qui, dans le cas de la photographie, permettent de fixer l'image sur le film, et dans le cas du «Tangle foot», d'entraver le mouvement des malheureux insectes. A une différence près, toutefois, c'est qu'une époque qui, en toute chose, entend faire la démonstration de son originalité éprouve forcément une prédilection pour tout ce qui se révèle susceptible de marquer sa présence à ses propres yeux comme à ceux des générations futures. Il est à cet égard probable que la photographie soit irremplaçable : en fixant l'instant (c'est du moins la vertu qui lui est généralement accordée), elle porte témoignage, un peu comme s'il s'agissait de dire «j'y étais». C'est pourquoi toute photographie, quel qu'en soit le motif, a valeur de signe pour les individus comme pour les générations. Ce n'est point tant l'objet qu'elle fixe, que le moment dans le temps. Cela explique aussi le succès de la «chromo» et des cartes postales évoqué par Musil dans : «Qui t'as donc belle forêt?...» et «L'endroit est magnifique »[157].

Que les moyens choisis se révèlent en réalité peu adaptés à leur fin, cela importe assez peu. Ce qui compte réside davantage dans les satisfactions que procurent le bénéfice de l'évidence et le sentiment «d'élection personnelle» qui s'attachent, tant sur le plan individuel que collectif, à une certaine façon de vivre son insertion dans le temps. Tout cela contribue d'ailleurs au prestige de la convention, puisqu'il n'est pas jusqu'aux forêts qui ne se prêtent aux exigences correspondantes :

«Les rusés forestiers se contentent de veiller à maintenir un rien d'irrégularité, un arbre sortant un peu du rang pour accrocher le regard, une coupe de guingois ou un tronc abattu qu'on laisse là tout l'été. Car ils ont un sentiment très juste de la nature et savent qu'à en faire plus, ils ne seraient pas crus. Les forêts sauvages ont quelque chose d'extrêmement peu naturel, de dégénéré. Chez elles, la non-nature, devenue la seconde nature de la Nature, retombe à la nature. Une forêt allemande ne se le permettrait pas. Une forêt allemande est consciente de son devoir, qui est de se prêter à être ainsi célébrée»[158].

Dans le chapitre mentionné de *L'homme sans qualités*, Ulrich s'interroge en pensant à la façon dont les hommes vivent ce qu'ils nomment parfois «les temps nouveaux». Que ce genre de représentation s'accompagne communément d'une conviction inébranlable dans le progrès n'empêche guère les différentes époques de s'égaler, au moins sur ce plan-là : celui du genre de certitude dont elles nourrissent le crédit moral qu'elles s'accordent.

Comme l'observe Ulrich en songeant aux mérites comparés de deux époques, l'une où «un photographe pouvait se croire génial», et l'autre où «le génie n'est plus sincèrement reconnu qu'aux chevaux de course» :

«Ces deux époques paraissent très différentes; le présent considère le passé de haut, et si le passé était venu par hasard après le présent, il l'aurait aussi regardé de haut; mais pour l'essentiel, elles se ressemblent beaucoup : ici comme là, l'imprécision et l'omission des différences décisives jouent le plus grand rôle. Une partie d'un grand ensemble est prise pour le tout, une vague analogie pour l'accomplissement de la vérité, et les modes passagères bourrent à leur guise les mannequins vidés des grands mots. L'effet, même s'il ne dure pas, est grandiose»[159].

En vérité, comme le suggère également Musil, il est une façon de vivre le présent qui prive par avance celui qui s'y complait de ce dont il pensait jouir. A vivre «historiquement» le présent et à ne croire qu'aux vertus de la nouveauté et du progrès, il n'est rien qui puisse longtemps se prévaloir des mérites qui lui ont été accordés dans l'enthousiasme. Ce n'est sans doute pas pour d'autres raisons que le rapport au passé prend un tour paradoxal et que l'écrivain éprouve autant de difficultés à trouver une quelconque place dans le présent. Musil évoque cette situation dans les *Considérations désobligeantes* en remarquant que le phénomène de la mode, dans ce qu'il comporte d'envahissant, présente ceci de particulièrement déplaisant «que nous nous déplaisons à nous-mêmes dès que nous nous voyons avec un certain recul».

«Ce segment scabreux commence quelques années avant l'instant présent et finit aux environs de nos grands-parents, c'est-à-dire en même temps que nos intérêts. Au-delà de ce point, les choses ne sont plus vieillies, mais vraiment vieilles, elles sont le passé, et non plus ce qui est passé... de mode. Mais ce que nous avons fait, ce que nous avons été nous-mêmes s'inscrit presque entièrement dans ce segment déplaisant»[160].

Bien entendu, les enthousiasmes que tout cela suppose, la multiplication et la concurrence des sectes de toutes sortes que le mouvement occasionne s'expriment dans la pire des confusions. Le pessimisme culturel, par exemple, se convertit aisément en une forme d'optimisme que l'usage généralisé des superlatifs favorise aisément. Lorsqu'il n'y a plus que des génies, on peut évidemment s'attendre à ce qu'une fraction de l'opinion déplore pour sa part qu'il n'y ait plus de génies[161]. Mais quant à la question de savoir, beaucoup plus simplement «ce qu'est un écrivain», personne n'est en mesure de le dire.

3. Pensées vivantes

Musil insiste à dessein sur les paradoxes d'une époque assez peu favorable à ses yeux à la littérature dans deux textes, en particulier, des *Œuvres pré-posthumes: Magie noire* et *Un problème culturel*. Mais la question du statut de l'écrivain est en vérité au centre des *Considérations désobligeantes*. Non pas que Musil s'y interroge à proprement parler sur le rôle de l'écrivain dans la cité ou sur le genre de tâche qu'il lui revient de s'assigner, mais plutôt sur l'étrange condition qui lui est faite. Curieusement, en effet, l'adhésion au présent, au sens de ce qui est strictement contemporain, cette façon éminemment «moderne» de célébrer les «temps nouveaux» qui s'exprime dans des enthousiasmes sans bornes pour tout ce qui bénéficie de ce label, tout cela place l'écrivain dans une situation qui n'est pas loin de le priver d'existence. Comme l'observe Musil dans *Le picturateur*, à défaut d'égaler le «littérateur», l'écrivain passe pour quelqu'un qui ne peut pas écrire. La rivalité du littérateur, parfaitement au goût, lui, de ses contemporains, lui est fatale.

«Aux yeux de leurs contemporains, les peintres et les écrivains commencent toujours par être seulement 'ceux qui ne peuvent pas faire' ce que font aisément les littérateurs et les picturateurs. C'est pourquoi tant de littérateurs arrivent à se prendre pour des écrivains, tant de picturateurs pour des peintres. La différence n'apparaît d'ordinaire que lorsqu'il est trop tard. Déjà est survenue, en effet, une nouvelle génération de

'rateurs' qui savent déjà faire ce que le peintre et l'écrivain viennent à peine d'apprendre.
Sans doute cela explique-t-il pourquoi le peintre et l'écrivain semblent toujours appartenir au passé ou à l'avenir; ou bien on les attend, ou bien on pleure leur disparition. Mais quand quelqu'un passe une fois pour en être un en chair et en os, rien ne dit que ce soit nécessairement le bon»[162].

Comme on peut aisément le supposer, un passage comme celui-ci n'est évidemment pas étranger à la situation que Musil a connue dans la majeure partie de son existence, tout particulièrement au moment où il publie les *Œuvres pré-posthumes*[163]. L'écrivain, plus que quiconque, a tout à redouter des ruses du temps: cela est bien connu. Il s'agit là d'un fait sur lequel Musil revient souvent, non sans amertume, parfois, même si cela le conduit aussi à des pages dont l'humour n'est pas à démontrer. Devoir «attendre d'être mort» pour enfin «pouvoir vivre», un tel paradoxe donne la mesure des contradictions dont une époque peut se révéler capable.

Musil, cela est clair, ne cesse d'en multiplier les exemples. Mais même dans les *Œuvres pré-posthumes* où, pourtant, la satire paraît souvent l'emporter sur le genre de réflexions dispersées dans les *Essais* ou dans *L'homme sans qualités*, le regard de l'écrivain n'en trace pas moins un ensemble de perspectives dont la source n'est pas différente.

L'ironie, en un sens, remplit une fonction révélatrice. Une époque où il n'est pratiquement rien qui ne puisse se convertir en son contraire témoigne à l'évidence d'un manque fondamental de sérieux. Il n'est, en quelque sorte que de la laisser parler pour la laisser dire son insuffisance. Il se peut que tout cela, quoique vécu dans une apparente insouciance, parfois dans une relative bonhommie, traduise en fait un malaise profond; il se peut également que les possibilités qui y sommeillent soient plus importantes qu'il ne paraît. On sait quelles étaient les convictions de Musil à cet égard. Mais si les individus et les groupes, les multiples sectes qui se développent dans ce terrain, s'attribuent volontiers le monopole de leurs discours concurrents, ce n'est peut-être que dans la mesure où le pressentiment existe en eux de quelque chose qui leur échappe fondamentalement. Après tout,

«personne au monde ne peut libérer ses pensées de la façon dont son époque porte l'habit du langage. De ce fait, personne ne peut savoir dans quelle proportion il pense vraiment ce qu'il écrit; et l'homme, en écrivant, retourne beaucoup moins les mots que ceux-ci ne le retournent»[164].

Comme le suggèrent également les réflexions d'Ulrich dans ce chapitre où, un rien désabusé, il vient de laisser flâner son regard sur les photographies d'une génération fanée:

«Les hommes qui discouraient dans les salons de Diotime n'avaient jamais tout à fait tort en rien, parce que leurs concepts étaient aussi indistincts que des silhouettes dans une buanderie. 'Ces concepts auxquels la vie est suspendue comme l'aigle dans ses ailes!... songeait Ulrich. Ces innombrables concepts esthétiques et moraux qui, de nature, sont aussi délicats que de massives montagnes dans la confusion des lointains!'. A force de les tourner et de les retourner sur leurs langues, les invités de Diotime les multipliaient, et ils n'exprimaient pas une seule idée dont on pût parler un instant sans glisser déjà par mégarde sur la voisine» [165].

Plus d'une page des *Considérations désobligeantes* pourrait aisément prendre place dans le grand roman. Dans les *Œuvres pré-posthumes*, toutefois, pour peu que l'on en considère le tout, le renversement ironique d'un monde où l'inflation verbale, l'imprécision et l'impétueux souci de se «délivrer du présent» sont de règle, se prolonge, comme en contrepoint, dans une mise à nu des bruissements imperceptibles d'une sensibilité en éveil. Là où règnent l'agitation et la confusion, tout se passe comme si les hommes, sans véritablement s'en rendre compte, tentaient de se donner l'illusion du mouvement en s'abandonnant au vertige d'un jeu dont les règles exigeraient des adversaires qu'ils parvinssent à recomposer sans fin les pièces d'un même puzzle pour en tirer du nouveau. En marge, cependant, dans une dimension excentrée, d'autres expériences se laissent apercevoir: dans la répétition, par exemple, dans l'attente silencieuse qui offre comme un prélude à l'amour, ou bien, plus profondément encore, dans l'évidence soudaine d'un appel qui, se glissant dans l'intervalle de l'instant ou d'un moment de transition, secoue durablement l'être tout entier.

Dans la sérénité et la précision de leurs gestes pourtant cruels, les *Pêcheurs au bord de la Baltique* accomplissent un travail dont la double polarité silencieuse figure mystérieusement l'image d'un éternel présent [166]. La roue que forment les moutons, lorsque l'homme les oublie, donne naissance à un cercle où, entre les fronts entremêlés, ne paraît plus circuler que le «tic-tac de l'infini» [167]. Et les sculptures qui ornent les sarcophages de pierre dans la campagne romaine croisent de leur regard celui du promeneur comme si le couple qui s'y trouve couché «venait de s'éveiller d'un somme long de deux mille ans» [168].

Il est des moments où les choses comme les êtres paraissent se détacher de l'état qui les emprisonnait pour s'éveiller à une nouvelle vie. Dans ces moments de transition que masquent ordinairement les configurations générales qui fixent habituellement l'attention, les certitudes du quotidien se recouvrent d'un voile, tandis que le sentiment semble s'ouvrir à d'autres certitudes. Mais il faut, pour cela être «expulsé du sommeil», par exemple, comme dans *Réveil*, avoir été «détaché comme un feuillet d'un livre» [169].

A ce texte répond, dans les *Œuvres pré-posthumes*, la nouvelle qui clôt le recueil. Dans *Le Merle*, en effet, comme dans *Réveil*, l'épisode du rossignol survient à un moment où le décor quotidien, estompé par la nuit, paraît s'être effacé, sans que le jour n'en impose encore l'évidence. Le récit qu'en fait A-deux, le protagoniste principal de l'histoire, contient les marques d'une «suspension», d'un flottement, qui situe l'événement relaté dans un espace intermédiaire, entre la veille et le sommeil. On y retrouve quelques-unes des images qui, chez Musil, indiquent généralement une incertitude, un bouleversement des perspectives, mais également l'imminence d'un signal, d'un appel[170].

«A partir d'une heure, la rue commence à être plus calme; les conversations se font rares; j'aime suivre d'une oreille les progrès de la nuit»[171].

Comme dans *Réveil*, le narrateur abandonne son oreille aux bruits isolés que paraît circonscrire la pénombre, un peu comme les lunettes d'approche lorsque celles-ci permettent à l'œil d'approcher un détail en l'isolant de ce qui l'entoure. Mais cette attention à des détails que l'agitation du jour, la globalité, ne permettent pas de percevoir, constitue comme le prélude à un état qui suppose une sorte d'hésitation, un état d'indétermination dont la figure, chez Musil, est toujours celle de l'*oxymore*: ni la veille ni le sommeil.

«Bientôt je ne sus plus si je veillais ou dormais. Entre les rideaux et les fentes des persiennes, une ombre verte enfla, l'écume du matin laissa glisser ses minces dorsales blanches. Il est possible que ç'ait été ma dernière impression de veille, ou déjà une paisible vision de rêve»[172].

L'expérience qui s'ensuit, celle du son que le narrateur entend, est tout à fait à la mesure de ce qui marque, ailleurs, le sentiment soudain d'une «pensée vivante»[173]. L'idée d'un éveil, en particulier, qui secoue l'être tout entier: «J'étais ensorcelé: couché dans mon lit comme un personnage sur la dalle de son tombeau et réveillé, mais autrement qu'on l'est de jour»[174]. La modification des rapports ordinaires, ainsi que cette image de la *concavité* qui signifie en même temps une nouvelle modalité d'être pour le moi et une ouverture corrélative aux êtres et aux choses qui se tiennent ordinairement dans les limites de l'extériorité.

«On aurait dit que quelque chose m'avait retourné; je n'étais plus en relief, mais en creux. La chambre même n'était plus un volume vide, mais une matière qui n'existe pas dans les matières du jour, une matière noire à la vue et au toucher, et dont j'étais fait moi aussi. Le temps battait à petits coups rapides, comme le pouls d'un fiévreux. Pourquoi ne serait-il pas arrivé alors ce qui n'arrive jamais autrement? C'est un rossignol qui chante là, me dis-je à mi-voix»[175].

Comme le suggère un autre passage, l'essentiel, dans toute chose, réside peut-être dans le *lieu* et le *moment*. Il n'est évidemment pas sans signification que le narrateur, en décrivant son lieu de résidence d'alors, insiste comme il le fait sur les particularités de ces immeubles berlinois où la vie, dans ses gestes les plus élémentaires, paraît s'empiler uniformément, prise dans les formes d'une géométrie identique, «comme les petits pains dans les distributeurs automatiques»[176]. Le chant du rossignol, à un moment où ces formes se sont provisoirement endormies, paraît en appeler à une autre vie, et c'est aussi pourquoi, «dans ces moments-là, on est tout naturellement prêt à croire au surnaturel»[177].

D'une certaine manière, le chant de l'oiseau transgresse le donné. Mais si cet oiseau est d'abord perçu comme un rossignol, pour ensuite apparaître sous les traits d'un merle, et si ce merle finit par dire au narrateur, à la fin du récit : «je suis ta mère», il n'y a pas lieu d'y voir seulement un aspect de la fantaisie de l'auteur. Les merles, comme on sait, imitent parfois le chant des autres oiseaux, et ce que le narrateur perçoit en entendant le chant de l'oiseau constitue de toute façon un signe qui, comme on l'imagine aisément, figure l'*autre*. Aussi bien, du reste, ce signe s'inscrit dans l'horizon d'une réminiscence. Au début du récit, A-deux suggère à A-un que dans les jours ayant précédé cet événement décisif, ses pensées avaient été occupées par ses parents et par cette phrase : «Ils t'ont donné la vie». Or, si l'expérience qui se fait jour ensuite a valeur de réminiscence, c'est en cela que le narrateur renaît en quelque sorte à lui-même dès l'instant où, comme il le dit, «un signal, lancé je ne sais d'où, m'avait atteint...»[179].

A-deux quitte sa femme qui sommeille encore, et avec elle ce qui constituait jusqu'alors sa vie. Là encore, comme dans la plupart des œuvres ou des textes où Musil évoque les «pensées vivantes», ce qui se produit se traduit dans une rupture radicale, décisive, et apparemment sans raison. Et comme souvent, même si le souvenir en est durable, ne serait-ce que par les conséquences qui en sont issues, ce que cette expériencce comportait de vivant ne se reproduit que dans des délais variables et dans des circonstances qui paraissent n'avoir entre elles rien de commun. Dans *Le Merle*, A-deux évoque deux autres moments, qui donnent lieu à deux autres histoires. L'une évoque le sifflement à peine perceptible, tout d'abord, des «flèches volantes» destinées à tuer. L'autre, le chant du merle, à nouveau, en pleine nuit, alors qu'il est retourné, un peu comme Ulrich dans *L'homme sans qualités*, dans la maison de son enfance, après la mort de ses parents. Dans les deux cas, bien que de manière différente, c'est la proximité de la mort qui sert de contexte à l'expérience du narrateur de l'histoire.

En dans les deux cas, cette même expérience s'accompagne d'une façon de voir, de ressentir, totalement métamorphosée. Entre la vie et la mort, précisément, de singuliers rapports de nouent. Dans la seconde histoire du récit, alors que la note «ténue, chantante, simple» annonce la proximité de la flèche mortelle, A-deux raconte :

«J'étais convaincu que dans la minute qui venait, j'allais sentir la présence de Dieu dans la proximité de mon corps»[179].

Et lorsque le merle revient, dans la dernière histoire, c'est encore à l'orée du jour, mais cette fois, le narrateur saute significativement hors du sommeil.

«Il était quatre heures du matin, le jour m'entrait dans les yeux, le sommeil disparut aussi vite que la trace d'une vague est bue par le sable sec de la rive, et devant la lumière semblable à un tendre drap de laine blanche, un oiseau noir était posé sur la fenêtre ouverte. Il était là aussi vrai que je suis ici »[180].

Entre les trois histoires, des années se sont passées, et A-deux ne prend pas la peine, comme il le précise, de se demander si c'est bien la même chose qui, dans les trois cas, s'est produite. A cet égard, on rencontre à nouveau, dans le récit qu'il en fait, le même point de vue que nous avons vu s'exprimer à propos des photographies : l'idée, au fond, d'une discontinuité que seuls des artifices ou les fictions économiques du moi peuvent nous masquer. Que les livres qu'il feuillette puissent encore conserver les marques de ses doigts d'enfant, cela prend pour lui la valeur d'un mystère insondable. Et les photographies que sa mère, si différente de lui, prenait plaisir à conserver ne s'apparentent à ses yeux qu'à un «système de Caisse d'Epargne du moi» qui lui est absolument incompréhensible. C'est évidemment pourquoi — pour autant qu'il soit permis de lire ici quelque chose qui appartient également à l'auteur et pas seulement au narrateur — la réminiscence, précédemment évoquée, n'a pas pour Musil la signification d'un retour du passé, ni davantage celle d'une sorte de «Mémoire involontaire». Elle constitue simplement la marque du Moi dans l'*instant* de ce qui constitue le contenu de l'expérience au cœur de laquelle il s'inscrit. Le sens en est si l'on veut platonicien, à condition d'entendre par là que l'âme porte en elle la possibilité de la vraie vie (*Das richtige Leben*, ici plus particulièrement). Cela n'implique pas forcément la condition d'une continuité qui, donnée ou retrouvée, serait tenue pour essentielle. Certes, comme on peut le lire à la fin de la nouvelle, à propos du merle, A-deux suggère bien qu'il ne l'a plus quitté depuis lors. Mais il n'est pas non plus indifférent de remarquer qu'il n'est pas supposé connaître pour autant le sens de tout cela. «Si j'en connaissais le sens, dit-il, je n'aurais sans doute pas besoin de raconter l'histoire »[191]. Il n'est probablement pas exagéré de dire que c'est un peu là tout le problème de l'écrivain, pour Musil tout au moins. Ce que la pensée ne peut appréhender par les moyens qui sont ordinairement les siens, la littérature doit, à sa manière, s'en emparer. Mais cela ne va évidemment pas sans paradoxe.

NOTES

[1] Cf., par ex., *Testament II*, in Jx. II, p. 699.
[2] Jx. I, p. 292.
[3] Au cours de son séjour à Brünn, Musil qui fréquente un cercle littéraire fondé par son ami Gustav Donath et d'autres jeunes gens, commence les carnets de «Monsieur le Vivisecteur». De cette époque datent différentes lectures: Nietzsche, Maeterlinck, Emerson, D'Annunzio, Dostoïevski. Peu après, il commence à écrire des *Paraphrases* qu'il tente de faire publier en un volume en 1901. Sur cette période, voir les cahiers 3 et 4 des *Journaux*.
[4] Jx. I, cahiers 3 et 4.
[5] Voir, plus particulièrement, le cahier 24, in Jx. I.
[6] Cf., à nouveau, *Testament II*, in Jx. II.
[7] Jx. I, pp. 283-284.
[8] Sur l'uniforme ministériel, voir, par ex., à propos d'*Anna Karénine*, de Tolstoï, les Jx. I, p. 303: «jamais un personnage n'a tel ou tel aspect; c'est toujours un autre qui remarque qu'il l'a. Principe respecté si rigoureusement que les mains de Karénine sont dites rudes et osseuses quand c'est Anna qui les voit, douces et blanches quand c'est Lydie Ivanovna.»
[9] Jx. II, p. 445.
[10] On peut notamment penser aux travaux de Karl Corino qui a étudié dans cette perspective la plupart des personnages de *Törless* et de *L'homme sans qualités*. Cf., par ex., *Törless ignotus*, in «L'Herne», 1982.
[11] *Ibid.*
[12] Pour n'en donner que deux exemples, songeons en particulier à Nietzsche dans la *Généalogie de la morale* et à Rilke dans les *Cahiers de Malte Laurids Brigge*.
[13] *Törless*, éd. Le livre de poche, trad. de Philippe Jaccottet, pp. 9-10.
[14] M. Frank, *Plurivocité et dis-simultanéité*, in «Revue Internationale de philosophie»: *Herméneutique et néo-structuralisme*, 1984, fasc. 4.
[15] Pierre Janet, *De l'angoisse à l'extase*, F. Alcan, Paris, 1928.
[16] En ce sens, notamment, que le récit, dans son développement et sa structure, épouse davantage les déplacements, les glissements et les phases, l'évolution, d'un désordre intérieur que la ligne d'un enchaînement extérieur de type causal aux contours rigoureusement tracés selon les principes d'une chronologie ou d'une psychologie soucieuses d'oppositions marquées.
[17] «Discours sur Rilke» (1927), *Essais*, p. 270.
[18] Cette importance se marque, comme on sait, dès le début du roman. Elle se poursuit jusqu'au bout avec le privilège accordé aux zones latérales ou marginales qui sont comme l'équivalent topique des processus égologiques autour desquels s'organise le récit: le grenier, l'établissement de bains, etc.

[19] Les cahiers de l'auteur contiennent en effet des notes et des ajouts appartenant à différentes époques. Pour n'en donner qu'un exemple, il ajoute, après-coup, à l'une de ses remarques sur Nietzsche du cahier 3: «Prétention juvénile!» (Jx. I, p. 81).
[20] *Törless*, p. 183.
[21] *Ibid.*, p. 15.
[22] H.S.Q. IV, p. 141.
[23] *Törless*, p. 16.
[24] «L'âme et la ratio sont les deux pôles de notre époque», écrit Musil.
[25] *Törless*, p. 236.
[26] *Ibid.*, p. 140.
[27] «L'Europe désemparée», in *Essais*, p. 141.
[28] *Törless*, p. 32.
[29] *Ibid.*, p. 33.
[30] *Ibid.*, p. 67.
[31] *Ibid.*
[32] «Petite novelette», in *Essais*, p. 330.
[33] Cette double distinction sur laquelle nous reviendrons à propos de *L'homme sans qualités* est thématisée dans les *Essais*, ainsi que dans les *Journaux*. Dans *Törless*, on ne peut pas réellement dire qu'elle le soit, comme elle le sera plus tard dans les *Nouvelles* ou dans le grand roman. Néanmoins, la critique de la causalité que l'on y trouve peut déjà y être mise au compte d'une distinction qui, à l'enchaînement des causes, oppose les relations *motivées*. Cf., par ex., le texte de 1918: *La connaissance chez l'écrivain*, esquisse, où Musil écrit: «La psychologie appartient au domaine ratioïde et la diversité de ses faits n'est nullement infinie, comme le prouve l'existence même de la psychologie en tant que science expérimentale. Ce qui est d'une diversité incalculable, ce sont les *motifs* de l'âme, avec lequels la psychologie n'a rien à faire» (*Essais*, p. 83).
[34] G.W. Leibniz, *Monadologie*, par ex.: «Mais il faut aussi qu'outre le principe du changement il y ait un *détail de ce qui change*, qui fasse pour ainsi dire la spécification et la variété des substances simples» (§ 12); «L'état passager, qui enveloppe et représente une multitude dans l'unité ou dans la substance simple, n'est autre chose que ce que l'on appelle la *Perception*, qu'on doit distinguer de l'aperception ou de la conscience (...). Et c'est en quoi les cartésiens ont fort manqué, ayant compté pour rien les perceptions dont on ne s'aperçoit pas» (§ 14). Ou encore, *Nouveaux-Essais*, Avant-propos: «Ces petites perceptions sont de plus grande efficace qu'on ne pense. Ce sont elles qui forment ce je ne sais quoi, ces goûts, ces images des qualités des sens, claires dans l'assemblage, mais confuses dans les parties (...)».
[35] «La connaissance chez l'écrivain», op. cit., *Essais*, p. 83.
[36] *Törless*, p. 235: «La pensée qui se meut à la surface, dans la clarté, celle que l'on peut à tout moment ressaisir par les pinces de la causalité n'est pas nécessairement la plus vivante...».
[37] «Curriculum vitae», in Jx II, *Appendice*, p. 696.
[38] Les phénomènes mis en évidence par la *Gestaltpsychologie* n'ont cessé d'éveiller l'intérêt de Musil. A ce sujet cf. *Pensées vivantes et formes de vie* («R. Musil, Problèmes et perspectives», op. cit.).
[39] Dans l'un des feuillets du *Nachlass*, on peut lire, recopiée de la main de Musil, cette célèbre formule de Kant: «Des concepts sans intuition sont vides; des intuitions sans concepts sont aveugles». A quoi pensait Musil? Peut-être à la solidarité qui unissait à ses yeux l'intellect et le sentiment.
[40] Sur ce point, on peut se reporter aux suggestions des chapitres posthumes de *L'homme sans qualités* sur la psychologie du sentiment. On songera également à certaines notes posthumes sur la psychologie et la vie affective (Cf. par ex.: GW. I, p. 1865: «la pensée affective a été négligée par la psychanalyse»). Cf., également, J.P. Cometti: *Psycho-*

analyse und Erzählung, in «Musil Studien» — Band 13, Munich, 1985.
[41] Cf. «La connaissance chez l'écrivain», op. cit.
[42] *Törless*, p. 206.
[43] *Ibid.*, p. 140.
[44] *Ibid.*, p. 179.
[45] *Ibid.*, p. 180.
[46] *Ibid.*, p. 189.
[47] *Ibid.*, p. 123.
[48] *Ibid.*, p. 147.
[49] *Ibid.*, p. 148.
[50] D'Alembert, *Opuscules mathématiques* (1761-1780). Cité par L. Félix, in *Exposé moderne des mathématiques élémentaires*, Dunod, 1966.
[51] *Törless*, p. 199.
[52] *Ibid.*, p. 214.
[53] *Ibid.*, p. 36.
[54] *Ibid.*, p. 102.
[55] *Ibid.*, p. 104.
[56] *Ibid.*, p. 105.
[57] *Ibid.*, p. 235.
[58] *Ibid.*, p. 240.
[59] *Ibid.*, p. 241.
[60] *Ibid.*, p. 133.
[61] Qu'il suffise ici de penser aux suggestions d'un auteur comme Hermann Bahr ou à celle d'un écrivain comme Hofmannsthal dans la fameuse *Lettre de Lord Chandos*. On sait, en effet, combien les idées de Mach, en particulier, produisirent chez plus d'un écrivain le sentiment d'une impossibilité auquel Musil, manifestement, n'a jamais cédé.
[62] *Törless*, p. 191.
[63] Peut-être faut-il ici tenir compte d'une ambiguïté qui paraît frapper, dans une certaine mesure, la tentative de Musil. En se tournant délibérément vers une dimension éthique qui, selon ses propres termes, est celle de l'*autre*, celle-ci peut paraître se vouer à une recherche visant à susciter négativement ce qu'elle ne saurait appréhender positivement. S'il en était ainsi, l'œuvre de Musil pourrait alors être aisément apparentée à ces œuvres qui, depuis Mallarmé, se nourrissant, en effet, d'une impossibilité. Mais tout porte à croire que de telles œuvres participent d'attendus ontologiques que Musil ne partage pas, soit qu'elles prennent la place du réel, conformément à l'idée selon laquelle la littérature n'a pas besoin du réel, soit qu'elles s'installent dans une position de «différance» qui, du réel, fait son deuil. Clément Rosset a analysé les différentes variantes de ce deuil du réel, ou de la fascination exercée par l'absence dans plusieurs de ses livres. Citons notamment: *Le réel* et *Le philosophe et les sortilèges*, Ed. de Minuit, 1977 et 1985. La différence, nous semble-t-il, en ce qui concerne Musil, c'est qu'il fixe au roman une tâche d'*invention*; en d'autres termes, l'orientation délibérément constructiviste de sa démarche, sur le plan littéraire et intellectuel, le distingue de tous ceux qui, en fait, situent leur activité d'écrivain dans un horizon de l'être ou du langage qui précède, d'une manière ou d'une autre, le travail de l'écriture proprement dit.
[64] Philippe Jaccottet, «Postface» de *Törless*, p. 253.
[65] Cf., par ex., à propos de *Tonka*, la rencontre avec Herma Dietz, racontée dans un feuillet posthume (GW. I, Ü 6, pp. 1414-1415). Voir notre commentaire, in *Pensées vivantes et formes de vie*, art. cit.
[66] Jx. I, p. 219.
[67] *Ibid.*, p. 139.
[68] «Tonka», in *Trois femmes*, suivi de *Noces*, trad. franç. de P. Jaccottet, Ed. Le livre de poche, 1972, p. 103.

[69] *Ibid.* p. 97.
[70] Jx. II, p. 359.
[71] Jx. I, p. 182: «la conception qu'a Huch d'une âme homme et d'une âme femme n'est pas inféconde». Il s'agit de Ricarda Huch, auteur du livre: *Les romantiques allemands.* Cf. trad. franç., éd. Pandora, 1979.
[72] *Ibid.*
[73] O. Weininger, *Geschlecht und Charakter*, ouvrage paru en 1903, six mois avant le suicide de l'auteur. Trad. franç., éd. L'Age d'homme, 1975. Sur Weininger et son influence, on peut lire: J. Le Rider, *Le cas Otto Weininger*, «Perspectives critiques», P.U.F., 1982.
[74] H.S.Q. III, p. 33.
[75] Cf. note 65.
[76] Jx. I, p. 235.
[77] «Tonka», in *Trois femmes*, op. cit., p. 77.
[78] «Grigia», in *Trois femmes*, op. cit., p. 29.
[79] On trouve des exemples comparables de tels traits stylistiques dans *L'homme sans qualités* en particulier. Cf., à ce sujet, J.P. Cometti, *R. Musil ou l'alternative romanesque*, op. cit., chap. IV, *Temps et narration*.
[80] «Tonka», p. 77.
[81] «Grigia», p. 5.
[82] «La Portugaise», in *Trois femmes*, op. cit., p. 60.
[83] *Das verzauberte Haus*, in GW. I, p. 141.
[84] Conformément à une remarque de Schönberg dans «Le rapport au texte» *(Das Verhältnis zum Text)*, trad. franç. in «Nulle part».
[85] C'est ce qu'il écrit dans l'un de ses *cahiers*. Le cahier 5 des *Journaux* contient de nombreuses observations relatives aux *Nouvelles* et à leur élaboration.
[86] «De l'essai», in *Essais*, op. cit., p. 335.
[87] P. Ricœur, *Temps et récit*, vol. I et II, Ed. du Seuil, 1984 et 1985.
[88] «L'accomplissement de l'amour» *(Die Vollendung der Liebe)*, in *Trois femmes*, op. cit., p. 168.
[89] *Ibid.*, p. 174.
[90] *Ibid.*, p. 175.
[91] Jx. II, p. 156.
[92] «La tentation de Véronique la tranquille» *(Die Versuchung der stillen Veronika)*, trad. franç., in *Trois femmes*, op. cit., p. 246.
[93] «L'accomplissement de l'amour», p. 185.
[94] *Ibid.*
[95] F. Nietzsche, vol. V des *Œuvres philosophiques complètes, fragments posthumes des années 1881-1882*, Gallimard, 1982, p. 317.
[96] Cf. TB. II, *Anhang*, Heft 5, p. 927 sq.: «Bemerkungen über Apperceptor udgl.», partiellement traduites dans Jx. II, *Appendice*, pp. 663-665.
[97] *Ibid.*
[98] «La tentation de Véronique», p. 242.
[99] René Gérard, *Cogito corporel et morphogenèse*, in «Cahiers d'études germaniques», n° 3, Université de Provence, 1978.
[100] M. Merleau-Ponty, *L'œil et l'esprit*, Gallimard, 1964, p. 31.
[101] TB. II, *Anhang*, p. 1163. Musil ajoute: «Penser à la U. Grenze chez Mach» (l'*Umgrenzung*).
[102] *Ibid.* Dans les mêmes notes, Musil évoque également l'expérience mystique chez Maître Eckhart, ainsi que la rupture du *Principe d'individuation* associée par Nietzsche à la figure de Dionysos dans *La naissance de la tragédie*.
[103] Ambiguë, en ce sens que l'on ne sait pas toujours très bien à quoi s'en tenir quant

à ce que Musil investit dans les notions auxquelles il a recours. Le ratioïde, par exemple, ne se confond certainement pas avec le rationnel. Toutefois, ce qui est rationnel en fait partie, de sorte que la question se pose souvent de savoir s'il y a lieu d'appliquer au rationnel ce que suggère l'auteur à propos du ratioïde.

[104] «Conférence sur la bêtise» *(Ueber di Dummheit)*, trad. franç., in *Essais*, op. cit., p. 297.
[105] Cf. supra, chap. I.
[106] Cf. supra, *Les Remarques sur l'apercepteur*, note 96.
[107] Jx. I, p. 553 : «L'arbre n'est pas vert uniquement en tant qu'interaction de l'objet et de l'individu, mais encore du fait de la réaction généralisante qui écrase sur son passage, comme un rouleau compresseur, les petites différences.»
[108] *Ibid.*
[109] Jx. I, p. 291.
[110] «L'accomplissement de l'amour», p. 152.
[111] «La tentation de Véronique», p. 235.
[112] *Ibid.*, p. 237.
[113] «L'accomplissement de l'amour», p. 183.
[114] *Ibid.*, p. 192.
[115] Cf. «Eléments pour une nouvelle esthétique», in *Essais*, op. cit., p. 186.
[116] Cf. *Novellen*, in GW. I, pp. 1314-1315.
[117] «Petite novelette» *(Novelleterlchen)*, in *Essais*, op. cit., p. 327.
[118] *Ibid.* p. 326.
[119] TB. II, *Anhang*, lettre à Blei, p. 939.
[120] *Briefe* I, pp. 87-88.
[121] Jx. II, p. 466.
[122] Cf. TB. II, *Anhang*, pp. 938-943, ainsi que p. 927 sqq., «Remarques sur l'apercepteur».
[123] Jx. II, *Appendice*, «Testament II», p. 701.
[124] Cf. TB. II, *Anhang*, lettre à Blei, p. 943 : «le point de vue ne réside pas dans l'auteur, ni davantage dans les personnages constitués; il n'y a en fait aucun point de vue, les récits sont dépourvus de point central qui en commanderait la perspective.»
[125] Jx. I, p. 432.
[126] «Petite novelette», in *Essais*, p. 327.
[127] *Ibid.*, p. 329.
[128] *Ibid.*
[129] *Ibid.*, p. 330.
[130] *Œuvres pré-posthumes*, trad. franç. de P. Jaccottet, Ed. du Seuil, 1965 (cité O.P.P.).
[131] Parmi ceux-ci, citons notamment *Der Tag* et la *Prager Presse*, journaux auxquels Musil collabora. M.L. Roth a consacré une étude génétique aux différents textes qui composent les O.P.P. Cf. M.L. Roth, *R. Musil, œuvres pré-posthumes, genèse et commentaire*, Encres, éditions recherches, 1980.
[132] «Littérateur et littérature» *(Literat und Literatur)*, in *Essais*, p. 254.
[133] Enrico De Angelis, *Robert Musil, Biografia e profilo critico*, Piccola Biblioteca Einaudi, Torino, 1982.
[134] «Catastrophe au pays des lièvres» *(Hasenkatastrophe)*, in O.P.P., p. 38.
[135] «Jubilé artistique» *(Kunstjubiläum)*, in O.P.P., p. 100.
[136] «Œdipe menacé» *(Der bedrohte Ödipus)*, in O.P.P., p. 126.
[137] *Ibid.*
[138] «Lunettes d'approche» *(Triëdere)*, in O.P.P., p. 106.
[139] *Ibid.*, p. 103.
[140] «Enterrement dans un village slovène» *(Slowenisches Dorfbegräbnis)*, in O.P.P., p. 48.

[141] « Un cheval peut-il rire ? » *(Kann ein Pferd lachen?)*, in O.P.P., p. 28.
[142] « Le papier tue-mouches » *(Das Fliegenpapier)*, in O.P.P., p. 13.
[143] O.P.P., *Avant-propos*, p. 9.
[144] *Ibid.*
[145] « Le géant Agao » *(Der Riese Agoag)*, in O.P.P., p. 129.
[146] « Un homme sans caractère » *(Ein Mensch ohne Charakter)*, in O.P.P., p. 134.
[147] *Ibid.*
[148] *Ibid.*
[149] Cité par Musil dans « L'homme allemand », in *Essais*, op. cit.
[150] « Un homme sans caractère », in O.P.P., pp. 138-139.
[151] F. Nietzsche, *Considérations inactuelles*, Seconde inactuelle.
[152] « Jubilé artistique », pp. 101-102.
[153] « Monuments » *(Denkmale)*, in O.P.P., p. 82.
[154] H.S.Q. II, chap. 99, pp. 218-219.
[155] « Jubilé artistique », pp. 98-99.
[156] H.S.Q. II, p. 219.
[157] « Qui t'a donc belle forêt ? » *(Wer hat dich, du schöner Wald?...)*, in O.P.P., pp. 115-122 et « L'endroit est magnifique » *(Hier ist es schön)*, in O.P.P., pp. 111-114.
[158] « Qui t'a donc belle forêt...? », p. 118.
[159] H.S.Q. II, pp. 219-220.
[160] « Jubilé artistique », p. 101.
[161] « En illustre compagnie« *(Unter lauter Dichtern und Denkern)*, in O.P.P., p. 94.
[162] « Le picturateur » *(Der Malsteller)*, in O.P.P., p. 87.
[163] Rappelons en effet les termes mêmes dans lesquels s'exprime Musil dans l'*Avant-propos* du livre : « ... quelque distinction qu'il faille maintenir entre soldes et œuvres posthumes, j'ai résolu d'empêcher la publication des miennes avant qu'il ne soit trop tard. Pour cela, le plus sûr, que l'on en convienne ou non, est de les publier soi-même de son vivant. Mais est-il encore loisible d'employer cette locution : de son vivant ? N'y a-t-il pas longtemps que l'écrivain de langue allemande se contente de survivre ? » Toute autre considération mise à part, au moment où il publie les *Œuvres pré-posthumes*, Musil connaît des difficultés avec lesquelles il ne cessera de se débattre jusqu'à la fin de sa vie.
[164] « Le pictutateur », p. 87.
[165] H.S.Q. II, p. 220.
[166] « Pêcheurs au bord de la Baltique » *(Fischer an der Ostsee)*, in O.P.P., pp. 22-23.
[167] « Moutons vus sous divers angles » *(Schafe, anders gesehen)*, in O.P.P., p. 34.
[168] Couvercles de sarcophages » *(Sarkophagdeckel)*, in O.P.P., p. 35.
[169] « Réveil » *(Der Erweckte)*, in O.P.P., p. 29.
[170] Cf. René Gérard, *Silence et parole dans l'œuvre de jeunesse de Musil*, in « SUD », R. Musil, hors-série 1982.
[171] « Le Merle » *(Die Amsel)*, in O.P.P., p. 167.
[172] *Ibid.*, p. 168.
[173] Voir J.P. Cometti, *Pensées vivantes et formes de vie*, art. cit.
[174] « Le Merle », p. 168.
[175] *Ibid.*
[176] *Ibid.*, p. 165.
[177] *Ibid.*, p. 169.
[178] *Ibid.*, p. 170.
[179] *Ibid.*, p. 177.
[180] *Ibid.*, p. 187.
[181] *Ibid.*, p. 188.

TROISIEME PARTIE
ETHIQUE ET HISTOIRE :
L'HOMME SANS QUALITES

> *« Rien n'est plus important que l'élaboration de concepts fictifs qui seuls nous apprennent à comprendre les nôtres. »*
>
> L. Wittgenstein

L'examen des œuvres antérieures à *L'homme sans qualités* nous a permis de saisir quelques-uns des aspects les plus caractéristiques d'une tentative qui paraît accomplir à sa manière le mot de Wittgenstein : « les problèmes de la vie sont insolubles à la surface ». A la surface, en effet, se tiennent les « fictions économiques » qui structurent le vécu et confèrent à ce qui s'y rapporte une apparencce de stabilité dont l'exigence répond aux impératifs de la vie ordinaire. Comme nous l'avons vu, le parti que prend l'écrivain est incontestablement autre. Toutes proportions gardées, l'orientation de son regard, les moyens narratifs qu'il met en œuvre, s'apparentent davantage à une démarche qui pourrait trouver un exemple dans la physique lorsque celle-ci se détourne des prestiges du « simple » pour s'engager dans une approche de l'infinitésimal. Avec Musil, l'écriture paraît s'ouvrir à une expérience paradoxale de l'insaisissable, comme s'il s'agissait d'entrer dans le détail, la singularité, de ce qui constitue le grain de la subjectivité et de la vie, à cette différence près que la tâche de la littérature n'est évidemment pas d'objectivation.

Dans ces œuvres, curieusement — quoique de manière variable —, la fiction paraît tenir l'histoire en respect, comme si elle en était à dessein *détachée*, contrairement à *L'homme sans qualités* où le récit de l'Action parallèle paraît en réaliser une intégration immédiate, encore qu'il ne s'agisse nullement d'introduire dans l'œuvre une dimension de représentation. Certes, il serait à coup sûr peu légitime de prêter aux composantes apparemment « historiques » qui sont celles du roman une signification additionnelle par rapport aux principaux caractères qui appartiennent aux œuvres antérieures, comme s'il s'agissait d'y voir une sorte de possibilité de démarcation entre deux périodes et deux types d'orientation distincts. En fait, s'il existe un lien — voire un rapport de complétude — entre *Törless* ou les *Nouvelles*, par exemple, et *L'homme sans qualités*, c'est plutôt en cela que jusqu'aux premières ébauches qui annoncent le grand roman, Musil semble essentiellement inscrire son travail d'écrivain — d'*invention* — dans un domaine que l'on peut grossièrement définir comme celui de l'esprit ou de la subjectivité, bien que ces deux notions s'y trouvent déjà problématisées de manière tout à fait décisive. Ce domaine, c'est celui de l'éthique, au sens spécifiquement musilien.

Avec *L'homme sans qualités*, cette dernière dimension n'est évidemment pas abandonnée, bien au contraire, mais l'horizon qui s'y rattache s'y trouve soumis à un nouvel éclairage, à un ensemble de perspectives qui, dans la composition de l'ouvrage, sont effectivement associées à une mise en scène de l'histoire. A dire vrai, si mise en scène il y a, ce n'est cependant pas sous la forme d'événements qui, mobilisés d'une quelconque manière, viendraient s'insérer dans la trame du récit pour se mêler à la fiction. En fait l'histoire, dans *L'homme sans qualités*, c'est d'abord une «situation» (au sens où Musil emploie ce mot pour désigner un ensemble de *circonstances*, elles-mêmes définies par le jeu d'un complexe de variables) procédant d'une *reconstruction* plus que d'une *évocation*, et aussi une *question* dont l'urgence n'est sans doute pas sans rapport avec une interrogation éthique: Comment faire l'histoire? si du moins l'homme ne peut se contenter de la subir ou de s'en remettre aux récits qui en sont donnés, par la philosophie par exemple, non sans susciter une forme de «collaboration avec les siècles» jugée proprement insupportable par le héros du roman.

A quel genre d'ambition faut-il attribuer ce qui se fait jour, à cet égard, dans *L'homme sans qualités*? Sans doute convient-il pour en juger de prendre en compte un certain nombre de faits dont il est permis de dire qu'ils placent en correspondance les questions abordées par Musil dans une première période de sa vie d'écrivain avec celles que posait à ses yeux la situation historique qui fait l'objet d'une grande partie de ses réflexions dans les *Essais*. A ce titre, comme nous l'avons précédemment souligné, les textes écrits avant et après le premier grand conflit mondial constituent un appoint tout à fait essentiel pour la lecture de *L'homme sans qualités*. On l'a vu, Musil s'y montre attentif aux idéologies, interprétations et discours de toutes sortes qui tendent à accuser — au double sens du terme — les forces de dissolution agissant dans l'histoire. D'autre part, comme le montrent plus particulièrement les essais postérieurs à 1918, l'expérience de la guerre a constitué pour Musil un moment décisif dans l'évolution de sa réflexion. Comme pour beaucoup d'autres, elle lui a révélé plus d'un aspect de l'humain dont l'évidence ne lui était pas apparue jusqu'alors avec autant de force. Le *Théorème de l'amorphisme humain* en est certainement une expression. Or, l'idée qu'il recouvre, comme on peut aisément s'en douter, est loin d'être étrangère à ce que tente Musil avec *L'homme sans qualités*, en particulier au regard de l'articulation des deux domaines précédemment mentionnés: l'éthique et l'histoire.

Si les œuvres vers lesquelles nous nous sommes tourné jusqu'à présent s'apparentent à une «micro-littérature» tournée vers le singulier et l'infinitésimal, c'est bien en ce sens que l'écriture s'y ouvre à une complexité dont les diverses expériences du moi explorées par la fiction sont étroitement solidaires. Nous avons vu à quel point le paysage familier de la subjectivité, les certitudes intimes du moi pouvaient y être subvertis. Les thèmes d'une «autre vie» ou d'une «seconde vie du moi», ainsi que l'idée d'une éthique tournée vers l'exceptionnel, l'irréductible, y trouvent comme la poussée d'un attrait recherchant dans l'irréel un improbable point d'appui. Or, entre l'horizon infini sur lequel ces expériences paraissent se détacher, dans un état d'incertitude immanent, et le champ de ce qui appartient à l'histoire, une double symétrie s'impose à l'attention : celle d'une égale *complexité*, tout d'abord; celle d'une situation, d'autre part, marquée à différents niveaux par le trouble d'une absence : absence de *centre* ou de *sujet*, comme on voudra, qui, dans *L'homme sans qualités*, commande la construction romanesque.

Chapitre I
Âme et ratio

« Jamais encore l'art de prédire, depuis les Chaldéens, ne s'est étalé avec autant de luxe et d'ingéniosité. »

L.P. Fargue

1. L'*Action parallèle* : figures du double

Dans l'esprit de ses protagonistes, l'*Action parallèle* est destinée à servir d'exemple et à révéler au monde l'incommensurable supériorité de l'âme sur l'intellect. Exemplaire, toutefois, l'Action parallèle l'est sous plus d'un aspect, comme la plupart des formes spécifiques d'agitation qui, dans le roman, se développent autour d'Ulrich, le personnage principal.

De manière générale, en effet, la grande action patriotique participe d'un paradigme qui se distribue en différentes figures dans tout le roman : celui du double et de ses innombrables variations. Comme le montrent les différents textes qui se rattachent à la période préliminaire d'élaboration de ce qui allait devenir *L'homme sans qualités*, l'idée de l'Action prallèle est introduite par Musil après-coup afin d'intégrer au roman une dimension que la seule « affaire Moosbrugger » ne lui aurait pas permis d'introduire[1]. Il vaut la peine de le signaler, car non seulement l'expression : « action parallèle » y trouve son origine et sa signification primitive, mais tout se passe en outre comme si le roman, à la faveur d'une invention typiquement romanesque, parvenait ainsi à unir dans les formes que celle-ci permet d'induire une pluralité d'éléments dont l'association est certainement l'une des clés de ce que Musil y tente. Dans une première phase, le roman que projette Musil s'organise autour de deux personnages essentiels : le futur Ulrich et le charpentier Moosbrugger, auteur de crimes sexuels particulièrement horribles. Aux différentes ébauches, il donne alternativement le titre de *L'espion, La sœur jumelle, Le sauveur*; quant à Ulrich, il prend tantôt le nom d'Achille, tantôt celui d'Anders. Les *Journaux*, récemment traduits en France par Philippe Jaccottet permettent au lecteur d'avoir un aperçu du projet de Musil à cette époque[2]. L'idée de l'Action parallèle, telle qu'on la voit apparaître, se présente d'abord sous le jour d'une action à laquelle Musil fait appel «parallèlement» à la fiction du charpentier Moosburgger : ainsi, sa fonction dans le roman lui vaut d'être désignée de la sorte et, d'une certaine manière, en détermine l'objet : concurrencer, à la faveur de la recherche d'une grande idée, ce qui se prépare en Prusse pour les trente ans de règne de l'Empereur Guillaume II[3]. *Parallèle*, l'action du même nom l'est donc doublement, s'il est permis de s'exprimer ainsi, mais c'est précisément ce caractère qui autorise une première série d'observations sur l'un des traits les plus originaux, et sans doute aussi les plus significatifs de *L'homme sans qualités*.

Ainsi, quant à sa construction proprement dite, il s'agit incontestablement d'un roman qui, pour les raisons que nous venons d'indiquer, peut en effet être tenu pour double en ce sens qu'il repose sur une dualité narrative de principe que ne présentent nullement les œuvres antérieures de l'auteur. Que cette dualité soit par ailleurs issue d'un parallélisme, cela n'est évidemment pas sans importance quant à ce qui en marque le déroulement et la composition d'ensemble. Il n'est certes pas sans intérêt de noter qu'en dépit de ce qu'il peut y avoir de fondamentalement hétérogène entre son expérience, son aventure dans le roman, et le genre de tentative qui voit le jour avec l'Action parallèle, Ulrich en devienne néanmoins le secrétaire, avec ce que cela devrait impliquer de dévotion à une cause qu'il serait supposé épouser sans équivoque. Mais il n'en est rien. La participation d'Ulrich à la grande action patriotique est une participation *indifférente*, si bien qu'elle peut également être tenue pour parallèle au genre très particulier d'action que celui-ci tente pour sa part. Au demeurant cela apporte toutefois un éclairage sur d'autres formes de duplicité ou de dualisme qui déterminent également la composition du roman. A y réfléchir, en effet, on s'aperçoit que la dualité est inscrite au cœur des personnages, de ce qu'ils entreprennent ou représentent, et qu'il existe d'autre part entre eux toute une série de rapports mimétiques dont la loi est également celle d'un parallélisme plus discret, certes, mais tout à fait essentiel du point de vue de ce qui caractérise l'ironie musilienne. Moosbrugger, Clarisse, sont minés par la division, Arnheim, pour d'autres raisons, appartient à deux mondes et joue un double jeu qui, par certains côtés, le rapproche d'Ulrich qui, lui-même, possède énigmatiquement en sa sœur un double en qui il tente de s'aimer. Bien entendu, il est tout à fait impossible de chercher à cerner ici les innombrables figures de la dualité qui traversent l'œuvre et les personnages qui lui donnent corps. On peut toutefois, non sans profit, tenter d'en saisir approximativement les lois de distribution.

Comme nous l'avons vu à la lecture des *Essais*, notamment, et comme Musil s'en explique à différentes reprises, l'un des caractères les plus évidents de la situation historique que l'Action parallèle a pour fonction d'intégrer au roman réside en cela qu'elle paraît essentiellement partagée entre deux pôles distincts et antinomiques: *l'âme* et la *ratio*, le *sentiment* et l'*intellect*. Cette antinomie peut elle-même être tenue pour représentative de la plupart des conflits et des contradictions qui affectent la situation de l'esprit, les comportements collectifs ou individuels et les idéologies qui se partagent le bénéfice d'une vision du monde[4].

Dans le contexte de *L'homme sans qualités*, l'Action parallèle figure, sous ce rapport, le pôle de l'âme opposé à celui de la froide raison, cela à la faveur d'une confrontation entre l'Allemagne et l'Autriche, confrontation pacifique, comme il se doit, pour une nation qui a décidé d'incarner les idéaux spirituels de l'humanité. On sait, certes, ce que Musil pensait de ce genre de fiction[5], mais il suffit de constater que ce qui oppose ici deux nations, deux cultures, dans l'esprit de ceux qui se réclamaient de l'une ou de l'autre, oppose également différentes catégories de personnages dans le roman et, par là même le type de discours dont ils sont composés. En fait, comme il se le propose lui-même de manière tout à fait explicite, Musil recherche dans le mode de composition de ses personnages, en particulier dans l'usage qu'il fait des citations[6], une façon de faire entrer dans le récit les principales configurations discursives qui se partagent l'espace idéologique, politique et intellectuel. Mais le propre de ce roman, ne fût-ce qu'en raison des différentes confrontations et mises en perspective qu'il tend à promouvoir, c'est de les mettre à l'épreuve les unes des autres, non sans suggérer ainsi (ironiquement) ce qu'elles possèdent très souvent en commun en dépit des apparences. Dans *L'homme sans qualités*, en effet, idéologies et discours se croisent à l'image des personnages qui se rencontrent dans les salons de l'Action parallèle, mais de telle façon que sous l'effet de leur juxtaposition en apparaissent les dissemblances, l'incomplétude ou les secrètes affinités. C'est pourquoi les grandes oppositions, celles qui s'expriment dans les différentes figures de la dualité, se révèlent présentes à tous les étages de la construction romanesque, descendant pour ainsi dire dans les personnages eux-mêmes, avec cette conséquence d'une secrète participation à une logique commune qui en constitue à la fois la racine et la loi de composition.

Comme les remarques précédentes permettent toutefois de l'imaginer, cela ne résout en rien le genre de question que Musil pouvait avoir en vue en écrivant *L'homme sans qualités*. Il nous a semblé, en commençant ce chapitre, que l'un des enjeux pourrait en résider dans les rapports de l'*éthique* et de l'*histoire*, cela sous la forme d'une double interrogation attribuée au personnage d'Ulrich: «Comment vivre?» et «Pourquoi ne fait-on pas l'histoire?»[7]. Aussi convient-il de prendre acte du second grand parallélisme qui soutient le roman dans son ensemble: celui qui est établi par l'auteur entre l'Action parallèle proprement dite et la décision que prend le personnage principal de vivre *ad interim*[8]. Cette décision n'est certes pas sans comporter des attendus qu'il sera sans doute utile de préciser plus loin, mais il suffit pour l'instant de souligner qu'au fond, tout se passe comme si le roman était construit autour de deux grands axes qui déterminent, de part et d'autre, la possibilité de plusieurs séries parallèles: un axe vertical qui correspond grosso modo aux divisions de l'esprit et aux deux pôles précédemment mentionnés de l'*âme* et de la *ratio*; un axe horizontal qui assigne une position symétrique aux deux vecteurs essentiels de la fiction: l'histoire de l'Action patriotique et celle d'Ulrich qui, à la différence des protagonistes de la première, se désolidarise du train ordinaire des choses et des illusions qui, au demeurant, s'attachent à la grande idée soutenue par Diotime et le comte Leinsdorf.

Il ne s'agit certes que d'une image, mais elle permet du moins d'entrevoir la fonction romanesque respective des deux grandes composantes autour desquelles le roman est construit, et sans aucun doute, aussi, la nature des problèmes qui en constituent le motif sous-jacent. Le mode de construction considéré n'est pas non plus sans comporter un certain nombre d'effets spécifiques qui ne se rencontrent que très rarement dans un roman, et dont l'un des moindres n'est certainement pas son déroulement paradoxal et son manque apparent de cohésion. Mais ceci est en quelque sorte une autre histoire que nous nous permettons de laisser de côté pour l'instant.

Comme le laissent aisément supposer les premiers chapitres du roman; comme le montrent également très vite les réflexions qui sont prêtées à Ulrich par l'auteur, la vie, sous de multiples aspects, prend volontiers le visage d'une dualité que résume, par exemple, l'image des deux arbres de la vie dans *L'homme sans qualités*, ou encore celle des arbres et de la forêt telle qu'elle apparaît dans le chapitre où

Ulrich en vient à opposer au *sens du réel* ce qu'il nomme, pour la circonstance, le *sens du possible*[9]. Il est vrai, certes, que le poids des impératifs pratiques, et sans doute aussi les processus inhérents au mouvement de la civilisation, ont généralement pour effet la promotion de formes d'organisation qui, à tous égards, tendent à réduire la part de ce qu'elles ne parviennent à intégrer. Sur ce plan-là tout au moins, encore que ce soit au prix d'une complexité croissante, le développement des moyens que la civilisation met en œuvre ne serait pas loin de restaurer la simplicité originelle que l'on prête ordinairement à la vie si le sentiment diffus d'une perte irremplaçable ne s'imposait par ailleurs.

Ce genre de constatation est suffisamment trivial pour qu'il ne soit pas réellement opportun d'insister plus longuement. C'est néanmoins un fait que ceux qui insistent communément sur ce que comporte de mécanique, d'inhumain ou d'unidimensionnel l'histoire des sociétés modernes, et qui plaident par conséquent pour un supplément d'âme, un surplus d'humanité, ne font souvent qu'accroître les malaises qu'ils entendent cependant dénoncer ou guérir. Il est vrai, aussi, qu'au désir de synthèse, à l'exaltation du spirituel comme à la conscience malheureuse peuvent aussi succéder, selon une logique qui n'est peut-être pas fondamentalement différente, une prédilection pour le dissipatif, l'aléatoire et la subversion généralisée de toute forme d'unité, d'ordre et de synthèse, ce qui ne permet certainement pas davantage de surmonter, d'une quelconque manière, les difficultés et les malaises inhérents à un état des choses que personne ne semble avoir réellement choisi. En fait, dans les deux cas, les choses paraissent vouées à demeurer en l'état, de sorte que les théories ou les pratiques considérées se révèlent non seulement parfaitement vaines au regard des faits contre lesquels elles entendent réagir, mais qu'elles donnent aussi bien à penser qu'au bout du compte elles ne constituent elles-mêmes qu'un effet spécifique de la situation à laquelle elles entendent tourner le dos. Si bien qu'en définitive, comme le pensait probablement Musil, ce qui était double reste double, et cela sans que l'on sache seulement à quoi cela tient.

Or, parallèlement à ce qui se conçoit curieusement comme une entreprise dont le seul projet tient lieu d'objet — ce en quoi, du reste, l'Action parallèle peut être tenue pour tout à fait «moderne» en son principe — l'aventure d'Ulrich, dans *L'homme sans qualités*, figure une tentative visant à approfondir le genre de phénomènes que l'histoire paraît favoriser, en particulier au regard de la dissolution des anciennes certitudes, et à en dégager les éventuelles possibilités qui pourraient s'y trouver contenues. A cet égard, il entre dans la démarche d'Ulrich une composante que l'on pourrait nommer cynique en songeant à ce que son attitude, telle qu'elle est décrite, présente de délibérément provocant par rapport aux idéaux en tous genres dont la plupart des autres personnages du roman sont abondamment pourvus. Une semblable composante est d'ailleurs parfaitement visible dans les ébauches qui appartiennent à la phase préliminaire d'élaboration. Le personnage d'Achille, par exemple, de manière encore plus marquée qu'Ulrich, réunit à peu près, tant au physique qu'au moral, les aspects les plus radicalement pervers et diaboliques de l'homme moderne[10]. Mais cela peut être aisément porté au compte de ce que le personnage a pour fonction de déclencher dans le roman, et cela par opposition à ce qui se joue par ailleurs sur l'autre scène de *L'homme sans qualités*: celle de l'Action parallèle, précisément.

Qu'Ulrich en devienne le secrétaire, en dépit des craintes qu'il inspire à plus d'un protagoniste, à commencer par Diotime dont l'âme se rétracte à la seule idée des propos qu'il lui tient, cela n'est évidemment pas étranger à ce qu'il entre d'essentiellement ironique dans la construction du récit. Mais à comparer le roman proprement dit avec les ébauches antérieures, on s'aperçoit aussi qu'avec la fiction de l'Action parallèle, les aspects les plus délibérément provocants et cyniques du personnage paraissent s'infléchir, comme si une certaine sympathie se faisait jour à l'endroit de ces partisans inconditionnels de l'âme et de «la vie» dont la grande action patriotique canalise les énergies. Peut-être s'agit-il dans une certaine mesure d'un hasard dans les différentes étapes de la construction. On peut toutefois aussi bien penser que cela n'est pas fortuit et trouve en partie son explication dans ce que représentent les possibilités offertes par la mise en parallèle des différentes séries dont nous avons précédemment parlé, sitôt du moins que le principe fictionnel en a été mis en place. D'une certaine façon, la place d'Ulrich, au sein de l'Action parallèle, est celle d'un *espion*, ce qui le rapproche, du reste, d'un personnage comme Arnheim. Mais l'espionnage auquel il se livre, si du moins il est permis de s'exprimer ainsi, ne signifie nullement une volonté de faire échouer l'entreprise dont il est devenu le secrétaire, comme par infiltration au sein d'une cause qui paraît lui être étrangère. D'autre part, à l'inverse d'Arnheim, on ne peut pas dire non plus que sa situation d'«espionnage» soit liée à des intérêts équivoques ou obscurs. En participant aux réunions de l'Action parallèle, en assistant le Comte Leinsdorf, Ulrich se mêle simplement à l'agitation et au bruit mondains comme pour en prendre la mesure et, ainsi, ausculter le monde sans cependant y prendre réellement part.

Ce que son aventure personnelle comporte de symétrique par rapport au projet dont se soutient l'Action parallèle mérite à cet égard d'être une fois de plus souligné. Le Cercle qui se constitue autour de Diotime est en effet destiné à témoigner de façon exemplaire de *la grandeur de ce qu'il y a de plus grand*, comme celle-ci le précise à Ulrich sans évidemment pouvoir lui en dire beaucoup plus malgré les injonctions de ce dernier[11]. C'est que la seule idée d'une telle action, les simple fait qu'elle ait lieu suffit déjà à donner une réalité à «l'existence du spirituel», «au sein même de l'agitation matérialiste». Bref, la poursuite d'un but comme celui-là (la recherche d'une idée, mais on ne sait pas laquelle), tout hypothétique qu'il soit, confère une valeur à tout ce qui peut être entrepris dans ce sens et, d'un point de vue strictement romanesque, engage le récit dans une voie d'autant plus singulière qu'elle reste fondamentalement indéterminée et vraisemblablement in(dé)terminable. Or, il en va un peu de même de ce que tente Ulrich, ou du moins de ce qu'il feint de tenter et de ce qu'il se propose à titre rigoureusement personnel. L'un des premiers chapitres du roman nous apprend en effet qu'Ulrich, suivant en cela une inspiration de sa jeunesse, avait essayé, à trois reprises, de devenir un «grand homme». Cela l'avait successivement conduit à entreprendre une carrière militaire, à devenir ingénieur et enfin mathématicien[12]. En un sens, si l'on peut dire, le héros de Musil est donc un personnage qui, à sa façon, a déjà fait l'*expérience* de la grandeur. Et l'on sait, précisément, ce qu'il en a tiré: non pas la réalisation du but escompté, c'est-à-dire la grandeur comme telle, mais plutôt une certaine idée de ce qui associe toute entreprise humaine à un *essai*, ainsi que l'avantage qu'il pourrait y avoir à considérer toute chose sous ce jour. La sentence attribuée à Emerson au chapitre 10 est à ce sujet parfaitement éloquente:

> «Les hommes cheminent sur la terre comme des prophéties de l'avenir, et tous leurs actes ne sont qu'essais et expériences, puisque tout acte peut être dépassé par le suivant»[13].

Cette référence à Emerson n'est certainement pas seulement de circonstance. Toutefois, elle apporte ici un éclairage sur la nature de ce qu'Ulrich découvre à la faveur de ses propres essais.

En premier lieu, probablement, un doute décisif sur la valeur et le caractère définitif des idéaux qui, communément, incarnent la grandeur; d'autre part, une sorte de conscience de l'intérêt qu'il pourrait y avoir à considérer les entreprises humaines comme des essais, avec tout ce que cela suppose d'incertain, bien sûr, mais aussi de variable, de relatif et, pour reprendre l'une de ses expressions, de «provisoirement définitif». Soyons encore plus précis: au fond, les trois essais d'Ulrich, lesquels pourraient être tenus pour de simples tentatives, au sens ordinaire du terme, présentent ceci de particulier qu'au bout du compte le genre de démarche qui en constitue l'essentiel a beaucoup plus d'importance que le but poursuivi. Au fond, celui-ci pourrait être parfaitement hypothétique que cela ne changerait rien à la valeur qui s'attache au processus comme tel qu'il permet de susciter et à la lumière qu'il projette sur les actions qui, en général, sont commandées par une fin. En d'autres termes, dès les trois essais, comme le montre du reste la solidarité qui existe entre cette notion et l'usage que fait Musil de l'idée d'*utopie*, les suggestions de ce qu'il nomme aussi le sens du réel sont pour ainsi dire mises entre parenthèses, comme si la vie (ordinaire) y était déjà mise en congé [14]. Or, pour peu que l'on songe également à l'un des traits les plus marquants de l'Action parallèle, on s'aperçoit qu'il n'y a pas une grande différence, à cet égard, entre l'attitude d'Ulrich et celle qui commande les orientations de cette dernière. Dans les deux cas, le but, si l'on entend par là la réalisation et la réalité effectives de ce qui s'y trouve visé, tend à s'effacer devant la mise en œuvre des moyens qui sont supposés l'atteindre. A cet égard, l'incapacité où sont les responsables et les acteurs de l'Action parallèle de lui assigner un objet précis en dit long sur le caractère somme toute secondaire des buts poursuivis. Certes, ces derniers en ont bien une certaine idée: il s'agit pour eux de faire triompher la cause de l'âme. Mais quant à dire ce qu'il faut entendre par là, leur mutisme n'a d'égal que l'énergie qu'ils entendent consacrer à la défense d'une cause invisible qui leur tient d'autant plus à cœur qu'elle échappe précisément à toute tentative de localisation conceptuelle. Cela même suffit au demeurant à lui conférer paradoxalement un poids incomparable, tant il est vrai que selon une logique dont on pourrait trouver d'autres exemples ailleurs, une chose existe d'autant plus qu'elle se dérobe au regard, les prestiges de l'*ailleurs* étant toujours infiniment supérieurs à ceux de l'*ici*[15].

En fait, il ne serait pas bien difficile de montrer que l'on a ici affaire à une forme très particulière d'activisme qui se nourrit d'un nihilisme en apparence inoffensif pour lequel, en définitive, les buts poursuivis au grand jour et la justification qu'on leur donne ne constituent jamais que la monnaie de singe d'une volonté de néant[16]. A cela, certes, il y a sans doute une raison sur laquelle Musil insiste souvent dans ses notes personnelles: l'absence et le besoin corrélatifs de ce qu'il nomme une *conviction*. C'est d'ailleurs pourquoi, comme il le précise également, il existe un lien étroit entre l'Action parallèle et la guerre. Mais, comme nous le verrons, cette connexion n'est pas non plus étrangère à l'idée de l'autre état[17].

La différence, toutefois, car il y en a une, entre le genre d'entreprise que représente l'Action parallèle, ce qui s'y découvre dans la *secondarisation* des buts et l'attitude d'Ulrich, c'est que celui-ci renonce provisoirement à toute conviction. Ce faisant, il opte en quelque sorte, pour le défaut *méthodique* de ce dont il est effectivement privé, là où, au contraire, le plus grand nombre préfère rechercher à n'importe quel prix, de manière essentiellement obsessionnelle et jusqu'au pur et simple délire, ce qui lui manque. Ainsi ne faut-il pas s'étonner si le sens du réel finit par aboutir, non seulement aux pires excès, mais encore à une espèce très particulière de décrochage catastrophique que les représentants de l'Action parallèle incarnent assez bien.

Curieusement, au contraire, en optant pour le sens du possible Ulrich se place bien davantage en accord avec ce que l'on pourrait encore appeler le réel si ce choix ne se révélait qu'assez peu compatible, sous certains aspects essentiels, avec les exigences qui sont celles de la vie pratique [18]. En accord, en effet, si l'on veut bien admettre que le réel, ou du moins ce que l'on appelle ordinairement ainsi, possède en fait du possible tous les caractères, à commencer par celui qui le prive de toute espèce d'exclusivité ontologique, de quelque manière qu'on se la représente [19]. Nous n'entendons pas insister sur ce point; après tout le chapitre 4 de *L'homme sans qualités* est suffisamment explicite pour qu'il soit permis de s'en dispenser ici. On notera, toutefois, quant à ce qui nous intéresse dans le cas présent, que si le sens du réel, c'est-à-dire l'attitude qui consiste généralement à accorder une plus grande importance, voire une qualité ontologique supérieure à ce qui existe qu'à ce qui n'existe pas, mais qui pourrait exister «aussi bien», bénéficie le plus souvent d'une incontestable suprématie par rapport au sens du possible, c'est principalement en raison d'une fonction «économique» à laquelle il peut être légitimement associé [20]. Mais cette qualité particulière, ainsi que les avantages qui s'y rattachent ne constituent pas nécessairement une garantie inconditionnelle de certitude, ni davantage de succès. A considérer les choses sous ce jour, il apparaît en effet que les conditions qui sont à même de légitimer la validité d'une idée ou l'efficacité d'une action sont en elles-mêmes susceptibles de changements imprévisibles, si bien que le simple critère de l'adaptation économique ne permet évidemment pas de préjuger de ce qui est réel et de ce qui ne l'est ni ne pourrait l'être.

Bien entendu, ces seules observations posent en fait une foule de problèmes que l'on ne saurait tenir pour secondaires. Mais comme il s'agit précisément d'un point dont on peut dire sans hésiter qu'il est au centre des interrogations de Musil et des principes qui commandent à la fois la construction de *L'homme sans qualités* et l'entreprise que le roman cherche à actualiser, il n'est évidemment pas envisageable de poursuivre sans auparavant s'efforcer à un minimum de clarté.

Au demeurant, il convient sans aucun doute de souligner le genre de rapport qui existe entre ce que Musil nomme le *sens du réel* et le fond épistémologique et philosophique qui paraît être celui de la notion. D'autre part, il y aura également lieu de se tourner vers ce que représente le choix d'Ulrich, tel qu'il est figuré dans le roman, par rapport aux traits les plus marquants de la situation historique à laquelle ce choix paraît constituer, au moins en partie, une réponse. On pourra ainsi obtenir un aperçu de la manière dont les questions qui se rattachent aux faits concernés sont effectivement intégrés au roman, c'est-à-dire à une entreprise qui se veut pourtant essentiellement romanesque et qui, comme telle, en appelle aux ressources de l'art et de la fiction.

2. Expérimentations mentales

Bien que l'on n'en trouve aucune indication explicite dans *L'homme sans qualités*, l'idée du sens du réel peut être tenue pour une traduction spécifiquement musilienne des idées développées par Ernst Mach dans ses différents travaux à propos de la fonction économique que remplissaient à ses yeux les notions et les lois scientifiques, ainsi que les «fictions» auxquelles la métaphysique s'est efforcée de donner une dignité ontologique au cours de son histoire, en particulier celles de «substance», de «cause» et de «Moi»[21]. C'est en raison de la fonction économique qu'elles remplissent, c'est-à-dire de la double adaptation qui, selon Mach, s'établit entre les pensées et les faits et les pensées entre elles, que nos pensées, donc, se voient attribuer une portée objective qui nous permet d'y voir une représentation du réel avec laquelle se confond l'idée que nous nous en faisons. Au réel ainsi conçu, nous attribuons généralement un caractère d'exclusivité et de substantialité apparemment essentiels à toute forme de réalisme comme à tout désir d'efficacité dans le domaine de l'action. A cela se rattache aisément une mentalité que l'on pourrait aussi bien appeler une *mentalité des faits* et qui correspond pour l'essentiel à ce que Musil nomme le sens du réel, si bien qu'en d'autres termes celui-ci paraît trouver une définition dans l'attitude qui attribue la qualité du réel à tout ce qui satisfait nos exigences économiques et nos besoins d'adaptation en général. Toutefois, la mise en rapport de cette notion avec les thèses de Mach à ce sujet fait également apparaître une particularité tout à fait importante pour saisir ce qui sépare de celles-ci la «transposition» dont elles sont l'objet dans l'œuvre de Musil et, par là, la position qui est la sienne quant aux questions que soulève ce genre de perspective.

Les thèses de Mach sont en effet solidaires d'une conception de la science qui récuse la validité des modèles fondés sur la causalité au bénéfice d'interprétations fonctionnelles au regard desquelles la relation que l'on croit pouvoir établir entre ce que l'on nomme une cause et un effet ne représente au mieux qu'une réduction abusive de l'ensemble des relations qui, pour un phénomène donné, peuvent être définies entre les variables qui s'y trouvent impliquées. C'est à un tel modèle que Musil fait appel lorsqu'il évoque les avantages d'une «compréhension fonctionnelle», et cela à un double niveau : sur un plan *théorique* qui n'est pas jusqu'à jouer un rôle déterminant d'un point de vue esthétique; dans *L'homme sans qualités*, également, sous le rapport des choix attribués à Ulrich et des réflexions qui lui sont également attribuées. Comme on peut l'imaginer, et comme cela est très souvent le cas chez Musil, les mêmes principes se distribuent, quant à l'usage qui en est fait, à presque tous les niveaux de la construction romanesque. Certes cela ne simplifie pas les choses, notamment en ce qui concerne le commentaire que l'on peut essayer d'en donner, mais comme il s'agit d'un fait à la fois typique et essentiel, il y a évidemment lieu de s'en soucier tout particulièrement.

Dans le cas présent, la référence à l'idée de *fonction*, telle qu'on la trouve chez Mach, permet de mettre en lumière deux choses au moins. En premier lieu, c'est d'une analyse de cette notion que Musil paraît avoir tiré ce qui définit le sens du possible, ainsi que le motif principal de ce qui l'oppose à l'ensemble des tentatives qui, de près ou de loin, tendent à privilégier un quelconque sens du réel dans des domaines où le principe d'une adaptation économique aux faits ne peut qu'aboutir à une réduction qui consacre les divisions les mieux établies et qui, comme nous le verrons, renforce, non sans dommages, une tendance générale à l'*univocité*. Mais c'est aussi sur la base de l'interprétation qu'il en donne que Musil est amené à se désolidariser de ce que les conceptions de Mach comportaient à la fois d'étroit, voire de discutable, en particulier quant à l'idée de la science qui paraissait en découler. On peut lire à cet égard les analyses que l'auteur de *L'homme sans qualités* consacre aux travaux de Mach dans sa thèse.

L'une des choses, en effet, que l'idée de fonction fait apparaître, c'est que les conditions qui, pour un expérimentateur par exemple, sont liées à la production d'un phénomène, ne peuvent pas être considérées autrement que comme l'expression, à un moment donné, d'un état de choses pouvant en lui-même subir des variations que les impératifs de la démarche scientifique, voire ceux qui appartiennent à la vie pratique nous interdisent de prendre en compte. Comme l'écrit Musil, la chaîne des causes se perd à l'infini, ce que montre aisément la notion de fonction. Car le faisceau des relations que l'homme de science est amené à intégrer dans des équations fonctionnelles participe lui-même toujours d'un ensemble plus vaste à l'intérieur duquel opère le travail d'abstraction sans lequel l'objectivité resterait un vain mot. En fait, non seulement la *complexité* est inscrite au cœur de la science et des modèles qu'elle élabore, mais cette complexité assigne en outre à celle-ci ses limites et son inépuisable pouvoir de renouveau. Comme nous l'avons vu à la lecture des *Essais*, il s'agit là d'un fait auquel Musil s'est montré tout particulièrement attentif. Il le note à plus d'une reprise: même dans les sciences où, pourtant, la recherche de constantes représente un impératif auquel aucun esprit soucieux d'objectivité ne saurait se soustraire, il n'est pas possible de concevoir un terme au développement des théories et des modèles d'intelligibilité qui sont mis en œuvre : l'exclusif, le définitif s'y effacent devant le pluriel et le provisoire[22]. C'est pourquoi, à un double niveau du reste, il n'est rien dont on ne puisse dire que cela ne pourrait être autrement. Ce qui s'y présente sous le jour d'une dépendance fonctionnelle est «artificiellement» isolé d'un ensemble de dépendances toujours plus étendu, et c'est en terme de probabilité qu'il convient d'interpréter ce qui se manifeste de la sorte; d'autre part, le sentiment du provisoire vient encore renforcer la part du possible, sans que cela nuise d'une quelconque façon à l'entreprise dans son ensemble.

On s'explique, dès lors, l'audace que Musil reconnaît à la pensée scientifique, et tout particulièrement aux mathématiques qui n'ont pas à tenir compte du genre d'impératif auquel les sciences de la nature, elles, doivent se plier. Dans tout cela, il est vrai, on ne peut toutefois passer sous silence ce que le «sens du possible» doit aussi à ce que Musil découvrit chez Nietzsche[23]. Toutefois, tout porte à croire, dans le cas de notre auteur, que la lecture de Nietzsche et celle de Mach, sous le présent rapport, se conjuguèrent de façon originale pour aboutir à cette conviction que, comme le dit Ulrich dans *L'homme sans qualités*:

«Un événement et une vérité possibles ne sont pas égaux à un événement et à une vérité réels moins la valeur 'réalité', mais contiennent, selon leurs partisans du moins, quelque chose de très divin, un feu, une envolée, une volonté de bâtir, une utopie consciente qui, loin de redouter la réalité, la traite simplement comme une tâche et une invention perpétuelles »[24].

Cette utopie, il va sans dire que le personnage d'Ulrich la fait largement sienne dans le roman. L'écrivain aussi, toutefois. Car il y a bel et bien, comme nous croyons l'avoir montré ailleurs[25], une remarquable symétrie entre le parti que prend Ulrich en faveur du possible et, d'autre part, les principes qui commandent, chez l'écrivain, l'élaboration du roman et la construction du personnage. Or, là encore, les conceptions de Mach sont loin d'être étrangères à ce que l'on peut appeler pour simplifier la démarche de Musil. Chez Mach, en effet, l'importance accordée au concept de fonction est étroitement liée à une méthode d'investigation particulière, celle qui consiste à «imaginer mentalement la variation des faits» en s'efforçant «d'imaginer une variation continue qui passe en revue tous les cas possibles»[26]. Dans son livre: *Connaissance et erreur*, Mach montre qu'une telle méthode peut être tenue pour l'un des éléments déterminants des succès obtenus par la science au cours de son histoire. Mais ce qui nous intéresse ici, c'est à la fois le privilège que la méthode des «expérimentations mentales» accorde au possible et le parti que Musil en a manifestement tiré.

Le simple fait de procéder à de semblables expérimentations afin de construire, pour un phénomène donné, un modèle d'intelligibilité adapté à ce que l'expérience «physique» est à même de valider montre déjà dans ce que l'on tiendra ensuite pour réel l'expression d'un cas particulier du possible. Mais le réel, s'il bénéficie dans ce cas, par rapport au possible, d'une sorte de valeur ajoutée liée à la nature des buts poursuivis, ne peut évidemment pas être élevé au rang d'une dignité ontologique supérieure et inconditionnelle qui effacerait, sitôt reconnue, la part d'invention et de généralité qui entre dans la construction du phénomène tel qu'il est ainsi défini. En d'autres termes, à ce qui peut ainsi se voir accorder la valeur du réel, on ne peut, sauf pour des raisons qui tiennent à de tout autres motifs que ceux des seules exigences scienfitiques, retrancher la qualité du possible, laquelle demeure indissolublement liée à l'image qui en est ainsi obtenue. Comment, du reste, s'expliquerait-on autrement les réaménagements théoriques qui ont régulièrement lieu dans l'édifice de la science? Comme Musil y insiste d'une façon qui ne peut être imputée à sa seule ironie, le possible ne doit pas être pensé sur le modèle d'une antériorité par rapport au réel: il n'existe entre eux aucune différence de cette nature. Aussi n'y a-t-il pas d'autre réel que le possible, ce qui revient également à dire, dans une certaine mesure, que le réel se confond avec le singulier[27].

La science, comme le suggère la méthode des «expérimentations mentales» selon Mach, ne parvient à ses fins qu'en plaçant entre parenthèses le réel, et cela doublement. En ce sens, tout d'abord, comme il va de soi, qu'il lui appartient de se détacher du singulier à la faveur d'un travail d'abstraction qui lui est propre. En cela, également, qu'elle doit pour y parvenir suspendre provisoirement les suggestions du «sens du réel». Au demeurant, elle y parvient en réhabilitant le possible, même s'il lui faut se soumettre à des exigences qui la séparent de ceux qui, selon les propres termes de Mach, «bâtissent des châteaux en Espagne, romanciers et poètes, qui se laissent aller à des utopies sociales ou techniques...»[28].

Lorsque Musil plaide en faveur d'une application des ressources de la pensée scientifique à des questions qui échappent pourtant à la juridiction de celle-ci, c'est très probablement à cela qu'il pense : à tirer parti des enseignements que comporte le concept de fonction ; à intégrer d'autre part à la sphère de l'art et de la création romanesque la méthode des «expérimentations mentales», non sans toutefois en subordonner les possibilités à des fins spécifiques qui sont précisément celles que l'art doit poursuivre à ses yeux.

Dans *L'homme sans qualités*, le personnage d'Ulrich est pour ainsi dire crédité du même genre d'ambition. Ses réflexions le conduisent en effet à une attitude qui s'inspire amplement des suggestions associées à l'idée de fonction, et le choix du possible donne à ce qu'il tente ainsi une signification comparable à celle des «expérimentations mentales», à cette différence près qu'aucun terme ne leur est apparemment assigné. Parallèlement, la construction romanesque s'accomplit sur la base de choix qui font apparaître le travail de la *fiction* comme un ensemble de *variations* dont les configurations peuvent être légitimement comparées à des structures variables construites sur des relations de dépendance fonctionnelle. En ce sens, le récit reproduit le mouvement de sa mise en œuvre, tandis que le personnage d'Ulrich, plus qu'aucun autre personnage de roman, est appelé à vivre comme le personnage d'un livre. Singulière mimésis qui, loin de se plier aux présupposés de la représentation, en subvertit les lois pour faire du travail de la création romanesque le modèle à peine déguisé de l'intrigue qui en est issue.

A quelle nécessité, cependant, tout cela répond-il? Comme tout ce qui précède permet, croyons-nous, de l'entrevoir, une erreur consisterait ici à insister exagérément sur la dimension formelle de ce qui se fait jour dans *L'homme sans qualités*. En fait, à ce niveau, l'originalité du roman doit être appréciée à la lumière de ce que Musil tente d'y investir. C'est principalement sous cet aspect que les modèles précédemment évoqués des interprétations fonctionnelles et des expérimentations mentales prennent un sens. Et c'est également sous ce rapport que l'usage qu'en fait Musil se distingue le plus des implications qu'ils comportaient chez un auteur comme Mach, y compris, comme nous l'avions annoncé, d'un point de vue strictement épistémologique.

Dans ses *Essais*, Musil fait très souvent allusion à l'intérêt que présente à ses yeux la notion d'une *compréhension fonctionnelle*. Généralement, il associe à cet intérêt une curiosité très marquée pour les travaux réalisés en psychologie par la *Gestalttheorie*. La raison en est double. Non seulement la mise en lumière des lois relatives aux phénomènes étudiés par les psychologues gestaltistes lui paraissait de nature à faciliter l'intelligibilité de nombreux phénomènes demeurés obscurs, et cela dans divers domaines qui pouvaient en paraître pourtant très éloignés; mais les résultats déjà obtenus représentaient également à ses yeux une source de possibilités nouvelles pour la compréhension des problèmes éthiques et esthétiques qui étaient au centre de ses préoccupations[29].

A cet égard, toutefois, plusieurs faits réclament notre attention. Il est clair, tout d'abord, que Musil ne se propose nullement, sur cette base, d'apporter une quelconque contribution à un traitement scientifique des faits éthiques ou esthétiques. Bien au contraire puisque dans son esprit cette double sphère est fondamentalement celle de l'*individuel* et du *singulier*. Sans doute n'est-il pas nécessaire de revenir réellement sur ce que nous avons déjà vu apparaître à la lecture des *Essais*: la notion du non-ratioïde et ce qu'elle recouvre suffisent à en donner une idée. Mais, précisément, les notions de *forme* et de *fonction* présentent ceci de particulier qu'elles nous éclairent à la fois sur ce que l'on pourrait appeler le statut de l'individuel, sur les conditions à la faveur desquelles certaines expériences peuvent prendre une signification éthique particulière, et enfin sur la manière dont l'écrivain peut, s'il s'en donne les moyens, réaliser une forme d'*expérimentation* qui, au rebours de la science, s'assigne pour tâche une investigation spécifique du singulier.

Quant au premier point, en effet, qu'il nous soit permis de souligner l'une des particularités des deux notions mentionnées. La teneur spécifique qui s'attache à certaines sensations ou, plus généralement, à certaines expériences subjectives, dépend essentiellement de facteurs qui entrent dans un champ global d'interactions dont le sujet fait lui-même partie et dont les propriétés sont celles des *totalités* que ces interactions définissent. Or, pour Musil, le propre d'une œuvre d'art, quelle qu'en soit la nature, c'est justement de présenter des propriétés comparables. C'est ce qu'indique la notion de forme, à condition de lui donner le sens de *Gestalt*, étant entendu qu'il devient alors parfaitement vain de vouloir en isoler un fond présumé dont la forme serait comme le vêtement[30]. Par ailleurs, les mêmes notions de forme et de fonction, comme nous l'avons partiellement noté, admettent que les variations susceptibles de se produire au sein des totalités constituées, pour peu que les propriétés de structure en soient affectées ou que l'état qui s'y rattache subisse des modifications, peuvent avoir pour effet des changements *qualitatifs* notables, inexplicables autrement. La notion de *pensée vivante*, chez Musil, est étroitement solidaire des phénomènes qui se font jour à cet égard. Ces *variations*, l'écrivain, dans le domaine qui est le sien, est évidemment à même d'en promouvoir de semblables, et c'est du reste ce qu'il fait, quelles que soient les fins qu'il s'assigne. Mais ce faisant, il procède quoi qu'il en veuille à une «abolition du réel» dont Musil suggère à de nombreuses reprises qu'elle est le propre de l'art. Or, considérée sous ce jour, l'œuvre de Musil n'est rien d'autre que l'exécution consciente de ce que toute œuvre d'art accomplit à son insu.

A cet égard, il n'est peut-être pas tout à fait inutile d'effectuer un rapide rapprochement entre *L'homme sans qualités* et *Les désarrois de l'élève Törless*. Comme cela nous est apparu dans le chapitre II du présent ouvrage, le premier roman de Musil s'achève dans une certaine mesure sur une question, ou du moins sur ce qui paraît être une exigence. Törless y fait sans aucun doute l'apprentissage d'une scission intérieure qui ébranle douloureusement les certitudes intimes dont le sentiment du moi se nourrit essentiellement. Mais lorsque le roman s'achève, le jeune élève, apaisé, paraît entrevoir une possibilité dont il est permis de penser qu'elle se situe dans l'horizon d'une éthique en laquelle il entrevoit vraisemblablement la solidarité de ce dont il avait primitivement éprouvé la séparation. Simplement, cette possibilité lui apparaît comme l'indication d'une tâche à accomplir, ce qui justifie à ses yeux ses égarements antérieurs, comme cela est suggéré dans ce singulier passage, précédemment signalé, où Musil introduit dans le roman, à la faveur d'une surprenante anticipation, un point de vue rétrospectif s'ouvrant sur une suite que le roman ne contient pas[31].

Cette façon de relativiser le contenu immédiat du roman, sorte de mise en perspective qui permet de mieux en apprécier la signification, permet aussi de mieux saisir les rapports qui existent entre Törless et Ulrich ou, si l'on préfère, entre les deux romans. Non pas, certes, que l'un puisse être tenu pour la suite pure et simple de l'autre. Mais plutôt en ce sens que les problèmes auxquels s'était attaqué Musil dans son premier livre sont pour ainsi dire repris et intégrés à une perspective à la fois plus ambitieuse et élargie dans *L'homme sans qualités*. Si l'on en juge en effet à partir des seuls phénomènes de la division de l'esprit et de ce que l'on se plaît à appeler la «crise du sujet», il est parfaitement clair que dès *Törless* l'essentiel est déjà en place. Faut-il cependant se limiter à cela? En fait, c'est à un double titre qu'il est permis de procéder à une mise en rapport des deux romans et de voir dans le second une manière de prolongement du premier.

Non seulement l'histoire d'Ulrich, s'il est permis de s'exprimer ainsi, participe, au moins en partie, des mêmes attendus que celle de Törless, mais il y a entre les deux comme une complémentarité qui s'exprime jusque dans les choix d'écriture de Musil dans l'un et l'autre roman. Pour être plus clair sur ce dernier point, au risque aussi de simplifier exagérément, on peut dire que dans *Törless* — mais aussi dans les *Nouvelles* ou dans les autres écrits que nous avons pris en considération jusqu'ici — l'écriture est orientée vers une expérimentation de l'*individuel* et des variations qui peuvent en modifier la qualité, tandis que dans *L'homme sans qualités*, l'un des effets de la construction romanesque est de prendre davantage en compte la *complexité*, que ce soit sur un plan spécifiquement romanesque ou sur le mode de l'essai, puisque aussi bien le roman, comme on sait, associe étroitement ces deux dimensions à la différence des œuvres antérieures. Au reste, comme on ne l'a peut-être pas suffisamment remarqué, cette association est d'autant plus naturelle que le mode de narration, chez Musil, peut lui-même être apparenté à l'essai[32].

On ne nous en voudra pas de nous répéter, mais c'est en raison de ce qui associe l'individuel au complexe et réciproquement que l'œuvre de Musil peut légitimement se voir assigner deux pôles : celui de l'*éthique* et celui de l'*histoire*.

L'histoire qui est le lieu de l'individuel[33] est aussi celui du complexe par excellence : de tout ce qui s'y produit ou pourrait s'y produire, il n'est rien qui ne participe d'une multitude infinie de facteurs dont les relations de dépendance paraissent s'inscrire dans un complexe de situations qui s'étend lui-même à l'infini. Comme il va de soi, mais comme pourrait aussi le suggérer de manière plus précise le *Théorème de l'amorphisme humain*, toute situation humaine, collective ou individuelle, participe de l'histoire selon un mode d'articulation qui, somme toute, est celui du *global* et du *local*. L'éthique, pour cette raison, paraît s'inscrire dans la dimension du local, mais il est bien évidemment entendu qu'elle ne saurait être radicalement étrangère à la première. Simplement, le type d'articulation qui doit exister entre les expériences d'ordre éthique et la complexité des situations historiques est lui-même pris dans une complexité telle que l'on préfère d'ordinaire ne pas en tenir compte en considérant les deux sphères comme séparées. Mais cela, en apparence tout au moins, ne résout rien. Car ce qui s'impose à propos de l'histoire vaut également pour toute expérience éthique. Dans ce dernier domaine aussi, en effet, l'individuel est toujours associé au complexe et la complexité des situations qui s'y rattachent suggère inversement que ce qui présente une valeur ou une signification éthique possède essentiellement le statut de l'individuel. Musil y insiste régulièrement, comme Ulrich, au reste, dans *L'homme sans qualités*: le bien et le mal sont des valeurs fonctionnelles. Il n'existe pas un bien et un mal en soi, et c'est précisément pourquoi l'éthique n'est pas la même chose que la morale.

Bien sûr, faut-il le préciser? c'est là l'une de ces choses que permet de comprendre le concept de fonction. Mais, comme on le conçoit également sans difficulté, la conséquence en est une sorte d'ouverture de l'éthique sur l'infini du possible, avec tout ce que cela peut comporter de problématique au regard des impératifs de la morale, mais aussi plus simplement de la vie pratique.

Dans *L'homme sans qualités*, l'attitude d'Ulrich se recommande d'une semblable conception. Son aventure personnelle se conçoit comme une tentative pour «vivre l'infinité des possibles», si bien qu'elle présente donc en tout premier lieu une signification éthique au sens préalablement défini. La question de l'histoire, en revanche, n'est d'abord introduite que «par défaut»: l'intrigue qui se noue autour de l'Action parallèle permet d'en intégrer de manière ironique les aspects les plus voyants, mais la perspective d'une mise en relation des questions qui s'y rattachent avec celles qui, sur un plan éthique, sont au centre de la tentative d'Ulrich n'apparaît d'abord qu'à la lumière des faits qui paraissent l'amener, précisément, à s'engager dans son aventure personnelle. En revanche, le rapport qui paraît exister entre les deux interrogations précédemment mentionnées: «Comment vivre?» et «Pourquoi ne fait-on pas l'histoire?», ce rapport n'est suggéré qu'en second lieu, ce qui laisse supposer qu'il tient à une situation que seules les impasses de l'expérience d'Ulrich et celles de l'Action parallèle permettent d'approfondir.

On touche ici, vraisemblablement, à l'une des questions clés soulevées par le roman. Le genre de questions dont on peut dire qu'elles commandent l'idée qu'il convient de se faire, exactement, de la tentative du personnage principal et, au-delà, de ce que l'écrivain lui-même entendait réaliser avec un roman comme celui-là.

A première vue, il pourrait paraître suffisant, à cet égard, de s'en remettre aux déclarations de ce dernier. Mieux vaut peut-être, toutefois, se tourner d'abord, un peu plus précisément vers le roman comme tel.

Chapitre II
Faits et méfaits de l'intelligence

> « *Le perspectivisme du monde s'étend aussi loin que porte notre actuelle 'intelligence' du monde; et j'oserais le placer là même où l'homme a le droit de renoncer à connaître — je veux dire dans ce domaine où les métaphysiciens placent ce qui semble être certain et évident, comme allant de soi, c'est-à-dire dans la pensée.* »
>
> F. Nietzsche

1. L'héroïsme rationalisé

La première partie de *L'homme sans qualités* permet incontestablement de mettre en évidence plusieurs faits qui, quant à ce qui s'y fait jour et quant à ce qui pourrait en éclairer les orientations les plus surprenantes, méritent d'être pris en considération. Sous ce rapport, il y a d'abord le premier chapitre et le modèle qui s'y trouve proposé, d'une manière tout à fait déconcertante, d'un événement auquel sont notamment supposés assister deux personnages dont l'identité, aussitôt dévoilée, est problématisée sans que l'on en saisisse clairement les raisons. De ce chapitre, on peut toujours proposer une interprétation, mais le plus remarquable, du point de vue qui retient ici notre attention, c'est qu'il privilégie d'emblée un modèle intégrant à la représentation du complexe une représentation de l'individuel sous les espèces de l'accident de la circulation proprement dit et de la présence, en un lieu et à un moment déterminés, de deux personnes énigmatiquement privées de leur identité. Or cette double représentation du global et du local est intéressante en ceci qu'elle fait apparaître, pour des raisons qui tiennent aux propriétés des ensembles et des situations complexes, ce qu'il peut y avoir en même temps de nécessaire et de contingent dans le moindre événement, ou plus généralement dans tout ce qui prend une valeur individuelle à nos yeux. En d'autres termes, dès ce premier chapitre, les raisons pour lesquelles ce qui se produit dans une situation déterminée peut faire l'objet d'une rationalisation de type scientifique et, toutefois, être tenu pour contingent en ce sens que cela pourrait être *autrement*, ces raisons sont déjà parfaitement indiquées.

Mais ce n'est pas tout. Sous cet aspect, le passage du chapitre 1 au chapitre 2 est également intéressant. Les deux chapitres sont en fait plutôt juxtaposés, et de telle manière que, d'une part, un étonnement se produise chez le lecteur, et que, d'autre part, un contraste permette d'opposer l'attitude du personnage principal à l'atmosphère de confusion et d'agitation de la première scène.

Dans une version primitive du roman, cette première scène devait être celle d'un acte de mutilation particulièrement horrible dont on peut lire le récit dans *L'auberge de banlieue*[34]. A en juger par les notes laissées par Musil, l'intention immédiate était de créer ainsi dans l'esprit du lecteur un effet de surprise spécifique lié à la fois à la cruauté du premier chapitre et à l'absence de rapport «réel» entre le contenu de celui-ci et le personnage d'Achille, lequel, comme Ulrich, était supposé apparaître immédiatement. Dans cette première version, la scène au cours de laquelle un homme arrache la langue de la femme qui l'étreint devait être présentée comme un rêve. Mais ce rêve devait aussi être expressément présenté comme un «rêve de logicien», et de telle manière que l'on ne puisse en saisir le rapport avec le récit. Par la suite, Musil a abandonné cette idée pour opter en faveur de la solution que l'on connaît. Mais on ne peut pas dire, néanmoins, que cette solution soit absolument sans rapport avec l'idée primitive. En effet, dans la version définitive le lien du premier chapitre et du récit n'est guère plus clair que dans la première version. De plus, excepté la cruauté du récit initial, la notion d'un événement à la fois singulier et détaché du début de l'intrigue est présente dans les deux cas. Ce qui fait défaut, en revanche c'est cette curieuse mise en perspective, grâce au rêve, de la cruauté et de l'intelligence logicienne. Fallait-il y voir une suggestion ironique d'un *penchant au mal* dont on sait qu'il est, pour Musil, inhérent à la science? Probablement. On peut toutefois observer que si le contenu narratif a donc bel et bien changé d'une version à une autre, des analogies demeurent, et ces analogies ne sont justement pas indifférentes.

Ainsi, dans le chapitre 2 du roman, on voit Ulrich, installé près de sa fenêtre, procéder à des estimations mathématiques sur les masses en circulation. Le logicien est devenu mathématicien, mais son attitude, elle, n'a guère changé comme l'indique, peut-être, son rire ainsi que la réflexion qui lui vient immédiatement à l'esprit. Ulrich s'avise alors, en effet, qu'à tenir compte de la somme des facteurs et des forces qui, bien qu'imperceptibles, concourent aux phénomènes en apparence les plus insignifiants, les grandes choses, les actions exemplaires, par exemple, ne supposent rien de plus que les gestes les plus ordinaires.

Dès ce chapitre, bien que les principaux foyers de l'intrigue (l'affaire Moosbrugger et l'Action parallèle) n'aient pas été encore introduits dans la trame romanesque, les composantes essentielles de l'attitude d'Ulrich, la distance ironique avec laquelle il considère les événements, mais aussi la nature de ce qui le place néanmoins en rapport avec une histoire qui, ici, montre déjà un aspect de son visage, cela paraît s'annoncer d'une manière quasi dérisoire, comme s'il s'agissait de soustraire aux suggestions d'une lecture immédiatement confiante les points de fuite que l'on peut cependant y percevoir.

Globalement considérée, l'attitude d'Ulrich revient en effet à rechercher, au-dessous des apparences sous lesquelles se présente à nos yeux l'extraordinaire, le sensationnel ou, plus simplement, ce qui frappe ordinairement l'attention, la présence ou l'expression d'une multitude de *petites forces* qui, par leur action conjuguée, sont comme la source ignorée de ce qui frappe généralement notre regard. Il en va un peu ici comme dans *Törless*, à cette différence près que cette sorte de vision leibnizienne orientée vers les «petites perceptions» dont paraît témoigner Ulrich concerne désormais des phénomènes d'une tout autre nature. En observant de sa fenêtre les mouvements de la circulation, Ulrich scrute en fait la vie bourgeoise, les oscillations, dans le temps et dans l'espace, de la vie socialisée. Or, ce qu'il en déduit concerne tout autant sa propre personne que le temps, l'histoire.

Il suffit, pour en juger, d'interroger rapidement l'idée qui l'enchante dans le chapitre auquel nous pensons.

«L'activité héroïque, songe-t-il, finit même par sembler absolument dérisoire, grain de sable posé sur une montagne avec l'illusion de l'extraordinaire. L'Homme sans qualités fut enchanté par cette idée»[35].

Comme il est permis de le lire dans les lignes qui suivent, Ulrich, en ayant cette pensée, se laisse aller à une conviction qui «contrecarre» des penchants plus anciens. Tandis que ces derniers le portaient plutôt à privilégier une vision héroïque subordonnée à la grandeur, ses observations s'inscrivent désormais bien davantage dans le cadre de ce que l'on peut appeler, avec Musil, une «tendance à la baisse»[36]. Mais une telle manière de voir n'est pas elle-même étrangère aux facteurs qui, dans l'histoire, tendent à promouvoir des habitudes et des formes nouvelles de rationalisation dont le principal effet est précisément de consacrer les «valeurs moyennes» et de donner aux phénomènes de masse une apparence de détermination consciente qui, ainsi que le suggère Ulrich, pourra toujours passer, le cas échéant, pour l'expression d'un « héroïsme rationalisé ». En fait, les comparaisons auxquelles se livre ce dernier permettent d'entrevoir deux traits essentiels de la situation historique dont Musil a voulu, comme il le dit, retracer le seul « aspect spectral »[37]. Dans une époque de plus en plus dominée par les « rapports objectifs » et par les formes d'organisation de masse, l'individu et les valeurs qui lui sont traditionnellement associées paraissent condamnés à se dissoudre sans appel, ce qui, bien entendu, pose un double problème éthique et historique; d'autre part, un tel contexte est évidemment favorable à la répétition mécanique et monotone de ce qui se produit, à l'absence de but, de direction: un univers sans différences nettes qui justifie les réflexions d'Ulrich à ce sujet :

> « Le temps se déplaçait. Ceux qui n'ont pas vécu à cette époque se refuseront à le croire, mais le temps, alors déjà, se déplaçait avec la rapidité d'un chameau : cela n'est pas d'aujourd'hui. Seulement, on ne savait pas où il allait. Puis, on ne pouvait pas distinguer clairement ce qui était en haut de ce qui était en bas, ce qui avançait de ce qui reculait. 'On peut faire ce qu'on veut, se dit l'Homme sans qualités en haussant les épaules, dans cet imbroglio de forces, cela n'a aucune importance !' »[38].

Ce passage est suffisamment connu pour qu'il soit permis de ne pas s'attarder davantage sur certains points. En revanche, sous deux aspects au moins, les réflexions qu'il contient méritent que l'on s'y arrête. En premier lieu, outre le défaut de repères précis, l'image d'un espace entièrement relativisé, la représentation du temps qui s'y trouve évoquée peut être tenue pour corrélative du phénomène précédemment mentionné : celui du jeu conjugué d'une infinité de forces qui, à la manière de particules, dessineraient les contours de ce qui se produit. Or, c'est cela qui, en second lieu, justifie l'attitude de « laisser faire » qui s'exprime chez Ulrich, encore que celui-ci, de manière significative, soit immédiatement après crédité d'une vigueur peu commune à la faveur du coup de poing qu'il envoie à son punching ball. Dans cette attitude, il est permis de lire, comme on le verra, l'une des conséquences inévitables de la constatation que c'est « toujours la même histoire » *(Seinesgleichen geschieht)*. Mais l'on peut d'ores et déjà compléter ce qui se fait jour ici en essayant d'en saisir le rapport avec ce dont Ulrich, dès ce chapitre, est déjà explicitement privé, puisqu'il n'est désigné que par l'indice de ce qui lui manque.

C'est en effet Walter, son ami d'enfance, qui, dans un chapitre ultérieur, donne à Ulrich le nom sous lequel il est pourtant présenté au début du roman. Sans doute peut-on voir dans cette particularité un indice de ce que la construction du roman présente de remarquable au regard des rapports du temps et de la narration[39]. Néanmoins, c'est sous un tout autre aspect que ce simple fait se signale présentement à l'attention. Pour peu que l'on y regarde de près, on s'aperçoit en effet qu'il existe une corrélation entre les propos de Walter, le contexte dans lequel l'Homme sans qualités fait son apparition, ainsi que l'expérience qui, dans le chapitre 13, confirme «en Ulrich le sentiment d'être un homme sans qualités»[40].

Résumons. C'est au moment où le personnage principal, après l'épisode de l'accident de la circulation, se livre à des calculs sur les déplacements qu'il observe par sa fenêtre pour en venir aux réflexions que l'on sait, que la notion d'*homme sans qualités* apparaît sans autre explication. Compte tenu de ce qui est alors suggéré au lecteur, et cela par les pensées du personnage lui-même, on peut légitimement supposer que ce qui le caractérise négativement est à l'image de ce que lui révèlent les phénomènes qu'il est en train d'observer, conformément à ce que laissait déjà supposer le déplacement des masses nuageuses et l'accident de la circulation dans le premier chapitre. En d'autres termes, l'absence de qualités *(Eigenschaftslosigkeit)* correspond, quant au personnage, à ce qui se fait jour dans la société et dans l'histoire sitôt que l'on cesse de les considérer sous le jour des fictions ancestrales que la vie moderne rend de jour en jour plus caduques. Le genre de regard que lance sur le monde l'Homme sans qualités est tout à fait comparable, à cet égard, à l'usage des lunettes d'approche tel que le décrit Musil dans les *Ecrits pré-posthumes*. Le chronomètre qu'il tient à la main est comme l'index de la vision qui est la sienne: celle d'un homme de science dont l'absence de scrupule, et jusqu'aux côtés «mauvais», si l'on en juge du moins par rapport aux idéaux les plus respectables, sont abondamment illustrés dans le roman. C'est dire que l'Homme sans qualités figure bien, à un double titre, l'*homme moderne*: sa mentalité est celle des faits et son amour de la science, comme cela est précisé dans un chapitre ultérieur à propos des mathématiques, trouve un motif supplémentaire dans les craintes qu'elle suscite; d'autre part, un tel homme est à l'image d'un phénomène apparemment propre aux sociétés modernes: son absence de qualités peut être mise en relation directe avec le recul de l'individualité, l'avancée des masses et la dépersonnalisation de l'homme. Or, de ce point de vue, il n'y a pas de grande différence entre ce qui transparaît au début du roman et ce que laissent supposer les propos de Walter après la visite d'Ulrich. Pour Walter qui cite Goethe et qui pressent dans l'intelligence, comme beaucoup d'autres personnages du roman, une sourde menace, Ulrich représente l'emblème vivant de ce qu'il redoute le plus. C'est lui qui déclare, comme pour repousser le démon de ce qu'il entrevoit: «C'est un homme sans qualités!»[41], ajoutant à l'intention de Clarisse qui l'écoute: «Il y en a aujourd'hui des millions. Voilà la race qu'a produite notre époque!».

Bien entendu, rien n'indique qu'il y ait forcément lieu de réduire la notion d'*homme sans qualités* à la pâle expression d'une privation historique ayant pour tout fondement la civilisation moderne et l'ensemble des fléaux que l'on a coutume de lui associer depuis longtemps déjà. Il faudra y revenir, tant il est vrai que la position de Musil, ce qu'il veut intégrer au roman, ne saurait entièrement se confondre avec ce qui se manifeste par la voix de ses personnages. Au demeurant, il n'en existe aucun, pas même Ulrich, dont on puisse dire qu'il marque, sur ce plan-là, la place de l'auteur dans le roman. Bien au contraire puisque Musil s'en est toujours défendu, y compris au regard de la seule technique romanesque. Mais justement c'est à la faveur du jeu polyphonique des personnages et des interférences discursives qu'il est permis de saisir, sans qu'en soit effacée l'ambivalence, les relations unissant les différents points de vue et les perspectives qui s'en dégagent.

Nous l'avons dit: Il n'est pas rare de constater que telle ou telle pensée, telle ou telle déclaration, prêtée à un personnage du roman, pourrait aussi bien être attribuée à un autre. Il s'agit là d'un fait qui est parfaitement en accord avec le concept d'*Eigenschaftslosigkeit*, mais aussi avec la manière dont Musil procède dans la construction de ses personnages[42]. Sous plus d'un aspect, l'ironie musilienne implique une telle possibilité, et c'est pourquoi la notion ne peut en être séparée de ce que recouvre le concept d'*homme sans qualités*: les personnages musiliens sont tous crédités, à différents degrés, d'une certaine dose de clairvoyance associée de manière variable à une égale faculté d'aveuglement. Il en va de ces derniers comme des monades leibniziennes qui chacune expriment à leur manière l'univers, «à peu près comme une ville est diversement représentée selon les différentes situations de celui qui la regarde»[43]. Bien sûr, comme nous venons de le suggérer à l'instant, une telle comparaison ne signifie pas que les personnages, à l'instar des substances individuelles, possèdent en propre des qualités qui n'appartiennent qu'à eux et ne pourraient appartenir à d'autres; mais chacun exprime néanmoins un *point de vue*, et c'est précisément l'ensemble de ces points de vue qui exprime le monde ou, si l'on préfère, qui confère à chaque chose le bénéfice d'un sens. C'est dire si le sens de ce qui est donné peut être tenu pour variable, et si les variations effectives évidemment produites par la composition du roman tracent autant de configurations du possible dans un champ qui reste fondamentalement ouvert[44].

C'est pourquoi le «point de vue» d'un personnage comme Walter peut être mis en rapport avec ce que l'absence de qualités, dans le cas d'Ulrich, paraît indiquer de prime abord. Il est certain que Walter, dans l'appréciation qu'il porte sur la personne de son ami, est conduit à s'attacher plus particulièrement à ce qui lui paraît constituer une expression de ce qu'il déplore. Autrement dit, ce qu'il voit en lui, c'est une image négative des valeurs auxquelles il entend adhérer essentiellement, et cela jusqu'à ignorer, comme il se doit, ce qu'il pourrait découvrir en lui-même de semblable. Mais c'est précisément parce qu'il s'en défend qu'il parvient à mettre en lumière ce que représente, au fond, par rapport à l'attachement à des qualités positivement définies, l'absence de qualités comme telle.

Il y parvient, au demeurant, comme par une inspiration soudaine que lui suggère l'admiration de sa compagne pour un homme à l'égard duquel il éprouve aussi quelque jalousie, en évoquant deux «défauts» qui représentent à ses yeux la négation de ce qu'il revendique. La seule qualification qui convient à Ulrich, c'est celle de *mathématicien*, ce qui représente comme il le dit ce qu'il peut y avoir de pire dans une époque qui tend à déposséder les hommes de l'usage personnel de leurs facultés:

«Un mathématicien, déclare Walter, n'a l'air de rien du tout, c'est-à-dire qu'il a l'air si généralement intelligent que cela n'a plus aucun sens précis.»

D'autre part, le propre d'Ulrich c'est qu'en dépit des qualités qui paraissent s'attacher à sa personne, aucune ne peut être dite effectivement lui appartenir. Bref, comme l'indique l'expression que Walter applique à Ulrich, celui-ci ne possède rien en *propre*: laissons-lui, dit-il, toutes ses qualités, car en fin de compte «il ne les possède pas!».

«Quand il est en colère, quelque chose rit en lui. Quand il est triste, il prépare quelque plaisanterie. Quand quelque chose le touche, il l'écarte. Toute mauvaise action finira par lui paraître bonne sous un certain rapport. Ce ne sera jamais qu'après en avoir entrevu les relations possibles qu'il osera juger d'une cause. Pour lui, rien n'est stable. Tout est susceptible de changement, tout n'est qu'élément d'un ensemble, ou d'innombrables ensembles, eux-mêmes faisant probablement partie d'un super-ensemble dont cependant il ne sait rien, de sorte que chacune de ses réponses n'est qu'un fragment de réponse, chacun de ses sentiments un point de vue, et que ce qui importe pour lui dans une chose, ce n'est pas ce qu'elle est, mais une manière d'être accessoire, une quelconque addition»[45].

Sous le regard de Walter, le visage d'Ulrich se précise. Mais c'est dans de tout autres circonstances que celui-ci obtient la confirmation de ce qui lui manque. Déjà, dans le chapitre où Walter lui donne le nom d'homme sans qualités, on peut voir s'annoncer deux faits, tous deux essentiels relativement au problème d'Ulrich: pour son ami, en effet, Ulrich ne peut être aimé (chose que Walter tient avant tout à mettre en évidence). Or, comme on le verra, même si la question prend alors une tout autre dimension, les raisons pour lesquelles on ne peut l'aimer, aux yeux de ce dernier, sont exactement celles qui interdisent à Ulrich lui-même, corrélativement, et d'*aimer* et de *s'aimer*[46]. Par ailleurs, comme nous l'avons déjà remarqué, l'*Eigenschaftslosigkeit* qui lui est reconnue est explicitement mise en rapport avec un phénomène général qui, pour Walter, est essentiellement imputable à l'intelligence :

«Plus personne aujourd'hui, comme il l'observe, n'a l'aspect qu'il devrait avoir, parce que nous faisons de notre tête un usage aussi impersonnel que de nos mains»[47].

Or le phénomène de l'*impersonnalité* s'apprécie à diverses conséquences auxquelles le langage, par exemple, ne reste pas étranger. C'est en effet en découvrant qu'un cheval de course peut être génial qu'Ulrich se convainc d'être un homme sans qualités. Les principes que celui-ci applique à la circulation urbaine, l'équivalence qu'il découvre entre des comportements ou des actes qu'il ne nous viendrait pas à l'esprit de comparer, l'indifférence qui paraît frapper, au regard des résultats, tout ce qu'un homme peut entreprendre, tout cela s'étale en quelque sorte dans les colonnes des journaux, comme si la vie s'y était conformée bien avant que nous ne nous en rendions compte ou que nous n'en ayons mesuré les conséquences. Aussi la lecture de ces derniers est-elle toujours instructive pour quiconque veut mesurer le degré d'abstraction auquel la vie s'est élevée.

«Un beau jour, Ulrich renonça même à vouloir être un espoir»[48]. Il lui suffit en l'occurrence de constater que la vie avait pris un nouveau tournant et réduisait désormais au rang de «fantômes idéologiques» un grand nombre de vertus autrefois jugées dignes d'admiration. C'est qu'il est une façon d'appréhender la réalité et une manière de la vivre auxquelles les grandes oppositions qui quadrillent le champ de l'expérience ne résistent pas. La vie, à cet égard, paraît elle-même s'en remettre quelquefois aux ressources d'une ironie que l'on ne prête d'ordinaire qu'aux personnes mal intentionnées. Cela, Musil le suggérait déjà dans quelques-unes de ses courtes proses des *Ecrits préposthumes*. Qu'un cheval se mette soudain à rire, il s'agit là d'un fait qui, réel ou imaginé, peut en constituer un signe. Mais lorsque les chevaux se mettent tout à coup, sans même que l'on s'en rende tout de suite compte, à devenir «géniaux» on peut être assuré de la défaite imminente d'un bon nombre d'idéaux qui avaient jusqu'alors permis à l'humanité de garder la tête haute.

De fait, ce que sa démarche doit à l'ironie avec laquelle il traite le «réel», ce qu'il peut y avoir de «cynique» dans sa manière de se comporter, au moins sous certains aspects, Ulrich ne le doit nullement à une quelconque nature ou à un tempérament malicieux qui le porteraient à tendre des crocs en jambe aux idéaux. Il en est bien au contraire redevable à ce dont il est *privé*, et par conséquent aussi bien à ce dont il est intimement convaincu (paradoxalement, son *absence de conviction*) qu'à ce qu'il peut observer des principales tendances qui se font jour dans les incertitudes, les contradictions et les flottements de son époque. Aussi lui suffit-il de constater qu'un cheval peut être génial pour se convaincre d'être, selon l'expression de Walter, un « homme sans qualités ».

Comme le laissait déjà supposer le chapitre 2 du roman :

« les prises et les ruses dont se sert un esprit inventif pour résoudre un problème logique ne diffèrent réellement pas beaucoup des prises d'un lutteur bien entraîné ; et il existe une combativité psychique que les difficultés et les improbabilités rendent froide et habile, qu'il s'agisse de deviner le point faible d'un problème ou celui d'un ennemi en chair et en os. (...) Puis, un cheval et un champion de boxe ont encore cet autre avantage sur un grand esprit que leurs exploits et leur importance peuvent se mesurer sans contestation possible et que le meilleur d'entre eux est véritablement reconnu comme tel ; ainsi donc, le sport et l'objectivité ont pu évincer à bon droit les idées démodées qu'on se faisait jusqu'à eux du génie et de la grandeur humaine »[49].

Il y a sans aucun doute dans un tel passage une inspiration nietzschéenne que l'on ne saurait sous-estimer. L'invention scientifique, et avec elle l'objectivité, y sont considérées sous un jour qui ne diffère pas de la manière dont sont considérées des activités d'une tout autre nature en apparence. L'esprit « belliqueux » que Musil prête à Ulrich n'est pas non plus étranger à une semblable manière de voir, et ce n'est pas davantage un hasard si Ulrich se remémore ce que suggérait Nietzsche à propos de ceux qui se montrent incapables « de souffrir la faim de l'âme par amour de la vérité »[50]. Néanmoins, en décidant de « conduire sa vie selon des principes *ad interim* », Ulrich prend en quelque sorte le parti de son temps, comme pour tenter d'en approfondir les tendances les plus dignes d'attention.

Sous ce rapport, il existe une solidarité étroite entre son *Eigenschaftslosigkeit*, l'idée qui consiste pour lui à « prendre congé de sa vie », le parti qu'il prend en faveur du « sens du possible » et le style essayiste qui marque sa démarche et ses propos. Nous avons nous-même insisté dans un précédent ouvrage sur ce que recouvrent ces différentes notions et sur l'étroite connexion qu'il y a lieu de supposer entre elles[51], mais la question qui se pose ici est plutôt celle de la façon dont un « homme sans qualités » peut effectivement envisager d'approfondir par son expérience les tendances qui se dessinent dans une époque qui a précisément promu un phénomène dont Ulrich paraît être l'illustration. En d'autres termes, quel sens convient-il de prêter à la fiction d'un tel personnage et à ce qu'il est supposé tenter si l'on en juge par rapport aux problèmes qui semblent retenir l'attention de Musil à propos de l'histoire?

2. L'histoire, la littérature et l'individuel

Musil s'est expliqué sur les raisons qui l'ont conduit à donner pour cadre à son roman les années qui ont précédé la déclaration de la première guerre mondiale et la chute de la monarchie austro-hongroise. Dans une note recueillie dans ses papiers posthumes, il suggère notamment que ce choix lui a été dicté par la nature des sentiments que lui inspirait une époque qu'il avait connue et qui représentait certainement à ses yeux, comme à un grand nombre de ses contemporains, un échec, bien sûr, mais aussi quelque chose comme une occasion manquée[52]. Les essais de Musil en témoignent: la guerre, même s'il ne fut pas le seul à partager ce sentiment, fut pour lui une expérience déterminante, et nous savons que l'idée de l'amorphisme humain lui est essentiellement liée. Or, l'une des convictions de l'auteur fut probablement, à tort ou à raison, que par rapport à la situation qui avait débouché sur le premier grand conflit mondial, les années d'après-guerre n'étaient pas sans présenter des similarités. Au rebours d'une idée communément répandue, Musil ne pensait peut-être pas que l'histoire ne pût se répéter; en tout état de cause il n'a jamais adhéré aux prédictions de ceux qui, de manière équivoque si l'on songe à l'écho que rencontra ce genre d'idée, y voient l'accomplissement d'un destin qui affecterait inexorablement, à un moment que l'on se fait fort de déterminer, les formations sociales[53]. Bien au contraire, comme son œuvre en témoigne sans ambiguïté, il pensait qu'une situation semblable à celle qu'avait connu l'Autriche avant 1914 était riche de potentialités qui, en dépit de ce qui se produisit, et malgré un inextricable imbroglio de tendances diverses et contradictoires, auraient *aussi bien* pu aboutir à un règlement partiel des problèmes propres à une époque exigeant incontestablement qu'un tournant fût pris. Au reste, l'Autriche, ce «Parc européen de la décadence chic», était aussi pour Musil un phénomène particulièrement représentatif du monde moderne[54]. Il est certain que *L'homme sans qualités*, bien qu'il ait pour cadre l'immédiat avant-guerre, intègre délibérément un ensemble d'éléments appartenant historiquement, si l'on se place du point de vue des sources de son auteur, à la période ultérieure; mais si Musil préfère situer l'action qui s'y déroule dans le passé, au lieu d'écrire un «roman contemporain», c'est parce que la «situation de l'esprit» y est à ses yeux comparable, et parce que les tâches qui lui paraissent être celles du présent reviennent en partie à tenter de régler les problèmes que la situation antérieure avait abandonnés à des forces aveugles dont rien ne permet de dire qu'il lui eût été impossible de les maîtriser.

Il s'agit là d'une chose beaucoup plus importante qu'il ne paraît de prime abord: Musil écrit à partir des années 1920 un roman dont l'action se situe en 1913. Voilà un fait qu'il convient de garder présent à l'esprit l'orsqu'on lit *L'homme sans qualités*. Or, en dépit de ce qu'indique cette simple date, dès le début du roman le lecteur rencontre dans le personnage d'Ulrich l'expression d'une attitude énergique qui ne s'inscrit nullement dans la ligne d'une nécessité inéluctable. Il suffit, pour en juger, d'en mesurer l'importance à la vigueur avec laquelle celui-ci cogne sur son punching-ball à la fin du chapitre 2. L'état du monde est bien plus intéressant qu'il ne paraît. Ulrich prend le parti de son temps afin d'en expérimenter les possibilités, conformément à une conviction de l'auteur qui n'y voyait en aucune manière l'image d'un destin le conduisant à sa perte.

Mais quant au décalage temporel, et aux effets spécifiques qu'il peut entraîner, on en trouve un excellent exemple dans un passage du même chapitre, lorsque Musil écrit:

«Ceux qui n'ont pas vécu à cette époque se refuseront à le croire, mais le temps, alors déjà, se déplaçait avec la rapidité d'un chameau: cela n'est pas d'aujourd'hui»[55].

Ici, l'appel que fait l'auteur à une *double temporalité* est parfaitement significatif de ce qu'il a en vue. La référence temporelle est en effet double. Le premier segment de la phrase contient déjà implicitement deux références distinctes: l'une à l'époque qui correspond à l'objet du récit, l'autre au temps dont participe le narrateur, voire le lecteur. Par ce moyen, dans ce passage du moins, le roman intègre donc bien à la fois le temps dont participent les personnages et celui dont participe le narrateur, et cela de telle façon que la distance en soit marquée. Le présent de l'indicatif, dans le second segment de la phrase: «cela n'est pas d'aujourd'hui», renforce évidemment la portée de ce simple trait stylistique puisque l'on peut y voir, d'une part, l'expression d'une voix qui est celle du narrateur et du présent de l'énonciation *(und nicht erst heute)*, et puisque, d'autre part, le même énoncé déclaratif présente également la propriété d'établir un rapport entre les deux pôles temporels que la totalité de la phrase intègre.

Ce jeu avec le temps, il est vrai, est familier à Musil; il n'est pas non plus étranger à toute une série de questions dont la lecture de *L'homme sans qualités* permet d'apprécier l'importance[56]. Dans les deux exemples mentionnés, toutefois, on peut surtout trouver un indice de l'importance que revêt le choix de l'époque concernée par rapport aux problèmes que l'auteur avait en vue. Certes, comme il s'en est lui-même expliqué, il ne s'agissait nullement pour Musil d'offrir un tableau du temps ou quelque chose de semblable. Simplement, en tendant, par la voie que lui offrait le roman, de réaliser une sorte d'expérimentation mentale, fût-elle partielle, des possibilités inhérentes à une époque dont il supposait qu'elle constituait à cet égard un terrain particulièrement favorable, Musil entendait contribuer à ce qu'il appelle des « solutions partielles » et, certainement, à une forme d'ouverture dont l'esprit lui paraissait avoir singulièrement besoin.

Bien entendu, cela peut paraître donner à son œuvre un côté édifiant que d'aucuns jugeront insupportable. Certaines déclarations de l'auteur, selon la façon dont on les interprète, peuvent donner ce sentiment. Mais il ne s'agit pourtant pas de cela. Disons, pour ne pas insister davantage sur ce point, qu'aux yeux de Musil il appartenait à la période ayant succédé à la première grande guerre de résoudre les questions que la période antérieure avait abandonnées à la violence. Telle lui paraissait être la tâche essentielle qui s'imposait à elle, de sorte qu'en situant *L'homme sans qualités* en 1913, c'est à cela qu'il pensait tout d'abord, comme s'il s'agissait de reprendre les choses à la racine.

Il est arrivé à Musil de répondre à des questions sur ce que l'on aurait encore appelé, il y a quelque temps, l'engagement de l'écrivain. Il est tout à fait remarquable de constater combien on le sent mal à l'aise dans des cas de ce genre[57]. Le malaise que l'on devine en lui, les hésitations que l'on croit lire, une certaine façon de contourner les questions, expriment cependant moins de sa part une difficulté à se situer qu'une manière de récuser implicitement les questions qui lui sont posées. Il ne nous est certes guère possible d'entrer dans un débat de ce genre, mais ces quelques remarques nous permettent du moins, même si elles ne simplifient rien, de souligner qu'un roman comme *L'homme sans qualités* n'est certainement pas destiné à montrer simplement les errances d'une époque, et encore moins, à servir de véhicule à des « positions ». Bref, de quelque côté que l'on considère la question, le roman échappe à la catégorie de ces œuvres qui se donnent pour vocation une *intervention* dans l'histoire. Ceci afin que sur ce point du moins les choses soient claires. Pour le reste, il est vrai, ce que se propose Musil n'est pas aussi évident et même ses propres déclarations se révèlent souvent de peu de secours. Au risque de simplifier, outre ce que nous avons précédemment suggéré, on peut néanmoins procéder encore à quelques observations avant de revenir au roman proprement dit et aux suggestions que l'on peut y trouver sur ce plan-là.

Ainsi, les commentaires que Musil consacre à sa décision de ne pas écrire un « roman contemporain » éclairent en partie un certain nombre d'aspects non négligeables de la manière dont il aborde généralement les questions relatives à l'histoire. Contrairement à ce qui lui paraît être une constante des interprétations auxquelles la philosophie, par exemple, est ordinairement attachée, Musil s'efforce de ne pas céder à la tentation de l'inexorable. Là où d'aucuns privilégient une manière de voir soucieuse d'analyser la complexité historique en un ensemble d'éléments en nombre fini, susceptibles d'être « mis en intrigue » et ordonnés à l'image d'un fil pouvant tenir lieu de principe d'intelligibilité, Musil se montre au contraire attentif à la nature de cette complexité comme telle, ce qui le conduit, en tout premier lieu, à une contestation des « fictions historiennes », et surtout à une incrédulité spécifique dans ce domaine.

Il n'est pas si difficile que cela de découvrir un fil à l'histoire, mais lorsqu'on y regarde de près on s'aperçoit que le chemin ainsi défini est aussi celui dans lequel se bousculent les réceptacles offerts à la matière humaine, laquelle se trouve ainsi canalisée sans autre participation effective que celle d'un chargement voyageant pour une destination inconnue.

Mais pour quiconque en est convaincu, le principal problème devient de savoir, non seulement quelle explication il convient de donner de ce genre de phénomène, mais aussi de déterminer dans quelle mesure la matière humaine pourrait s'y révéler d'un autre poids que celui d'une masse totale et indifférenciée. Sous ce rapport, les problèmes posés par l'histoire et par le cours de ce que l'on a coutume d'appeler les événements ne sont pas sensiblement différents de ceux auxquels on se trouve confronté lorsqu'on s'efforce d'estimer la part de l'individuel dans toutes les expériences que l'on qualifie ordinairement de morales.

Sur ce plan-là, on sait que l'un des soucis majeurs de Musil fut d'établir ce que toute expérience de ce genre contient de singulier. La question de l'histoire, dans *L'homme sans qualités* n'est pas absolument sans rapports avec un souci analogue. Si l'on en juge à la lumière de ce que nos analyses antérieures nous ont révélé, on s'aperçoit aisément qu'une distinction comme celle qui établit une ligne de démarcation entre la morale et l'éthique revient à découvrir, à côté des processus et des dispositifs qui, dans la sphère de l'esprit, privilégient l'univocité, l'existence d'expériences qui, au contraire, paraissent échapper à la pensée conceptuelle et à ses succédanés. Le champ dans lequel s'inscrivent ces expériences, nous l'avons déjà circonscrit comme celui du singulier, ou encore de l'individuel, et nous savons que Musil le désigne sous la notion du non-ratioïde.

L'idée d'un domaine non ratioïde recouvre, avons-nous dit, l'ensemble des phénomènes ou des expériences qui présentent la qualité du singulier. A première vue, une semblable caractérisation paraît aller de soi. Pourtant elle ne laisse pas de poser quelques questions dont on aurait probablement tort de sous-estimer l'importance. Ainsi, à ne pas y prendre garde, on pourrait se représenter le singulier comme le simple corrélat muet de l'expérience vécue. Or lorsque Musil évoque ce domaine où «les faits ne sont pas dociles, les lois sont des cribles, les événements ne se répètent pas, mais sont infiniment variables et individuels»[58], c'est afin de définir ce qu'il appelle pour la circonstance «la patrie de l'écrivain». Autrement dit, le but qu'il poursuit n'est évidemment pas de simplement désigner, pour le confier ensuite au silence, un domaine qui échapperait inexorablement au langage. Mais comment concilier, dès lors, le statut individuel de ce qui appartient à ce domaine présumé et les ressources dont dispose l'écrivain dans la sphère du langage? Il est clair que Musil pose ici à son lecteur un problème qui dépasse et de loin les questions que soulève un livre comme *L'homme sans qualités*[59]. Et sans doute serait-il parfaitement vain d'y rechercher une tentative de solution théorique de ce problème. Un fait, toutefois, paraît s'imposer à l'esprit, c'est que l'œuvre de Musil contient pourtant bel et bien, sinon une solution, du moins un ensemble d'éléments propres à éclairer sa démarche et la position qui paraît être la sienne à cet égard.

En vérité, nos réflexions antérieures permettaient déjà de préfigurer ce qui est en question ici. Lorsqu'il oppose au concept de la *morale* ce qui lui paraît constituer l'essentiel des expériences *éthiques*, Musil évoque en effet ce qui lui est suggéré par l'idée de compréhension fonctionnelle: le bien et le mal, dit-il (idée qui est également attribuée explicitement à Ulrich) sont des valeurs fonctionnelles. Or cette seule indication permet de comprendre à la fois ce qui confère aux expériences concernées la qualité de l'individuel et la possibilité d'une intégration de ce qui s'y rattache à l'univers du roman.

A se placer en effet sur le plan du vécu, il semble permis de voir dans l'individuel l'expression d'un ensemble de circonstances qui, pour un vécu déterminé, se traduisent dans la perception d'une qualité spécifique essentiellement définie par opposition à toute autre qualité pouvant être associée à d'autres circonstances. En apparence, dans un cas comme celui-là, l'individuel est subordonné à une structuration de l'expérience qui contredit aux définitions qui en sont généralement proposées. Rappelons en effet, comme nous y invite par exemple G.G. Granger, que l'individuation est le plus souvent définie comme un effet de la superposition de plusieurs structures ou comme celui de la déviance par rapport à une norme[60]. Toutefois, la position de Musil fait encore apparaître ceci que si les circonstances dont nous parlions peuvent en effet se voir reconnaître des propriétés de structure, elles peuvent néanmoins être tenues pour représentatives des particularités que les psychologues de la forme reconnaissent aux *Gestalten*. Or, une telle interprétation suppose que l'on tienne compte, dans la définition des qualités spécifiques qui sont reconnues à ces dernières, du champ des relations existant entre un sujet et un objet, de sorte que si, en effet, les propriétés structurales de l'objet ne sont pas de nature à rendre compte de ce que la perception qui s'y rapporte contient d'individuel, il n'en demeure pas moins que les qualités qui sont prêtées par le sujet à une forme en elle-même objectivable présentent, elles, un tel caractère.

En tout cas, lorsque Musil fait appel aux travaux de la *Gestalttheorie*, c'est incontestablement à cela qu'il pense. Egalement lorsqu'il laisse entendre que la nature du regard appliqué à un objet est au moins aussi important que l'objet lui-même. Sans doute les modèles fournis par la psychologie de la forme et ce qu'il est permis d'en tirer du point de vue d'une définition de l'individuel appelleraient-ils d'autres commentaires. On trouve du reste chez Musil lui-même une ambiguïté à cet égard assez significative, nous semble-t-il, des positions qui sont généralement les siennes. D'un côté, en effet, ses réflexions tendent à mettre en évidence l'existence d'un domaine qui échapperait aux lois de l'univocité et de la pensée objectivante (et il ne manque pas de souligner qu'à ses yeux les phénomènes auxquels il pense doivent être tenus pour *réels*); d'un autre côté, l'intérêt qu'il porte aux travaux réalisés dans certains secteurs de la science laisse supposer que certains phénomènes pourtant apparentés à la sphère du *non-ratioïde*, pourraient se voir appliqués des principes d'intelligibilité tels qu'ils puissent faire l'objet d'une interprétation scientifique. Il n'y a probablement pas lieu d'entrer ici dans ce débat, cela ne ferait que nous détourner encore davantage des questions que nous avons en vue. A titre de simple remarque, on peut toutefois observer qu'une semblable ambiguïté ne recouvre pas forcément une contradiction. Car, après tout, pour ce qui concerne les phénomènes considérés, il est tout à fait envisageable d'admettre la possibilité de principes d'intelligibilité — ce dont témoignent les travaux des théoriciens gestaltistes[61] — et d'y voir cependant un ensemble d'occurrences de l'individuel susceptibles d'intéresser l'écrivain pour de tout autres raisons bien entendu.

Mais pour cela il convient de ne pas s'en tenir à la seule considération de ce qui appartient au vécu. Ce qu'il faut au contraire comprendre maintenant, c'est en quoi et comment ce qui se manifeste sur ce plan-là peut ne pas être abandonné, soit à l'ineffable, soit à d'éventuels efforts d'intelligibilité du genre de ceux qui viennent d'être évoqués. Il va sans dire que cela ne saurait être obtenu à la faveur d'une tentative qui s'emploierait à décrire, à représenter, des contenus de conscience, avec le vain espoir d'en restituer l'authenticité. Une intention de ce genre, à supposer que l'on en trouve réellement des exemples, ne pourrait avoir pour résultat que de corroborer les thèses bergsoniennes et de renforcer les prestiges de l'ineffable. A moins, bien sûr, de s'attacher à déterminer la nature des ressources dont dispose le langage ordinaire pour marquer l'individualité, ce qui ne permettrait pas davantage de saisir ce que comporte d'original «le langage littéraire», ni bien sûr la place de l'individuel dans l'œuvre de Musil.

Sur ce point, nous avons déjà eu l'occasion de signaler quelques-uns des aspects inhérents aux conséquences que comporte, d'un point de vue spécifiquement romanesque, la notion du non-ratioïde[62]. A cette notion se rattache une conception que l'on pourrait dire «topique» ou encore «régionale» de l'individuel, un peu comme chez Bergson, bien que l'idée de durée n'y ait aucune part, dans l'*Essai sur les données immédiates de la conscience*[63]. Mais il nous faut maintenant aller plus loin en essayant pour cela de dégager ce que les conceptions esthétiques de Musil et sa pratique du roman sont à même de révéler.

Sur le plan des conceptions, c'est manifestement la notion de forme, au sens de *Gestalt*, qui retient une fois encore l'attention. Un essai comme *Littérateur et littérature* nous y invite suffisamment pour qu'il soit permis de s'y référer à nouveau. Musil y écrit:

«si un rectangle est bien constitué par ses quatre côtés et une mélodie par ses notes, c'est leur connexion particulière qui fait précisément leur *Gestalt*, douée d'un pouvoir d'expression que les possibilités expressives de ses parties constitutives n'expliquent pas. Les *Gestalten*, comme en témoignent également ces exemples, ne sont pas entièrement irrationnelles, puisqu'elles autorisent comparaisons et classements; elles n'en comportent pas moins un élément tout à fait individuel et unique. Pour recourir à une désignation plus ancienne mais encore en usage, on peut dire aussi qu'elles sont un tout, à condition de préciser qu'il ne s'agit pas d'un tout par sommation, mais qu'à l'instant où elles surgissent, elles introduisent dans le monde une qualité particulière, différente de celle de leurs éléments»[64].

Pour l'essentiel, ces lignes se passent de commentaires, sauf peut-être sur un point: dans l'essai où elles prennent place la notion de

Gestalt est invoquée par l'auteur afin de mettre en lumière quelques-uns des caractères qui appartiennent en propre à la littérature et, pour certains d'entre eux, à toute œuvre d'art. Il n'est pas rare, certes, d'entendre dire que toute œuvre est unique, ou encore d'un roman ou d'un poème, qu'il ouvre ou est un monde, ce qui revient en effet à associer l'art et l'individuel. Mais s'il est un bénéfice pouvant être tiré de la notion de *Gestalt*, c'est bien de nous aider à comprendre ce que Musil appelle la «magie symbolique» de l'œuvre d'art, ou encore les raisons pour lesquelles il n'y a pas lieu d'y voir «une répétition de la vie ou d'opinions sur la vie que l'on exprimerait mieux en dehors d'elle»[65].

Est-il permis de pousser un peu plus loin ce genre d'hypothèse ? les caractères qui peuvent être attribués à une œuvre, dès lors qu'on apparente à une «forme» les caractères qui lui sont attribués peuvent certes recevoir une interprétation globale, mais aussi une signification locale, de telle sorte que ce qui appartient au tout peut également être attribué aux parties, et cela, peut-être, jusqu'aux configurations les plus élémentaires. Nous avons nous-même suggéré, dans un précédent travail, la valeur paradigmatique de la métaphore dans l'œuvre de Musil, tout particulièrement dans *L'homme sans qualités*, non sans souligner l'interprétation gestaltiste qu'il semble permis d'en donner[66]. Le «travail de la ressemblance» est paradoxalement de nature à produire un processus d'individuation qui s'explique à la lumière de ce que représente une *Gestalt*, et cela en connexion étroite avec les effets spécifiques d'un jeu de variables dont le modèle est celui de la complexité.

Ce que Musil suggère à propos des «variables fonctionnelles» peut être appliqué sans difficulté à la fois à ces totalités spécifiques que représentent les œuvres littéraires et aux relations que fait naître, dans le cas de la métaphore au sens strict, une dialectique du même et de l'autre, de l'identité et de la différence. Dans les deux cas, l'effet est d'ordre qualitatif; d'autre part, le processus lui-même s'inscrit dans l'horizon et la «mise en œuvre» d'une *complexité*. Ce n'est pas pour d'autres raisons que Musil peut écrire, en insistant sur la dimension «palimpseste» présente dans toute œuvre :

> «Ainsi constate-t-on dans la littérature une situation singulière : c'est que les éléments d'ordre général et permanent y sont inséparables de la contribution personnelle de l'individu, l'élément permanent n'ayant pas plus une croissance différente de l'ensemble que l'élément personnel n'y a une position stable, et le tout étant constitué de variations qui se juxtaposent au hasard»[67].

Si l'on songe à nouveau à ce qu'indiquait déjà l'idée d'expérimentations mentales, et si l'on pense, en outre, à l'orientation délibérément essayiste d'un roman comme *L'homme sans qualités*, on s'expliquera alors aisément, au moins au plan des principes, ce qui apparente l'écriture musilienne à un travail de production de formes *(Gestalten)* orienté vers une promotion de l'individuel immanente au roman comme tel. Ce travail n'exclut évidemment pas, loin de là, les phénomènes qui sont de l'ordre du style, y compris ce qu'ils entraînent sous ce rapport[68]. D'autre part, comme nous le verrons, un tel travail s'accomplit, à un double niveau, à la faveur d'un processus visant à rompre la monotonie de la norme. Pour avoir toutefois recours à une comparaison que la lecture de Musil ne manque pas de solliciter, on peut dire que le double jeu de l'individuel et du complexe auquel on assiste dans *L'homme sans qualités* est à l'image d'une monadologie qui aurait substitué à l'idée d'une intégration qui serait l'œuvre d'un Dieu, celle d'intégrations *partielles*, jamais définitives, recomposant à l'infini le visage de l'individuel.

Mais une semblable comparaison, outre qu'elle peut paraître contestable, présente une difficulté dont la racine n'est pas sans se révéler instructive. C'est que dans un roman comme *L'homme sans qualités* il n'existe pas de substances individuelles. Or, à supposer que la question de l'individuel y corresponde à un souci ou à une orientation majeure, il devient pour le moins permis de s'interroger sur le paradoxe que cette constatation ne peut manquer d'entraîner. Comment concevoir en effet la possibilité d'«expériences» ayant la qualité de l'individuel là où l'impersonnalité paraît être de règle?

Chapitre III
L'absence de qualités :
réalité et fiction

« Quel est ce 'point' auquel je reviens ? »

P. Valéry

« L'homme intérieur et l'homme extérieur sont aussi loin l'un de l'autre que le ciel et la terre. Dieu est à mille et mille lieues au-dessus de nous. Mais Dieu aussi se fait et se défait, devient et passe. »

Maître Eckhart

1. Les paradoxes de l'impersonnalité

Cette question peut surprendre tant il est vrai qu'il n'y a évidemment pas lieu de confondre ce qui appartient à la fiction comme telle et ce qui se rattache soit au plan de l'écriture, soit à l'acte de lecture. Tenter d'intégrer et/ou de susciter l'individuel par un travail spécifique sur le langage, fût-il aussi spécifique que dans le cas de Musil, n'implique pas forcément, du point de vue fictionnel, la construction de «personnages» pouvant se voir attribuer le statut de «substances individuelles». Bien sûr. Mais une semblable distinction ne règle qu'en apparence le genre de difficulté précédemment mentionnée. Car c'est également sur le plan de la fiction en tant que telle que le problème de l'individuel — et par conséquent de l'individu — est effectivement posé dans *L'homme sans qualités*. Aussi ne peut-on se tenir aussi facilement pour quitte d'un paradoxe qui, bien au contraire, s'impose avec insistance à l'attention.

A ces différents niveaux, ce qui se fait jour pourrait du reste être défini comme l'expression d'un manque caractéristique, diversement illustré par Musil: un défaut de *centre* dont l'image de l'anneau offre en quelque sorte un analogon[69]. De même que l'absence de qualités signifie avant tout l'effacement du moi et la faillite corrélative des notions qui, traditionnellement, en apportaient une garantie théorique, le «laisser faire» historique ou le coefficient d'indifférence qui affecte en apparence ce que chacun fait au regard de ce qui effectivement se produit ne constitue jamais que la traduction, dans l'histoire, d'une absence caractéristique d'auteurs en elle-même troublante [70]. Or, au plan de la construction romanesque proprement dite, il n'en va guère différemment. Bien au contraire puisque tout se passe au fond comme si l'absence de centre autour de laquelle s'organise la fiction concernait jusqu'au rapport de l'auteur à ses personnages. S'il est en effet une chose à laquelle Musil se refuse, c'est bien celle qui consisterait à adopter à l'égard de ces derniers un point de vue démiurgique. Les personnages de Musil sont en fait comme laissés à eux-mêmes.

Le concept d'un homme sans qualités paraît l'exiger: l'*Eigenschaftslosigkeit* doit être étendue à l'auteur lui-même.

C'est pourquoi l'œuvre de Musil semble ici faire appel à une sorte de «Principe des indiscernables» dont l'essentiel pourrait consister en ceci que l'*individualité*, loin d'appartenir fondamentalement aux individus (entendons: à ce que nos habitudes intellectuelles et linguistiques nous conduisent à désigner sous ce nom), demanderait à être attribuée aux *qualités* comme telles. Il n'est probablement pas indispensable de rappeler avec force détails ce qu'une semblable notion, sous plus d'un aspect, doit au concept de *sensation*, tel qu'on le trouve chez Mach [71]. A l'image des sensations, les qualités, au sens musilien, doivent être tenues pour impersonnelles, ce qui nous ramène évidemment au défaut de centre, et par conséquent au problème du moi et de l'individualité comme thèmes d'une recherche dont le sujet est au moins aussi problématique que l'objet. Comment concevoir la possibilité d'expériences personnelles (individuelles), là où la personne (l'individu) est à ce point problématique?

C'est Ulrich qui, dans *L'homme sans qualités*, évoque le paradoxe de ce qu'il nomme des «expériences vécues sans personne pour les vivre». A ce que l'on peut être tenté de tenir pour une énigme correspond bien entendu l'idée d'un «monde de qualités sans homme» [72], c'est-à-dire d'un monde qu'il est permis de se représenter à l'image d'un univers de sensations ne laissant d'autre place au moi que celle d'un faisceau d'éléments n'apportant en lui-même aucune garantie de stabilité. Si toutefois de telles formules peuvent aisément être interprétées à partir des suggestions de Mach, les problèmes qui leur sont liés demandent à être appréhendés à partir d'un ensemble de motifs qui ne sauraient être réduits à la seule influence de ce dernier. Musil, au demeurant, insiste bien trop souvent sur ce qu'il nomme l'*impersonnalité* des «rapports objectifs» pour qu'il soit permis de s'en tenir uniquement à une semblable hypothèse, laquelle nous conduirait dans le meilleur des cas à voir dans *L'homme sans qualité* une tentative d'illustration romanesque d'un ensemble de thèses initialement défendues par l'auteur de *L'analyse des sensations*.

En fait, sous ce rapport, la position de Musil paraît être la suivante. Les sciences, comme il se doit, ont largement privilégié le développement d'un mode de pensée dominé par une exigence d'univocité dont l'un des principaux résultats est certainement la substitution d'un sujet rationnel, par définition universel et abstrait, au sujet psychologique défini dans la singularité de ses penchants, affections et sentiments. La puissance du rationnel y a liquidé les prestiges et les illusions du sensible en réduisant de plus en plus la part de l'impondérable, du subjectif et de l'affectivité dans l'appréhension et la maîtrise des phénomènes. Les «sensations» de Mach en sont elles-mêmes à la fois une expression et un produit puisqu'elles conspirent à une élimination du sujet qui, au regard de leur fonction dans la connaissance, s'achève dans l'idée d'une objectivité entièrement détachée de toute référence à un quelconque ego métaphysique ou transcendantal qui en constituerait la condition d'une façon ou d'une autre. Dans la connaissance objective, comme Musil le souligne très souvent, le sujet personnel s'efface devant le général, bref l'impersonnel. C'est en ce sens, comme cela nous est déjà apparu à propos de *Törless*, que Musil parle de l'*indifférence* qui marque à ses yeux les «rapports objectifs», c'est-à-dire les systèmes de relations qui, établies entre les phénomènes, satisfont au principe de l'univocité. Mais la sphère de ces rapports ne se limite pas au domaine de ce qui est objet de science. La pensée univoque est à l'œuvre dans bien d'autres domaines et la science elle-même, comme nous l'avons déjà aperçu, peut être comprise comme l'une des expressions caractéristiques d'une tendance dont les racines sont certainement bien plus anciennes que le savoir rationnel[73]. Comme Musil le suggère, l'arbre de la vie est double, et c'est ce qu'indique également plus d'une réflexion d'Ulrich dans *L'homme sans qualités*, en particulier lorsqu'il évoque ces deux principes que constituent à ses yeux la *métaphore* et le *principe d'identité*[74].

De ce qui se fait jour dans la science, on peut dire en effet que le mouvement de la civilisation est solidaire, ce que tendent à montrer les réflexions de l'auteur sur la mentalité des faits, l'argent et le capitalisme. L'univocité, qui n'est évidemment pas sans rapport avec le «sens du réel», règne sur tous les domaines où l'homme, que ce soit par nécessité vitale ou par appétit de puissance, a *besoin* de s'en remettre à des principes stables et suffisamment efficaces pour ne pas exagérément confier au hasard le soin de réaliser ses buts. C'est pourquoi le système des rapports objectifs, celui des règles qui instaurent une forme de légalité nécessaire, contraignante, source de répétition, investit jusqu'à la vie sociale, donnant ainsi son visage à l'histoire et, conformément à ce que laisse supposer le *Théorème de l'amorphisme humain*, à une *forme de vie*. Car si l'homme trouve en effet dans les circonstances extérieures le principe de ce qui lui donne une forme, alors, là où dominent les rapports objectifs, l'univocité et par conséquent l'impersonnalité participent de ce qui donne à la vie sa forme. *L'homme sans qualités* ne cesse de le suggérer, y compris dans l'expression que l'on y trouve, chez plusieurs personnages, d'une sourde nostalgie dont nous avons aperçu quelques aspects. Peut-être s'agit-il de l'une des raisons pour lesquelles Musil, au lieu de nommer rationnel le domaine de ce qui est soumis à la règle de l'univocité, a préféré inventer ce curieux néologisme dont il reconnaissait lui-même la laideur: le *ratioïde*, pour désigner l'ensemble des phénomènes et des formes de pensée qui admettent la régularité de la loi et l'analyse univoque des significations. L'argent, parce qu'il substitue au désordre des qualités et du sens le principe d'équivalence de l'échange et de la valeur, peut en être tenu pour l'emblème. Mais c'est aussi pourquoi l'expression de la rationalité que l'on y trouve peut être jugée corrélative d'un ordre où «l'action humaine, selon Musil, n'a plus de mesure en elle-même»[75]. A cet égard, le fait que «l'argent (soit) la mesure de toutes choses» peut être perçu comme strictement équivalent à la consécration d'un «monde de qualités sans homme», même si l'égoïsme «organisé» qui en est comme la condition paraît encore marquer la place de l'ego[76]. En fait, les pratiques qui sont liées à cet état de choses privilégient un ensemble de valeurs dont la principale caractéristique est probablement de rendre indifféremment interchangeables les prédicats qui s'attachent à telle ou telle action, à tel ou tel sujet.

Dans tout cela, comme l'observe Musil, il n'y a certes pas lieu de juger l'argent responsable d'une situation généralement tenue pour déplorable. «L'égoïsme est la caractéristique la plus fiable de l'homme», si bien que l'argent, loin d'en être la source, en est plutôt la conséquence. Mais c'est précisément pourquoi la civilisation suppose que soit pour ainsi dire accordée une valeur ajoutée à l'ensemble des conditions qui en favorisent l'exercice.

«Il n'est rien à quoi l'on ne puisse amener un homme, à quelques exceptions insignifiantes près, en excitant sa convoitise ou par l'intimidation. Que l'on puisse compter absolument sur ces deux caractéristiques, c'est beaucoup plus qu'un jeu de mots. Compter présuppose des grandeurs constantes ou une possibilité de conversion en grandeurs constantes. Compter, mesurer, peser n'est possible que si les objets de ces opérations restent identiques à eux-mêmes, ne se modifient pas entre deux mesures ou en cours de calcul»[77].

Telle est sans doute la source du besoin d'univocité, besoin auquel le capitalisme répond à sa manière, d'une façon incontestablement plus souple, toutefois, que bien des formes plus anciennes d'organisation. C'est que si un tel besoin trouve en effet dans des circonstances historiques déterminées comme celles qui lui sont offertes par le capitalisme de quoi se satisfaire, et si la souplesse dont celui-ci témoigne permet d'envisager le développement de potentatialités peut-être plus intéressantes qu'il ne paraît de prime abord, il n'en demeure pas moins que sous l'effet conjugué d'un élargissement de la civilisation, d'une extension de ses formes d'organisation rationalisées et des idéologies qui laissent entrevoir la naissance d'une nouvelle espèce d'homme dont le modèle «collectiviste» constitue l'essentiel, seule la sphère des «rapports objectifs» semble appelée à s'étendre au préjudice de l'individuel et des expériences qui pourraient encore être celles d'un moi soustrait à la règle de l'impersonnalité.

Est-ce donc cependant une semblable possibilité, que le personnage d'Ulrich, dans *L'homme sans qualités*, tente de préserver? La nécessité soudain éprouvée de «faire l'histoire», conformément aux vœux de Clarisse, doit-elle être interprétée comme l'expression d'une sorte d'ultime recours? A vouloir réellement se tourner vers de semblables questions, on ne peut faire l'économie d'une réflexion d'abord attentive à ce que l'*Eigenschaftslosigkeit* contient de paradoxal sous ce double rapport.

Une première constatation réside en cela que rien, dans le personnage d'Ulrich, ne semble indiquer la moindre détermination à agir dans le sens d'un quelconque projet. Sa liberté, s'il est permis de s'exprimer ainsi, est d'*indifférence*. Quant à sa décision de se mettre en «congé de la vie», loin de pouvoir passer pour significative d'un dessein, fût-il indéterminé, elle le rend au contraire étranger aux comportements finalisés qui ont ordinairement cours dans la sphère de ce qu'il abandonne en prenant cette option. Certes, une telle décision n'est pas sans présenter une composante «méthodique», ce qui pourrait laisser supposer que quelque chose, au bout du compte, doit bien en résulter, mais telle n'était manifestement pas l'intention de Musil. Il peut en effet paraître légitime de s'attendre à ce que quelque chose se produise à l'issue d'un roman qui s'étend sur des centaines de pages où, d'une certaine manière, il ne se passe rien. Comme la question en a été posée à Musil lui-même après la publication de la première partie du livre, que doit-il advenir dans la seconde? A quoi faut-il s'attendre de la part de cet homme sans qualités? A ces questions, Musil répond de la façon la plus nette. Que fera Ulrich dans la seconde partie? Rien!

Une hypothèse consisterait certes à voir dans ce genre de déclaration, ou plutôt d'intention[78], l'expression d'un procédé somme toute comparable à celui qui, au début du roman, consiste à placer le lecteur dans l'embarras en laissant dans la plus totale indétermination le rapport qui unit le premier chapitre au contenu du récit. De manière plus juste, on pourrait même aller jusqu'à y voir la volonté manifestée de frapper de *doute* les ressources de l'art narratif et la continuité élémentaire dont tout récit se recommande. On aurait cependant tort d'attribuer cela à l'arbitraire de l'auteur, et encore plus à un souci d'originalité qui emprunterait les voies d'une déstructuration volontaire de la narration. En fait, ce «rien» lâché par Musil dans ses notes personnelles signifie bien davantage une nécessité dont tout porte à croire qu'elle est étroitement liée au concept même d'homme sans qualités.

Comme le suggère Walter dans un passage précédemment cité, tout ce qu'un tel homme fait, tout ce qu'il possède, il ne le fait ni ne le possède réellement. Les qualités qui semblent lui appartenir ne lui appartiennent pas. Comment, dans ces conditions, pourrait-on lui imputer la possibilité de «faire quelque chose», sitôt que, de surcroît, il en a lui-même pris le parti en se choisissant effectivement tel? Bien sûr, on ne peut guère se dissimuler plus longtemps les ambiguïtés qui frappent ici la construction romanesque: elles sont inhérentes au genre lui-même. A pousser les choses jusqu'à leurs conséquences ultimes, les «décisions» qui sont prêtées à Ulrich n'ont pas plus de sens pour un «homme sans qualités» que les qualités qui pourraient lui être prêtées à tort. Mais à ce compte, à se priver de tout ce que ce concept efface, c'est le roman lui-même qui devient impossible, faute de personnage, d'action et, pourquoi pas, d'auteur.

Aussi convient-il sans doute d'estimer à sa juste mesure le tribut que l'auteur doit nécessairement payer au genre choisi, en essayant du même coup d'entrevoir les raisons que l'y conduisent. Et s'il n'y a pas lieu de prêter à Ulrich un réel projet, une réelle capacité d'action, du moins considérera-t-on par hypothèse que la fiction ne peut être tenue pour nulle, ce qui signifie très précisément que l'aventure d'Ulrich ne peut être considérée comme étant absolument dépourvue d'objet.

En d'autres termes, quoi qu'il en soit du caractère paradoxal qui est effectivement le sien, on préférera y voir l'expression de difficultés qui en elles-mêmes peuvent être jugées significatives d'un état de choses dont il convient précisément de cerner les contours. N'en va-t-il pas ici comme de ces questions philosophiques dont Wittgenstein pensait qu'à défaut d'y voir d'authentiques problèmes, il était du moins permis d'y percevoir l'expression de malaises caractéristiques qu'un examen du langage et des distorsions qui s'y font jour peut être de nature à éclairer, sinon à dissiper?

2. «Qu'est-ce que le moi?»

A s'en tenir à ce qui paraît en constituer l'essentiel, le concept d'*Eigenschaftslosigkeit* peut être rapproché de ce qui est suggéré par Wittgenstein dans le *Tracatus* à propos des conditions sous lesquelles deux objets peuvent être considérés comme différents. Dans la proposition 2.0233, il est en effet permis de lire:

«Deux objets de même forme logique — leurs qualités externes mises à part — ne diffèrent l'un de l'autre qu'en cela qu'ils sont distincts.»

Et dans la proposition 2.02331:

«Ou bien une chose possède des qualités qu'aucune autre ne possède, et alors il est possible de la distinguer des autres sans difficulté, et ainsi de la désigner, au moyen d'une description; ou bien il existe au contraire plusieurs choses qui possèdent en commun l'ensemble de leurs qualités, et alors il est absolument impossible de désigner l'une en la différenciant des autres.

Car, si la chose ne se distingue par rien, il ne m'est pas possible de la distinguer, puisque sans cela elle pourrait précisément l'être»[79].

Dans un «monde de qualités sans homme», une semblable définition n'est pas loin de pouvoir être appliquée à tout *individu*, à ceci près qu'elle le prive précisément *d'individualité*. C'est qu'à l'instar des objets de même forme logique, les «personnages» du roman de Musil ne paraissent différer qu'en cela qu'ils sont distincts. Ceci mis à part, on peut leur appliquer indifféremment les prédicats les plus divers, ce qu'illustre l'échange des «qualités» d'un personnage à un autre et le caractère apparemment contingent des regroupements qui les font apparaître distincts. Comme le souligne G.G. Granger dans le commentaire qu'il donne de la proposition citée, les qualités que Wittgenstein appelle externes procèdent d'un remplissage «des virtualités qui déterminent la forme de l'objet», remplissage qui, lui-même est issu de l'expérience. Or, de même que dans ce cas «toute individuation se réduit à la contingence d'un fait» et «qu'en fin de compte il n'y a pas de choses individuées, mais seulement des faits, les premières n'étant rien que les nœuds de relations abstraites qui constituent la charpente du monde, sa 'substance'»[80], de même l'absence de qualités, au sens musilien, rend parfaitement contingentes les différences factuelles qui permettent de distinguer les points d'intersection qui confèrent pourtant aux personnages l'apparence de l'individualité.

Faut-il pousser plus loin la comparaison et considérer que dans un espace romanesque construit sur la base de tels principes, comme dans «l'espace logique» du *Tractatus*, il ne saurait y avoir d'autre individualité que celle qu'autorise une différenciation purement empirique de qualités en elles-mêmes aussi impersonnelles que les sensations? S'il en était ainsi, il faudrait alors renoncer, purement et simplement, à voir dans un roman comme celui-là l'expression d'une tentative du genre de celle que nous avons cru y reconnaître jusqu'à présent. Mais l'impersonnalité, et par conséquent la fausse individualité, s'il faut y voir un problème, doivent avant tout être considérées comme l'expression d'un manque qui suggère peut-être moins une impossibilité que le langage ne saurait contourner, et qui condamnerait à jamais au silence ce qui s'y rapporte, que l'exigence d'un autre langage et d'une autre attitude à l'égard des conditions et des présupposés qui commandent notre manière d'appréhender l'efficacité symbolique des pratiques qui favorisent la recherche de l'univoque et des principales caractéristiques d'une légalité logique, discursive et dans une certaine mesure morale.

A sa manière, le roman de Musil — le fait qu'il s'agisse d'un roman doit être considéré comme essentiel sous ce rapport — investit l'horizon des «rapports objectifs» afin de le prendre en quelque sorte à revers, comme s'il s'agissait d'y découvrir un potentiel caché susceptible de pratiquer une ouverture dans le système clos des pratiques codifiées dans lesquelles il s'épuise. C'est probablement à un enjeu de ce genre que se rattache le «sens du possible» dont Ulrich est immédiatement crédité au début du livre. Mais comme cette notion peut être tenue pour l'une des traductions de l'«absence de qualités», on peut y voir du même coup une explication de l'un des paradoxes qui a précédemment retenu notre attention. Si, en effet, l'une des questions centrales du roman est bien celle que pose l'existence d'expériences vécues «sans personne pour les vivre», et si l'on est en droit de penser que c'est à ce genre de problème que la fiction d'un «homme sans qualités» est destinée à s'attaquer, alors la situation qui fait appel à de telles données, fût-elle fictive, est nécessairement sans issue et la possibilité d'une éthique tournée vers le singulier et l'individuel est inexorablement compromise, à moins, encore une fois, de la situer dans l'ineffable, au-delà de tout langage et de tout usage conséquent de celui-ci. En revanche, si la même fiction, celle d'un «homme sans qualités», est destinée à approfondir l'espace du *possible* que les «rapports objectifs», en raison de leur caractère fonctionnel, paraissent présupposer, alors, cette fois, le paradoxe est levé et la légalité qui définit la pensée univoque peut être située dans un contexte élargi de significations dont la complexité n'est plus forcément incompatible avec la possibilité d'expériences présentant la qualité de l'individuel. Autrement dit, à première vue du moins, l'indifférence ne prend plus forcément le visage du destin. Reste, toutefois, l'impersonnalité.

Si l'on peut en effet percevoir dans le roman l'équivalent d'une tentative visant à contourner la nécessité et à en offrir une image ouverte sur les possibilités que masque une vision étroite, invariable, de la rationalité, cela ne résout nullement la question du moi, si tant est du moins qu'une semblable question soit appelée à recevoir une solution. On touche là, il faut bien le dire, à l'un des points les plus problématiques, et peut-être même les plus obscurs de l'œuvre de Musil et cela d'autant plus que, au moins sur le plan romanesque, sa démarche paraît vouloir intégrer plusieurs composantes d'ordre littéraire, philosophique, mystique, sans que l'on en saisisse toujours clairement les rapports[81]. En outre, sur ce plan-là comme sous d'autres aspects, une règle élémentaire de prudence consiste à ne pas assimiler sans autre précaution ce qui appartient à la dimension romanesque proprement dite et ce qui relève plus précisément du champ problématique des thèmes et des notions dont la fiction se nourrit. Ainsi pour la question de l'*autre état* dont il ne fait pourtant aucun doute qu'elle se situe au centre de ce qui se fait jour dans la seconde partie du roman, encore que nous ne disposions à cet égard que de chapitres et d'ébauches publiés à titre posthume.

Comme nous avons tenté de le montrer ailleurs, la notion de l'autre état est certainement liée aux possibilités contenues dans l'idée d'une «mise en congé de la vie»; en outre, il existe entre cette notion et celle de «pensée vivante» des rapports étroits qui paraissent culminer dans la capacité qui s'y manifesterait de quitter la *périphérie* pour le *centre*, le «moyeu de la roue», dit encore Musil dans un passage particulièrement significatif du roman[82]. Mais, précisément, c'est dans le roman qu'une semblable possibilité se manifeste. En d'autres termes, nous avons ici principalement affaire au genre de chose que les ressources de la fiction, de l'image et de la métaphore peuvent produire, susciter, mais qu'il faut sans doute bien se garder de confondre, soit avec une expérience qui se déroulerait dans un tout autre horizon, soit avec la concrétisation d'un concept ou d'un schème organisateur.

Comme le remarque avec justesse Manfred Frank :

«La littérature critique sur Musil — pour une part non négligeable — cherche à souligner l'irréalité de la solution de l'état second et, ou bien cherche à en acquitter son auteur, ou bien l'accuse de telles visions de conservatisme (on connaît bien le mot de Kisch qui les appelait 'contre-révolutionnaires', TB I, 823).

Il semble qu'il y ait là une *category mistake*. 'L'existence vacancière' d'Ulrich, sa 'religiosité profane' et son éloignement de la morale ne jouent pas à vrai dire dans le contexte du réel mais dans celui de la littérature »[83].

Il reste certes vrai qu'un thème comme celui de l'autre état (l'*état second* dans la précédente citation), on l'a vu, apparaît dans d'autres contextes que celui de *L'homme sans qualités*, en particulier dans les essais de l'auteur, ce qui paraît vouloir dire qu'il n'y a pas lieu, dans l'esprit de Musil tout au moins, d'en limiter la signification à un contexte littéraire. Autrement dit, une semblable notion représentait certainement pour ce dernier l'équivalent d'une catégorie d'expériences dont les *Journaux*, par exemple, nous apprennent que l'amour, certaines manifestations rituelles, la pathologie mentale ou la mystique peuvent présenter des manifestations. Mais si Musil fut en effet amené à s'y intéresser, parfois de très près, il n'en est pas moins vrai que l'attention dont il témoigne dans tous ces cas-là est étroitement liée à son travail et à ses préoccupations d'ordre *esthétique*. Outre les nombreux indices que l'on pourrait en trouver dans ses écrits, un fait au moins en apporte la preuve: pour l'essentiel, l'évocation de «l'autre état» est la plupart du temps couplée avec ses réflexions sur l'art[84].

A cet égard, du reste, un autre thème retient l'attention, présent dans les essais consacrés à des questions esthétiques et dans *L'homme sans qualités*, celui de «l'abolition du réel». Or, fait remarquable, cette «abolition» est aussi ce qui relie l'art à l'autre état et à l'expérience d'Ulrich dans le roman. C'est en ce sens qu'il est permis de voir en effet dans l'expérience de celui-ci, métaphoriquement, une expérience esthétique. Pour Ulrich, l'idée qui consiste à se mettre en «congé de la vie», à opter pour le «sens du possible», revient à faire de ce qui constitue pour l'art la règle une règle de vie. Dans l'existence «esthétique» du personnage, on reconnaît ainsi, une fois de plus, l'expression d'une symétrie tout à fait frappante entre le mouvement et les attendus de l'écriture et, d'autre part, l'une des orientations majeures de la fiction. Or voilà qui, apparemment, pourrait être de nature à fournir un éclairage sur les délicates questions évoquées plus haut.

Si l'on en juge en effet dans le contexte du roman, la composante esthétique du personnage d'Ulrich indique déjà une «disponibilité» et une faculté de «retrait» qui, à elles seules signifient bien autre chose qu'une simple privation. Certes, comme nous l'avons précédemment suggéré, l'*Eigenschaftslosigkeit* signifie le défaut de centre, l'impossible moi, et par conséquent l'effacement de l'individualité dans l'indifférence des rapports objectifs. Sous cet aspect, l'absence de qualités marque le triomphe de l'univocité, l'accomplissement de l'objectivité, l'empreinte de la périphérie. L'Homme sans qualités exprime l'ordre objectif: les formes qu'il assigne à la structure de l'expérience et de l'humain sont les siennes, mais elles ne lui sont précisément pas *propres*, ce pour quoi il est *ohne Eigenschaften*. Mais cette privation marque aussi le commencement d'un «détachement» dont l'*Eigenschaftslosigkeit*, au sens mystique du terme, permet de prendre la mesure[85]. En fait, tout se passe comme si, par un singulier retournement qui exigeait en quelque sorte que fût pris le parti de ce qui se fait jour au sein des structures périphériques, l'alignement sur l'impersonnalité faisait jaillir la possibilité d'un ébranlement de ces dernières dans la figure indéterminée d'un personnage qui mime les pouvoirs de l'art.

«Nous avons l'art, écrivait Nietzsche, pour ne pas périr de la vérité». Ulrich accomplit à sa manière la maxime de l'auteur de Zarathoustra. En se reconnaissant «sans qualités», le personnage de Musil «abolit le réel», mais ce faisant il introduit dans l'univers du roman (de ce roman) une possibilité de variation proprement ironique, comparable aux variations que l'art parvient à produire dans la sphère du réel. Et c'est cela qui permet de situer son expérience dans une orbite qui est déjà celle de l'*autre état*.

Dans quelle mesure, toutefois, cette communauté de signification nous permet-elle de mieux saisir ce qui est au centre de l'expérience d'Ulrich et, au regard du moi, les perspectives qui s'y dessinent?

Etre «sans qualités» *(ohne Eigenschaften)*, c'est, nous l'avons vu, ne rien posséder en *propre*. Un homme sans qualités n'est pas un individu, comme nous l'avons amplement souligné; rien en lui ne permet d'y voir une *personne*. Dans le roman, il s'agit là d'un fait qui se signale par différentes conséquences de nature éthique en particulier, et c'est vraisemblablement cela qui se manifeste dans l'intérêt d'Ulrich pour le charpentier Moosbrugger. Ce dernier, en effet, de façon proprement catastrophique, connaît les méfaits d'une scission dont il tire du reste une capacité de métamorphose proprement surprenante, mais qui indique surtout une faillite dans le système des normes juridiques et des habitudes intellectuelles qui ont ordinairement cours. Le problème de la responsabilité, agité au début du roman, ce que le «cas Moosbrugger» représente d'impossible, peuvent être tenus pour l'expression des limites que comporte, en dépit des apparences, tout système que l'on voudrait «complet», tant sur le plan juridique que moral ou intellectuel. Comme le suggère la lecture du chapitre 18 du roman, l'une des principales difficultés rencontrées par les juristes appelés à statuer sur son cas tenait à ceci que les raisons qui eussent permis de le déclarer fou, et par conséquent irresponsable, n'étaient pas plus décisives que celles qui tendaient à en faire un individu parfaitement sain d'esprit[86]. C'est qu'en lui se superposent en fait deux logiques résolument hétérogènes, si bien qu'entre elles il n'est pas possible de choisir. Les juges, les psychiatres, tentent bien de lui appliquer les catégories d'usage qui appartiennent à la sphère respective de leurs compétences ou de leur savoir, ces catégories qui, généralement, permettent de faire entrer le particulier dans le général. Mais la *complexité* du cas (l'enchevêtrement, le nœud de structures multiples qui en dessinent les contours) leur interdit de s'en remettre à une seule loi, sinon celle de la position hiérarchique des fonctions concurrentes :

> «Comme toujours en pareils cas, les opinions des médecins sur son état mental variaient sous l'influence du corps de doctrine juridique qui leur est hiérarchiquement supérieur, et Moosbrugger ne laissait échapper aucune occasion pour attester publiquement sa supériorité sur les psychiatres, les démasquer, les traiter de sots gonflés d'eux-mêmes, de charlatans ignares, réduits à le mettre en asile quand il simulait au lieu de l'envoyer à la maison de correction qu'il méritait»[87].

C'est qu'à l'instar de plusieurs autres personnages du roman, pourtant peu suspects d'ignominie, Moosbrugger connaît aussi le sentiment d'une conception «grandiose» de la vie, ce qui montre assez combien les mêmes velléités, les mêmes ambitions peuvent se retrouver chez des personnes que rien en apparence ne permettrait de tenir pour semblables. Du reste, inversement, Musil ne note-t-il pas :

> «Tout en soupirant à la seule idée d'un pareil monstre, on s'y intéressait davantage qu'à ses propres affaires. On eût pu même surprendre le plus impeccable des sous-secrétaires d'Etat, le plus correct des fondés de pouvoir disant à son épouse ensommeillée, au moment de se mettre au lit: 'Et qu'est-ce que tu ferais maintenant si j'étais un Moosbrugger?'...»

Ce que chacun découvre d'intéressant en Moosbrugger, c'est à la fois ce qu'il y a en lui de *différent* et de *semblable*: la transgression odieuse des normes (toujours en elle-même intéressante, du reste, pour des raisons qu'il serait superflu de développer) et le côté «héroïque», face aux juges, qui satisfait étrangement la nostalgie de la grandeur. De surcroît, c'est dans l'*exception*, fût-elle criminelle, que s'éprouve le moi. La dispersion catastrophique de son être, Moosbrugger tente de la surmonter, de lui trouver un remède, dans la revendication du châtiment, un peu comme si étant déclaré criminel, il retrouvait le privilège de ce qui lui échappe fondamentalement : ce moi qui le fuit en s'émiettant dans les mille parcelles de son être divisé.

> «Aux yeux du juge, ses actes provenaient de lui, mais aux yeux de Moosbrugger, ils étaient plutôt revenus sur lui comme des oiseaux reviennent de migration. Pour le juge, Moosbrugger était un cas particulier; pour soi-même, il était un monde, et il est très difficile de dire quelque chose de convaincant sur un monde»[88].

Un cas particulier, c'est-à-dire soumis à la règle du général : intégrable, en quelque sorte. Intégration à la norme d'un côté, désintégration involontaire de l'autre : Moosbrugger se heurte en permanence aux insurmontables paradoxes de l'univocité et du complexe, et c'est certainement en cela qu'il y a entre lui et Ulrich plus d'une affinité, comme s'il convenait de voir en Moosbrugger une sorte de reflet pathologique de celui-ci. Ce qu'Ulrich vit intellectuellement et sur le mode de l'exactitude, l'assassin Moosbrugger le vit cruellement dans la maladie. Mais chez l'un comme chez l'autre, quelque chose s'est détraqué. Dans les deux cas, en effet, on observe un phénomène de « panne » caractéristique : le système des rapports objectifs échoue, au sens où, chez le premier, la décision de vivre l'impersonnalité se traduit par une mise entre parenthèses de la nécessité qui lui est inhérente, tandis que chez le second, plus simplement, la réduction du particulier au général butte sur une complexité irréductible que les normes et les lois en usage ne permettent pas de vaincre.

D'une certaine façon, on peut y lire un épisode de ce qui oppose le réel au possible : celui-ci excède toujours celui-là, de sorte que dans ce cas précis, le système du réel se trouve pris au dépourvu et les habitudes qui, communément, président aux décisions pratiques, prises de court par les exigences qui seraient celles d'un entendement conséquent. On prête aux militaires le fâcheux défaut d'être toujours en retard d'une guerre ; il n'est pas très difficile de constater combien, dans le domaine juridique ou politique, les « décideurs » sont la plupart du temps en retard d'un « savoir ». Il s'agit là, en tout cas, d'une réflexion qui vient souvent à l'esprit à la lecture de Musil. Mais il est vrai que, comme il le pensait probablement lui-même, les choses sont très bien ainsi : il y a dans la conscience de la complexité quelque chose de proprement paralysant ; d'autre part, on peut avoir toutes les raisons du monde de se montrer circonspect à l'égard de quiconque entendrait se comporter, sur le plan social et politique, à la façon dont se conduit un homme de science dans le domaine qui est le sien.

Quoi qu'il en soit, le charpentier Moosbrugger témoigne à sa manière, comme Clarisse, aussi, d'un disfonctionnement du moi qui se traduit dans une forme spécifique de manque : une privation d'attributs « propres », ce qui explique leur usage des citations. Comme dans certains cas frappants d'asthénie, on observe chez eux quelque chose qui tend à une « rage de citations »[89]. Moosbrugger s'afforce volontiers à un langage d'emprunt parfaitement stéréotypé ; Clarisse cite des pages entières de Nietzsche. Il est vrai que cela correpond chez Musil à un parti clairement défini dans l'idée qui consiste à « composer un personnage exclusivement à partir de citations »[90]. Mais il ne s'agit certainement pas seulement d'une technique chère à l'auteur. Tous les personnages de *L'homme sans qualités* se nourrissent de citations. Or il y a là un fait qu'il convient certainement de mettre en rapport avec les attendus de l'*Eigenschaftslosigkeit*, le défaut de *propres*. La pratique de la citation contourne d'une part, comme on le voit chez Clarisse et chez Moosbrugger, l'absence de centre, le silence du moi. D'autre part, les discours sont à l'image des qualités : ils n'appartiennent à personne et cette modalité spécifique d'appropriation que constitue la citation est ce qui permet, par le biais du roman, d'en faire jouer les variations, de les faire jouer les uns contre les autres, *ad libitum*, de manière à recomposer ainsi, sans aucun principe de sélection ou de fixation a priori, un ensemble élargi de perspectives qu'il ne serait pas possible de dessiner autrement.

La multiplication des *points de vue* en constitue sans aucun doute un premier bénéfice. Mais il faut encore que cela soit perçu : ce roman est un roman. C'est pourquoi on trouve chez tous les personnages qui en font partie, comme un point aveugle : ils ne sont jamais tout à fait ce qu'ils disent, ce qu'ils sont. Chez Ulrich, cela est net, puisqu'il est sans qualités. Mais ces personnages *à qualités* qui paraissent suivre un mouvement aléatoire de constellations désaxées le sont aussi à leur manière : un manque est inscrit en eux qu'ils s'efforcent de combler comme ils peuvent : les citations, bien sûr, mais aussi leur besoin de se raconter des *histoires*, d'adhérer à des *convictions*. Le cas de Diotime est à cet égard exemplaire : à la grande idée, à la communication des âmes, elle substituera sans grande difficulté un vif intérêt pour la sexologie[91]. C'est cette coexistence, en chacun d'eux, de qualités qui ne sont jamais tout à fait fixes, et qui peuvent être perçues sous des points de vue variables qui produit aussi les effets les plus inattendus. Le général Stumm dont la rondeur est égale à la naïveté avec laquelle il enveloppe de mille précautions les observations qu'il s'autorise, lui qui se sent si étranger aux subtilités de «l'esprit civil», se montre, sans s'en rendre compte, d'une finesse et d'une intelligence tout à fait surprenantes en plusieurs occasions. Diotime, «beauté spirituelle» est trahie par sa main, et sans doute faudrait-il tenir compte, à poursuivre, des multiples contrastes qui se logent dans la peau des personnages les plus divers. Ce qu'il y a de «spectral», pour reprendre une expression de Musil, dans un roman comme celui-là et dans les événements dont se nourrit la fiction, est en partie lié à une sorte de flottement des qualités que les efforts méritoires des personnages ne suffisent pas à réellement fixer. Cela contribue largement, du reste, à un effet de *Verfremdung* assez caractéristique qui en constitue la contrepartie.

Ainsi, de quelque côté que l'on se tourne, le problème des propres paraît investir la fiction romanesque jusque dans ses moindres aspects. Mais ce problème, précisément, c'est au personnage d'Ulrich qu'il revient de le prendre en charge dans le roman. Aussi convient-il de déterminer rapidement la nature des voies dans lesquelles la fiction paraît s'engager à cette fin. L'idée en est contenue dans l'expression utilisée par Musil pour désigner le manque par lequel Ulrich se singularise paradoxalement : *Ulrich ne s'aime pas*! C'est là, d'ailleurs, une chose qui se manifeste à différents niveaux dans le roman, ceci jusqu'à ce que la conscience lui en soit explicitement donnée. Un homme sans qualités, sans attributs qui puissent être dits les siens : *ohne Eigenschaften*, ne peut *s'*aimer, conformément à ce que suggérait déjà Pascal dans l'une de ses pensées lorsqu'il observait que si l'amour d'une personne ne se confond apparemment pas avec un sentiment particulier pour une qualité particulière, la privation des qualités n'en prive pas moins l'amour de tout objet, puisque le moi disparaît pour ainsi dire en même temps qu'elles[92].

C'est pourquoi, dans une certaine mesure, le problème de l'absence de qualités est appelé à se résoudre en un ensemble de questions qui concernent l'amour. Ulrich, apprend-on à la lecture du roman, avant de devenir un homme sans qualités, avait été un «chevalier de l'amour». Ce fait, en apparence surprenant, se rattache dans le récit à l'épisode de la Majoresse, épisode de jeunesse qui, comme souvent chez Musil, est évoqué inopinément, sans aucune espèce de souci chronologique, mais qui n'en est pas moins très important pour le déroulement de ce que l'on serait tenté d'appeler l'action[93]; d'autre part, c'est encore l'amour, comme on sait, qui (en un sens) est au centre de l'Action parallèle, puisque celle-ci est étroitement liée aux ébats spirituels de ses deux principales figures : Diotime, dont le nom est tout un programme, et Arnheim. Il est d'ailleurs significatif que l'histoire parallèle des amours de Diotime et des conquêtes d'Ulrich donne lieu à un chassé-croisé principalement marqué, là encore, par un ensemble de pannes caractéristiques. L'amour de Diotime pour Arnheim trouve dans le corps un obstacle, tandis que les aventures d'Ulrich y trouvent, elles, un exutoire au regard duquel l'âme n'existe quasiment pas. Diotime souffre de son corps, Ulrich manque manifestement d'âme, ne serait-ce qu'en cela que ses rapports amoureux manquent totalement de ce que seule l'âme peut donner : l'amour, précisément. A cet égard l'indifférence d'Ulrich peut être tenue pour symptomatique et ses rapports avec sa cousine, outre ce qu'ils présentent de drôle, sont d'autant plus compliqués que le premier voit dans ce qui encombre celle-ci l'expression d'une sensualité à laquelle il n'est pas insensible, et la seconde, dans ce dont Ulrich est apparemment privé une menace qu'elle juge proprement diabolique. En fait, dans les attitudes respectives des uns et des autres, et dans leur façon de vivre le sentiment, se croisent sans véritablement se rencontrer diverses figures d'un manque qui, s'il tend à s'investir dans l'amour, et jusque dans les ambitions les plus extravagantes, trahit essentiellement un malaise, des impossibilités, qui sont ceux du moi.

Ce qui se fait jour chez Ulrich, sur ce plan-là, n'est sans doute pas sans rapport avec ce qui se dégage de certaines pages de Nietzsche consacrées à l'amour. Parce qu'il est sans qualités, avons-nous dit, Ulrich ne peut s'aimer. L'amour-propre *(Eigenliebe)* lui est étranger. Mais c'est aussi pour cette raison qu'il ne peut aimer. Selon une perspective qui place en effet au centre de la possibilité d'amour la question d'un rapport à soi et, avons-nous dit également, la question des propres, l'amour de l'autre suppose l'amour de soi, de sorte qu'à ne point s'aimer, on ne peut aimer et l'on ne peut s'aimer que sous la condition d'une relation à soi qui est une relation du moi à ce qu'il reconnaît comme son propre.

Ces quelques remarques peuvent certes paraître assez étrangères au roman dans ses aspects les plus immédiats. Pourtant, c'est bien cela qui semble guider l'auteur dans ce qui se révèle à la lecture. Privé de qualités, Ulrich est privé d'amour, de possibilité d'amour et si ce sentiment occupe dans le roman une si grande place, ce n'est certainement pas pour d'autres raisons que celles qui font de l'*Eigenschaftslosigkeit* le principal point de fuite de ce qui s'y dessine. Au risque de simplifier exagérément une composition infiniment plus complexe, rappelons en effet qu'Ulrich, pour ne parler que de lui, trouve en la personne de sa sœur l'*image* de ce qui lui manque. Et encore faut-il que cette sœur soit une sœur jumelle, c'est-à-dire son *double*, et même davantage puisque leur «gémellité volontaire» se veut siamoise et tente de s'expérimenter comme telle. C'est dire que pour s'aimer Ulrich doit reporter son amour sur un moi qui, tout en étant *autre* soit également *lui-même*, comme s'il s'agissait de s'abîmer en lui pour se retrouver. Dès cet instant, comme on le conçoit aisément, le récit s'ouvre à une expérience mystique qui s'accomplit dans une recherche de l'autre état, et qui se révèle, bien entendu, au centre de difficultés spécifiques dont Musil lui-même, littérairement, n'est pas venu à bout. Quel rapport unit cependant les principaux moments de cette quête? Pourquoi l'autre état? Les fils que découvre le récit ne semblent guère pouvoir se résoudre aisément. Toutefois, il paraît clair que de l'*Eigenschaftslosigkeit* à ce que Musil nomme l'amour sororal et à l'autre état, il y a une filiation dont le principe est étroitement lié à la question des propres et, par là, à une problématique de l'individuel et du complexe dont il est opportun de fixer les principaux moments.

3. Des motifs et des causes

De l'Autre état, on peut dire qu'il associe de façon originale la possibilité d'une expérience individuelle, qui rompt l'indifférence et fait renaître le moi, à des possibilités inhérentes à la complexité comme telle, ou, si l'on préfère, à des propriétés qui sont supposées celles des ensembles et des situations complexes. Or, c'est l'amour et par conséquent le sentiment qui y jouent un rôle déterminant. D'autre part, l'amour, s'il participe lui-même d'une complexité qui peut être tenue pour essentielle, présuppose, au regard du moi, la possession en propre d'attributs susceptibles de ne pas se résorber dans l'impersonnalité, dans l'indifférence des rapports objectifs. « Littérairement », c'est le thème de la sœur jumelle qui assure cette possibilité. Mais il s'agit néanmoins d'une possibilité toute problématique car Agathe, cette sœur jumelle susceptible d'offrir à Ulrich l'image incarnée, objectivement autre, de son propre moi, bref l'image d'un propre qui, parce qu'il lui appartiendrait serait également sien, cette sœur est une sœur: ils ne sont « ni séparés ni réunis ». On rencontre ici, dans les chapitres qui appartiennent à la deuxième partie du roman, une série de paradoxes liés à la figure du double qui, s'ils s'inscrivent sans aucun doute dans la ligne de la « solution » du problème d'Ulrich n'en sont pas moins tout à fait déconcertants, comme il est à peine besoin de l'ajouter. Quel en est exactement l'intérêt ? Nous voulons dire : qu'indiquent ces paradoxes quant à ce qui paraît être en jeu dans le roman ? En quoi prolongent-ils l'ensemble des variations sur l'individuel et le complexe que nous avons cru déceler, jusqu'ici, dans l'œuvre de Musil ? Et vers quoi ? Nous ne saurions certes en rester à ces questions, ni davantage les tenir pour secondaires. Mais on ne peut guère, non plus, en sous-estimer la difficulté.

Une solution consisterait certes à ne pas s'encombrer de scrupules, et à rabattre tout cela sur le seul registre de la fiction sans se préoccuper outre mesure de ce qui pourrait tenter de s'y accomplir. Mais si les faits sont têtus, la fiction l'est tout autant, ce qui signifie, dans le cas présent, que l'on ne saurait ignorer innocemment ou à dessein que celle-ci est destinée à répondre à une situation et à des questions que Musil, lui, prenait manifestement tout à fait au sérieux.

Certes le thème de la « sœur jumelle », l'ensemble des figures qui se rattachent à l'idée du double ou de « fragments séparés d'un tout plus ancien », ne peuvent se voir reconnaître d'autre statut que « littéraire », parabolique si l'on veut. Mais ils n'en indiquent pas moins une nécessité au regard des difficultés, tant narratives que philosophiques ou éthiques, que recouvre l'absence de qualités. Peut-être est-il du reste envisageable de situer la précédente discussion sur un autre terrain que celui des seuls paradoxes inhérents au genre de solution retenue par Musil pour la composition du récit.

Si l'on en juge par ce que révèlent les notes de l'auteur lors de l'élaboration du roman, il semble que celui-ci ait envisagé, à un moment, d'en orienter la seconde partie vers une «narration retrouvée». A propos de la première partie, il s'impose en effet la règle suivante: «ne pas feindre un récit!». En fait, il songe alors à une solution qui consisterait à rétablir le principe de liaisons narratives à partir de l'apparition d'Agathe, la sœur oubliée[94]. Sans doute n'y a-t-il pas lieu de tirer une conclusion hâtive de ce qui ne constitue après tout qu'une possibilité envisagée à un certain moment. On peut néanmoins tenter d'en saisir les raisons.

Comme le révèle en particulier l'avant-dernier chapitre de la première partie de *L'homme sans qualités*, la faculté de la narration fait incontestablement partie de ce dont un homme comme Ulrich est essentiellement privé[95]. Ce chapitre éclaire d'une certaine manière rétrospectivement l'ensemble des autres chapitres de la première partie, tant il est vrai que jusque-là le roman paraît avoir évacué la continuité et le genre de cohésion élémentaires qui sont ordinairement assurées par la mise en forme narrative. En un sens, cette opération de liquidation est parfaitement légitime: elle fait tout naturellement partie des conséquences qu'entraîne l'*Eigenschaftslosigkeit*. Or si l'on ajoute à cela la disqualification d'un concept comme celui de la causalité (au bénéfice, comme on l'a vu, de celui de relations fonctionnelles), il devient apparemment possible d'articuler ce qui se fait jour sur le plan de la conception du récit et de son déroulement à ce que le même récit met en œuvre symboliquement.

Annulée, la causalité l'est doublement: cette annulation est en effet comprise dans le concept de relations fonctionnelles, lequel est lui-même impliqué dans l'absence de qualités comme telle, dans le *sens du possible*, et aussi, de manière plus générale, dans l'image d'une complexité essentielle, substituée à la simplicité d'un réel ordonné à des relations causales stables, identifiables, pouvant prendre place dans un système de rationalité close. Deuxièmement, le modèle des connexions causales est également annulé en tant que mode essentiel d'articulation des significations dans l'ordre du récit proprement dit. Non pas, certes, par précision purement arbitraire de l'auteur, mais par nécessité interne. En raison de cette double annulation, l'expérience d'Ulrich ne peut s'accomplir de telle façon qu'une orientation déterminée puisse y être perçue. Au reste l'horizon qui lui sert de cadre est celui du *Seinesgleichen geschieht* («toujours la même histoire»), thème qui domine la première partie du roman. En d'autres termes, ne serait-ce qu'afin de préciser quelque peu cette dernière idée, la première partie du roman est en ce sens dominée par une *absence de détermination* qui affecte aussi bien le personnage central que les perspectives d'ensemble dont l'histoire paraît tributaire. C'est en tout cas ce que suggère Musil lui-même dans une courte note ayant pour objet le deuxième volume du roman. La signification de ce qui se produit, excepté dans le détail, reste fondamentalement indéterminée, «vague, embrouillé, équivoque et de nature répétitive». Comme il l'écrit: «L'homme a le sentiment d'être condamné à vivre éternellement les mêmes choses, sans que la moindre lumière soit à même d'émerger de ce cercle livré au chaos, de telle façon qu'il lui soit permis d'en sortir»[96].

Or, comme le précise la suite de la même note, non seulement il s'agit là d'une chose qui permet d'établir une continuité entre le présent et le passé, mais c'est également pour la même raison que le principal problème auquel le livre est subordonné consiste en une tentative visant avant tout à fonder la possibilité d'une histoire *(den Versuch eine Geschichte überhaupt erst möglich zu machen)*. Quelle histoire? Il semble que l'on puisse ici légitimement placer en parallèle les problèmes relatifs à la possibilité d'une histoire dans le roman, comme lorsque nous avons parlé, plus haut, d'une «narration retrouvée», et les difficultés s'appliquant à la pensée d'une histoire qui, sur le plan des événements mondains, cette fois, échapperait à la répétition monotone du *Seinesgleichen geschieht*. Dans les deux cas, en effet, les questions qui se posent convergent dans l'absence d'une «signification déterminée» de ce qui se produit. On retrouve ici, bien entendu, un parallélisme déjà suggéré entre deux situations qui correspondent respectivement, dans *L'homme sans qualités*, à celle d'une *Erlebnis* et d'une Histoire qui, toutes deux, peuvent être dites sans sujet.

L'absence de détermination, dans les deux cas, est-il besoin de le préciser, en est une conséquence. Mais c'est peut-être précisément pourquoi la recherche qui s'y rattache pourrait se révéler éclairante, et apporter quelque lumière sur la façon dont l'*Eigenschaftslosigkeit* tend à se résoudre, en particulier à partir de la seconde partie du roman.

Ici encore l'abandon de la causalité peut orienter négativement l'attention vers ce qui devrait en constituer la contrepartie. A l'idée de connexions causales, on peut non seulement associer un art de la narration dont nous avons vu qu'il ne pouvait être tenu pour pertinent, mais aussi un type de détermination qui se résout dans l'indifférence et l'impersonnalité, cela malgré les apparences que peuvent éventuellemnt susciter les «fictions économiques» qui s'y rattachent. Comme Musil le suggère, il suffit peut-être aux hommes d'avoir le sentiment que leur vie suit un cours, et c'est pourquoi ils se montrent souvent des narrateurs-nés *(Die Menschen sind im Grundverhältnis zu sich selbst Erzähler)*[97]. Il n'est même pas interdit de penser que le besoin d'«histoires» auquel Musil fait parfois allusion entretienne quelque rapport avec le besoin de *conviction* dont nous avons précédemment parlé. Mais les tentatives qui en sont issues ne sont pas telles qu'elles suppléent le «manque» auquel elles visent à répondre. Comme on le devine à la lecture du roman, la logique dont elles participent n'est pas différente, à peu de chose près, des processus par rapport auxquels elle devrait normalement constituer une réponse. Il est parfaitement significatif du reste qu'en dépit des protestations dont le concept de causalité est l'objet de la part des principaux courants qui se donnent pour but une rénovation spirituelle de l'humanité, aucune leçon n'en soit jamais réellement tirée, sinon celle qui consiste à opposer à la représentation d'une rationalité mal comprise les ressources du «vivant», de la synthèse ou de l'intuition[98].

Sur ce point, il est vrai, les textes de Musil peuvent parfois prêter à confusion. En apparence tout au moins, le langage que l'on y rencontre n'est pas très différent de celui qui fut mis à l'honneur par les principaux représentants de la *Lebensphilosophie*. Le thème des «pensées vivantes», par exemple, ne tombe-t-il pas sous le coup d'une telle critique? Avant d'en venir à ce qui constitue pour Musil une alternative à la causalité, il n'est certainement pas inutile d'apporter quelques précisions à cet égard.

Peut-être n'y a-t-il pas lieu de laver Musil de toute espèce de reproche. Néanmoins, une chose est sûre, c'est que la perspicacité avec laquelle l'auteur de *L'homme sans qualités* s'est efforcé d'analyser les principaux présupposés, et surtout l'insuffisance criante des philosophies de la vie et de l'idéologie qui s'y rattache nous interdit, a priori, de lui prêter une position analogue à celle d'auteurs comme Klages, par exemple, Spengler, Rathenau ou autres. Certes, dans *L'homme sans qualités*, précisément, le lecteur assiste à un concert apparemment unanime dont la critique de la causalité constitue comme l'un des thèmes ou leitmotive privilégiés. Mais la raison n'en est certainement pas dans un consensus fondé sur des bases communes. Lorsque Ulrich s'y emploie, et lorsqu'il en tire, lui, les conséquences, il n'obéit pas aux mêmes inclinations qu'Arnheim, par exemple. Simplement, ce que la présence de ce thème indique, dans ses diverses modulations, c'est la reconnaissance de ce que peuvent comporter de partiellement légitime ou significatif les discours pourtant les plus sujets à caution sur un plan intellectuel. Dans des cas de ce genre, l'ironie représente une sorte de mise à l'épreuve dont la nature diffère, certes, des moyens qu'il est possible de mettre en œuvre dans un essai, mais dont l'un des avantages réside en ceci qu'elle autorise, justement, une forme de reconnaissance implicite du genre de «vérité» susceptible de s'exprimer dans ce que l'intellect condamnerait sans nuance.

C'est pourquoi il n'y a certainement pas lieu de s'étonner si un même langage paraît parfois s'emparer des différents personnages, et si Ulrich, en particulier, semble se rendre victime des mots qu'il utilise à son insu. En fait Ulrich, d'une manière analogue à Musil lui-même, se livre à une opération intellectuelle qui, si elle paraît entériner l'usage de mots ou d'expressions utilisés sans aucune espèce de discernement par les autres personnages du roman, n'en représente pas moins un réexamen radical dont nous ne sommes pas loin de penser qu'il s'apparente davantage à un effort destiné à essentiellement appréhender la nature du malaise dont ils sont l'expression qu'à en proscrire purement et simplement l'usage. Quoi qu'il en soit, ceci s'accorde avec une attitude dont il convient de ne pas sous-estimer l'importance chez un auteur comme Musil : ce qui pourrait en effet, chez lui, principalement passer pour une critique, au sens ordinaire du mot, doit toujours être interprété comme la marque d'une volonté au moins égale de saisir, dans ce qui est soumis à examen, la part de justesse qui s'y fait jour, et que l'on ne pourrait radicalement ignorer sans prendre le risque d'une erreur inverse. C'est nous semble-t-il pourquoi, dans *L'homme sans qualités*, des mots comme: âme, esprit, cause, et bien d'autres encore, font l'objet d'une critique immanente, en ce sens que la signification en est soumise à un ensemble de variations contextuelles dont l'un des principaux effets est à la fois d'en faire apparaître les limites ou les confusions, et d'en élargir les possibilités d'usage à d'autres perspectives intellectuelles et symboliques que celles qui leur sont ordinairement associées de manière étroite, exclusive et souvent univoque. D'une certaine façon, c'est le roman dans son ensemble qui en assure la possibilité, et sans doute faudrait-il, à cet égard, en suivre pas à pas l'exécution pour s'en convaincre. Une étude consacrée aux seules variations que fait subir à certains mots ou à certaines représentations le propos d'Ulrich serait déjà de nature à s'en faire une idée précise. On y découvrirait probablement qu'un concept comme celui d'*esprit* — mot ambigu s'il en est — y est utilisé de telle manière qu'il soit non seulement permis d'y voir une projection de tout ce que les usages qui s'y rapportent comportent d'essentiellement superstitieux, mais aussi l'un de ces mots qui, à condition d'être attentif à ce que ses possibilités d'usage révèlent, peut aussi bien être mobilisé à des fins radicalement autres.

Nous ne pouvons, certes, étayer comme il le faudrait ce genre d'hypothèse. Que l'on nous permette toutefois d'y trouver quelque appui afin de ne pas laisser complètement dans l'ombre les questions que pose incontestablement, chez Musil, l'usage de certains mots. Le sens qu'il leur donne procède généralement d'un réexamen qui, nous semble-t-il, passe par la prise en compte des paradoxes ou des impasses qui sont liés à leur usage, cela, la plupart du temps, en raison d'une attitude essentiellement bornée par le «sens du réel»[99].

C'est ainsi que la critique de la causalité n'a pas, chez Musil, le sens d'une réhabilitation supposée de l'âme, de l'intuition, ou encore, plus généralement, d'une spontanéité angélique que seule la souveraineté du spirituel permettrait de restaurer. Certes, cela va sans dire. Si l'on prend toutefois la peine de le souligner, c'est pour bien marquer qu'il est une contestation de la causalité dont l'une des caractéristiques est précisément d'en dénoncer les méfaits en lui opposant, de manière bien évidemment négative, une dimension du réel ou de la vie dont le poids est inversement proportionnel à ce qu'elle permet de refuser. Il est à peine besoin d'y insister: une semblable attitude est à l'origine d'un usage alternatif et strictement oppositionnel des mots dont le résultat peut être apprécié à la lumière des dichotomies qui retreignent l'horizon du langage et de la pensée. Or le propre de l'attitude musilienne sur ce point particulier, réside en ceci qu'elle vise à briser la tyrannie du «ou bien... ou bien» en se refusant, généralement, aux restrictions d'usage que celle-ci implique. Quelle que soit la valeur de nos précédentes observations, il ne fait du moins aucun doute qu'il s'agit bien là de l'une des choses auxquelles un roman comme *L'homme sans qualités* vise à contribuer.

Dans ce cas précis — celui de la causalité —, Musil ne méconnaît nullement ce que peut avoir de fondé le genre de contestation qui tend à en faire le paradigme d'un monde mécanisé, offert à un matérialisme sans âme, etc. Le fameux «désenchantement du monde» dont parlait, par exemple, un penseur comme Max Scheler, avant de constituer un lieu commun, renvoie bel et bien à une réalité. Mais la question n'en est pas moins de savoir quelle valeur s'attache au modèle de la causalité là où, justement, il semble avoir sa place. Les préoccupations éthiques les plus légitimes n'ont certainement rien à gagner à une méconnaissance de ce qui se révèle source d'angoisse ou de refus. Or, comme cela nous est déjà apparu, l'épouvantail de la causalité cache en fait tout autre chose que la réalité qu'on lui prête. La science, pour Musil, loin d'en faire son credo, privilégie bien davantage des formes d'explication qui, si elles demeurent attachées à un type d'exigences dont les effets peuvent à première vue être tenus pour équivalents, présentent du moins l'intérêt de ne pas forcément emprisonner la pensée dans les rets d'oppositions absolues et incontournables. La complexité qui s'y découvre offre à cet égard bien plus de possibilités que ne le laisserait supposer une image bien trop convenue de la science.

En quoi, cependant, les notions auxquelles il a lui-même recours échappent-elles à ces griefs? C'est ce que l'on peut essayer de saisir à partir de l'idée de *motif*.

Musil évoque cette idée dans de nombreux textes, qu'il s'agisse de notes diverses, de certains de ses essais, ou de ce que suggèrent plusieurs pages de *L'homme sans qualités*[100]. Il n'est évidemment pas envisageable de se tourner vers la totalité de ces textes, encore qu'ils soient souvent très fragmentaires, mais l'on peut du moins essayer d'en retenir l'essentiel. De manière générale, la notion de *motif*, ou encore de *motivation*, peut être associée à l'idée d'un type de détermination et de liaison dont le principal caractère est apparemment d'exclure le modèle d'une détermination univoque, du genre de celle que véhicule, précisément, la notion de causalité. En ce sens, il s'agit d'une idée qui appartient au domaine de l'*éthique* — par opposition à la morale —, et qui, par conséquent, ne peut apparemment recevoir que des interprétations singulières.

C'est ce que semble indiquer une note des *Journaux* où Musil distingue la «détermination» de la «motivation» en soulignant notamment que si «dans le cas idéal, il n'y a qu'une seule possibilité de détermination», au contraire, «le nombre de motifs possibles est infini»[101]. Aussi les motifs prennent-ils place dans le champ du non-ratioïde, c'est-à-dire du singulier et du complexe. Pourquoi, exactement? C'est ce qu'il faut toutefois essayer de comprendre si l'on veut aller un peu plus loin. La note citée présente ceci d'intéressant que Musil y admet l'existence de motifs ordinaires ne présentant manifestement pas la qualité de l'individuel. La raison en est simple: elle tient à l'existence d'une fréquence qui s'accorde avec la règle. «La statistique le montrerait, écrit-il: seuls entrent en jeu des motifs typiques, et leurs variations sont sans influence: là aussi, donc, c'est la règle qui règne en tolérant quelques exceptions»[102]. Et pourtant, il n'en ajoute pas moins un peu plus loin: «... on vient de prouver le caractère typique du motif. N'empêche qu'il restera toujours, en dehors de ce travail de réduction, quelque chose d'unique.» Cette apparente ambiguïté autour de la notion est, semble-t-il, tout à fait instructive.

Au sens le plus courant, on appelle motif toute détermination de nature subjective impliquée dans un acte que l'on se représente communément comme volontaire. Lorsque Musil utilise ce mot, il le fait incontestablement en ayant en vue un mode de détermination subjectif et individuel. Toutefois, ce double caractère n'épuise évidemment pas la question, car sans cela il suffirait, comme par une pétition de principe, d'affirmer la nature extra-conceptuelle des motifs pour justifier ainsi en apparence l'existence d'un type de détermination échappant à toute définition rationnelle. En fait, comme dans le cas de ce qui s'inscrit dans une histoire, Musil introduit ici un point de vue qui permet de concilier une éventuelle conformité à la règle avec ce qui peut entrer d'irréductiblement individuel dans le genre de détermination que désigne la notion. A l'instar des phénomènes vers lesquels l'historien peut être amené à diriger son attention, les motifs tendent à se regrouper autour de valeurs moyennes, si bien que la valeur singulière en est pour ainsi dire effacée au bénéfice de celles-ci. On comprend dès lors en quoi les motifs, bien qu'ils n'appartiennent pas au domaine du ratioïde, peuvent cependant y entrer. Le «Principe de Raison Insuffisante»[103] explique cela, et c'est pourquoi s'y affirment simultanément l'individualité et la participation de celle-ci à une complexité qui, tout en pouvant la résorber, la rend cependant possible.

Les motifs, dit Musil, sont infiniment variables. S'ils le sont, c'est en cela que les contextes fonctionnels dont ils sont solidaires le sont également. On retrouve ici une idée qui nous est devenue familière, avec toutefois cette différence que l'on est maintenant en mesure de mieux comprendre la signification de ce qui oppose les *motifs* aux *causes* et l'importance que peut avoir une semblable distinction pour l'écrivain. C'est que les motifs, si l'on essaie d'en saisir la signification psychologique tout d'abord, représentent pour la subjectivité une détermination de celle-ci qui, à l'inverse de ce que l'on tient pour des causes, participe d'un champ de relations variables se traduisant par une qualité ou une couleur particulières elles-mêmes variables. Cela explique, du reste, que des motifs même anciens, puissent néanmoins se combiner avec d'autres plus nouveaux et recevoir ainsi une nouvelle signification. Musil évoque à cet égard un exemple: «Apparaissent aussi des motifs tout nouveaux, par exemple le goût de rouler en automobile. C'est une combinaison d'anciens motifs, mais l'expérience inédite leur donne un timbre original»[104].

Par certains côtés, une notion comme celle-ci pourrait être rapprochée d'une distinction comme celle de l'*explication* et de la *compréhen*-

sion dans les sciences de l'esprit. Certaines réticences de Musil nous invitent cependant à ne pas aller jusque-là, et ceci pour plusieurs raisons. Tout d'abord, si à l'instar de ce qui relève de la compréhension, les motifs appartiennent à la dimension de l'individuel — en dépit, bien entendu, du phénomène des valeurs moyennes —, la signification que Musil leur donne est principalement destinée à un usage littéraire qui exclut la psychologie scientifique (quoi qu'il en soit par ailleurs de la scientificité réelle du statut auquel elle prétend). D'autre part, même si cela peut sembler paradoxal, la notion de motif paraît bénéficier d'une sorte de légitimité «épistémologique», et cela dans la mesure où elle s'éclaire à la double lumière de ce que Musil appelle la «compréhension fonctionnelle» et d'un paradigme inspiré des propriétés appartenant aux *Gestalten*. Or l'idée de compréhension, telle qu'on la trouve en effet dans les *Geisteswissenschaften*, n'indique rien de tel, même si l'on peut toujours tenter des rapprochements.

Mais cela n'est évidemment pas très important. Ce qui l'est, en revanche, c'est ce que ces deux modèles dont l'idée de motif paraît solidaire sont à même de faire apparaître. Sans doute donnera-t-on l'impression, en se tournant à nouveau vers les deux concepts de *fonction* et de *Gestalt*, de tourner un peu en rond. Et pourtant! Comment comprendre autrement ce que peut bien être un motif si l'on veut éviter de s'en remettre à quelque faculté occulte, tout en essayant de saisir ce qui en inscrit la possibilité dans le non-ratioïde. Peut-être faut-il rappeler ici ce que Musil écrivait à propos de Spengler, lorsqu'il observait:

«on réduit la guerre mondiale, ou notre effondrement, tantôt à tel groupe de causes, tantôt à tel autre. C'est une illusion, aussi trompeuse que de réduire un événement physique particulier à une chaîne de causes. En réalité, dès les premiers maillons, les causes se diluent à l'infini. En physique, le concept de fonction nous a tirés d'affaire. Dans le domaine de l'esprit, nous sommes désarmés. L'intellect nous a laissés en plan. Non parce qu'il est sans profondeur — comme si tout le reste ne nous avait pas aussi laissés en plan! —, mais parce que nous n'avons pas assez travaillé»[105].

Ce genre d'attitude est certes suffisamment fréquente chez Musil pour qu'il soit inutile d'insister. Mais cela nous rappelle, au moins, que dans un grand nombre de cas, comme dans celui qui nous occupe, les idées que Musil tend à faire valoir procèdent d'une volonté d'étendre les possibilités de l'intellect à des questions auxquelles une perspective strictement scientifique, voire purement rationnelle, ne conduirait nullement. Ainsi, c'est à coup sûr la conception qui se fait jour ici — celle qui découvre dans l'idée de motif un mode de détermination de la subjectivité interprété à la lumière des suggestions éveillées par les deux concepts de fonction et de forme *(Gestalt)* — qui autorise Musil à soustraire la littérature à la psychologie causale, et à voir dans l'écriture un travail d'élaboration des motifs:

« L'écrivain, lui, prend le parti des motifs non ordinaires, de ceux qui, pratiquement, n'entrent pas en ligne de compte. Empêchant le figement. (...) L'écrivain en choisit quelques-uns, les colore en les plongeant dans l'atmosphère d'un ensemble d'idées, les dispose en vue d'une certaine fin, etc. Intervient ainsi, puis s'éloigne. Et le résultat final est une réalité originale »[106].

Ce que nous avons nous-même précédemment nommé « variations » correspond évidemment à ce qu'indique ici Musil. Toutefois, cela ne laisse pas de poser quelques questions qui nous ramènent, précisément, au roman et à la place que les motifs y occupent. En effet, il nous semble que si nous voyons maintenant à peu près clairement en quoi l'usage de certains mots s'accompagne, chez Musil, d'un réexamen qui, en tout état de cause, devrait inciter à quelque prudence; si nous voyons aussi en quoi ce qui échappe au ratioïde et s'inscrit dans l'individuel ne peut être purement et simplement apparenté à un ensemble de phénomènes qui, pour le penseur comme pour l'écrivain, exigeraient que l'on s'en remette aux prestiges du « coffret à intuition », on ne voit toujours pas, en revanche, comment la contestation de la causalité et l'appel qui est fait aux motifs peut tout à fait expliquer ce que Musil envisageait pour *L'homme sans qualités*, ni davantage en quoi cela permet de mieux comprendre ce qui est au cœur de l'expérience d'Ulrich dans le roman.

Afin d'avancer quelque peu dans cette voie, il convient de se reporter à la définition que donne l'auteur de ce qu'il appelle le « Principe des pas motivés ». Ce principe se formule ainsi :

« ne donner naissance à rien (ou ne rien faire) qui n'ait une valeur spirituelle. Ce qui signifie aussi: ne rien faire de causal ni de mécanique »[107].

Ce principe, précisons-le, est une règle que se prescrit l'écrivain. Nous en avons perçu une expression dans l'écriture des *Nouvelles*, tout particulièrement dans « L'accomplissement de l'amour » *(Die Vollendung der Liebe)*. On en trouve toutefois une variante dans les formes prises par la recherche de l'autre état dans *L'homme sans qualités*. Là, précisément, c'est Ulrich qui tente de saisir sous ce qu'il appelle motivation le principe d'une forme de vie esthétique dont l'autre état signifierait l'accomplissement, et qu'il se représente comme le centre de la vie.

« Le sentiment ne nous quitte pas, songe-t-il, que nous avons atteint le centre de notre être, le centre mystérieux où la vie perd la force de s'enfuir, où le tournoiement incessant de l'expérience cesse, où le tapis roulant des impressions et des expulsion qui fait ressembler l'âme à une machine s'arrête, où le mouvement est repos; le sentiment que nous sommes enfin au moyeu de la roue »[108].

Comme le montrent les pensées d'Ulrich dans ce passage et, plus précisément encore, dans les deux chapitres: *Une note* et *Fin de la note*, l'essentiel réside à ses yeux dans ce que suggère en effet l'image du «moyeu de la roue». Mais, comme il le remarque aussi, il ne s'agit que d'un symbole, si bien que sa pensée hésite entre plusieurs expressions dont aucune n'est entièrement satisfaisante. C'est qu'en cet endroit du livre les pensées d'Ulrich, son expérience, viennent en quelque sorte butter sur cela même qui est au cœur de l'expérience mystique, et qui échappe, comme on l'admet communément, tant à l'intelligence qu'au langage. Or si l'on s'en tient à ce que laisse apparaître le personnage d'Ulrich dans le roman, un fait doit absolument retenir l'attention, à savoir que chez ce dernier la réflexion sur ce qui s'apparente à une expérience mystique est au moins aussi importante que cette expérience elle-même. C'est ce que montrent très clairement les deux chapitres mentionnés, et sans doute conviendrait-il de s'en aviser plus qu'on ne le fait de coutume.

Il s'agit là d'une chose qui réclame un minimum d'attention: la recherche de l'autre état — sur le strict plan de la fiction — comporte une double face. Le roman explore d'une part une possibilité qui figure une «expérience»: il s'agit de tout ce qui voit le jour autour de l'histoire d'amour qui se noue entre Ulrich et Agathe. D'autre part, cette expérience elle-même est comme «entourée» par ·les pensées d'Ulrich, ainsi que par l'ensemble des autres faits narratifs qui font partie du roman. Soyons plus clair: cette expérience tend, certes, à une réalisation dans l'amour d'un *état* dont la mystique, notamment, paraît constituer un modèle. Mais le roman, cela est bien évident, n'est pas le pur et simple récit de cette tentative. Les composantes «essayistes» du roman sont au moins aussi importantes que le reste. Or, à y regarder de près, on s'aperçoit que la «vie motivée», l'«autre état», s'ils paraissent représenter des solutions, ne définissent jamais quelque chose de tel que *par hypothèse*, et cela non seulement pour l'auteur — ce qui constitue encore un tout autre problème — mais pour Ulrich, en d'autres termes d'un point de vue strictement immanent.

Il est certes vrai que ce genre de question se révèle étroitement liée à l'état d'inachèvement dans lequel Musil a laissé son roman. Ce n'est pas ici le lieu d'entrer dans l'examen des difficultés qui s'y rattachent, mais l'on peut du moins faire observer ceci que si personne, en effet, ne peut dire ce que serait devenue la seconde partie de *L'homme sans qualités* si Musil avait vécu plus longtemps, un fait paraît toutefois ne soulever aucune réelle objection: la notion de l'autre état n'était nullement destinée à figurer une expérience susceptible d'apporter l'image d'une *solution* mettant effectivement un terme au récit.

Si quelque chose fait en effet défaut à ce roman — et cela, pas du tout par accident — c'est de toute façon une *principe de clôture*, c'est-à-dire une possibilité telle que les différents éléments qui appartiennent à la fiction puissent être organisés synthétiquement, conformément à une loi qui est celle de tout roman conventionnel. D'une manière ou d'une autre — cela en raison des exigences qui sont celles de toute «mise en intrigue» — le commencement doit contenir en lui le principe d'une fin. Or tel n'est pas le cas pour *L'homme sans qualités*. Bien au contraire: l'absence de qualités rend tout autant caduques l'idée d'un commencement que celle d'une fin. Est-ce à dire que ce roman était par conséquent destiné, comme on l'a souvent dit, à demeurer de toute façon inachevé? Il semble que la séduction de tout ce qui est inachevé sur la pensée moderne ait conduit, dans ce cas, à quelques interprétations hâtives. On se souvient encore du mot de Blanchot au moment de la parution de *L'homme sans qualités* dans sa traduction française: «Encore un roman immense et inachevé!»[109]. L'accueil se passe de commentaire. En revanche il est permis de souligner que dans l'esprit de son auteur ce roman devait se terminer avec la déclaration de la première guerre mondiale, ce qui signifie — quelles que soient les discussions qui ont eu lieu à cet égard[110] — qu'à défaut de principe de clôture conventionnel, Musil s'en est remis à un choix qui, de toute façon, autorisait la possibilité d'une fin — fin du roman, cela va sans dire : situer l'action dans une tranche de temps déterminée.

Nous savons en l'occurrence que le moment choisi n'était nullement indifférent à ses yeux, et cela d'autant plus que le roman constituait pour l'auteur sa propre contribution à des questions qui ne peuvent en être séparées. Mais c'est pourquoi l'autre état ne peut être tenu pour l'image d'une solution qui ne serait absolument pas problématisée et que le roman aurait principalement à charge d'accueillir. En fait, à cette problématisation Musil s'emploie par des moyens originaux. Tellement originaux, peut-être, que l'on n'en a probablement pas toujours clairement pris la mesure. Il y a d'abord les pensées d'Ulrich qui soumet ce qu'il entrevoit à un ensemble d'expérimentations mentales marquées, comme on sait, par le mode du conditionnel[111]. Agathe y contribue: avec son frère, lors des interminables discussions qui ont lieu entre eux; seule aussi, à travers ses propres réflexions, à la lumière de son passé, des relations qu'elle noue avec d'autres personnages que son frère: Lindner, par exemple. Mais ce n'est pas tout. L'expérience d'Ulrich et d'Agathe n'est en partie solitaire que pour eux-mêmes[112]. Dans le roman, elle participe d'un ensemble dont le principal effet est de produire un jeu d'éclairages multiples et entrecroisés auxquels sont associés la plupart des personnages: Clarisse et Walter, Moosbrugger, Diotime et Arnheim, Meingast, etc.

Car s'il s'agit de l'autre état, comment ignorer en effet ce qui se fait jour chez ces personnages, dans leurs propos, dans ce qu'ils représentent. Nous ne pouvons certes qu'y faire allusion, mais il ne fait aucun doute qu'une idée comme celle-ci demande à être appréciée à la lumière, non pas d'une perspective unique qui, même du point de vue d'Ulrich n'existe pas, mais de l'effet conjugué des perspectives plurielles que le roman élabore. Est-il possible d'en dégager quelque chose qui puisse tenir lieu d'idée directrice? Sans doute faudrait-il pour cela s'en remettre à un point de vue central qui n'existe pas dans le roman. En vérité, du point de vue de ses deux protagonistes, la quête de l'autre état signifie quelque chose comme une tentative de *métamorphose*: une réponse éthique et esthétique à la question: *comment doit-on vivre*? si cette question implique en elle-même un manque initial où la vie s'éprouve négativement: l'indifférence, l'impersonnalité, le manque de qualités. Une réponse, en quelque sorte à «l'énigme irrésolue de l'âme»[113]. Mais l'idée d'une telle réponse signifie aussi bien d'autres choses encore: d'une certaine manière un crime, et c'est pourquoi l'aventure d'Ulrich et de sa sœur est marquée par la transgression; une fuite, aussi, qui ne résout rien: une «tentative d'anarchisme dans l'amour», dit Musil[114].

Que tout cela soit une source permanente d'embarras pour la critique, pourquoi se le dissimuler? Est-il du moins permis d'en déduire quelques éléments de réponse pour les questions que nous nous sommes posé? A y réfléchir, il semble que oui. Et c'est peut-être bien la notion de motif, provisoirement abandonnée, qui peut nous y aider.

Au fond, si l'autre état n'est rien de plus que la thématisation positivement définie de ce qui paraît hanter, non seulement Ulrich et Agathe, mais en définitive la plupart des personnages du roman, alors il semble permis de dire ceci. En associant à ce thème l'idée de motif, Musil introduit dans le roman une double possibilité qui, en fait, y est davantage mise à l'épreuve que réellement exécutée. Tout d'abord, d'un point de vue rigoureusement narratif, il y recherche un moyen de rétablir dans le roman ce qui manque incontestablement à la première partie: une *histoire*, sans cependant céder aux facilités des connexions causales. Y réussit-il? On ne peut précisément que s'en faire une idée puisque la seconde partie du roman n'a jamais été publiée par ses soins. Tout ce que l'on peut dire, c'est que les chapitres posthumes, les ébauches qui s'y ajoutent, bien que l'ordre en reste indéterminé, témoignent d'une volonté de ce genre. Sur le plan de l'écriture, on y retrouve du reste certains traits également présents dans les *Nouvelles*, par exemple.

Mais une seconde possibilité consiste en ceci qu'à travers l'aventure du frère et de la sœur, l'idée de motif est pour ainsi dire éprouvée dans sa capacité à cristalliser les traits essentiels d'une expérience dont l'enjeu est celui d'une transfiguration du moi dans ses rapports avec le monde. Or, sur ce double plan : celui de l'écriture et celui de la fiction, la notion de motif paraît être la clé des difficultés, pour ne pas dire des impasses, inhérentes au concept d'un homme sans qualités, et par conséquent à tout ce qu'un tel concept présuppose. En tant qu'il représente en effet une alternative à la causalité, ce concept représente la possibilité d'une *liaison entre les significations*. D'autre part, il représente la possibilité d'une *vie du moi* qui échappe à cette sorte de glaciation éthique qui en constituait apparemment le destin.

A cet égard, l'idée de motif peut être rapprochée de ce que Musil tente de se représenter sous la notion de *pensée vivante*, comme nous y invitent les deux chapitres précédemment mentionnés. Ce qui caractérise en effet une telle pensée, c'est qu'elle naît, aux yeux de l'auteur, de circonstances essentiellement fortuites dont le principal effet réside en une transformation radicale des êtres et des choses, c'est-à-dire, plus précisément, du champ coextensif de l'expérience et du moi. Indépendamment des problèmes sans doute spécifiques que pose cette idée dans le contexte du roman, Musil s'est intéressé aux différentes formes prises par cette transformation des rapports ordinaires. Nous y avons déjà fait allusion à propos des manifestations que revêt cet intérêt dans les *Journaux*, mais sans doute convient-il de préciser davantage ce qui paraît plus particulièrement frapper l'attention de Musil dans tout cela. Comme semblent le montrer maintes observations réalisées par la psychiatrie, l'anthropologie ou l'histoire des religions, par exemple, certains comportements se révèlent associés à un bouleversement de l'économie du moi parfaitement énigmatique dont l'intérêt pourrait dépasser de beaucoup les interprétations qui en sont ordinairement données.

Au reste, ces interprétations sont aussi diverses que concurrentes, faisant intervenir comme il se doit des points de vue également divers. Mais ce qu'il y a de tout à fait frappant dans ces expériences, c'est qu'elles témoignent en même temps d'une extraordinaire *plasticité* du moi et d'un bouleversement tel que les sentiments qui s'y font jour paraissent renouer avec une forme de vie à laquelle il n'est précisément plus possible d'associer une forme. Lorsque Musil s'intéresse à ces états dont la pathologie mentale, mais aussi bien la mystique, lui donnent des exemples, il y recherche manifestement comme une justification du *Théorème de l'amorphisme humain*. Là où le moi, en effet, pour des raisons ou par des voies de nature variable, parvient à se détacher des principes et des formes qui en structurent l'économie interne, la vie est comme rendue à un état «originel» que caractérise l'abolition des frontières ordinaires du moi et du non-moi, la fusion du moi et du monde, leur interpénétration.

Dans tous ces cas-là, l'amorphisme humain est souverain, restauré pour ainsi dire, tandis que les fonctions ordinaires du moi, celles qui sont précisément associées à des formes issues de l'extérieur, sont effacées. De ce genre d'expérience, et en tout cas de sentiment, nous avons aperçu une expression dans les nouvelles de «Noces» *(Vereinigungen)*, titre à tous égards évocateur. Nous avons vu aussi, à ce moment-là, combien l'on pouvait vraisemblablement y voir une composante spécifique d'un rapport esthétique au monde et aux objets[115]. Mais c'est peut-être là, précisément, que le paradoxe inhérent à la pensée de ce genre d'expérience se fait le plus criant. C'est que l'on peut (l'on croit?) y voir simultanément une abolition du moi et l'émergence de sentiments dont la singularité est telle que le langage ne saurait leur être appliqué. Comment expliquer cela?

Dans l'expérience mystique proprement dite, le moment du *détachement* est aussi celui où le moi, en s'abolissant, naît à Dieu et à lui-même. Le dépassement du *Principe d'individuation* en constitue une condition, de la même manière que dans l'interprétation de Nietzsche, l'extase dionysiaque naît de la rupture du *principium individuationis* dont Apollon est l'image divine. Ainsi s'abolit la subjectivité, «jusqu'au plus total oubli de soi»[116]. Musil note dans plusieurs de ses carnets les manifestations d'un tel *oubli*. Ainsi, par exemple, en lisant un ouvrage comme *Vom Kosmogonischen Eros* de Klages ou bien les fameuses *Ekstatischen Konfessionen* réunies par Martin Buber[117]. Ces deux derniers livres, Musil les a incontestablement lus avec la plus grande attention et plus d'une page de *L'homme sans qualités* leur doit beaucoup. Mais peut-être convient-il précisément de ne pas oublier que l'intérêt qui s'y manifeste pour la mystique était alors loin de représenter une exception, de sorte que c'est aussi un peu ce dont un personnage comme Ulrich représente l'écho. L'idée d'une «mystique sans Dieu» dont on attribue souvent à Musil la paternité — ceux de ses interprètes qui, bien entendu, n'éprouvent pas le besoin de disculper l'auteur d'un penchant de ce genre — est présente chez Mauthner, par exemple, dans un livre dont on ne saurait ignorer l'influence sur le mouvement des idées en Autriche: les *Beiträge zu einer Kritik der Sprache*, ouvrage qui date de 1902. On y trouve l'expression: *Gottlose Mystik*, et il va sans dire que Musil, quelle que soit sa position à l'égard des idées de Mauthner, ne pouvait guère l'ignorer.

Cela nous ramène à *L'homme sans qualités* et au paradoxe apparemment inhérent à l'idée de motif et à ce qui s'y affirme. D'un point de vue strictement littéraire, il se pourrait que ce qui s'apparente à cette idée, notamment sur un plan mystique, représente une possibilité spécifique de «dénouement» de l'*Eigenschaftslosigkeit*. De sorte qu'à supposer qu'il en soit ainsi, il n'y aurait au fond nullement lieu de voir dans la composante mystique du roman autre chose que la manifestation, dans le roman, d'une interrogation comparable à celle qui conduit Musil à se tourner vers les phénomènes de ce genre en marge du roman proprement dit. Non pas qu'il s'agisse pour nous de nier le réel intérêt de l'auteur pour la mystique et bien d'autres choses semblables, mais plutôt de faire la part de ce qui vaut *pour le roman* et de ce qui pouvait avoir une valeur *à ses propres yeux*, indépendamment des problèmes particuliers qui concernent la construction romanesque.

Au demeurant, il n'est pas du tout interdit de penser que le «penchant mystique» dont Ulrich est étrangement crédité dans le roman soit l'expression d'un essai parallèle — dans une dimension délibérément esthétique — à d'autres manifestations de «religiosité» également présentes dans le roman, conformément à ce que laisse entrevoir plus d'une suggestion de Musil à propos des rapports de l'autre état et de la guerre. Il nous faudra y revenir, mais il ne fait guère de doute que le personnage d'Ulrich participe à sa manière de la double polarité d'une époque partagée entre la *mystique* et la *ratio*.

Quoi qu'il en soit, les pensées que suggère à Ulrich son expérience avec Agathe, sa face mystique, ce que celui-ci entrevoit sous la notion de motif, tout cela place apparemment le lecteur en présence d'un hypothétique dénouement qui, bien qu'il n'ait pas lieu, mobilise à la fois les difficultés inhérentes au concept d'*Eigenschaftslosigkeit*, les apparentes implications du *Théorème de l'amorphisme humain* et ce qui se fait jour dans la dimension purement fictionnelle du récit, non sans rapport, bien sûr, avec les principes qui en commandent la construction : les possibilités contenues dans l'histoire d'amour qui se noue entre le frère et la sœur.

Faut-il le rappeler, cette histoire d'amour naît elle-même d'une rupture similaire à celle qui, pour Musil, constitue le privilège de l'art. Le thème de «l'abolition du réel», dans le roman, procède d'une transposition qui confère à la vie «par intérim» d'Ulrich, ainsi qu'à son aventure avec Agathe, un caractère essentiellement esthétique. Sans doute n'est-il pas indispensable d'y revenir, mais c'est bel et bien cela qui permet de comprendre en quoi la rupture que cela représente est à même de produire un contexte de situations exceptionnelles susceptibles d'ébranler les rapports ordinaires, et par conséquent de figurer la possibilité d'expériences autres. D'autre part, quant à l'*Eigenschaftslosigkeit*, ces mêmes expériences, encore que ce soit sur le mode de l'essai, peuvent en être tenues pour une tentative d'approfondissement.

Or que révèlent-elles ces expériences, si du moins il est permis de s'exprimer ainsi? Comme le fait apparaître le chapitre où Ulrich fait appel à ce qu'il nomme les motifs, l'ébranlement des rapports ordinaires s'ouvre sur une forme de *participation* qui, si elle se traduit par la rupture du principe d'individuation, n'en émeut pas moins «l'être tout entier», et cela de telle façon que ce qui n'était jusqu'alors qu'un lieu vide paraît soudainement s'ouvrir à une plénitude incommensurable. Il s'agit de ce sentiment qui motivait, comme nous l'avons vu, l'image du «moyeu de la roue». Etrangement, tout se passe ou semble se passer comme si la privation de forme (l'amorphisme) s'achevait, comme dans l'expérience mystique, dans le sentiment d'avoir atteint le *centre* de la vie; ou encore comme si l'expérience la plus singulière — la plus *individualisée*, aussi — se faisait jour dans l'effacement le plus extrême des frontières qui paraissent essentielles à l'individualité : les frontières du moi!

A s'arrêter un instant sur ce point, et à considérer les choses ainsi, il est permis d'apercevoir en quoi l'expérience mystique peut passer pour une «solution» des difficultés de l'*Eigenschaftslosigkeit*. Le moi des mystiques, écrit Musil, est le «moi complexe». Comme dans l'expérience mystique, l'*Eigenschaftslosigkeit* est la condition de l'identité avec Dieu, dans *L'homme sans qualités*, la même absence, parce qu'elle signifie un *détachement* essentiel, est au fond la condition d'une autre vie du moi et d'une résolution de l'indifférence. En fait, l'absence de qualités signifie négativement, pour l'esprit, l'ouverture infinie à une vie qui ne connaît pas de frontières comparables à celles qui sont issues de la vie bornée : celle des conditions extérieures et des impératifs économiques auxquels elles satisfont. Cela pourrait s'appeler une *utopie*, au sens banal du terme. C'est aussi le mot qu'utilise Musil, en un sens toutefois plus particulier. Mais l'on peut ici se souvenir de deux idées, probablement importantes dans le cas présent. «C'est l'esprit, dit Musil, qui fournit les possibles». Et nous savons, par ailleurs, que dans *L'homme sans qualités* l'éthique est définie comme la faculté de «vivre l'infinité des possibles»[118]. Or, pour qu'il en soit ainsi, il faut précisément que l'esprit — ou le moi — ne possèdent en eux-mêmes rien d'autre que le privilège d'une définition *négative* comme celle qui se profile dans l'*Eigenschaftslosigkeit*, et qui exige que toute forme positivement définie ne vienne jamais que de l'extérieur. Bref, l'absence de qualités et l'absence de forme sont ici les corollaires de ce qui se découvre comme *à nu* dans ces expériences où le moi paraît en effet s'atteindre dans son abolition.

C'est peut-être cela que le roman exploite d'une certaine façon. Non pas pour en apporter une démonstration, mais pour en faire varier l'expression symbolique et apporter, en quelque sorte, à ce qui apparaît tout d'abord comme un manque rédhibitoire une autre réponse que celle qui consisterait en une abdication des ressources du langage et, plus simplement, de la vie.

De ce point de vue, du reste, on remarquera que si les conditions extérieures dans lesquelles la vie trouve une forme sont à certains égards tenues pour indifférentes, ce n'est pas tant en cela qu'il y aurait lieu de les tenir pour inessentielles — tel n'est pas, loin de là, le point de vue de Musil — que parce qu'elles peuvent se révéler infiniment variables sans pour cela entamer les conditions qui permettent à la vie de ne pas se dissoudre dans les circonstances et les structures extérieures qui cependant lui donnent une forme.

Dans le chapitre «Pensées vivantes», Musil écrit:

«Il y a quelque chose dans la vie humaine qui imposé au bonheur la brièveté, au point que bonheur et brièveté semblent inséparables comme frère et sœur. Cela enlève toute cohérence aux grandes heures de bonheur de notre vie (un temps en morceaux dans le temps), et cela donne à toutes les autres une cohérence nécessaire, une cohérence d'urgence. Ce quelque chose fait que la vie que nous menons nous laisse profondément indifférents; qu'on peut indifféremment manger de la chair humaine et bâtir des cathédrales. C'est pour cela que c'est toujours la même histoire, que seule se produit une réalité tout extérieure »[119].

Si «la vie que nous menons» nous laisse indifférents, c'est évidemment en cela que les formes dans lesquelles elle se loge participent d'un horizon d'objectivité impersonnel; mais c'est aussi en ce sens que sur le fond elles ne changent rien. Les seuls changements qui aient lieu se produisent à la périphérie. L'histoire, à cet égard, ne change rien à l'homme: elle ne change que sa forme de vie, mais aucune ne peut être tenue pour plus essentielle qu'une autre, puisqu'elle ne se définit jamais au centre. D'où, certainement, le prestige qui s'attache au paradigme de l'autre état, en dépit des difficultés que suggère le passage que nous venons de citer. Dans l'autre état, en effet, dans le principe d'une vie motivée, le moi et le monde communiquent, l'ego efface toute trace d'égoïsme, et c'est pourquoi le mal ne peut y avoir aucune place. *Le retrait du monde est ouverture au monde*, le centre et la circonférence coïncident, à l'image de Dieu dans la *Docte ignorance*[120].

Cela, bien entendu, c'est le roman qui le suggère. Mais sur quelles possibilités tout cela repose-t-il exactement? Et en quoi le problème de l'histoire peut-il, en définitive, se trouver impliqué dans ce qui paraît avant tout présenter une signification éthique et esthétique?

Chapitre IV
« Toujours la même histoire »

> *« Rien de plus stupide, par exemple, que le bavardage sur la cause et l'effet dans les livres sur l'histoire. »*
> *« Qui connaît les lois d'après lesquelles la société se transforme ? »*
>
> L. Wittgenstein

1. Histoire et religiosité profane

« Toujours la même histoire » *(Seinesgleichen geschieht)* : cette expression, au fond bien étrange, peut légitimement se voir attribuer une signification de premier plan dans *L'homme sans qualités*. Musil le laisse supposer dans plusieurs notes parallèles, mais le roman ne laisse guère de doute à cet égard. C'est certainement ce que suggère un passage comme celui que nous venons de citer un peu plus haut. L'expression, toutefois, peut apparemment recevoir plusieurs sens, en l'occurrence au moins deux, au demeurant complémentaires. *Seinesgleichen* : le mot s'applique en effet, en allemand, à tout ce qui présente une signification ou une valeur égale. *Seinesgleichen geschieht*, c'est donc bien le caractère sous lequel se signale ce qui se révèle *égal*, et par conséquent aussi bien dénué de toute espèce de singularité que d'intérêt. Prise en ce sens, cette expression s'applique au sentiment qu'évoque Musil dans l'une de ses notes précédemment citée : l'impression que tout ce qui se produit n'est jamais que l'expression monotone et répétitive d'événements qui n'ont jamais que l'apparence d'événements, puisqu'ils ne font que reproduire ou exemplifier une sorte de scénario unique et sans originalité.

D'un autre côté, toutefois, la même expression suggère aussi, comme nous venons précisément de le voir, que ce qui se produit *(geschieht)* demeure extérieur, selon le principe d'un mouvement qui serait supposé se produire à la périphérie, et non au centre. Considéré sous cet aspect, « toujours la même histoire » peut être tenu pour un corollaire du *Théorème de l'amorphisme humain*. Si l'homme, en effet, est absence de forme (une substance moralement colloïdale, dit Musil), les formes que revêt la vie humaine ne peuvent avoir qu'une source extérieure, si bien qu'à supposer qu'elles s'enchaînent en une *histoire*, le principe d'un tel enchaînement demeure de toute façon extérieur à l'homme qui, comme tel, n'évolue pas, ou alors très peu. Comme le remarque souvent Musil, il suffit de très peu de chose pour transformer un homme civilisé en sauvage primitif, et inversement. Sur ce plan-là, si l'homme possède une très large amplitude au-dehors, au-dedans, en revanche, celle-ci se révèle étonnamment faible.

C'est bien pourquoi, aussi, c'est toujours la même histoire. Les circonstances extérieures peuvent bien changer, l'homme, lui, ne change pas. L'histoire lui est par conséquent indifférente, et cela d'autant plus, apparemment, que ce qui s'accomplit au-dehors épouse les formes de l'impersonnalité.

De nombreuses réflexions de Musil tendent à appuyer ce genre d'interprétation. Nous nous dispenserons toutefois de les citer pour nous tourner davantage vers le problème qui s'y fait jour. C'est que si l'histoire se produit à la périphérie, et si «l'homme intérieur» n'y a aucune part, «l'homme extérieur», en revanche, y participe de très près en cela qu'il y trouve les conditions qui lui donnent une forme. De plus, à accepter une telle présentation des choses, il convient encore de ne pas oublier que, d'une façon qui demanderait certes à être établie, les conditions extérieures elles-mêmes naissent d'un ensemble d'interactions à l'image d'une inextricable complexité. C'est sans doute ce qu'il y a de décourageant dans le travail de l'historien que ce sentiment de ne jamais en avoir fini avec l'enchevêtrement infini des relations que le moindre événement présuppose. Or, d'un côté le caractère extérieur de ce qui se produit peut parfaitement s'accommoder d'une attitude d'indifférence qui pourra toujours se prévaloir du double sentiment de ce que ces événements comportent au fond d'*égal* du point de vue de l'homme «intérieur», ainsi que de l'indifférence de toute action au regard de ce qui s'y produit («On peut faire tout ce que l'on veut...»). D'un autre côté, le fait que cependant l'homme (même s'il ne s'agit que de l'homme «extérieur») y trouve les conditions d'une «forme de vie» n'est pas sans présenter quelque inconvénient si jamais il y a lieu d'en déduire que, dans tout cela, chacun ne fait jamais que participer à son insu, et sans réelle intervention de sa part, à un mouvement dont nul ne connaît le centre ni la fin.

Il s'agit au demeurant d'un sentiment tout à fait ordinaire, mais qui peut néanmoins devenir une réelle source de désagrément, comme paraît en témoigner l'un des chapitres les plus importants de *L'homme sans qualités* sous ce rapport.

C'est alors qu'il se trouve dans un tramway qui le reconduit chez lui qu'Ulrich se rend soudainement compte d'un fait qui lui avait en quelque sorte échappé.

«Notre histoire, songe-t-il alors, vue de près, paraît bien douteuse, bien embrouillée, un marécage à demi solidifié, et finalement, si étrange que cela soit, un chemin passe quand même au-dessus, et c'est précisément ce 'chemin de l'histoire' dont personne ne sait d'où il vient. L'idée de servir de matière première à l'histoire mettait Ulrich en fureur. La boîte brillante et brimbalante qui le transportait lui semblait une machine dans laquelle quelques centaines de kilos d'homme étaient ballotés pour être changés en avenir. Cent ans auparavant, ils étaient assis avec les mêmes visages dans une malle-poste, et dans cent ans Dieu sait ce qu'il en sera d'eux, mais ils seront assis de la même manière, hommes nouveaux dans de nouveaux appareils... Tel était son sentiment, et il s'irritait de cette soumission désarmée aux changements et aux circonstances, de cette collaboration chaotique avec les siècles, réellement indigne de l'homme. Il eût pu aussi bien se révolter soudain contre le chapeau, de forme suffisamment singulière, qu'il portait sur la tête»[121].

L'idée de ce qu'il pourrait y avoir de vain à s'insurger contre l'éventuel chapeau que l'on porte sur la tête n'est pas ici seulement destinée à marquer le non-sens qu'il y aurait, pour un individu, à vouloir changer le cours de l'histoire. Les *Œuvres pré-posthumes* nous ont précédemment conduit à souligner ce que comporte d'instructif l'histoire des vêtements que l'on porte: ils sont comme l'image, sur notre peau, de notre «collaboration avec les siècles». Et la question qui se pose ici consiste bel et bien à savoir dans quelle mesure cette participation aux vêtements de confection que nous offre l'histoire pourrait véritablement être telle que nous y prenions effectivement part.

C'est du moins, incontestablement, la question qui se pose à Ulrich dans le roman, d'où le titre du chapitre dont ces lignes sont extraites: «Toujours la même histoire, ou Pourquoi n'invente-t-on pas l'histoire?» Il n'est d'ailleurs pas sans intérêt de remarquer que ce chapitre appartient à la partie achevée du roman (publiée par l'auteur), et il est également significatif qu'au moment où ces pensées viennent à l'esprit du personnage, deux autres images s'imposent à lui. Il y a d'abord l'image de la ruche, puis, curieusement, celle de son propre visage dans la vitre.

«Il se redressa et considéra son visage dans la vitre qui faisait face à son siège, pour se changer les idées. Sa tête, alors, se mit bientôt à flotter dans le verre fluide, avec une étrange insistance, entre le dehors et le dedans, exigeant un complément quelconque»[122].

Plusieurs thèmes se recoupent ici, qui nous invitent à essayer d'en préciser les rapports. Tout d'abord, il est clair que l'image de la ruche qui s'impose à Ulrich, avant même qu'il découvre dans les reflets d'une vitre l'image d'un manque qui lui est essentiel, cette première image, donc, est étroitement liée à la représentation de l'histoire que lui suggère le wagon de tramway. Nous nous trouvons en fait en présence de l'un des passages du roman où se précise la signification que Musil accorde très vraisemblablement aux phénomènes de masse, à l'extension du modèle «collectiviste» et au recul de l'individualité, c'est-à-dire ici d'un type d'homme que le mouvement de l'histoire, précisément, paraît effacer. En d'autre termes, bien qu'il ne soit pas absolument indispensable d'entrer dans les détails[123], l'important réside probablement à cet égard dans la conjonction de plusieurs phénomènes: l'apparente difficulté qu'il y a à assigner une valeur d'événement aux événements historiques, la valeur nulle et indifférente qui semble s'attacher, sous ce rapport, aux actes de l'individu, le poids accru de l'homme collectif et des catégories univoques et impersonnelles où la substance humaine est appelée à se loger, l'absence de qualités et enfin l'absence de forme.

De ces deux derniers défauts, on peut dire que la solidarité en est rendue patente par les personnages d'Ulrich et de Moosbrugger[124]. Mais cette solidarité, comme on pouvait déjà l'entrevoir à la lecture des *Essais*, ne se fait pas seulement jour dans les «pannes» de la subjectivité: l'histoire aussi en porte témoignage.

Il est vrai que, dans une certaine mesure, l'homme «collectiviste» paraît triompher de l'amorphisme humain en ce sens que le type de rationalisation qu'il représente autorise à coup sûr l'une des plus puissantes intégrations de l'individuel qui ait jamais vu le jour dans l'histoire. Comparé à cela, comme le remarque Ulrich, «l'humanisme n'est plus guère qu'un attrape-nigaud»[125]. A imaginer, comme il le fait, l'humanité sur ce modèle, il n'est nullement interdit d'y voir une victoire de l'ordre. «La productivité totale serait peut-être même accrue», pense-t-il[126]. Mais l'esprit... A ce mot, Ulrich dans le chapitre auquel nous nous référons, se détourne de cette idée. «Cette évolution, apprend-on, ne le réjouirait pas.» Soit. Mais le mot «esprit» suggère sans doute encore bien autre chose. C'est qu'il existe, semble-t-il, entre l'*ordre* et l'*esprit*, des rapports étroits et surprenants à plus d'un titre. D'un côté, en effet, l'ordre est essentiel à l'esprit. «Tu fais fausse route, dit Ulrich au général Stumm, au cours de l'une des nombreuses discussions qu'il a avec celui-ci. On ne trouve pas l'esprit chez les civils et le corps chez les militaires comme tu le crois: c'est juste le contraire! L'esprit est ordre, et où trouver plus d'ordre qu'à l'armée?». Disant cela, Ulrich paraît songer à l'intellect, abstraction faite du sentiment. Mais il n'en va pas forcément de manière différente sur ce plan-là. Comme il le remarque également un peu plus loin, il y règne une régularité bien pire que dans le cas de la raison. C'est que le sentiment, vérifiant en cela l'une des conséquences du Théorème de l'amorphisme humain, se loge peut-être encore plus facilement que l'intellect dans les formes qui lui sont offertes par les conditions extérieures, et cela d'autant plus qu'il ne possède en lui-même aucun principe d'organisation.

D'un autre côté, cependant, l'esprit trouve dans l'ordre une menace. C'est ce qu'observe à sa manière le général Stumm lorsqu'à son tour il dit à Ulrich : « Imagine-toi maintenant un ordre humain total, universel, en un mot, l'ordre civil parfait : parole d'honneur ! c'est la mort par le froid, la rigidité cadavérique, un paysage lunaire, une épidémie géométrique ! »[127]. Il est probable que cette réflexion soit inspirée par une image que la spéculation thermodynamique a réussi à populariser à un certain moment. L'ironie, ici, joue certainement sur plusieurs registres. Pourtant, les liens qui unissent l'ordre à l'esprit ne sont certainement pas sans présenter plus d'un aspect paradoxal dont celui-ci, bien que trivial en apparence, peut être pris au sérieux dans une certaine mesure.

La raison nous en paraît relativement simple. L'esprit, pour Musil, tant sous l'angle de l'intellect que sous celui du sentiment, s'investit dans des formes d'ordre qui, participant du mouvement de la vie, tendent à privilégier la régularité et l'univocité, conformément à un ensemble de principes d'économie dont le « sens du réel », tel qu'il est défini dans L'homme sans qualités, constitue une représentation adéquate. En ce sens, l'ordre lui est bien essentiel, puisque ce qu'il produit y trouve une condition, et puisque les principes peuvent également être tenus pour des « catalyseurs d'énergie »[128]. Mais l'esprit ne s'y épuise pas pour autant, ou plutôt, s'il s'y épuise, ce ne peut être qu'en cela qu'à la faveur d'un renversement des rôles, l'ordre finit par devenir à lui-même sa propre fin. En fait, ce qu'il faudrait admettre, c'est que la fonction de l'esprit ne se confonde pas avec les opérations de « mise en ordre » qui peuvent pourtant lui être attribuées. Car, comme l'observe encore le général, « si l'esprit n'est pas autre chose qu'une expérience mise en ordre, dans un monde bien ordonné on n'en aura que faire ! »[129].

Les présentes réflexions, directement inspirées du roman, invitent sans doute à penser que ce problème, si c'en est un, a été en un sens résolu depuis bien longtemps dans le double champ des sciences et de l'épistémologie. Résolu en ce sens que l'idée d'une rationalité «close» ne compte plus beaucoup de défenseurs aujourd'hui. Or il peut sembler que Musil, à travers les pensées qu'il prête à Ulrich et au Général, veuille soumettre à une variation ironique une conception de la raison déjà en passe de devenir caduque. Il convient de ne pas s'y tromper. La question qui est au centre des pages consacrées aux vertus respectives de l'ordre et de l'esprit s'inscrit dans une perspective qui n'est pas tout à fait celle-là. L'histoire en est partie prenante. L'éthique aussi. Mais pour le reste, Musil ne doute pas, comme nous pensons l'avoir montré jusqu'ici, que l'intellect, s'il ne s'agit que de lui, possède encore suffisamment de ressources pour ne pas s'épuiser dans les formes de légalité qu'il crée. Selon toute vraisemblance, la question réside donc davantage dans ce que l'histoire révèle, dans le genre de situation qui s'y affirme, que dans l'existence d'une sorte de contradiction dont on pourrait être conduit à penser qu'elle est inhérente à l'esprit.

Il suffit pour écarter ce genre de présomption, de souligner les variations que Musil fait subir à la signification de ce mot. L'esprit, avons-nous déjà observé, «fournit les innombrables possibilités». C'est dire, en d'autres termes, que sa «règle» n'est nullement le «sens du réel», mais le «sens du possible». Or cela permet de comprendre quelques-unes des formules énigmatiques, paradoxales ou sybillines qui se rencontrent souvent sous la plume de l'auteur, en particulier celle-ci: «L'esprit n'a pas d'esprit!»[130].

Dire cela, c'est en fait soustraire l'esprit à la «réalité» dans laquelle il s'investit, et, ainsi, le tenir pour rigoureusement équivalent à l'absence de qualités qui marque le moi. Dans l'un des chapitres du roman où l'*Eigenschaftslosigkeit* fait l'objet de l'une des présentations les plus intéressantes, on peut noter ceci:

«Peut-être se formerait-il autour de ce mot 'esprit', si l'on en savait davantage, un cercle de silence angoissé...»[131].

Une fois de plus, l'image du cercle est éloquente. C'est la même image qui est utilisée pour le moi et pour l'esprit: la circonférence en est offerte au visible; le centre se dérobe au regard. Mais, comme pour un anneau, ce centre paraît être précisément, la seule chose importante. Manfred Frank, dans une étude particulièrement instructive du concept d'*Eigenschaftslosigkeit* chez Musil, a certainement raison de rapprocher la position de celui-ci de ce qui se fait jour chez Novalis à propos du moi. Comme il l'écrit:

«Dans le chapitre 40 du premier livre, si révélateur quant à la façon dont Ulrich se comprend lui-même, la notion du moi (que Novalis voulait déjà supprimer) est remplacée par le *Hauptwort Geist*, c'est-à-dire par le substantif et le maître mot 'esprit'.

L'esprit y est dit 'aussi proche et aussi éloigné de toutes les qualités envers lesquelles il se montrerait étrangement indifférent'. Déjà auparavant Ulrich avait 'admis sans façons qu'un homme qui a de l'esprit préexisterait aux qualités' (1,116). Ce sont des formules que Husserl aurait pu admettre, mais certainement pas Mach. Pour pouvoir se montrer indifférent envers ses qualités, il faut que l'esprit leur préexiste, et pour préexister à ses qualités il faut qu'il s'affirme d'abord dans le changement de ses états. Mais ce qui s'affirme ne doit ni ne peut être une substance ou une unité. Novalis appelait le 'principe moi (...) une unité sans borne ni détermination (...) L'ipséité est (...) le principe de la plus totale diversité'»[132].

Le commentaire de Manfred Frank a tendance à accentuer une vision qui accorde au néant une signification privilégiée. Il s'agit là sans aucun doute d'un mot dont on ne saurait dire, compte tenu de ce qu'il véhicule, s'il convient tout à fait à ce que Musil semble avoir en vue. Mais quoi qu'il en soit, le fait que Musil substitue au mot *moi* le mot *esprit* dans le chapitre de référence constitue à coup sûr un indice tout à fait important du statut qu'il conviendrait en définitive d'accorder à la notion d'esprit, et par là tant à l'absence de qualités qu'à l'absence de forme. Sur ce point, nous ne pouvons que citer une fois de plus Manfred Frank :

«On pourrait dire que le sujet, sans avoir de qualités en lui-même, permet au monde de se profiler sur le fond de son retrait. La différence essentielle entre cette version de l'absence de qualités et celle du 'monisme neutre' est alors qu'elle reconnaît le sujet comme un type-d'être-indépendant (dont la manière d'être est précisément le néant), tandis que la seconde en fait un faux problème philosophique»[133].

Nous avons montré ailleurs les affinités qui existent, à maints égards, entre certaines positions de Musil et la pensée de Wittgenstein. Dans le cas présent, il se pourrait bien que la conception qui se fait maintenant jour se révèle assez semblable à celle de l'auteur du *Tractatus*[134]. Mais il est surtout clair qu'en assignant à l'esprit — et au moi — une semblable position de «retrait», Musil légitime en quelque sorte l'idée d'une éthique qui tend d'autant plus à s'accomplir dans le singulier que la vocation de l'esprit s'y affirme dans l'éphémère. Car si l'esprit ou le moi sont ce «rien» par lequel, néanmoins, s'actualise le monde dans la pluralité infinie des perspectives qui naissent de leur improbable rapport, alors aucune expérience ne saurait à proprement parler en fixer l'image, ni davantage en épuiser les contours.

Est-ce pour cela que «L'esprit reste toujours le même» *(Geist bleibt immer das gleiche)*, comme le dit encore Musil? En vérité, en dépit de l'impossibilité qu'il y aurait à ramener la signification de ce mot à un seul sens, c'est vraisemblablement en raison de ce qui apparaît ici comme une forme de préexistence par rapport à ses qualités que l'esprit peut être dit «rester toujours le même». Et cela est précisément compatible avec l'amorphisme humain. L'évolution des structures extérieures reste extérieure à l'esprit, de la même manière que les qualités du moi peuvent lui être indifférentes[135].

A partir de là, l'expérience de l'autre état peut certes bénéficier d'un nouvel éclairage. Au fond, si dans l'autre état les frontières du moi s'abolissent, si se fait jour une participation telle que s'efface toute espèce de dualité entre le moi et le monde, dans ce cas l'autre état, parce qu'il a pour condition l'absence de qualités, signifie cette absence de qualités elle-même, avec cette différence que dans l'autre état le moi paraît s'atteindre dans une forme d'identité tout à fait étrange dont seule l'expérience mystique semble offrir une analogie. C'est vraisemblablement cela qui explique, dans *L'homme sans qualités*, l'alternance du vocabulaire de la *plénitude* et de l'*anéantissement*, comme dans le langage des mystiques justement évoqué par Ulrich dans les pages les plus significatives à cet égard.

Là, le roman ne manque d'ailleurs pas d'évoquer une «mystique diurne», ou encore une «religiosité profane». Or c'est par ce biais-là que les questions relatives à l'autre état rejoignent les interrogations qui ont l'histoire pour objet. La tendance «religieuse» ou «mystique» qui s'affirme dans l'idée de l'autre état constitue le trait commun des aspirations confuses et des discours d'un grand nombre de personnages du roman. Parmi d'autres propos, ceux d'un personnage comme Hans Sepp, par exemple, ou bien Meingast, peuvent être tenus pour tout à fait édifiants à ce sujet[136]. A quoi faut-il attribuer ces expressions d'une religiosité qui paraît chercher sa voie ? Il est tout à fait clair que dans l'esprit de Musil les divisions de l'esprit et les principaux caractères d'une époque minée par la désorientation en sont principalement responsables.

Dans *L'homme allemand comme symptôme*, il évoque l'image d'un «pêle-mêle démoralisant semblable à la limaille de fer d'un champ démagnétisé»[137]. Dans *L'homme sans qualités*, Arnheim incarne plus précisément les contradictions de l'esprit dont les *Essais* tentent un diagnostic:

«Il en allait d'Arnheim comme de sa propre époque. Celle-ci adore l'argent, l'ordre, le savoir, le calcul, les mesures et les pesées, c'est-à-dire, somme toute, l'esprit de l'argent et de sa famille, en même temps qu'elle les déplore»[138].

A première vue, on pourrait voir dans ces contradictions une forme de désordre. Mais il n'en est rien. On peut ici s'en remettre à ce que suggèrent plusieurs chapitres du roman: jamais une époque ne fut aussi ordonnée. Comme le général Stumm le fait remarquer à Diotime:

«De quelque côté que le regard se tourne, ce n'est qu'ordre, ordonnance, règle et règlement: règlements de transport, règlements de police, règlements des débits de boisson, etc. Aussi suis-je persuadé, ajoute-t-il, que tout le monde ou presque, de nos jours, considère notre époque comme la plus ordonnée qui fût jamais »[139].

Mais si l'ordre paraît en effet ainsi gagner jusqu'aux moindres recoins de la vie, tout se passe néanmoins comme si subsistaient des «restes irrationnels». Et c'est peut-être là que la religiosité tend à aller se loger. Il est significatif que Musil prête à son héros, à l'époque d'Anders, une prédilection pour le désordre[140]. Le relatif état de désordre de l'esprit contraste, par ailleurs, avec les formes d'organisation qui contribuent tant à l'abstraction de la vie. Enfin, étrangement, l'ordre dans le détail s'accompagne d'une indétermination dans l'ensemble.

«Ces cent dernières années, observe Ulrich, nous ont permis d'accroître infiniment notre connaissance de nous-mêmes, de la nature et de toutes choses; mais de là s'ensuit que tout l'ordre que nous gagnons dans les détails, nous le reperdons dans l'ensemble, de sorte que nous disposons de toujours plus d'ordres (au pluriel), et de toujours moins d'ordre (au singulier)»[141].

Comme Wittgenstein, Musil pense que c'est le propre des processus de type périphérique inhérents aux sociétés modernes que de donner ainsi naissance à une prolifération d'ordres superposés dont le moindre paradoxe n'est pas en effet de combiner ainsi une double tendance dont les avatars sont rigoureusement symétriques et opposés. Car en raison de la première tendance, on assiste à un développement croissant des rapports objectifs et des formes de régulation univoques, si bien que l'indifférence s'étend. D'autre part, comme les perspectives d'ensemble se perdent et qu'en dépit des ordres locaux tout paraît laissé au hasard, l'indifférence se nourrit simultanément du sentiment d'un manque auquel répondent le besoin d'une conviction et l'aspiration à une synthèse.

Il peut arriver aussi que le «besoin de raconter» supplée ce manque et se substitue aimablement à ce que comporte de plus sérieux l'idée d'une conviction ou d'une synthèse[142]. C'est pourtant bien là, néanmoins, que l'irrationnel, la religiosité, s'imposent à l'esprit comme pour apporter la garantie d'un recours. Les malaises dont paraît souffrir la subjectivité y trouvent-ils une réponse? Laquelle?

Les aspirations qui s'y font jour apportent clairement la révélation d'une visée qui semble essentiellement constituer une réponse à l'indifférence, à la séparation et au sentiment d'un vide qui n'est pas sans rappeler les états asthéniques auxquels Musil s'est longtemps intéressé. Curieusement, en effet, c'est dans un désir de fusion, d'abolition de toute frontière que ces aspirations cherchent à s'accomplir. Fusion des âmes dans le cas de Diotime, par exemple, fusion du moi dans la communauté, dans la masse, dans le cas de Hans Sepp; mais aussi, il convient de ne pas l'oublier, désir d'unité de ce qui est séparé dans le cas d'Ulrich et d'Agathe. En d'autres termes, sous différentes variantes, l'expérience religieuse ou mystique, parce qu'elle présente la particularité d'offrir la possibilité d'une réponse au vide de l'âme, devient au centre des principales réactions que suscite le développement des types d'ordre propres à la société moderne. Mais le plus remarquable réside encore en ceci que ce genre de réponse s'accomplit dans une destruction du principe d'individuation effaçant jusqu'à toute « ombre grammaticale » du moi [143]. L'amorphisme humain reprend ainsi ses droits.

Faut-il s'en étonner ? A vrai dire, la nature « indéterminée » du sentiment, selon Musil, éclaire les aspects les plus significatifs de ce qui s'affirme au cœur de ce genre d'expérience. D'autre part, Musil a suffisamment pris de précautions et de distance par rapport à l'exaltation aveugle du sentiment et de l'irrationnel pour qu'il soit permis de ne pas aligner l'idée de l'autre état sur les diverses variantes qui en sont pourtant présentées dans le roman.

2. Le hasard et la moyenne

Comme nous l'avons précédemment remarqué, sans cependant nous y arrêter à ce moment-là, Ulrich découvre simultanément ce que comporte d'insupportable la façon dont l'histoire semble s'accomplir et la nature de ce qui lui manque : ce besoin d'un *complément* que paraît lui indiquer son propre reflet dans la vitre du tramway. Il y a là, comme on le devine, l'expression d'une prémonition que les retrouvailles avec Agathe, la sœur oubliée, ne tarderont pas à réaliser [144]. De ce besoin d'un complément dont on sait qu'il doit présenter les caractères d'un double, on pourrait dire qu'il indique la nécessité d'une détermination susceptible de donner un contenu à ce qui, jusqu'alors, sur un mode essentiellement indéterminé, n'exprimait au fond que la présence d'un point de vue vide, c'est-à-dire sans aucune espèce de corrélat dans le monde. Agathe est ce corrélat, et c'est elle, dans le récit, qui apporte la possibilité d'une rupture avec l'indifférence : la possibilité d'une existence motivée qui, dans l'esprit de Musil, devait également réintroduire une dimension narrative dans le roman. Il en va vraisemblablement ici comme dans *Törless* : l'indétermination marque négativement l'exigence d'une détermination, d'une présence. Mais celle-ci ne peut prendre appui sur le réel. D'où l'image d'un *pont* dont les arches, à l'une des deux extrémités, chercheraient un appui dans l'irréel, dans l'imaginaire. Comme nous l'avons vu, Musil évoque la figure d'un tel pont à propos de ce que l'idée des nombres imaginaires fait naître dans l'esprit de Törless. Il a également recours à une comparaison semblable dans une note où il parle plus précisément de la deuxième partie de *L'homme sans qualités*. Il est en effet probable qu'à ses yeux cette deuxième partie aurait dû représenter comme un pont jeté sur le pur imaginaire. Et Agathe comme l'idée de l'autre état en représentaient certainement les piliers essentiels, privés, comme cette image permet de le comprendre, de tout point d'appui réel.

Lorsque Ulrich, donc, découvre dans le reflet de son propre visage la nécessité d'un complément, une seconde phase du roman s'annonce dont la fonction peut vraisemblablement être comparée à celle du saut qui, dans le cas des nombres imaginaires, débouche sur un résultat qu'une procédure «normale» n'aurait pas permis d'atteindre. Quel résultat, cependant, lorsqu'il s'agit, non pas d'équations, mais de littérature? Sans doute est-ce le moment d'évoquer ce que Musil appelle une «solution partielle».

Musil le déclare à plus d'une reprise et l'on ne voit pas pourquoi ces déclarations ne seraient pas prises aux sérieux: ses intentions, au moment où il commence à écrire *L'homme sans qualités*, visent à apporter une contribution à la résolution des problèmes que l'esprit doit à ses yeux surmonter. Il n'est pas indispensable d'y revenir, mais il est clair que ces problèmes résident pour l'essentiel dans un double défi: réaliser, dans le domaine du sentiment, ce qui a été réalisé dans le champ de la raison, ceci dans la perspective d'un équilibre des facultés de l'esprit; saisir les chances qui sont offertes par les circonstances historiques, au lieu de laisser filer l'histoire vers le genre de solution qu'elle finit toujours par privilégier sans qu'il soit besoin de choisir! A ces deux exigences se rattachent évidemment plusieurs questions. D'autre part, il va de soi que Musil n'a jamais pensé qu'il fût possible à un homme, à une action, à un système, de venir à bout de ce type de problème. C'est précisément ce qui l'oppose aux idéologies, aux visions héroïques de toutes sortes, et sans doute aussi à la philosophie, cette dernière ayant beaucoup trop tendance, sinon à «changer le monde», du moins à «l'interpréter» selon les schémas qui privilégient de toute façon le total, le nécessaire et l'univoque. La complexité, le hasard lui demeurent étrangers. Aussi Musil songe-t-il bien davantage à des *solutions partielles*, comme celles dont les sciences donnent un exemple. Là, en effet, il ne s'agit pas tant de régler définitivement, au moyen d'une procédure unique et magique, les problèmes qui se posent, mais de préférer au contraire les démarches moins ambitieuses, celles qui permettent de s'approcher d'une solution, pas à pas, sans préjuger à l'avance du chemin qu'il faudra suivre.

Cette notion de « solution partielle » constitue sans doute la meilleure indication que l'on puisse obtenir de l'option rigoureusement constructiviste de Musil. Son hostilité à l'égard de la philosophie (encore qu'elle soit très nuancée) y trouve sa principale raison d'être. Mais l'image du pont lui est également essentiellement liée, de même que les réflexions qui lui sont parfois suggérées par sa qualité d'ingénieur. Car le propre d'une telle option consiste précisément en cela qu'aucun chemin ne peut d'emblée être considéré comme tracé d'avance et la pensée, dans quelque domaine que ce soit, n'a pas pour vocation d'en rechercher les traces : il lui faut inventer ! Or c'est précisément ce que se propose Musil dans le domaine qui est le sien. D'une part, en effet, le roman — en particulier dans sa seconde partie — s'engage dans le possible, c'est-à-dire dans une dimension qu'il ne faut surtout pas se représenter comme enracinée dans un quelconque réel. Ce qui signifie encore qu'il n'y a donc pas lieu, dans l'esprit de l'auteur, de considérer autrement que comme un ensemble de variations imaginaires ce qui naît du mouvement de la fiction. Mais d'un autre côté l'« expérimentation » qui en résulte peut tenir lieu de solution partielle — ou encore peut apporter de telles « solutions » — pour peu que l'on admette que s'y découvrent symboliquement des possibilités susceptibles d'élargir le champ de l'expérience. De plus, à raisonner ainsi, c'est la littérature elle-même qui peut alors s'inscrire dans cette perspective comme Musil le suggère assez souvent.

Nous reviendrons rapidement sur cette question en conclusion du présent travail. Mais il semble que ces quelques observations soient de nature à nous faire un peu mieux saisir ce que Musil à vraisemblablement voulu investir dans la partie inachevée de *L'homme sans qualités*.

Ainsi, la solidarité qui s'annonce dans le chapitre cité un peu plus haut entre une possibilité éthique et une interrogation historique peut être tenue pour essentielle dans la seconde partie du roman. Bien que cela ait fait l'objet — et fasse encore l'objet — de polémiques, tout semble montrer que la question de la guerre y joue un rôle déterminant. En second lieu, les interrogations sur l'histoire — la façon dont elle se produit — font incontestablement partie de ce que l'aventure d'Ulrich, dans le roman, tend à mobiliser dans la double perspective d'une « expérimentation » essayiste des possibilités offertes au moi, ainsi qu'à l'individuel — et non pas seulement à l'individu — tant sur le plan éthique que sur celui de l'existence historique. Bref, sous ce rapport, le roman tend plutôt à montrer que Musil ne sépare pas ces deux dimensions. En outre, il semble également que la mise en relief d'une complexité à tous égards essentielle dans les deux cas soit de nature à en révéler la solidarité.

L'expérience de la guerre, comme nous avons eu l'occasion de le souligner, fut pour Musil doublement révélatrice. Il y a vu tout d'abord une expérience *religieuse*; d'autre part, il y a perçu un ensemble de manifestations tout à fait exceptionnelles de l'*amorphisme humain*. En effet, l'un des aspects les plus remarquables à cet égard réside probablement dans les possibilités qu'y trouve le moi d'une extraordinaire intégration dans l'élément supra-personnel. Il s'agit là d'un phénomène certes bien connu dont différentes interprétations ont été proposées par la philosophie ou la sociologie : l'émergence, dans des circonstances données, d'une forme de cohésion telle que la conscience individuelle est absorbée par la conscience collective, l'individu par la masse. Musil le note dans ses *Journaux* lorsqu'il écrit :

«Ce fut un événement analogue à l'expérience religieuse. Tous les peuples furent saisis par quelque chose d'irrationnel, mais d'énorme, d'étrange, d'étranger à ce monde, jugé plus tard une hallucination. Aspects remarquables de cette expérience : pour la première fois, chacun avait quelque chose en commun avec chacun. On se dissout dans l'événement supra-personnel»[145].

Il n'y a pas lieu de douter que cette dissolution constitue un fait tout particulièrement significatif pour quiconque veut comprendre la façon dont les guerres — comme ce fut le cas en 1914 — sont accueillies. Dans des situations d'anomie du genre de celle que décrit Musil (l'excès d'ordre en est paradoxalement une composante), la guerre représente une issue dont certains aspects ne sont pas sans rapports avec l'expérience mystique. Mais si l'anomie y trouve en quelque sorte une réponse, le résultat en est aussi une forme de rupture catastrophique avec les liens ordinaires, si bien qu'à l'anomie succède l'amorphisme et cette simple évidence que, hormis les normes qui dans les circonstances habituelles fournissent un cadre à la vie, l'homme est capable de tout.

Or ce sont les affinités qui se font jour entre la guerre et l'expérience religieuse ou mystique qui expliquent les rapports existant entre celle-ci et l'autre état. Comme la guerre, l'autre état ne se conçoit que sur la base d'une rupture radicale des rapports ordinaires, c'est-à-dire des formes d'organisation et d'adaptation économique nécessaires à la vie. Comme la guerre, l'autre état produit une métamorphose du moi qui paraît restaurer dans l'élément suprapersonnel une vie éteinte ou moribonde, selon une alternative qui est celle du «mort» et du «vivant». Aussi y a-t-il entre l'une et l'autre comme une alternative qui confère à l'aventure d'Ulrich et d'Agathe, dans *L'homme sans qualités*, une signification particulière. Si, en effet, comme nous l'avons noté, il y a bien comme un parallélisme entre l'histoire d'amour du frère et de la sœur et les efforts de l'Action parallèle, c'est dans une certaine mesure parce que s'y développent deux entreprises en un sens concurrentes, tout cela sur un même fond : la perspective de la guerre. En d'autres termes : l'autre état, sous cet aspect, n'est pas autre chose qu'une manière de réalisation pacifique de ce que la guerre, elle, résout violemment. Quant à l'action parallèle, elle figure, dans l'idéologie, une recherche également analogue par plus d'un aspect à celle que tentent le frère et la sœur à l'écart du monde, dans une dimension résolument éthique et individuelle.

On s'explique dès lors que «tout conspire à la guerre» dans des situations comme celle que reconstruit *L'homme sans qualités*[146]. C'est du reste en cela que le roman s'apparente en effet, de ce point de vue, à une reconstruction et qu'il peut en offrir une sorte d'«*übersichtliche Darstellung*». Le but n'en est pas tant une «représentation», du reste, qu'une mise au jour des possibilités. Mais comme dans toute tentative semblable, il ne saurait être question d'accorder aux composantes qui en font partie un autre statut que celui-là. Musil nous en avertit en invoquant ce qu'il nomme une utopie[147]. L'autre état est l'une des utopies dont se nourrit *L'homme sans qualités* : il s'agit évidemment là d'une chose qu'il convient de ne pas perdre de vue. A condition, toutefois, de ne pas oublier non plus ce que Musil entend par là, c'est-à-dire de ne pas pour autant priver cette idée de signification.

C'est que l'autre état, précisément en raison de qu'il possède en commun avec la guerre, se révèle en même temps porteur des possibilités inhérentes à la situation à laquelle il est supposé répondre, et représentatif d'une sorte de voie pacifique différente, précisément, des idéologies du même nom. Le pacifisme, laisse entendre Musil, conduit aussi à la guerre[148]. La formule peut surprendre. Elle n'en est pas moins en accord avec ce qui apparaît ici comme une conviction de l'auteur, à savoir que les idéologies, dans certaines situations, quel que soit leur contenu, peuvent en effet conduire à la guerre. Plus important paraît être, dans ces cas-là, le genre de besoin auquel elles se font un devoir de répondre que leur contenu proprement dit ou les intentions déclarées qui s'y affirment.

On rejoint ici, en fait, l'une de nos précédentes remarques : l'idée qu'en choisissant pour cadre de son roman l'année 1913, Musil visait à soumettre à une «expérimentation» romanesque une situation à la fois historique et culturelle semblable à celle de l'après-guerre, avec cette seule différence, peut-être, que la première lui paraissait avoir été marquée par des possibilités exceptionnelles que la guerre avait provisoirement anéanties. Dans les *Journaux*, il est permis d'avoir un aperçu des analogies que cela suppose. Musil y écrit, par exemple, à propos de ce qu'il lui est alors permis d'observer en Allemagne avec la montée du nazisme:

«Le jour des élections dans les rues bourgeoises: scène de mobilisation. Atmosphère de guerre avec victoire garantie, satisfaction garantie d'un besoin profond, presque une petite répétition, en plus réussi, de 1914»[149].

Ici encore, le même phénomène religieux et, en arrière-plan, sans doute, le même besoin de conviction. Dans ses notes parallèles, comme nous l'avons observé, Musil appuie beaucoup sur ce fait. Ulrich et Agathe, de la façon que nous avons dite, sont à la recherche d'une conviction[150]. L'homme, dans l'esprit de Musil, en a besoin: une conviction morale lui est nécessaire. Mais laquelle? s'interroge Musil[151].

«Au fond, écrit-il, l'enthousiasme allemand pour le Ns (= National-Socialisme) prouve la justesse de mon affirmation selon laquelle l'homme ne connaît rien de plus important qu'un point archimédique»[152].

Sans doute faudrait-il ici citer plus d'une note de ce genre. Il suffit toutefois d'en résumer l'essentiel. Un besoin comme celui que nous venons d'évoquer se satisfait rarement dans une recherche soucieuse de rigueur ou d'exactitude. Bien au contraire, «on donne le plus de valeur à ce qui ne peut faire l'objet d'une démonstration». En ce sens, le prestige de l'irrationnel, le «préjugé favorable» dont bénéficie toute «entorse à la raison» est à la mesure d'un manque dont on rejette bien évidemment la responsabilité sur diverses victimes émissaires: la science, la raison en général, le capitalisme, tel ou tel groupe social, politique ou ethnique, etc.[153]. Aussi Musil condense-t-il sa pensée en deux propositions réitérées: «*Seinesgleichen geschieht*» conduit à la guerre, de même que l'action parallèle[154]; d'autre part, la guerre est la même chose que l'autre état, mais mêlée au mal[155]. De ces deux idées, les chapitres fragmentaires de la deuxième partie du roman permettent du reste de mesurer d'autant plus l'importance qu'ils n'ont pas encore été travaillés par la fiction[156].

Tout cela pourra paraître plaider en faveur d'une interprétation qui privilégie les composantes, voire les éventuelles racines historiques et culturelles des questions autour desquelles *L'homme sans qualités* est construit. Il convient à coup sûr d'en prendre la mesure, tant il est vrai que les diverses notes de Musil, certaines réflexions des *Journaux* et les interrogations des *Essais* interdisent d'en sous-estimer l'importance. Mais cela ne signifie nullement qu'il y ait lieu d'y voir un unique fondement. L'absence de qualités, par exemple, notion qui est incontestablement au centre du roman, ne saurait se réduire à la simple expression d'un phénomène historique, comme le montre aisément ce que Musil doit à Mach dans une première définition. Mais il n'empêche que la question du «moi» demande aussi à être posée en fonction d'une référence à des formes de vie, de sorte que par là les problèmes qui s'y rapportent ne peuvent être tenus pour étrangers à ce qui se fait jour dans l'histoire. Le chapitre: «Le retour» plaide certainement en faveur d'une telle lecture [157].

En fait, à vouloir identifier — non sans simplification — les registres sur lesquels joue essentiellement le roman, il conviendrait d'en distinguer principalement deux: l'éthique et l'histoire. Mais il y va, précisément, de leur solidarité et de la manière dont leurs exigences respectives parviennent à s'articuler. La notion de l'autre état, notion qui, significativement, a suscité le plus de commentaires, peut certainement être tenue pour représentative d'un horizon de possibilités d'ordre éthique et esthétique. Mais comme nous venons de le voir, dans le roman — dans celui-ci, à la différence des *Nouvelles*, par exemple — ces possibilités ne peuvent être dissociées d'une mise en perspective qui se rattache, elle, à des circonstances historiques déterminées, même si elles ne sont envisagées, selon l'expression de Musil, que de manière «spectrale». Ce dernier, au demeurant, insiste beaucoup trop sur la signification, pour l'ensemble du roman, du thème: «toujours la même histoire», pour qu'il puisse en aller autrement. La recherche de l'autre état, certes, s'apparente à un défi de nature esthétique. Mais cela ne veut pas dire pour autant qu'il y ait lieu de le priver de l'éclairage qu'il reçoit des autres composantes du roman. C'est pourquoi, d'autre part, les réflexions sur l'histoire — sur la manière dont elle se produit — y occupent une place non négligeable. Elles ne sont nullement indifférentes tant il est vrai, conformément aux attendus du Théorème de l'amorphisme humain, que la «forme de vie» humaine en dépend.

Quel est toutefois le visage que présente celle-ci à un esprit soucieux de cela ? Comme le suggèrent les réflexions d'Ulrich dans *L'homme sans qualités*, le mouvement de l'histoire, à l'instar de ce qui se découvre dans la vie personnelle de chacun, paraît avoir effacé en lui la place du sujet. Certes, cela n'empêche pas l'histoire de donner prétexte à des histoires qui se racontent d'autant plus volontiers que, comme dans la sphère de la vie privée, l'incertitude y trouve un rempart non négligeable. Mais, comme le dit Ulrich, au moment où il s'interroge sur ce que l'Action patriotique de Diotime comporte d'absurde:

«pour la plus grande part, l'Histoire naît sans auteurs. Elle ne vient pas d'un centre, mais de la périphérie, suscitée par des causes mineures. Il n'en faut probablement pas tant qu'on le croit pour faire de l'homme médiéval ou du grec classique l'homme civilisé du XXe siècle. L'être humain, en effet, peut aussi aisément manger de l'homme qu'écrire la Critique de la raison pure; avec les mêmes convictions et les mêmes qualités, si les circonstances le permettent, il pourra faire l'un et l'autre, et de grandes différences extérieures en recouvrent de très minimes à l'intérieur »[158].

Les réflexions d'Ulrich, en cet endroit du roman, ne diffèrent guère, comme on peut le constater, de celles de Musil dans un essai comme *L'homme allemand*. Ici et là, en effet, la même idée, à peu de choses près : ce sont les circonstances extérieures qui font et l'homme (l'homme extérieur, précisément) et l'histoire. Le théorème de l'amorphisme humain est là, une fois de plus, pour nous le rappeler. Et le problème, le principal problème, est simplement de savoir si et comment l'homme peut agir sur ces circonstances.

Il serait au demeurant parfaitement inutile de résumer la substance de ce chapitre du roman. « La Cacanie, y écrit Musil, était un Etat supérieurement intelligent. » Intelligent, en effet, en cela que, comme cela est ironiquement suggéré, le «train-train», un certain «laisser faire », y étaient à la mesure de ce que l'on pourrait tenir pour une loi de l'histoire si le hasard n'y intervenait pour une grande part. Dans le chapitre suivant du roman, les réflexions attribuées à Ulrich font également apparaître ceci que :

«les plus heureux des modeleurs politiques de la réalité, hors les toutes grandes exceptions, ont beaucoup de traits communs avec les auteurs de pièces à succès; les intrigues vivantes qu'ils suscitent ennuient par leur manque d'intelligence et de nouveauté, mais pour cette raison même, nous plongent dans un état d'hébétude sans défense où nous nous accommodons de n'importe quoi, pourvu que cela nous change. Ainsi comprise, l'histoire naît de la routine des idées, de ce qu'il y a de plus indifférent en elles; quant à la réalité, elle naît principalement de ce que l'on ne fait rien pour les idées »[159].

Autrement dit, la routine, l'habitude, la répétition, sont autant de traits marquants qui, conformément à une comparaison fréquente dans la littérature autrichienne, apparentent l'histoire à ce qui se produit sur de tout autres scènes, celles des théâtres. Toutefois, si ce « train-train », précisément, n'est pas sans apporter quelques satisfactions — sur la scène de l'histoire comme sur celles des théâtres[160] — il suffit que la monotonie en soit rompue pour que les choses apparaissent tout de même différemment. Alors, en effet, l'absence d'auteur déterminé devient très vite source de malaise, et l'on s'aperçoit qu'il conviendrait peut-être de faire un peu plus qu'on ne fait ordinairement « pour les idées ».

Il y a certainement dans le personnage d'Ulrich quelque chose : une énergie disponible, qui tendrait à s'investir dans une direction de ce genre. Faire un peu plus pour les idées, c'est au fond cela même qui justifie son «essayisme». Or, justement, il n'en va guère différemment de «l'Histoire universelle» et de «l'histoire des idées». Et c'est pourquoi le «problème d'Ulrich» est en définitive autant celui de l'histoire que celui de ce qu'implique, sur un plan plus particulièrement éthique, son absence de qualités. D'autant qu'en définitive, les deux choses vont de pair. Le côté périphérique du mouvement de l'histoire est à la mesure de l'amorphisme humain, qui est à la mesure de l'absence de qualités. S'agit-il de rompre cette sorte de cercle infernal? Certes non, tant il est vrai que cela serait absurde et vain. Mais «inventer» l'histoire, cela peut vouloir dire autre chose, à savoir simplement rompre la répétition, ce qui, si l'on s'en tient à l'essentiel, constitue tout autant une exigence *éthique* qu'*historique*.

Dans l'esprit de Musil, du reste, le motif éthique domine. Mais les exigences et les possibilités qui se font jour dans la sphère éthique ne peuvent être résolument dissociées des conditions historiques. C'est pourquoi la réflexion sur l'histoire occupe chez Ulrich — et plus largement dans tout le roman — une place importante que le thème de l'autre état a parfois éclipsée chez certains commentateurs. Son attitude, à cet égard, est au demeurant de même nature que celle dont il témoigne dans l'examen des problèmes moraux. Une situation historique, les événements qui s'y rattachent ou se révèlent susceptibles de s'y produire, demandent à être considérés en termes de *possibilités*, ce qui signifie notamment qu'il n'y a pas lieu d'y induire l'existence de constantes, ni de causes fictives du genre de celles que Musil évoque dans ses *Essais*: l'homme «gothique», par exemple, les races, les grandes causes, etc. A regarder l'histoire de près, «on ne voit rien», et surtout rien de tel. La seule constante, c'est l'amorphisme de l'homme.

Envisager ainsi l'histoire, c'est prendre acte d'une complexité qui fait entrer en scène le hasard. Musil, à cet égard, comme on l'a vu, recherche dans les principes d'intelligibilité mis en œuvre dans les sciences — là où la complexité est précisément de règle — une possibilité d'éclairage des processus spécifiquement historiques. Dans *L'homme sans qualités*, cette recherche se traduit par un emprunt à la théorie mathématique: le *Principe de Raison Insuffisante*, dans lequel on peut voir à la fois l'une des sources du «sens du possible» et, d'autre part, le concept essentiel à partir duquel Ulrich étend à l'histoire les suggestions qui s'y trouvent impliquées. Selon le Principe de Raison Insuffisante, rappelons-le, une distribution au hasard d'éléments donnés auxquels est attribuée une valeur probable produit une oscillation autour des valeurs moyennes qui détermine l'évolution du système.

« Ulrich, peut-on lire dans l'un des chapitres du roman, ne cessait d'appliquer les vues de la probabilité aux événements intellectuels et historiques, de confondre la notion mécanique et la notion morale de moyenne. Ainsi revenait-il à cette dualité de la vie dont il était parti. Les limites et l'inconstance des idées et des sentiments, leur vanité, le lien mystérieux et trompeur entre leur sens et l'apparition de son contraire, tout cela, avec bien d'autres phénomènes semblables, est donné sous forme de conséquence naturelle dès qu'on admet que telle chose est aussi possible que telle autre. Cette supposition est d'ailleurs le fondement du calcul des probabilités et la définition du hasard qu'il a adoptée; qu'elle caractérise aussi le train du monde permet de conclure que celui-ci ne serait pas très différent si tout était livré, dès le commencement, au hasard »[161].

On retrouve, à peu de choses près, les mêmes réflexions sous la plume de Musil, dans les *Journaux*, à propos de la lecture d'un ouvrage du physicien E. Schrödinger[162]. En vérité, on pourrait en multiplier les exemples, mais s'il est une chose demandant à être notée, c'est que le genre de transposition auquel ces réflexions permettent d'assister procède d'un mode de pensée typiquement essayiste qu'il n'y a pas du tout lieu d'interpréter comme constitutif d'une « théorie » ou d'une « vision » à proprement parler, comme lorsqu'on parle d'une *Weltanschauung*, par exemple. Le raisonnement de Musil est en effet à peu près le suivant: à se représenter l'histoire sous l'idée de hasard, et à lui appliquer les principes idoines, du genre de ceux auxquels on fait appel dans le calcul des probabilités, il apparaît que cela ne change à peu près rien à ce qui tient lieu de résultat. Or, d'un point de vue essayiste, cela suffit à justifier la supposition et, du même coup, les autres suppositions qui peuvent en être issues. Dans *L'homme sans qualités*, un aspect important de la démarche d'Ulrich consiste dans les deux notions de « moyenne » et de « valeur aux limites », interprétées selon le Principe de Raison Insuffisante. Et effectivement, comme le suggèrent les lignes citées, ce qui l'intéresse, c'est la mise en rapports à laquelle il se sent autorisé de « la notion mécanique et (de) la notion morale de Moyenne ». En d'autres termes, l'instrument mathématique permet ici à Ulrich de comprendre quelque chose qui, sans cela, demeurerait fondamentalement obscur: ce règne de la moyenne, cette « spéculation à la baisse sur le marché de l'esprit » qui lui paraissent caractéristiques de la situation intellectuelle et historique. Le recul de l'individu, la suprématie apparemment en développement de l'homme « collectiviste », la prolifération des « ordres » locaux et l'indétermination au niveau de l'ensemble, bref l'ensemble de ces phénomènes marquants auxquels nous avons fait jusqu'ici allusion, trouvent dans cette notion de moyenne, non pas une raison, bien sûr, mais la justification d'un hasard incontournable que seule la croyance à des causes ou les suggestions issues des récits que l'on a de plus en plus de mal à produire permettent d'effacer.

Il va sans dire que Musil se sépare ici de tout ce qui pourrait ressembler de près ou de loin à une philosophie de l'histoire. Lui-même en aurait peut-être imputé la raison à sa formation d'ingénieur. Mais il ne faut sans doute pas sous-estimer ici la part du romancier. Si le premier, en effet, sait d'expérience qu'il lui faut compter avec le hasard, l'impondérable, le second n'ignore pas qu'il en va de l'Histoire comme de toutes les histoires: les plus convaincantes, comme n'importe quel «coup de dé», n'abolissent jamais le hasard.

NOTES

[1] On peut lire, par exemple, dans les notes et ébauches préparatoires datant de la phase «L'Espion»: «L'histoire de Moosbrugger ne constitue pas un motif suffisant pour déployer les personnages dont j'ai besoin au début. Aussi dois-je mettre en route une deuxième histoire *parallèle*» (nous soulignons). Cf. GW. I, *Der Mann ohne Eigenschaften, Allgemeine überlegungen* (1930-1942), p. 1948.
[2] Jx. I et II, op. cit. Sur la phase *Achille*, par ex., cf. le cahier 8 en particulier. L'édition allemande (GW. I, op. cit.) réunit un ensemble important de notes et d'ébauches appartenant aux différentes phases. Nous nous y référons dans ce qui suit.
[3] Au départ, il s'agit en effet de cela: rivaliser par une grande action édifiante et spectaculaire avec la célébration du trentième anniversaire du règne de Guillaume II. Se glisse, bien évidemment, dans cette idée romanesque, tout ce qui constitue, dans son ambiguïté même, la volonté d'une identité autrichienne, soucieuse de sa différence, consciente de ce qu'elle perçoit comme une supériorité, mais constamment aux prises avec une multitude de contradictions que Musil analyse dans ses *Essais*, et dont l'une des moindres n'est certainement pas son *manque de réalité*, si l'on entend par là le défaut des moyens objectifs qui lui eussent effectivement permis de s'actualiser. Ce manque de réalité que Musil diagnostique souvent dans tout ce qui est autrichien prend avec l'Action parallèle une dimension d'autant plus édifiante qu'il s'y trouve d'une certaine manière revendiqué comme tel en raison de tout ce qui s'en trouve exclu. Sur les objectifs supposés de la grande action, cf. H.S.Q. I, chap. 19.
[4] C'est-à-dire d'une *Weltanschauung*: «l'horrible concept de Weltanschauung», note Musil qui y voit l'indice d'une «politisation de l'esprit» (GW. I, p. 1872).
[5] Cf., en particulier, «L'Autriche de Buridan», in *Essais*, op. cit.
[6] Voir, par exemple, les Jx. I, p. 230 où Musil s'intéresse significativement au cas d'un personnage, étudié par K. Oesterreich qui, «incapable de parler à personne, (...) dissimulait cela sous une rage de citations». D'autre part, Musil envisage de «composer un personnage uniquement de citations» (Jx. I, p. 440 et 539). De fait, dans *L'homme sans qualités*, comme cela a souvent été souligné, les propos de plus d'un personnage sont effectivement composés à partir de citations empruntées à différents auteurs: Nietzsche, Maeterlinck, Rathenau, etc.

[7] H.S.Q. II, chap. 83, «Toujours la même histoire, ou: pourquoi n'invente-t-on pas l'Histoire?» et H.S.Q. IV, chap. 65: «Une note. Projet pour une utopie de la vie motivée». Musil y écrit, à propos d'Ulrich: «Agathe et moi sommes d'ailleurs du même avis: à la question que nous nous sommes posée, comment dois-je vivre? la réponse est: c'est ainsi qu'on doit vivre.» En cet endroit du livre, c'est en effet l'idée d'une «vie sans pourquoi» qui, comme chez Maître Eckhardt, s'impose au frère et à la sœur.
[8] H.S.Q. I, chap. 13. Cette idée est d'abord en accord avec ce que suggère à Ulrich l'état présent du monde et la pratique des sciences: «Son avis était qu'on se trouve embarqué aujourd'hui avec toute l'humanité dans une sorte d'expédition, que la fierté exige de répondre 'pas encore' à toute question inutile et de conduire sa vie selon des principes *ad interim*» (p. 73). Cette attitude peut légitimement rappeler l'idée cartésienne d'une «morale par provision». Remarquons d'ailleurs en passant que Musil, à l'occasion, semble-t-il, de la lecture du *Descartes* de Cassirer, note le «sérieux» *(Ernst)* propre au XVIIe siècle et à Descartes en particulier (GW. II, p. 929). Dans le chapitre 13 de L'H.S.Q., la résolution d'Ulrich de se mettre en congé de la vie est mise en rapport avec une quête de la singularité, de l'individualité, fortement menacée par une époque et un esprit davantage portés à l'appréciation des performances quantitativement mesurables qu'à une vision «essentialiste» des qualités qui s'attachent aux êtres et aux choses: «... puisque en fin de compte, si les footballeurs et les chevaux eux-mêmes ont du génie, seul l'usage qu'on en fait peut encore vous permettre de sauver votre singularité, il résolut de prendre congé de la vie pendant un an pour chercher le bon usage de ses capacités» (p. 75).
[9] H.S.Q., chap. IV: «S'il y a un sens du réel, il doit y avoir aussi un sens du possible.»
[10] Cf. Jx. I, cahier 8, mais également les GW. I. Achille et Anders y sont crédités de «caractères» allant en effet dans ce sens. A propos d'Achille, par exemple, Musil envisage la possibilité d'en faire un «philosophe moderne» (Jx. I, p. 466) un «logisticien» (p. 482); il est supposé tenir le bien et le mal pour indifférents (p. 477), d'autre part, «son anarchie et sa bêtise psychiques sont un miroir de l'époque» (p. 483). Dans les notes pour *L'Espion*, on retrouve des traits comparables. «Anders ne croit pas à une radicale différence de nature entre les qualités du bien et du mal (Nietzsche)» (GW. I, p. 1949); il est «contre le sentiment», «il n'aime pas les hommes» *(Ibid.,* p. 1953); il est «hostile à la philosophie» et «pour le désordre»; «il croit à la valeur du désordre» *(Ibid.,* pp. 1995-96).
[11] H.S.Q. I, pp. 146-147: «Diotime commença en déclarant que l'Action parallèle était une occasion unique de donner une réalité à ce que l'on jugeait être les choses les plus importantes et les plus grandes de la vie. 'Nous devons et nous voulons donner réalité à une très grande idée. Nous en avons l'occasion, il serait criminel de la laisser passer!' / Naïvement, Ulrich demanda: 'Pensez-vous à quelque chose de précis?' / Non, Diotime ne pensait à rien de précis.»
[12] *Ibid.,* les chap. 9, 10 et 11.
[13] *Ibid.,* p. 60.
[14] «Une utopie, écrit Musil, c'est à peu près l'équivalent d'une possibilité; qu'une possibilité ne soit pas réalité signifie simplement que les circonstances dans lesquelles elle se trouve provisoirement impliquée l'en empêchent, car autrement, elle ne serait qu'une impossibilité; qu'on la détache maintenant de son contexte et qu'on la développe, elle devient une utopie» (H.S.Q. I, p. 385). A propos de la «mise en congé» elle-même *(Urlaub von der Leben),* il convient de souligner, comme l'indique l'expression utilisée que Ulrich, en prenant cette décision, prend congé de la vie, au sens où il se donne l'avantage d'une disponibilité «vacancière». Mais d'un autre côté, il donne ainsi congé à la vie, de sorte qu'ainsi il réalise à sa manière une opération équivalente à celle qui consiste pour l'art, selon Musil, à «abolir le réel».
[15] Voir ce que suggère Clément Rosset dans les analyses qu'il consacre à ce phénomène

dans *Le réel et son double*, Gallimard, 1976 et *Le philosophe et les sortilèges*, Ed. de Minuit, 1985.

[16] *L'Action parallèle*, dans le roman de Musil, paraît certes bien inoffensive. Ce n'est toutefois pas ce que suggère Musil, comme nous le verrons un peu plus loin. Nihiliste, elle l'est, ne serait-ce qu'en cela que le réel lui est insupportable et qu'elle lui préfère les charmes d'une idée qu'il lui suffit de poursuivre pour se justifier. Il ne fait aucun doute, par ailleurs, que la fiction de l'Action parallèle est étroitement associée à un ensemble de courants philosophiques et idéologiques qui ont joué un rôle non négligeable en Autriche, en particulier sur le plan politique, que ce soit de manière directe ou indirecte. C'est ce que suggèrent, par exemple, les travaux de Schorske, de Johnston et de W. Mac Grath, dans un ouvrage qui n'est malheureusement pas traduit en français : *Dionysian art and populist politics in Austria*, Yale University Press, 1974, ainsi que, d'une autre manière, l'étude de J. Bouveresse sur *Les illusions de l'Action parallèle* précédemment citée. Sans céder pour autant aux facilités de l'amalgame, il est permis de rapprocher le genre de stratégie et d'esprit qui se fait jour au sein de l'Action parallèle de ce qui caractérisait, selon Hermann Rauschning, l'idéologie nazie et son action. Bien avant que n'éclate la guerre, Rauschning soulignait en effet l'inanité des motifs et des objectifs déclarés de la «révolution national-socialiste» pour en découvrir le ressort unique : la *volonté de néant*. Il va sans dire qu'il n'y a pas lieu de voir dans l'Action parallèle un mouvement de ce genre avant la lettre. Néanmoins, la forme de nihilisme qui s'y loge, le refus de la raison et le privilège accordé à l'irrationnel ne sont pas absolument étrangers à ce qui, dans l'histoire cette fois, en naîtra par la suite — au moins en partie — à la faveur de circonstances et de facteurs évidemment complexes. Musil connaissait le livre de Rauschning. Au demeurant, la note qu'il lui consacre dans les Jx. est assez ambiguë (II, p. 561).

[17] C'est ce que font apparaître les fragments posthumes réunis dans l'édition française de *L'homme sans qualités* — celle-ci, en effet, correspond, rappelons-le, à la première édition allemande. En Allemagne, une seconde édition a vu le jour depuis. Elle réunit également un grand nombre de fragments et de chapitres posthumes, classés autrement, toutefois. Le *Nachlass* fait en tout cas apparaître une connexion étroite entre l'Action parallèle, l'autre état et la guerre. Cf., par ex., GW. I, p. 1851 : «tout conspire à la guerre»; 1859, où «l'indifférence européenne» est présentée comme devant y conduire; 1902 : «toujours la même histoire et l'Action parallèle conduisent à la guerre»; 1932 : «la guerre est la même chose que l'autre état, mais mêlée au mal».

[18] H.S.Q. I, chap. IV. En fait, cette option en faveur du sens du possible signifie surtout une mise entre parenthèses des suggestions liées aux impératifs et aux intérêts pratiques.

[19] Cf. nos remarques à ce sujet dans *R. Musil ou l'alternative romanesque*, op. cit.

[20] *Ibid.*, ainsi que Mach, *Erkenntnis und Irrtum*, trad. franç. «Connnaissance et erreur», 1919. Voir aussi la thèse de Musil et ses remarques relatives au «principe d'économie» : *Pour une évaluation des doctrines de Mach*, trad. franç., op. cit.

[21] *Ibid.*

[22] Dans sa thèse, tout en mettant en évidence, dans les conceptions de Mach, une composante sceptique dont il se détache, Musil note bien qu'à appliquer à la connaissance scientifique le principe d'une adaptation économique au réel, alors, compte tenu des facteurs aléatoires qu'il convient de faire entrer en ligne de compte, il n'est rien dans les sciences qui ne puisse être autrement (*Pour une évaluation*, trad. franç., p. 72). La position de Musil présente cette particularité que, tout en se refusant à voir dans la vérité scientifique une simple «convention pratique» (cf., *ibid.*), il défend l'idée d'une connaissance fondamentalement ouverte aux remaniements conceptuels les plus inattendus : le *sens du possible* y est à ses yeux en permanence à l'œuvre. Il le note dans un feuillet d'étude où il fait appel à la notion de dépendance fonctionnelle. Dans les sciences de la nature, «nous ne savons pas jusqu'où pourra encore s'étendre notre savoir».

« Toute dépendance fonctionnelle est artificiellement isolée ; n'y voir qu'une simple probabilité signifie que par principe elle pourrait aussi bien être autre » (GW. I, p. 1880).
[23] C'est ce que font apparaître les Jx., par exemple, en particulier les premiers cahiers. Cf., par ex., le cahier 4 où Musil note : « Le caractéristique est qu'il dit : ceci pourrait être ainsi, cela ainsi. Et là-dessus, on pourrait construire telle ou telle chose. En bref : il parle uniquement de possibilités, uniquement de combinaisons, sans nous en montrer une seule réalisée. » Significativement, le même cahier contient une remarque beaucoup plus tardive, ajoutée de la main de Musil : « Ce qu'on peut être drôle, jeune homme ! Nietzsche tout juste bon à servir de point de comparaison à un galopin ! Comme on voit uniquement ce que l'on a au-dessous de soi ! Comme on est loin de chercher à pénétrer la pensée globale de Nietzsche (1923) » (Jx. I, p. 43).
[24] H.S.Q. I, chap. IV, p. 27.
[25] *R. Musil ou l'alternative romanesque*, op. cit.
[26] E. Mach, *Erkenntnis und Irrtum*, trad. franç., op. cit., pp. 200-201.
[27] Que le *réel* soit le *singulier*, c'est la thèse que défend Clément Rosset, comme on peut en juger, par ex., à la lecture de son livre : *L'objet singulier*, Ed. de Minuit, 1979. Que l'on nous pardonne ce raccourci, mais les rapports respectifs du possible et du réel, tels que Musil les envisage, entraînent cette conséquence que, d'une certaine manière, puisque le réel n'est jamais que du possible, il n'y a pas d'autre réel que le possible. Or, comme le possible constitue en quelque sorte le « grain » du réel, cela même qui se soustrait à la répétition, à la représentation, voire à la conceptualisation, on peut légitimement y voir le singulier comme tel. En fait, à y réfléchir, on peut même se demander si les conceptions de Musil ne reviennent pas à voir dans le possible la dimension du réel à laquelle correspond le non-ratioïde, et dans cette dernière dimension la sphère ouverte et infinie au-dessus de laquelle se construit le ratioïde, région dont dépendent le « sens du réel » et notre capacité de nous donner en toute chose les « points fixes » dont nous avons besoin.
[28] E. Mach, op. cit., p. 200.
[29] C'est ce que montrent très évidemment plusieurs essais déjà cités : les *Eléments pour une nouvelle esthétique*, *Littérateur et littérature*, ainsi que d'autres écrits encore comme *Une approche de l'art*, in *Essais*, p. 457, sans parler de maintes notes des Jx. et du *Nachlass*.
[30] Cf. *Littérateur et littérature*, op. cit.
[31] *Törless*, p. 191.
[32] L'usage que fait Musil du subjonctif (du *Kunjunktiv*, plus exactement) dans un roman comme *L'homme sans qualités* apparente en effet l'écriture romanesque à l'essai. Cf., à ce sujet, A. Schöne, *L'emploi du subjonctif chez R. Musil*, « L'Arc », n° 74, 1978, ainsi que nos commentaires dans *R.M. ou l'alternative romanesque*.
[33] Voir à ce sujet G.G. Granger, *Pensée formelle et sciences de l'homme*, Aubier, coll. « Analyse et raisons », 1960. L'auteur y écrit, à propos de l'historien : « ... il veut atteindre l'individuel, mais par le regard seulement, sans jamais le toucher » (p. 207).
[34] *Der Vorstadtgasthof*, in GW. II, pp. 630-633. On peut en lire une traduction dans « L'Herne », R. Musil, op. cit, pp. 52-54. Les textes posthumes réunis dans GW. I (pp. 1981-1984) permettent de se faire une idée de cette version primitive à laquelle Musil donne le titre : « Le Rédempteur (plan) — Un chapitre plein d'épouvante — Le rêve » *(Der Erlöser — Aufbau — Ein grauenvolles Kapitel — Der Traum)*. Une partie en a été traduite par A. Brignone dans *Sud*, « R. Musil », hors-série, 1982.
[35] H.S.Q. I, chap. 2, p. 21. « Peut-être est-ce précisément le petit-bourgeois qui pressent l'aurore d'un nouvel héroïsme, énorme et collectif, à l'exemple des fourmis. On le baptisera 'héroïsme rationalisé' et on le trouvera fort beau. Qui pourrait, aujourd'hui déjà, le savoir ? De telles questions, toutes de la plus grande importance, et qui demeuraient sans réponse, il y en avait alors à foison. Elles étaient dans l'air, elles vous brûlaient les pieds » *(Ibid.).*

[36] Jx. I, p. 530, ainsi que H.S.Q. II, chap. 91, «Spéculations à la baisse et à la hausse sur le marché de l'esprit».
[37] *Was arbeiten Sie?*, entretien avec O.M. Fontana, trad. franç. in «L'Herne», op. cit., p. 269: «... je n'ai pas écrit du tout un roman historique. L'explication réaliste de l'événement réel ne m'intéresse pas. J'ai mauvaise mémoire. De surcroît les faits sont toujours interchangeables. Ce qui m'intéresse, c'est ce qui est intellectuellement typique, je dirais même: l'aspect spectral de l'événement» (trad. de P. Jaccottet).
[38] H.S.Q. I, chap. 2, p. 21.
[39] Cf. Nos remarques à ce sujet dans *R. M. ou l'alternative romanesque*, chap. 4: «Temps et narration».
[40] H.S.Q. I, chap. 13:. «Un cheval de course génial confirme en Ulrich le sentiment d'être un homme sans qualités».
[41] *Ibid.*, chap. 17, p. 102.
[42] Les «qualités» qui leur sont prêtées sont éminemment flottantes, ce qui n'est pas sans rapport avec l'absence de point de vue central que s'impose Musil. A propos des «Exaltés» *(die Schwärmer)*, Peter Henninger a remarqué en comparant différents états du texte de la pièce des modifications significatives. Ce qui était attribué à tel personnage initialement était ensuite attribué à un autre dans une version ultérieure. Il n'y a bien entendu pas lieu d'y voir l'expression d'une négligence. Cf.: P. Henninger, *La résistance du texte*, in «R. Musil, problèmes et perspectives», op. cit.
[43] G.W. Leibniz, *Monadologie*.
[44] D'une certaine manière, les principes dont la position de Musil est solidaire s'opposent à la théorie de «l'analyse de la signification» défendue par les membres du Cercle de Vienne. Sur cette question, bien qu'elle ne fasse l'objet d'aucune interrogation spécifique de sa part, Musil paraît assez proche du second Wittgenstein et de ce qui se fait jour chez ce dernier dès les conversations avec Schlick à Vienne (Cf. *L. Wittgenstein und der Wiener Kreis*, Schriften 3, Suhrkamp Verlag, Fankfurt am Main, 1980).
[45] H.S.Q. I, chap. 17, pp. 103-104.
[46] Ulrich ne s'aime pas. Ce fait est impliqué dans l'*Eigenschaftslosigkeit*. On pourrait rapprocher ce qui se fait jour ici d'une pensée de Pascal: «Qu'est-ce que le moi?». Pascal écrivait notamment: «... comment aimer le corps ou l'âme, sinon pour ces qualités, qui ne sont point ce qui fait le moi, puisqu'elles sont périssables? Car aimerait-on la substance de l'âme d'une personne abstraitement, et quelques qualités qui y fussent? Cela ne se peut, et serait injuste. On n'aime donc jamais personne, mais seulement des qualités» (*Pensées*, in Pascal, Œuvres complètes, La Pléiade, p. 1165). Ces réflexions de Pascal permettent à elles seules d'éclairer les rapports paradoxaux qui placent en relation le moi, les qualités et l'amour, c'est-à-dire aussi bien l'absence de moi (l'*Ichlosigkeit*), l'absence de qualités (l'*Eigenschaftslosigkeit*) et l'impossibilité d'aimer.
[47] H.S.Q. I, p. 102.
[48] *Ibid.*, chap. 13, p. 70.
[49] *Ibid.*, pp. 71-72.
[50] *Ibid.*, p. 73.
[51] *R. M. ou l'alternative romanesque*, op. cit.
[52] C'est ce que suggèrent entre autres, plusieurs fragments datant de 1926, in GW. I, p. 1816 sqq.
[53] Voir notre chap. I et la critique que fait Musil du livre de Spengler: *Le déclin de l'Occident*.
[54] Jx. I, cahier 8, pp. 438-439: «Mais cette Autriche grotesque n'est qu'un cas particulier, et particulièrement révélateur du monde moderne».
[55] H.S.Q. I, chap. 2, p. 21.
[56] La question du temps est impliquée dans les déformations que Musil fait subir à la

temporalité dans son roman; elle l'est également dans l'usage qu'il fait du subjonctif; elle l'est enfin dans tout ce qui concerne l'*autre état*.

[57] C'est ce que révèlent les réponses de Musil au questionnaire de la revue soviétique «Novy Mir», ainsi que, dans une moindre mesure, l'entretien avec O.M. Fontana. Cf., repectivement, *Sud*, hors-série, 1982 et *L'Herne*, «R. Musil», op. cit.

[58] «La connaissance chez l'écrivain», in *Essais*, op. cit., p. 83.

[59] Sur ces questions, voir G.G. Granger, *Essai d'une philosophie du style*, A. Colin, 1968; J.C. Pariente, *Le langage et l'individuel*, A. Colin 1973; M. Frank, *Das individuelle Allgemeine*, Suhrkamp Taschenbuch Wissenschaft, 1985.

[60] G.G. Granger, *Essai d'une philosophie du style*, op. cit.

[61] Cf. notre étude: *Pensées vivantes et formes de vie*, in «R. Musil, problèmes et perspectives», op. cit.

[62] Cf. *supra* et *La connaissance chez l'écrivain*, op. cit. où Musil associe à l'idée du non-ratioïde le travail d'«invention» qui est celui de l'écrivain à ses yeux et, bien sûr, la souveraineté du singulier.

[63] Cf. J.C. Pariente, op. cit.

[64] *Essais*, p. 248.

[65] *Ibid.*, p. 255.

[66] R. Musil ou *l'aternative romanesque*, op. cit.

[67] «Littérateur et littérature», in *Essais*, p. 237.

[68] Cf. G.G. Granger, *Essai d'une philosophie du style*, op. cit.

[69] H.S.Q. II, chap. 84, p. 84. «Il n'y a rien en son centre, dit Clarisse en regardant son anneau de mariage, et on dirait pourtant que ce centre est la seule chose qui lui importe.»

[70] H.S.Q. II, chap. 83: *Toujours la même histoire ou pourquoi n'invente-t-on pas l'histoire*, et IV, chap. 47: *Promenades dans la foule*.

[71] E. Mach, «Analyse des sensations» *(Die Analyse der Empfindungen und das Verhältnis des Physischen zum Psychischen*, 1903). A ce sujet, on lira avec intérêt l'étude de Manfred Frank: *L'absence de qualités à la lumière de l'épistémologie, de l'esthétique et de la mythologie*, Revue d'esthétique, «Vienne 1880-1938», Privat, 1985.

[72] H.S.Q. I, chap. 39: «Un homme sans qualités se compose de qualités sans homme.» A propos d'Ulrich, Musil écrit: «Il était donc bien obligé de croire que les qualités personnelles qu'il s'était acquises dépendaient davantage les unes des autres que de lui-même; bien plus: chacune de ces qualités, prise en particulier, pour peu qu'il s'examinât bien, ne le concernait guère plus intimement que les autres hommes qui pouvaient également en être doués.» Il va sans dire que l'*Eigenschaftslosigkeit* s'éclaire ici au concept de dépendance fonctionnelle, comme dans cet autre passage du même chapitre: «De nos jours, le centre de gravité de la responsabilité n'est plus en l'homme, mais dans les rapports des choses entre elles» (*Ibid.*, p. 233).

[73] Cf. notre chap. I et les suggestions de Musil à ce sujet dans *L'Allemand comme symptôme*, ainsi que dans H.S.Q. I, chap. 72: «La science sourit dans sa barbe, ou: Première rencontre circonstanciée avec le mal». Voir aussi: J. Bouveresse, «La science sourit dans sa barbe», *L'Arc*, «R. Musil», op. cit.

[74] H.S.Q. II, chap. 116: «Les deux arbres de la vie». «Si loin qu'on remonte dans l'histoire, écrit Musil, on retrouve ces deux attitudes fondamentales, l'une régie par la métaphore *(Gleichnis)*, l'autre par le principe d'identité *(Eindeutigkeit)*» (pp. 425-426).

[75] «L'Allemand comme symptôme», in *Essais*, p. 368.

[76] *Ibid.*

[77] *Ibid.*

[78] GW. I, p. 1844, «Exposé des II. Bdes 'MoE'»: «Quand je pense aux critiques du premier tome, je note toujours à nouveau ce qu'elles possèdent en commun, à savoir la question: au fond, que doit-il se produire dans la seconde partie? Sur ce point, la réponse est simple: rien, ou alors le début de la guerre mondiale.» Ces notes datent des années 1930-1939.

[79] L. Wittgenstein, *Tractatus logico-philosophicus*, op. cit.
[80] G.G. Granger, *Essai d'une philosophie du style*, op. cit.
[81] M. Frank étudie ces composantes dans «L'absence de qualités à la lumière de l'épistémologie, de l'esthétique et de la mythologie», *Revue d'Esthétique*, op. cit.
[82] Cf. *R. M. ou l'alternative romanesque* et *Pensées vivantes et formes de vie*, op. cit. L'image du «moyeu de la roue» se trouve dans H.S.Q. IV, chap. 65, p. 217. C'est Ulrich qui, dans cette page, décrit ce qu'il nomme «l'état de signification»: «Le sentiment ne nous quitte pas que nous avons atteint le centre de notre être, le centre mystérieux où la vie perd la force de s'enfuir, où le tournoiement incessant de l'expérience cesse, où le tapis roulant des impressions et des expulsions qui fait ressembler l'âme à une machine s'arrête, où le mouvement est repos; le sentiment que nous sommes enfin au moyeu de la roue.»
[83] M. Frank, *L'absence de qualités*, op. cit.
[84] Cf., par ex., «Eléments pour une nouvelle esthétique», in *Essais*.
[85] Ce sens est celui que prend le mot *Eigenschaft* chez Maître Eckhardt, par ex. Cf. *R. M. ou l'alternative romanesque*, op. cit., chap. 5, 2.
[86] H.S.Q. I, chap. 18, pp. 109-115.
[87] *Ibid.*
[88] *Ibid.*, p. 120.
[89] Voir à nouveau, Jx. I, p. 230, ainsi que les notes de l'édition allemande des *Tagebücher*: II, Anmerkungen, Anhang, Register, p. 115 sqq. Dans l'ouvrage auquel Musil se réfère, K. Oesterreich étudie un cas de dépersonnalisation. Le sujet y est baptisé «Zitazitus». Il raconte: «j'éprouvais le besoin de citations n'ayant absolument aucun rapport réel avec la conversation, mais qui, fondés sur de pures associations de mots, produisaient pour cette raison un effet comique» (p. 117).
[90] Jx. I, p. 440.
[91] H.S.Q. III, chap. 23: «Bonadéa ou la rechute».
[92] Cf. *supra*.
[93] H.S.Q. I, chap. 32: «Ulrich avait oublié la très importante histoire de la femme du major.» Cet épisode fonctionne sur le mode d'une réminiscence dans le roman.
[94] Jx. II, c. 21, p. 87. La possibilité d'une «narration retrouvée» peut être associée à ce que recouvre l'idée de *motivation*. Mais il convient de ne pas sous-estimer les difficultés qui sont liées à ce qu'il semble permis d'entrevoir ici, tant sur le plan des idées proprement dites que sur celui de l'exécution. Dans une note, Musil écrit, par exemple: «La première partie s'achève au sommet d'une courbe. Sur l'autre versant, celle-ci ne possède aucun appui». On retrouve dans cette déclaration l'image du *pont* évoquée dans *Törless* à propos des *imaginaires*. Et c'est bien en effet de cela qu'il s'agit: *L'homme sans qualités* figure une tentative orientée vers un rivage où la pensée ne possède aucun appui. Et en même temps, il s'agit d'unir deux dimensions de la vie, deux horizons. Autre réflexion de l'auteur, toutefois: «L'histoire de ce roman se ramène à ceci que l'histoire qui devrait y être racontée n'y est pas racontée» (GW. I, p. 1937).
[95] H.S.Q., chap. 122, «Le retour». «Ulrich s'apercevait maintenant qu'il avait perdu le sens de cette narration primitive à quoi notre vie privée reste encore attachée bien que tout, dans la vie publique, ait déjà échappé à la narration et, loin de suivre un fil, s'étale sur une surface subtilement entretissée» (vol. II, p. 511).
[96] GW. I, *Fragen zu Band II* — 1930-1938/39, p. 1844.
[97] *Ibid., Moral und Krieg*, Studienblatt, p. 1884.
[98] Dans le roman, cette attitude est celle qui s'exprime au sein de l'Action parallèle. A ce propos, il convient évidemment de se reporter aux *Essais*, principalement à la «Note sur une métapsychique» consacrée à Rathenau. On trouve également dans l'édition allemande des *Journaux*, un ensemble de notes sur l'*intuition* (Cf. TB II, p. 1163 sqq.).
[99] L'une des composantes essentielles paraît en effet en être cette attitude qui consiste

à limiter le champ des possibilités à des alternatives simples: ou bien... ou bien dont Musil souligne la «naïveté» dans «L'Europe en détresse».
[100] Cf., notamment, H.S.Q. IV, chap. 65, p. 214 sqq.
[101] Jx. I, p. 578.
[102] *Ibid.*
[103] H.S.Q. I, chap. 35, p. 209: «Dans notre vie réelle, je veux dire notre vie personnelle, comme dans notre vie historique et publique, ne se produit jamais que ce qui n'a pas de raison valable.»
[104] Jx. I, p. 578.
[105] «Esprit et Expérience», in *Essais*, p. 114.
[106] Jx. I, p. 579.
[107] GW. II, «Fallengelassenes Vorwort zu: Nachlass zu Lebzeiten», *Vorwort* IV, p. 972.
[108] H.S.Q. IV, p. 217.
[109] M. Blanchot, «Musil», *La Nouvelle Revue Française*, 6, 1958. L'étude considérée a été reprise par son auteur dans *Le livre à venir*, Gallimard, 1959.
[110] Voir à ce sujet: R. Olmi, *L'Homme sans qualités, genèse et éditions*, in «R.M. problèmes et perspectives», op. cit.
[111] Voir *supra*.
[112] L'importance de cette solitude à deux (Agathe est pour Ulrich son «autisme») tient à la tentative qui s'y fait jour d'une «autre» forme de vie dont on sait qu'elle a pour condition (quasi esthétique) le retrait du monde réel, c'est-à-dire de la vie ordinaire. Certains chapitres, du reste, problématisent singulièrement cette possibilité. Nous pensons en particulier aux chapitres posthumes sur l'*autre état*: cf. «Le voyage au paradis» et le touriste d'art. «Nous devons chercher un troisième», dit Ulrich à un moment (IV, p. 488), comme si la fuite romantique dans l'île, vers le sud, rencontrait ici sa limite. Ce «troisième», n'est-ce pas déjà, en effet, le monde que l'on a quitté?
[113] Cf. Jx. I, p. 182 et H.S.Q. III, chap. 21: «Longtemps, Agathe s'était répétée à tout propos la phrase de Novalis: 'Que puis-je donc faire pour l'âme qui m'habite telle une énigme irrésolue? Qui laisse à l'homme visible tout l'arbitraire imaginable, parce qu'elle ne peut le gouverner d'aucune manière?'». Comme cela a été remarqué, la phrase en question est attribuée à tort à Novalis.
[114] GW. I, *Moral und Krieg — Studienblatt*, p. 1876: «U-Ag représente en vérité un essai d'anarchisme dans l'amour. Qui se termine de lui-même négativement. Telle est la relation profonde qui unit l'histoire d'amour à la guerre.»
[115] *Supra* II, chap. 2.
[116] F. Nietzsche, *La naissance de la tragédie*, Œuvres philosophiques complètes, Gallimard, 1977, p. 44.
[117] L. Klages, *Vom kosmogonischen Eros* (1922). Voir les notes de Musil dans les Jx. II, cahier 21, p. 107 sqq. Klages, rappelons-le, a inspiré à l'auteur le personnage de Meingast dans L'H.S.Q. D'autre part: Martin Buber, *Ekstatische Konfessionen*, 1907, réédité en 1984 par Verlag Lambert Schneider, Heidelberg. Ces deux ouvrages n'ont jamais été traduits en français.
[118] H.S.Q. III, chap. 38, p. 510.
[119] *Ibid.* IV, chap. 66, p. 219.
[120] Nicolas de Cues, *De docta ignorantia*.
[121] H.S.Q. II, chap. 83, p. 70.
[122] *Ibid.*, p. 68.
[123] Voir, à ce sujet, Walter Moser, *Musil et la mort de l'homme libéral*, in «R.M. problèmes et perspectives», op. cit.
[124] Dans un feuillet d'étude appartenant à la phase «Anders», Musil note:
«L'homme sans qualités
La vie sans forme fixe } deux faces de la même chose»,

cité par E. Albertsen, in *Ratio und Mystik im Werk R. Musils*, Nymphenburger Verlagshandlung, 1968, p. 35.
[125] H.S.Q. II, chap. 83, p. 68.
[126] *Ibid.*
[127] *Ibid.*, chap. 100, p. 230.
[128] «L'Allemand comme symptôme», in *Essais*, p. 361. L'erreur, ici, consiste généralement à croire que les «principes», les «normes», etc. n'ont d'autre rôle que coercitif, de telle sorte que, par voie de conséquence, ils constituent un frein, un obstacle à ce que l'on «pourrait» faire sans cela. En fait, l'altération de leur fonction contraignante ne libère pas forcément un véritable «pouvoir», se signalant par des énergies particulières. C'est qu'il y a pouvoir et pouvoir, comme le montre C. Rosset dans *Le philosophe et les sortilèges* (op. cit.). Rappelons en effet, conformément à l'une de ses remarques que pouvoir, en anglais par exemple, peut se dire au moyen de deux verbes: *can* et *may*, lesquels n'ont pas le même sens.
[129] H.S.Q. II, chap. 108, p. 317.
[130] *Ibid.* I, chap. 40, p. 241.
[131] *Ibid.*, p. 237.
[132] M. Frank, *L'absence de qualités*, in «Revue d'esthétique», op. cit., p. 110.
[133] *Ibid.*
[134] *R. M. ou l'alternative romanesque*, op. cit. Sur ce point particulier, voir L. Wittgenstein, *Tractatus*, 5.632, 5.633 et 5.6331, notamment la première proposition: «Le sujet n'appartient pas au monde; il est bien davantage une limite du monde». Voir aussi le commentaire de J. Bouveresse dans *Le mythe de l'intériorité*, p. 123 sqq.
[135] GW. II, Notizen (17 nov. 1935), p. 813: «L'esprit reste toujours le même, jusque dans ses contradictions; le vivant, lui, en a tantôt plus, tantôt moins!»
[136] Voir, par ex., H.S.Q. II, chap. 113, p. 359 sqq.
[137] «L'Allemand comme symptôme», in *Essais*, p. 357.
[138] H.S.Q. II, chap. 106, p. 298.
[139] *Ibid.*, chap. 75, p. 11.
[140] GW. I, p. 1996.
[141] H.S.Q. II, chap. 85, p. 99.
[142] *Ibid.*, chap. 107, p. 306: «On a déjà pu constater à plusieurs reprises, dans le déroulement de l'Action parallèle, que l'Histoire universelle ne se fait pas autrement que les histoires tout court; c'est-à-dire que les auteurs ont rarement des idées neuves et que, pour l'intrigue et la pensée, ils se plagient assez volontiers. Mais cela suppose un autre élément, pas encore mentionné jusqu'ici, et qui n'est autre que le plaisir de raconter.»
[143] H.S.Q. II, chap. 113, p. 369: «... même la souffrance ou le dessaisissement de soi nous laissent toujours quelque argent de côté; une pâle ombre d'égoïsme, une ombre grammaticale pour ainsi dire, resterait attachée à tout acte tant qu'il n'y aurait pas d'attribut sans sujet.»
[144] L'exigence d'un «complément quelconque» est en effet comblée par les retrouvailles avec Agathe.
[145] Jx. II, cahier 26, pp. 172-173.
[146] GW. I, p. 1851.
[147] H.S.Q. I, chap. 61, p. 385.
[148] Cf. GW. I, p. 1890: «*Jede Ideologie, auch die pazifistische führt zum Krieg*».
[149] Jx. II, p. 232.
[150] GW. I, p. 1856.
[151] *Ibid.*, p. 1857.
[152] *Ibid.*, Studienblatt Soziale Fragestellung, p. 1862.
[153] H.S.Q. II, chap. 107, p. 304: «L'opération qui consiste à rapporter ce malaise à des entités particulières relève des plus anciennes méthodes psychotechniques. Le sorcier

n'agissait pas autrement, qui retirait du corps du malade le fétiche soigneusement préparé, ni le bon chrétien qui transfère ses défauts sur le bon Juif et prétend que c'est la faute de celui-ci s'il a découvert la publicité, l'usure, les journaux et autres monstruosités.»

[154] GW. I, p. 1902.
[155] *Ibid.*, p. 1932.
[156] Cf., dans l'édition française, les textes regroupés sous les chap. 127 et 128.
[157] H.S.Q. II, chap. 122. On peut y lire, en particulier: «A la campagne, les dieux descendent encore vers les hommes, pensa-t-il, on est encore quelqu'un, on vit encore quelque chose; en ville, où il y a mille fois plus d'événements, on n'est plus en état de les rattacher à soi-même: ainsi commence la progressive abstraction de la vie dont on parle tant...» (p. 509).
[158] *Ibid.* II, chap. 83, p. 71.
[159] *Ibid.*, p. 76.
[160] Cf. «Théâtre à symptômes», in *Essais*, pp. 171-174.
[161] H.S.Q. IV, chap. 47, p. 76.
[162] Jx. I, p. 626. Musil y parle d'un «passage de l'ordre au désordre» et du paradoxe auquel on aboutit que «la racine de la causalité, du point de vue du physicien, c'est le hasard.» Musil reprend les termes de l'article qu'il a sous les yeux, notant du reste au passage que ce langage est «peut-être trop influencé par le principe de l'entropie».

Conclusion

Sous quelque aspect qu'on la considère, l'œuvre romanesque de Musil est étroitement liée à une *morale de la création* dont le principe est associé aux pouvoirs de la fiction[1]. Comme nous l'avons vu, une semblable morale se sépare en cela des représentations communément associées à ce mot qu'elle privilégie l'*homme potentiel*, ainsi qu'une vision inventive et constructive de l'art et de la vie[2]. Au fond, l'«utopie» musilienne se conçoit comme une tentative qui ne vise à «abolir le réel» qu'afin de l'exposer à une autre lumière que celle des expériences et des habitudes convenues, un peu comme s'il s'agissait de lui inoculer cette «petite dose de poison» indispensable dont parle Törless lorsqu'il évoque sa jeunesse.

Dans *L'homme, sans qualités*, Ulrich, lui, applique à la morale l'audace du mathématicien, comme s'il mimait en cela l'écrivain qui, lui-même, en pensant à Nietzsche, évoquait l'idée d'une «morale mathématique». Nous savons ce que signifie la permanence de ce thème dans les récits de Musil. Il n'est pas jusqu'à son ironie qui n'y trouve un motif inépuisable. En dépit des suggestions du «sens du réel» et de l'incomparable avantage que présente le «solide» sur l'indéterminé, le variable, le fuyant, la complexité dont participe tout événement en interdit la réduction à une quelconque nécessité qui, selon l'occasion, se verrait attribuer les vertus de l'exclusif et de l'inconditionnel. Pour s'en tenir au plan de la personne, la vie, comme le suggérait Paul Valéry, n'est jamais qu'une «infinité d'accidents dont chacun aurait pu appartenir à un autre », si bien qu'il est peut-être plus difficile qu'on ne croit d'en amarrer le cours à des points fixes. C'est cela qui rend si précaire et si dérisoire l'attachement à des « qualités »; et c'est cela aussi qui, dans le grand roman de Musil, place les personnages dans des situations telles que leurs tentatives, leurs poses, apparaissent à l'image des habits de l'Empereur. Il suffit de peu de choses : une petite variation, un déplacement imprévisible comme il s'en produit tant dans *L'homme sans qualités*.

Evoquant dans une courte note son « ironie constructive », Musil en donne un exemple dans la possibilité de « représenter un ecclésiastique de telle manière qu'un bolchevik puisse en apparaître proche »[3]. A cela, un flottement des « qualités » peut contribuer, mais le principe en est généralement solidaire d'un ensemble de variations contextuelles et d'éclairages croisés dont le roman tire parti, comme pour *mettre à nu* les éléments mobilisés par la fiction.

« Les rapprochements, contrastes et affinités paradoxales qui se font jour entre les opposés — mais ce n'est jamais qu'au regard des catégories ordinairement en usage — servent une recherche qui, au rebours d'une définition bergsonienne du rire, se traduit souvent dans une mise en échec du « mécanique » au bénéfice du « vivant ». Curieusement, il est vrai, l'ironie qui entre dans une semblable démarche se définit également dans une occurrence de l'individuel qui, tout en brisant les configurations dans lesquelles l'individualité cherche généralement à se loger, paraît renoncer au bénéfice de l'identité, ou encore à la perspective d'un moi susceptible d'en apporter la garantie.

Cela va de pair, certes, avec les effets les plus immédiats de l'*Eigenschaftslosigkeit*. Mais sauf à considérer qu'il ne s'agissait jamais, pour Musil, que d'en illustrer la notion et les attendus, c'est à partir des possibilités d'« expérimentation » que cela fonde qu'il y lieu d'en juger.

Dans une lettre adressée à Adolf Frisé, Musil suggère à son correspondant que l'impossibilité où se trouve Ulrich de réaliser la synthèse des tendances qui cohabitent en lui est ce qui l'amène à rechercher, comme unique « solution » envisageable, un accord avec lui-même. Or la seule voie qui s'ouvre à lui est précisément celle qui consiste à opter pour une « forme éclairée de l'ignorance », c'est-à-dire à choisir le bénéfice d'une expérimentation possibiliste qui, de fait, le place à contre-courant, des synthèses hâtives de son temps. Comme le souligne toutefois l'auteur, l'*indécision* qui est la sienne, tant sur le plan de l'intellect que sur celui du sentiment, n'indique en rien une position *sceptique*; en outre, Ulrich n'incarne nullement une forme particulière de *déviance* sociale ou psychologique : « il lui est seulement donné de ressentir quelque chose de général »[4]. Nous retrouvons ici, bien entendu, ce que la lecture du roman ne manque pas de faire apparaître, en particulier dans les premiers chapitres. Comme le précise Walter en parlant d'Ulrich: «Il y en a des milliers comme lui aujourd'hui!». Mais Walter ne se doute apparemment pas, disant cela, combien ce qui peut en effet apparaître comme une faillite est aussi de nature à fonder une tout autre attitude que celle d'une sombre résignation ou d'une folle exaltation en faveur d'un spiritualisme nourri de ressentiment.

En fait, si Ulrich, d'une manière bien particulière, il est vrai, choisit un parti, c'est bien celui de son époque dans ce qu'elle présente d'audacieux, voire de maléfique; mais c'est précisément en vue d'y rechercher le principe de solutions telles qu'on en trouve dans les sciences: ces fameuses «solutions partielles» auxquelles Musil apparente explicitement sa propre tentative. Et sans doute ne faut-il pas s'attendre, dans un roman comme celui-là, à ce qu'Ulrich retrouve miraculeusement ce qu'il est supposé avoir perdu. Dans une autre lettre adressée cette fois à Karl Baedeker, Musil insiste sur le fait que «le monde doit changer de lui-même»[5]. Par rapport à ce qui constitue une tâche nécessairement collective, «le destin personnel d'Ulrich est indéterminé». En d'autres termes, il n'appartient pas plus à Ulrich de résoudre — au sens d'une «solution» définitive — les problèmes de l'absence de qualités que ceux qui, corrélativement, se font jour dans l'histoire sous la forme d'un sentiment d'impuissance caractéristique. En revanche, en choisissant simplement d'être conséquent avec ce qu'il éprouve, il se donne les moyens d'une position qui, n'étant soumise à aucune autre limitation que celle de l'*essai*, ouvre le champ de l'expérience à ce que Musil appelle tantôt une «autre vie», tantôt «l'autre état», mais qu'il convient surtout de se représenter comme un ensemble de possibilités dont la valeur exemplaire tient apparemment à ce que les formes de vie ordinaires, celles qui semblent s'épuiser dans la répétition, y sont privées de toute espèce de prétention à l'exclusivité.

Il va sans dire qu'une semblable mise en échec s'accomplit dans une dimension *esthétique*. Le roman figure *esthétiquement* la possibilité d'autres expériences que celles qu'autorisent l'économie ordinaire du moi (celle qui culmine dans l'idée d'un moi simple) et l'horizon des «rapports objectifs», donc de l'indifférence et de l'impersonnel. Mais l'expérience «esthétique» du monde n'en dessine pas moins les contours de ce que Musil nomme quelquefois une «autre vie du moi». Et c'est dans ces cas-là, précisément, comme nous avons essayé de le montrer diversement, que l'*individuel* se fait jour du fond de la *com-*

plexité, au cœur, parfois, des structures en apparence les plus stables, celles qui écrasent les différences sous l'universalité de la loi. Sous bien des aspects, l'individuel ne manque pas d'apparaître *catastrophique*, tant il est vrai que son émergence coïncide avec un bouleversement de l'expérience et des formes sédimentées qui lui sont liées. Mais si le moi paraît alors renaître à lui-même, ce n'est toutefois pas sous la forme d'un *je* qui aurait, pour l'occasion, recouvré son unité, son identité et sa stabilité primitivement menacées. C'est pourquoi ces expériences sont généralement solidaires, dans les romans de Musil, comme dans ses diverses proses, d'un privilège de l'*instant*. La durée, le temps synthétique, lui sont étrangers. Mieux, on a le sentiment que la condition en est dans un démantèlement du temps qui vise à neutraliser la *causalité* en lui, comme s'il s'agissait de le rendre, également, à une complexité plus fondamentale. Bien entendu, le romancier s'y emploie par tout un ensemble de moyens qui lui sont propres[6]. Mais l'on découvre, pour le coup, que ce travail sur le temps, cette transformation esthétique des contenus de l'expérience, participent d'une entreprise qui ne s'épuise pas dans une conception autoréférentielle de la fiction.

Il est clair, notamment, que l'un des privilèges du roman réside dans le pouvoir qu'il détient de soumettre l'expérience du temps à des variations dont les possibilités s'ouvrent probablement sur l'infini. Et encore cette «expérience du temps» ne peut-elle même pas être présupposée à titre de donnée primitive, dans la mesure où ce que nous serions en effet tenté de nommer ainsi ne peut guère être séparé de ce qui se fait jour par le langage. C'est ce que tout roman montre à sa manière. Mais le propre de la fiction, le fait que le romancier œuvre dans un domaine qui est celui du possible, entraînent cette conséquence que le *divers* qu'il parvient à organiser narrativement, l'expérience du temps à laquelle il donne symboliquement naissance, figurent à chaque fois un *monde*, comme on le dit quelquefois, ou mieux : une *façon* de vivre le monde.

Il en va probablement ainsi dans tout roman : l'individuel s'y affirme au gré de ce mode particulier de projection et de composition des possibles que nous nommons fiction. Que la narration en constitue un instrument majeur et spécifique, nous n'avons guère de raison d'en douter. Ce que l'on peut néanmoins remarquer, comme Musil nous y invite[7], c'est que l'homme, d'ordinaire, ne dispose pas de ressources fondamentalement différentes lorsqu'il s'agit de comprendre sa vie. «La vie, écrivait Ortega y Gasset, est une fiction qui s'invente au fur et à mesure que l'on avance». Mais «la vie ressemble davantage à *Ulysse* qu'aux *Trois Mousquetaires*»[8].

Cette « ressemblance » signifie notamment que la vie ne devient intelligible à chacun que dans la mesure où la complexité qui l'habite s'y prête à un mode de compréhension dont le récit constitue de toute manière une pièce maîtresse. Qu'il y ait en tout homme un narrateur, c'est ce que révèle amplement la place qu'occupent les récits de toutes sortes dans l'existence individuelle et collective. Bien sûr, la narration simple possède des charmes dont le roman paraît souvent vouloir se dispenser. Comme n'hésite pas à l'écrire Hans Blumenberg:

« Avec Joyce commence une littérature dans laquelles les faiblesses des aptitudes classiques à la création poétique, à l'invention, à la construction, à la narration ont été elles-mêmes transformées en maîtrise de l'écriture pour initiés: une industrie de production pour une industrie de réception. Ce public professionnel a sa disponibilité pour une chose qui, dans l'histoire de l'humanité, n'a été acceptée que dans des conditions cultuelles: l'ennui »[9].

Blumenberg a certainement raison d'insister comme il le fait sur la situation somme toute très particulière qui est celle du roman et de son public dans ce cas précis. En ce qui concerne toutefois l'aptitude à la « création », à « l'invention » et à la « construction », on sait toutefois qu'il s'agit de qualités inégalement partagées. Musil, pour sa part, reprochait aux « littérateurs » de puiser inlassablement aux mêmes sources, d'en appeler éternellement aux mêmes schèmes, et de priver ainsi le roman des possibilités qu'il détient. Il ne saurait être question d'ouvrir ici un tel débat, mais l'on peut du moins constater combien le roman, même dans les cas où il semble s'épuiser dans la convention, parvient néanmoins à susciter le mystérieux sentiment d'une vie toujours singulière, échappant d'une manière ou d'une autre à la pure et simple répétition. Quant aux aspects les plus ésotériques auxquels Blumenberg fait allusion en évoquant un mouvement inauguré par Joyce à ses yeux, il n'est pas davantage inutile de remarquer, avec Musil cette fois, que les romanciers de la génération de Joyce ont dû effectivement faire face à une situation nouvelle, créée pour l'essentiel par le développement de l'intellect: la « naïveté » propre aux anciennes formes du récit devenait en quelque sorte impraticable. Sans doute l'histoire a-t-elle montré par la suite que ce n'était pas tout à fait le cas. Mais il n'est pas interdit de penser qu'une certaine naïveté narrative, aujourd'hui fort répandue, puisse se nourrir, non sans le creuser, du fossé qui sépare l'intelligence (devenue par ailleurs singulièrement anonyme, impersonnelle) des formes ordinaires de la vie.

Dans la lettre précédemment citée, Musil indiquait à son futur éditeur: Adolf Frisé, ce que recouvrait sous sa plume le mot « esprit ». Invoquant pour la circonstance l'image d'une triade composée de l'*intellect*, du *sentiment* et de leur *interpénétration*, il suggérait du même coup à son correspondant que les problèmes posés par son « renouvellement» devaient être tenus pour le «problème fondamental de L'homme sans qualités» *(Das Hauptproblem des Mannes o. E.)*. Ce problème, qui dépasse d'ailleurs les seules limites de *L'homme sans qualités*, Musil a cru pouvoir l'aborder par la voie du roman. Il a pensé que le roman, à condition d'en mobiliser les ressources les plus vives, était à même d'apporter une contribution à ce qui lui paraissait constituer une tâche dont les habitudes contractées dans l'histoire ne permettaient pas de venir à bout. Mais si cela le conduit à une entreprise qui, sur le plan littéraire, précisément, se traduit par une radicalisation des potentialités inscrites au cœur du roman, la raison n'en est pas dans un quelconque souci d'opposer à l'appauvrissement présumé d'une forme de vie les pouvoirs sans bornes de la fiction ou d'un détachement mystique du réel. A moins de céder à cette sorte de fascination pour le «texte» dont les variantes et les excès sont aujourd'hui bien connus, il n'est guère possible d'ignorer le genre de rapport qui, selon un mode d'articulation spécifique, place toute œuvre en correspondance — en perspective, aussi bien — avec un monde, c'est-à-dire avec un contexte d'expérience qui ne peut être tenu pour nul. En ce sens, comme on a pu le dire, l'œuvre elle-même est comme telle le lieu d'une nouvelle expérience[10]. Car comme l'écrit l'auteur de *L'homme sans qualités*:

«Ce qui distingue précisément l'art de la mystique, c'est qu'il ne perd jamais tout à fait le contact avec le comportement ordinaire; il apparaît alors comme un état non autonome, comme un pont dont l'arche monte de la terre ferme comme si elle ne doutait pas de trouver dans l'imaginaire son autre butée»[11].

NOTES

[1] Cf. GW. I, «Moral und Krieg», pp. 1880-81. Musil y évoque l'idée d'une «Moral der Dichtung». A une telle morale, il associe la possibilité de «solutions partielles» *(Partiallösungen)*, elles-mêmes liées à la production d'«expériences morales» *(moralische Erfahrungen)* toujours nouvelles.
[2] *Ibid. L'homme potentiel*, c'est-à-dire, comme le suggère le même feuillet, «l'homme comme ensemble de ses possibilités».
[3] GW. I, p. 1939.
[4] Bf. I, Lettre à Adolf Frisé de janvier 1931, p. 494.
[5] *Ibid*.
[6] Cf. *R. Musil ou l'alternative romanesque*, op. cit., chap. 4: «Temps et narration».
[7] H.S.Q. II, chap. 122: «Le retour».
[8] Umberto Eco, *L'œuvre ouverte*, Le Seuil, 1965, p. 162.
[9] Hans Blumenberg, *Arbeit am Mythos*, Suhrkamp Verlag, Frankfort, 1979, p. 93, cité par J. Bouveresse, *Rationalité et cynisme*, Ed. de Minuit, 1984, p. 208.
[10] Wolfgang Iser, *L'acte de lecture*, trad. franç. E. Sznycer, coll. «Philosophie et langage», P. Mardaga, 1985, pp. 238-242 en particulier. Iser écrit: «Dans la mesure où le texte de fiction rejette dans le passé les points de vue auxquels nous étions soumis, il se présente lui-même comme une expérience vécue *(Erfahrung)*...»
[11] «Eléments pour une nouvelle esthétique», in *Essais*, op. cit., p. 205.

Index des noms

Albertsen E., 266.
Alembert (Le Rond d') J., 22, 102, 160.
Allesch (von) J., 20, 66.
Annunzio (d') G., 82, 158.
Assoun P.L., 66, 67.
Augustin (saint), 49.

Baedeker K., 271.
Bahr H., 13, 25, 30, 67, 160.
Bergson H., 34, 54, 69, 202, 270.
Berghahn W., 69.
Blanchot M., 232, 265.
Blumenberg H., 273, 274.
Blei F., 17, 18, 28, 66, 132, 162.
Bleuler E., 80.
Bombelli R., 101.
Bouveresse J., 12, 42, 53, 67-68, 260, 263, 266, 274.
Broch H., 24.
Buber M., 235, 265.

Cardan J., 101.
Cassirer E., 259.
Cassirer P., 16.
Corino K., 76, 158.
Cues (de) N., 265.

Dante Alighieri, 107.
De Angelis E., 138, 162.

Decleva H., 66.
Descartes R., 73, 259.
Diderot D., 22.
Dostoïevski F.M., 81, 158.

Eckhart (maître), 161, 205, 259, 264.
Eco U., 274.
Ehrenfels (von) C., 91.
Emerson R.W., 112, 158, 175.

Fargue L.P., 169.
Félix L., 160.
Fontana O.M., 262-263.
Foucault M., 13.
Frank M., 79, 158, 213, 244, 245, 263, 264, 266.
Frazer J.G., 69.
Frisé A., 66, 67, 270, 273, 274.
Frisch E., 34, 67.

Gérard R., 126, 161, 163.
Goethe (von) J.W., 35, 191.
Granel G., 66.
Granger G.G., 201, 211, 261, 263, 264.

Henninger P., 262.
Herzog W., 16
Hofmannsthal (von) H., 67, 30, 160.
Hölderlin F., 147.

Huch R., 161.
Husserl E., 74, 91, 245.
Huysmans J.K., 82.

Iser W., 274.

Jaccottet P., 12, 66, 68, 69, 110, 160.
Janet P., 73, 80, 158.
Janik A., 12.
Joyce J., 6, 273.

Kant I., 92, 99, 101, 128, 159.
Kerr A., 74, 75, 79.
Kisch E.E., 213.
Klages L., 235, 265.
Koffka K., 91.
Köhler W., 47, 63, 91.
Kretschmer E., 80.

Lacoste J., 69.
Leibniz (von) G.W.F., 90, 137, 159, 192, 262.
Le Rider J., 161.
Lathar H., 67.

Mach E., 13, 16, 54-55, 63, 67, 74, 160, 161, 178-179, 180-181, 182, 206, 245, 254, 260, 261, 263.
Maeterlinck M., 104, 158, 258.
Mallarmé S., 160.
Marchand A., 126.
Mauthner F., 235.
McGrath W., 260.
Meinong A., 91.
Merleau-Ponty M., 126-127, 161.
Molière, 40.
Moser W., 265.

Nietzsche F., 13, 24, 67, 74, 78, 81-82, 125, 144, 145, 148, 158, 159, 161, 163, 180, 187, 195, 215, 217, 220, 235, 258, 259, 261, 265, 269.
Novalis, 113, 244, 245, 265.

Oesterreich K., 258.
Olmi R., 69, 265.
Ortega y Gasset, 272.

Pariente K., 263.
Pascal B., 219, 262.
Pétillon P.Y., 67.
Proust M., 6.

Rathenau W., 33-34, 67, 258, 264.
Rauschning H., 260.
Ricœur P., 13, 161.
Rilke R.M., 68, 158.
Rosset C., 160, 259, 261, 266.
Roth M.L., 162.

Scheffer P., 132.
Scheler M., 226.
Schlick M., 262.
Schneider J.C., 67.
Schönberg A., 24, 161.
Schöne A., 261.
Schopenhauer A., 13.
Schorske C., 260.
Schrödinger E., 257.
Spengler O., 34-37, 39, 40, 67-68, 229, 262.
Stumpf C., 91.

Tartaglia (Fontana, dit) N., 101.
Tolstoï L., 158.
Toulmin S., 12.

Valéry P., 205, 269.

Wagner R., 24.
Wedderkop (von) H., 23.
Weinnger O., 114, 161.
Wertheimer M., 91.
Wittgenstein L., 19, 30-31, 54, 66-67, 69, 107, 165, 166, 210-211, 245, 247, 262, 264, 266.
Wundt W., 125.

Table des matières

Avant-propos 5

PREMIERE PARTIE: ESSAIS «POUR UN HOMME AUTRE» 15

1. L'essai. Symptômes d'une crise 16
2. «Le vrai but, c'est la pensée!» 25
3. Le sentiment, l'intuition 33
4. L'amorphisme humain 39
5. Fictions historiennes 45
6. L'âge de la science 52
7. Complexité et histoire 59

DEUXIEME PARTIE: LES DEUX MONDES DU SENTIMENT 71

Chapitre I: Törless 73
1. L'expérience de l'indéterminé 73
2. Le réel et l'imaginaire 93

Chapitre II: Métamorphoses 107
1. Les *Nouvelles* 107

2. Le don du chant 110
3. *Vita nova* 119

Chapitre III: Utopies de l'ordinaire 137
1. Micrologies 137
2. Les caprices du temps 146
3. Pensées vivantes 152

TROISIEME PARTIE: ETHIQUE ET HISTOIRE: «L'HOMME SANS QUALITES» 165

Chapitre I: Âme et ratio 169
1. L'Action parallèle: figures du double 169
2. Expérimentations mentales 178

Chapitre II: Faits et méfaits de l'intelligence 187
1. L'héroïsme rationalisé 187
2. L'histoire, la littérature et l'individuel 196

Chapitre III: L'absence de qualités: réalité et fiction 205
1. Les paradoxes de l'impersonnalité 205
2. «Qu'est-ce que le moi?» 211
3. Des motifs et des causes 221

Chapitre IV: «Toujours la même histoire» 239
1. Histoire et religiosité profane 239
2. Le hasard et la moyenne 248

Conclusion 269

Index 275

PHILOSOPHIE ET LANGAGE
collection publiée sous la direction de MICHEL MEYER

Ouvrages déjà parus dans la même collection:

ANSCOMBRE (J.Cl.) & DUCROT (O.): L'argumentation dans la langue.

MAINGUENEAU (D.): Genèse du discours.

CASEBEER (E.): Hermann Hesse.

BORILLO (M.): Informatique pour les sciences de l'homme.

DOMINICY (M.): La naissance de la grammaire moderne.

PARRET (H.): Les passions, essai sur la mise en discours de la subjectivité.

SHERIDAN (A.): Michel Foucault (Discours, sexualité et pouvoir).

COMETTI (J.P.): Robert Musil.

VERNANT (D.): Introduction à la philosophie de la logique.

MEYER (M.): De la problématologie, philosophie, science et langage.

A paraître:

MARTIN (R.): Langage et croyance.

ROSEN (S.): Philosophie et crise des valeurs contemporaines.

ANSCOMBRE (J.Cl.): Rites et formules.

MEYER (M.) / ARMENGAUD (F.) et al.: Pour une nouvelle réflexion sur le langage.